2022 网络视听文艺发展分析报告

国家广播电视总局监管中心　编

中国广播影视出版社

图书在版编目（CIP）数据

2022网络视听文艺发展分析报告 ／ 国家广播电视总局监管中心编． -- 北京 ：中国广播影视出版社，2023.10

ISBN 978－7－5043－9123－0

Ⅰ．①2… Ⅱ．①国… Ⅲ．①互联网络－视听传播－研究报告－中国－2022 Ⅳ．①G206.2－39

中国国家版本馆CIP数据核字（2023）第198490号

2022网络视听文艺发展分析报告

国家广播电视总局监管中心　编

责任编辑　赵　宁
责任校对　龚　晨
装帧设计　张　涛

出版发行　中国广播影视出版社
电　　话　010-86093580　010-86093583
社　　址　北京市西城区真武庙二条 9 号
邮　　编　100045
网　　址　www.crtp.com.cn
电子信箱　crtp8@sina.com

经　　销　全国各地新华书店
印　　刷　北京红蓝目标科技有限公司

开　　本　787毫米×1092毫米　　1/16
字　　数　505（千）字
印　　张　25
版　　次　2023 年 10 月第 1 版　2023 年 10 月第 1 次印刷

书　　号　ISBN 978-7-5043-9123-0
定　　价　180.00元

《2022网络视听文艺发展分析报告》
编委会

序

2022年，网络视听文艺面对百年变局和世纪疫情的交织叠加，牢记正能量是总要求、管得住是硬道理、用得好是真本事，围绕中心、服务大局，坚定前行，推出了一系列增强人民精神力量的优秀作品，以入脑入心的正面宣传和主题创作发挥了重要的价值引领作用，也以长情的陪伴、真情的交流、暖心的治愈给人们带来抚慰、希望和信心。2022年的网络视听文艺，生动诠释了面向现代化、面向世界、面向未来的，民族的科学的大众的社会主义文化的新作为、新面貌。特别是新华社、中央广播电视总台、《人民日报》等主流媒体全面挺进主阵地、主战场最前沿，持续有力地改变着行业生态，舆论引导、价值引领作用和地位凸显。

国家广播电视总局监管中心长期跟踪网络剧、网络电影、网络综艺、网络纪录片、网络动画片创作传播。2017年以来，每年编写形成《网络原创节目发展分析报告》（2022年更名为《网络视听文艺发展分析报告》）并面向社会发布丰富、翔实、客观的数据，以开阔的视野、独特的视角为各界人士提供有益参考。希望我们的努力，能为更好满足人民群众精神文化需求、推动文化繁荣发展作出积极贡献。

杨晓东

2023年7月

研究说明

研究对象

本报告的研究主体对象为2022年1月1日至2022年12月31日期间在芒果TV、爱奇艺、腾讯视频、优酷、bilibili等主要视听网站上线播出的网络剧、网络电影、网络综艺、网络纪录片和网络动画片。其中，网络剧共计171部，网络电影共计380部，网络综艺共计431档（剔除多版本和衍生节目后198档），网络纪录片共计318部，网络动画片共计220部（另有动态漫画267部、少儿网络动画片289部）。此外，本报告还对2022年1月1日至2022年12月31日期间在主要网络视听平台上线的网播电视剧、电影、综艺、纪录片、动画片进行了分析。

概念界定

（1）网络剧、网络首播电视剧、网台同播电视剧、网络微短剧

网络剧，是指由节目制作机构制作，主要在网络视听平台播出，按照网络剧管理要求履行相关手续的剧情类连续剧、系列剧作品。其中，重点网络剧，由制作机构进行规划备案，拍摄制作经广播电视主管部门备案公示，成片经广播电视主管部门内容把关，随后在网络视听平台播出。非重点网络剧，由播出平台对节目内容履行审核责任，并完成相应备案手续，随后在网络视听平台播出。

网络首播电视剧，是指获得《电视剧发行许可证》，且各集（或部分集）网络视听平台先于上星卫视播出的作品。网络首播电视剧中，**仅在互联网播出的剧**，是指截至2022年12月31日，仅在网络视听机构播出的电视剧。**先网后台剧**，是指以首集首播计，网络视听平台先于上星卫视至少一天开播的电视剧。**网台同播剧（网站会员优先）**，是指网络视听平台、上星卫视同日开播，但网站会员可先于电视观众观看各集（或部分集）的电视剧。**卫视黄金档剧（网站会员优先）**，是指网络视听平台、上星卫视黄金档同日开播，但网站会员先于电视观众观看各集（或部分集）的电视剧。

网台同播电视剧（卫视优先），是指获得《电视剧发行许可证》，网络视听平台、上星卫视同日开播，但各集内容均首先通过卫视渠道播出（先于网站会员）的电

视剧。

网络微短剧，是指单集时长从几十秒到15分钟的网络影视剧。其中，按照重点节目管理要求履行相关手续的为**"重点网络微短剧"**。

（2）网络电影、龙标网络电影、网播院线电影

网络电影，是指由节目制作机构制作，主要在网络视听平台播出，按照网络电影管理要求履行相关手续，具备与电影片类似结构与容量的视听作品。网络电影由制作机构进行规划备案，拍摄制作经广播电视主管部门备案公示，成片经广播电视主管部门内容把关，随后在网络视听平台播出。

龙标网络电影，是指获得《电影片公映许可证》，仅在网络视听平台播出或首先在网络视听平台播出的电影片。龙标网络电影中，**网院同播龙标网络电影，**是指网络视听平台先于电影院播出，或在网络视听平台、电影院同日上线/上映的作品。**网台（CCTV-6）同播龙标网络电影，**是指网络视听平台先于电视台播出，或在网络视听平台、电视台（CCTV-6）同日上线/播出的作品。

网播院线电影，是指获得《电影片公映许可证》，首先在电影院上映，随后在网络视听平台上线的电影片。需特别说明的是，本报告所称2022年网播院线电影的范围，是2022年1月1日至2022年12月31日在电影院上映，随后（当前统计截至2023年1月4日）在网络视听机构播出的影片。

（3）网络综艺、网播电视综艺

网络综艺，是指由节目制作机构制作，主要在网络视听平台播出，按照网络原创节目管理要求履行相关手续，综合运用各类视听表现手法，广泛融合多种艺术形式，满足大众艺术审美和休闲娱乐需求的专业类（非剧情类）视听节目。本报告所称的"网络综艺"有"狭义""广义"两种。"狭义"网络综艺是指独立、完整策划的作品；"广义"的网络综艺既包括以上的"狭义"网络综艺，也包括在其基础上进一步制作的**多版本综艺和衍生综艺（含电视综艺在网络首播的多版本和衍生综艺）。**其中，**多版本综艺**是指所用素材在特定主体综艺拍摄过程产生，或与主体综艺主题、内容、基本设定等具有显著关联性、共通性的综艺，一般系主题综艺的素材重编。**衍生综艺，**是指围绕主体综艺进一步开发形成的综艺。"综N代"综艺，是指当季综艺有前序同系列已上线作品的综艺。独播综艺，是指仅在一家特定网络视听机构（含同机构旗下多平台）播出的作品。先导片，是指在主体综艺上线播出前发布的有预告性质，但未达到独立构成一期综艺内容的片花、花絮。

网络电视综艺，是指在上星卫视首播，网络视听平台同步上线或跟播的综艺。一般而言，在网络渠道播出时标注有电视台台标。本报告所称的2022年网络电视综艺，不包括2022年1月1日前已经在网络视听机构上线且不间断更新的综艺。其中，网台同播电视综艺，是指网络视听机构、上星卫视同日同时开播，以卫视播出渠道为主，未按照网络原创节目管理要求备案的电视综艺。网络平台参与出品制作的综

艺，是指网络视听平台或其所属公司以出品、联合出品、具体承制等方式参与生产的综艺。

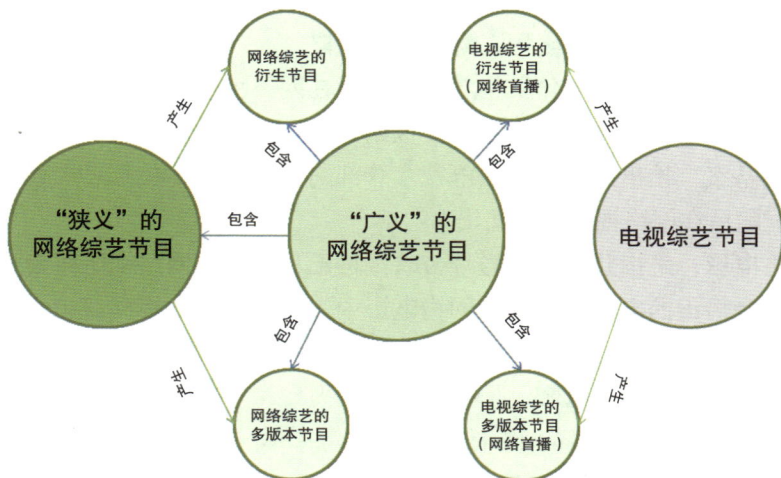

节目分类是了解综艺节目宏观面貌的重要视角。本报告中对综艺节目的分类，以电视节目常规分类方法为主要参照，结合当前综艺节目发展特点，以简单、实用、有效为原则。对一些混合多种元素的节目，我们按照其最突出的特征决定分类归属。具体是：

类别		说明
文化科技类		以宣传、普及文化科技知识为主要内容的节目
互动娱乐类		以主持人与嘉宾、观众通过游戏等互动形式进行交流而形成娱乐氛围的棚内节目
真人秀类	游戏生存	以游戏竞技、生存挑战为主要内容的真人秀节目
	亲子互动	以未成年人与父母，或与主持人、嘉宾等互动为主要内容的真人秀节目
	生活体验	以记录主持人、嘉宾在体验生活、工作、旅游、美食等过程中所见所闻为主要内容的真人秀节目
	互动交流	以展现主持人、嘉宾、观众互动及交流为主要内容的真人秀节目
	其他	其他无法归入已有分类的真人秀内容节目
竞技选拔类		以展示唱歌、舞蹈、才艺、技能等为主，分列名次的节目
婚恋交友类		以情感、婚恋、交友为核心内容的节目
脱口秀类		以主持人（嘉宾）为主，针对特定问题、话题进行讲述、评论，表达观点的节目
谈话讨论类		以主持人及嘉宾针对某个话题进行访问、谈话、讨论为主要内容的节目
生活服务类		以无互动模式提供生活服务（美容、服饰、时尚、家居、情感调解、旅游、饮食、健康等）为主要内容的节目
娱乐报道类		以报道娱乐界相关的人物、新闻，概括娱乐资讯为主要内容的节目

类别	说明
单项艺术类	以流行音乐、杂技、相声、小品、曲艺、舞蹈等各项 为主要内容的艺术表演专场节目
综艺晚会类	以观赏为主，集歌舞、小品、相声、戏曲于一体的综合艺术类晚会节目
其他类	以上未概括的其他综艺节目，如片段花絮等

（4）网络纪录片、网播电视纪录片、网播纪录电影

网络纪录片，是指由制作机构或网民个人制作，仅在网络视听平台播出或先网后台播出，以真人真事、真物真景等为记录展示的对象，以活动的影像记录资料为素材，通过有主题性地策划制作以及多种表现手法具体呈现，形成的具有作品属性和审美功能的视听节目。管理要求了履行相关手续，本报告认定为网络纪录片。

本报告所称的**纪录长片**，是指集均时长超过40分钟的纪录片；**纪录短片**，是指集均时长在20分钟至40分钟（包含40分钟）的纪录片；**微纪录片**，是指集均时长在20分钟以内的纪录片。**系列纪录片**，是指单季集数超过3集的纪录片。**续集纪录片**，是指当季作品有前序同系列已上线作品的纪录片。**衍生纪录片**，是指所用素材来源于电视剧、电影、综艺、纪录片等特定主体作品，在内容上与主体作品具有关联性的纪录片；当前，衍生纪录片多为主体作品的幕后纪实作品。**网络视听平台参与出品或制作的纪录片**，是指网络视听平台或其所属公司以出品、联合出品、承制等方式参与生产制作的纪录片。**网台合作纪录片**，是指广播电视台以出品、联合出品、承制等方式参与生产制作，网络视听平台以宣发、推广等方式参与传播的纪录片。**中外合作纪录片**，是指海外机构与国内机构以联合出品、联合拍摄等方式共同完成生产制作的纪录片。**先网后台播出的纪录片**，是指以首集首播计，网络视听平台先于电视台播出的纪录片。**海外传播纪录片**，是指通过国外电视台、国际影展、国外网络视听平台等渠道进行传播的纪录片。

网播电视纪录片，是指以首集首播计，电视台先于网络视听平台或与网络视听平台同时播出的纪录片。其中，**先台后网播出的纪录片**，是指以首集首播计，电视台先于网络视听平台播出的纪录片；**网台同播纪录片**，是指以首集首播计，电视台与网络视听平台同时播出的纪录片。

网播纪录电影，是指取得《电影片公映许可证》，并在网络视听机构播出的纪录片。

（5）网络动画片、网播电视动画片

网络动画片，是指由制作机构或网民个人制作，主要在网络视听平台播出，按照网络原创视听节目管理要求履行相关手续的剧情类动画作品。本报告所称的网络动画片有广义和狭义之分，狭义网络动画片不包含动态漫画和少儿网络动画片。

动态漫画，是指在漫画的基础上进行艺术加工，加入动作、声音等视听元素，在视觉效果上呈现简单动态效果和镜头运动的剧情类动画作品。**少儿网络动画片，**是指主要面向少年儿童，由节目制作机构或网民个人制作，主要在网络视听平台播出、在"少儿"等版块呈现，按照网络原创视听节目管理要求履行相关手续的剧情类动画作品。

3D动画片，也称三维动画，是指运用三维制作软件完成，使动画场景和动作更加逼真的剧情类动画作品。**2D动画片，**也称二维动画，是指运用手绘或数位屏、电脑进行制作，构建出具有连贯性的图像并以一种连续播放的形式进行表现的剧情类动画作品。**独播动画片，**是指仅在一家特定网络视听平台（含同机构旗下多平台）播出的剧情类动画作品。**续作动画片，**是指播出之前有同系列已上线作品的非首季剧情类动画作品。**付费动画片，**是指需用户付费购买会员或单独购买才能观看全部内容的剧情类动画作品。

网播电视动画片，是指获得《国产电视动画片发行许可证》，且在网络视听平台上播出的剧情类动画作品。

数据来源

节目基本信息、上线播出等数据为国家广播电视总局监管中心多渠道统计整理所得。主要网站焦点图推荐数据，为国家广播电视总局监管中心技术监测所得，存在个别平台个别推荐位因算法导致"千人千面"的情况。

重点网络影视剧拍摄规划登记备案、上线备案登记相关数据根据国家广播电视总局面向社会公布数据统计而得。

其他数据，如无特殊说明，均来自互联网。

其他说明

本报告讨论视频网站的网络剧制作、独播行为时，一般将同属一个集团的网站、机构视同单一机构。

本报告所称的节目上线时间，指节目正片上线时间，不以节目先导片、节目预告片或节目花絮等上线时间为计。

本报告涉及的视频网站分账情况，均来源于视频网站发布的信息。

本报告中的表格中的节目信息，如无特殊说明，均以上线时间排序。

Contents 目录

■ **1. 网络剧、网络首播电视剧、网络微短剧** ················· **001**

1.1 主要数据一览和研究发现 ················· **002**

1.2 网络剧 ················· **007**

  1.2.1 概貌 ················· 007

  1.2.2 节目内容 ················· 009

    1.2.2.1 现实题材·主题创作内容题材取得新突破 ·········009

    1.2.2.2 情感题材·降甜宠、增营养，感情戏有感染力 ·········010

    1.2.2.3 悬疑题材·内容升级，刑侦剧出圈较多 ·········011

    1.2.2.4 女性题材·多元内容建构更多新女性形象 ·········012

    1.2.2.5 超现实题材·结构创新，古装玄幻热度不减 ·········013

    1.2.2.6 喜剧题材·融入多元类型，扩展情景喜剧的边界 ·········014

    1.2.2.7 古装题材·轻量主题破圈作品居多 ·········015

    1.2.2.8 故事来源·原创剧本口碑普遍较高，严肃文学改编
    开始露头 ·········016

  1.2.3 制作传播 ················· 017

    1.2.3.1 播出平台·差异化细分策略仍是发力重点 ·········017

    1.2.3.2 剧场运营·平台加大制作出品的参与度，打造品牌
    号召力 ·········018

    1.2.3.3 更新节奏·更新时刻提前趋势明显，热播剧多采用
    连更方式 ·········019

    1.2.3.4 剧集体量·短剧创作稳定，剧集持续"脱水" ·········020

    1.2.3.5 会员权益·持续不断推出新方式 ·········021

    1.2.3.6 制作出品 ·········022

1.2.3.7 分账剧·分账剧集活力充沛，分账金额再度攀升 ·········· 024

1.3 网络首播电视剧 ·· 025
1.3.1 概貌 ··· 025
1.3.2 节目内容 ··· 027
    1.3.2.1 现实题材·成为创作重心 ······················ 028
    1.3.2.2 都市情感·呈现生活真实 ······················ 028
    1.3.2.3 古装剧·剧集"瘦身"成趋势 ··················· 029
    1.3.2.4 剧本来源·原创剧集头部数量提升 ··············· 029
    1.3.2.5 网络视听机构参与出品的境外剧 ················ 029
1.3.3 制作传播 ··· 030
    1.3.3.1 播出平台·两平台拼播成为主流 ················· 030
    1.3.3.2 卫视黄金档首轮播出剧·数量大幅增长 平台与卫视收官
        间隔缩短 ·································· 033
    1.3.3.3 更新节奏·根据播出方式对应更新时刻 ··········· 035
    1.3.3.4 制作出品·头部内容的制作正在形成网台合作趋势 ···036

1.4 网络微短剧 ··· 037
1.4.1 概貌 ··· 037
1.4.2 节目内容·现实题材创作走心，古装甜宠数量居多 ········· 037
1.4.3 平台布局·以剧场化提升作品的关注度 ················· 038
1.4.4 平台扶持·更新激励机制，升级分账模式，提供深度帮扶 ···· 039
1.4.5 制作出品·参与公司身份多样，持续注入创作活力 ········· 040

1.5 年度代表性作品点评 ································· 041
《血战松毛岭》 ······································ 041
《天下长河》 ·· 042
《冰球少年》 ·· 043
《你安全吗？》 ······································ 044
《大考》 ·· 045
《警察荣誉》 ·· 046
《风吹半夏》 ·· 047
《重生之门》 ·· 048
《开端》 ·· 049
《苍兰诀》 ·· 050
《孤军十二时》 ······································ 051
《仁心》 ·· 051

■ **2. 网络电影、龙标网络电影、网播院线电影** ·········· **053**

2.1 主要数据一览和研究发现 ·························· 054

2.2 主要研究发现 ······························· 055

2.3 内容分析 ································ 059

   2.3.1 概貌 ····························· 059

   2.3.2 题材类型·丰富多元，垂直题材有待深入挖掘 ········ 062

      2.3.2.1 主旋律题材·品质升级，革命历史题材有突破 ·····063

      2.3.2.2 动作题材·数量占比第一，武侠类作品风格创新，价值观
           表达升级 ·····························064

      2.3.2.3 喜剧题材·东北喜剧影响力扩大，票房表现亮眼 ·······065

      2.3.2.4 超现实题材·"怪兽"题材继续降温，"民俗惊悚"题材
           异军突起 ·····························066

   2.3.3 剧本创作·原创为主，"公版IP"改编作品影响力逐渐减弱 067

   2.3.4 节目体量·单片平均时长继续增长，70-80分钟时长占比第一
      居首位且趋于稳定 ······················ 069

2.4 传播分析 ································ 071

   2.4.1 主要播出平台概况 ····················· 071

      2.4.1.1 爱奇艺 ··························071

      2.4.1.2 腾讯视频 ·························072

      2.4.1.3 搜狐视频 ·························072

      2.4.1.4 优酷 ···························073

   2.4.2 "春节档"不及预期，短视频已成重要宣发手段 ······ 074

   2.4.3 "系列化"影片数量减少，剧集衍生网络电影数量增多 ······ 075

   2.4.4 "PVOD"模式持续探索 ················· 077

   2.4.5 "多平台联合首播"网络电影明显增多，成头部影片发行重要模式 ··· 078

   2.4.6 分账破千万作品占比上升 ················· 079

   2.4.7 传播影响力趋于稳定 ··················· 081

2.5 制作分析 ································ 082

   2.5.1 出品·"主力军"持续深入挺进"主战场" ········· 082

   2.5.2 出品·参与机构数量减少，头部机构整体稳定 ········ 083

   2.5.3 出品·超八成网络电影有多个出品机构，出品机构整体留存率
      持续上升 ·························· 085

2.5.4 制作·头部制作机构稳定成长 ················· 086

2.5.5 宣发·头部宣发公司集中且稳定 ················· 086

2.5.6 生产创作机构整体"作品延续度"有所下降 ··········· 087

2.5.7 从业人员仍以80后、90后为主，人员延续性增强 ········· 088

2.5.8 "老戏骨"增多，"卡司"阵容愈加豪华 ············· 090

2.6 龙标网络电影及网播院线电影 ····················· **092**

2.6.1 龙标网络电影数量有所下降 ··················· 092

2.6.2 龙标网络电影题材丰富，主旋律作品占比有所下降 ······· 093

2.6.3 多渠道发行的龙标网络电影数量减少 ··············· 093

2.6.4 分账过千万的龙标网络电影数量较少 ··············· 094

2.6.5 院线电影转网络播出比例高 ··················· 094

2.7 年度代表性作品点评 ························· **097**

《金山上的树叶》 ························· 097

《排爆手》 ···························· 098

《黑鹰少年》 ··························· 099

《勇士连》 ···························· 100

《特级英雄黄继光》 ······················· 101

《以青春之名》 ·························· 102

《飞吧，冰上之光》 ······················· 103

《红纸鹤》 ···························· 104

《陈翔六点半之拳王妈妈》 ···················· 105

《东北告别天团》 ························· 105

《青面修罗》 ··························· 106

《黄金大逃狱》 ·························· 107

《逃学神探》 ··························· 107

■ **3. 网络综艺、网播电视综艺** ··················· **109**

3.1 主要数据一览和研究发现 ····················· **110**

3.2 网络综艺 ····························· **114**

3.2.1 概貌 ··························· 114

3.2.2 节目类型 ························· 115

3.2.2.1 文化科技类·国风与文化有机结合 ·········· 116

3.2.2.2　谈话讨论类·兼顾广度和深度 …………………………………… 117

3.2.2.3　真人秀类·类型丰富 突出创新 …………………………………… 118

3.2.2.4　竞技选拔类·拓展赛道 注重品质 ………………………………… 119

3.2.3　节目主题 ……………………………………………………………… 119

3.2.3.1　主题主线综艺破圈出新，引领力强 ………………………… 121

3.2.3.2　体育主题综艺迎来"小高潮" ……………………………… 121

3.2.3.3　职场主题综艺成为热门 ……………………………………… 122

3.2.3.4　喜剧综艺进入精细化创作阶段 ……………………………… 123

3.2.3.5　恋爱主题热度不减，话题频频出圈 ………………………… 124

3.2.3.6　"她综艺"注重圈层化、多元化 …………………………… 124

3.2.3.7　推理主题综艺成为各平台布局重点 ………………………… 125

3.2.3.8　露营元素成为新宠 …………………………………………… 126

3.2.3.9　个人品牌化综艺特征鲜明 …………………………………… 126

3.2.3.10　合家欢属性增强 ……………………………………………… 127

3.2.4　制作传播 ………………………………………………………………… 128

3.2.4.1　播出平台 ……………………………………………………… 128

3.2.4.2　腾讯视频·多元布局、创新节目内容 ……………………… 129

3.2.4.3　爱奇艺·坚持精品化创作方向 ……………………………… 129

3.2.4.4　优酷·深耕"综N代"、不忘文化品牌 …………………… 130

3.2.4.5　芒果TV·主打观察和生活、试水新综艺 ………………… 131

3.2.4.6　短视频平台·积极扩展网络综艺赛道 ……………………… 132

3.2.4.7　更新节奏 ……………………………………………………… 132

3.2.4.8　节目时长 ……………………………………………………… 135

3.2.4.9　会员权益 ……………………………………………………… 137

3.2.4.10　新技术赋能网络综艺发展 …………………………………… 139

3.2.4.11　大小屏联动成为内容输出趋势 ……………………………… 140

3.2.4.12　广告 …………………………………………………………… 140

3.3　网播电视综艺 …………………………………………………………………… 145

3.3.1　概貌 ……………………………………………………………………… 145

3.3.2　内容 ……………………………………………………………………… 146

3.3.3　制作传播 ………………………………………………………………… 149

3.3.3.1　播出平台 ……………………………………………………… 149

3.3.3.2　更新频率 ……………………………………………………… 150

3.3.3.3　会员权益 ……………………………………………………… 151

3.3.3.4　网台合作进入"黄金期" …………………………………… 151

3.4　多版本和衍生综艺 ·· 153

  3.4.1　概貌 ·· 153

  3.4.2　节目内容 ·· 154

    3.4.2.1　多版本综艺 ··· 155

    3.4.2.2　衍生综艺 ·· 156

  3.4.3　制作传播 ·· 157

    3.4.3.1　播出平台 ·· 157

    3.4.3.2　会员权益 ·· 158

    3.4.3.3　排播情况 ·· 159

3.5　年度代表性网络综艺点评 ·· 160

  《中国梦·我的梦——2022中国网络视听年度盛典》 ······ 160

  《声生不息·港乐季》 ·· 161

  《这十年·追光者》（《这十年·追光之夜》） ················ 162

  《2022"中国节日"系列节目》（《七夕奇妙游》《中秋奇妙游》

  《重阳奇妙游》） ·· 164

  《超有趣滑雪大会》 ·· 165

  《闪闪发光的少年》 ·· 165

  《一往无前的蓝》 ·· 166

  《春日迟迟再出发》 ·· 167

  《一年一度喜剧大赛 第二季》 ·································· 168

■ **4. 网络纪录片、网播电视纪录片、网播纪录电影** ·············· **171**

4.1　主要数据一览和研究发现 ·· 172

4.2　网络纪录片 ··· 176

  4.2.1　概貌 ·· 176

  4.2.2　节目内容 ·· 177

    4.2.2.1　整体印象 ·· 177

    4.2.2.2　占比高、涵盖广，回顾党和国家历史成就，

    书写新时代人民奋斗征程 ································ 178

    4.2.2.3　体育：冬奥期间应时上线，传递中华体育精神 ··· 180

    4.2.2.4　文化艺术：表达元素丰富，内容生动可感 ······ 181

    4.2.2.5　社会现实：作品选题包罗万象，充满人文关怀 ··· 183

    4.2.2.6　自然地理：用技术扩展影像表达方式，传递生态文明理念 ··· 184

4.2.2.7 美食：深入街头巷尾，以地方特色尽显人间烟火 ………… 186
4.2.3 制作传播 ……………………………………………… 188
4.2.3.1 国际合作 ……………………………………… 188
4.2.3.2 播出平台 ……………………………………… 190
4.2.3.3 焦点图推荐 …………………………………… 195
4.2.3.4 更新节奏 ……………………………………… 198
4.2.3.5 会员权益 ……………………………………… 199

4.3 网播电视纪录片 ……………………………………………… 200
4.3.1 概貌 …………………………………………………… 200
4.3.2 内容 …………………………………………………… 201
4.3.2.1 整体印象 ……………………………………… 201
4.3.2.2 题材类型 ……………………………………… 202
4.3.3 制作传播 ……………………………………………… 203
4.3.3.1 制作主体 ……………………………………… 203
4.3.3.2 传播分析 ……………………………………… 204
4.3.3.3 焦点图推荐 …………………………………… 205

4.4 网播纪录电影 ………………………………………………… 207

4.5 年度代表性作品点评 ………………………………………… 210
《领航》 …………………………………………………… 210
《这十年·幸福中国》 …………………………………… 211
《这十年》 ………………………………………………… 212
《闪耀吧！中华文明》 …………………………………… 213
《不止考古·我与三星堆》 ……………………………… 214
《但是还有书籍 第二季》 ……………………………… 215
《文学的日常 第二季》 ………………………………… 216
《人生第二次》 …………………………………………… 217
《众神之地》 ……………………………………………… 218
《风味人间4·谷物星球》 ……………………………… 219

5. 网络动画片、网播电视动画片 ……………………… 221

5.1 主要数据一览和研究发现 ………………………………… 222

5.2 节目内容 …………………………………………………… 225

5.2.1　概貌　………………………………………………　225

　5.2.1.1　精品佳作不断涌现 影响力稳步提升…………226

　5.2.1.2　主题创作重点突出 创作空间不断拓展…………226

　5.2.1.3　传统文化题材亮眼 凸显国风独特审美…………227

　5.2.1.4　聚焦现实主义题材 探索动画多样创作…………227

　5.2.1.5　地方特色作品频出 突出浓厚地域风情…………228

　5.2.1.6　女性题材作品增多 内容创作更加丰富…………228

5.2.2　题材类型　……………………………………………　229

　5.2.2.1　玄幻·成为绝对主流…………………………229

　5.2.2.2　搞笑·多元融合 占比下降……………………230

　5.2.2.3　科幻·打造中式科幻作品……………………230

　5.2.2.4　游戏·特有叙事结构…………………………231

　5.2.2.5　武侠·良品迭出………………………………232

5.2.3　故事来源　……………………………………………　232

　5.2.3.1　原创作品·占比下降…………………………233

　5.2.3.2　IP改编·故事来源更丰富……………………233

　5.2.3.3　系列作品·规模扩大…………………………234

5.2.4　作品形式　……………………………………………　235

　5.2.4.1　2D动画·占比下降……………………………235

　5.2.4.2　3D动画·成为主流……………………………235

5.2.5　作品体量　……………………………………………　236

5.3　制作传播　……………………………………………　**237**

5.3.1　播出平台　……………………………………………　237

5.3.2　开发情况　……………………………………………　238

　5.3.2.1　平台加大引领力度……………………………238

　5.3.2.2　平台自制、参与出品增多……………………238

　5.3.2.3　差异化开发…………………………………239

　5.3.2.4　打造IP矩阵…………………………………240

5.3.3　更新情况　……………………………………………　240

　5.3.3.1　上线时间·呈现规律性………………………240

　5.3.3.2　更新节奏·周播为主…………………………241

5.3.4　经营情况　……………………………………………　242

　5.3.4.1　分账模式·上线新功能………………………242

　5.3.4.2　广告投放·合作方式丰富……………………242

　　　　5.3.4.3　国产动画出海频繁 展现国际传播潜力 ················ 243

　　5.3.5　制作机构 ···································· 244

　　5.3.6　配音团队 ···································· 244

5.4　动态漫画 ··· 246

　　5.4.1　概貌 ······································· 246

　　5.4.2　节目内容 ···································· 247

　　　　5.4.2.1　题材类型 ······························ 247

　　　　5.4.2.2　故事来源 ······························ 248

　　5.4.3　制作分析 ···································· 248

　　　　5.4.3.1　作品体量 ······························ 248

　　5.4.4　传播分析 ···································· 249

5.5　网播电视动画片分析 ································· 251

　　5.5.1　作品概览 ···································· 251

　　5.5.2　节目内容 ···································· 251

　　5.5.3　制作分析 ···································· 252

　　　　5.5.3.1　作品体量 ······························ 252

　　　　5.5.3.2　作品形式 ······························ 254

　　5.5.4　传播分析 ···································· 255

5.6　少儿网络动画片分析 ································· 256

　　5.6.1　作品概览 ···································· 256

　　5.6.2　节目内容 ···································· 256

　　5.6.3　制作分析 ···································· 257

　　　　5.6.3.1　作品体量 ······························ 257

　　　　5.6.3.2　作品形式 ······························ 258

　　5.6.4　传播分析 ···································· 259

5.7　年度代表性作品点评 ································· 260

　　《焦裕禄》 ··· 260

　　《狐桃桃和老神仙》 ································· 261

　　《茶婆婆渔婆婆蚕婆婆》 ····························· 262

　　《上海故事》 ······································ 263

　　《黑门》 ··· 264

　　《苍兰诀》 ·· 265

　　《血与心》 ·· 266

《诗游记　第一季》 ·· 267

《幻梦山海谣》 ··· 268

《大理寺日志　第二季》 ·· 269

《百妖谱·京师篇》 ··· 270

附表 ·· **272**

后记 ·· **369**

图表目录

表1.1（1） 2022年网络剧、网络首播电视剧等相关主要数据一览表 ·················002

图1.1（1） 2021年和2022年网络剧、重点网络微短剧、网络首播电视剧
数量统计 ···003

图1.1（2） 2022年网络剧、网络微短剧、网络首播电视剧数量统计（分月度） ···003

表1.1（2） 2022年电视剧主题作品和网络视听精品节目播出情况 ·············004

图1.1（3） 2022年网络剧、网络首播电视剧数量统计（分平台） ···············005

图1.1（4） 2022年网络剧数量统计（分平台） ······························006

图1.1（5） 2022年网络首播电视剧数量统计（分平台） ·····················006

图1.2.1（1） 2020—2022年新上线网络剧数量 ·····························007

表1.2.1 2022年部分关注度较高、影响力较大的网络剧列表 ···················007

图1.2.1（2） 2022年网络剧统计（获得上线备案年份） ·····················008

图1.2.2 2022年网络剧统计（分题材类型） ·································009

表1.2.2.1 2022年上线的部分现实题材网络剧列表 ····························010

表1.2.2.2 2022年上线的部分情感题材网络剧列表 ····························011

表1.2.2.3 2022年上线的部分悬疑题材网络剧列表 ····························012

表1.2.2.4 2022年上线的女性题材网络剧列表 ································013

表1.2.2.5 2022年上线的部分超现实题材网络剧列表 ·························014

表1.2.2.6 2022年上线的部分喜剧题材网络剧列表 ····························015

表1.2.2.7 2022年上线的部分古装题材网络剧列表 ····························015

图1.2.2.7 2022年网络剧剧本来源统计 ····································016

图1.2.3.1（1） 2022年网络剧统计（分播出平台） ·························017

图1.2.3.1（2） 2022年各播出平台网络剧统计 ·····························017

图1.2.3.3　2021—2022年网络剧更新时刻统计 ·······························019

图1.2.3.4（1）　2022年网络剧剧集体量统计 ·····························020

图1.2.3.4（2）　2021—2022年网络剧剧集体量统计 ···················020

表1.2.3.5　主要视听网站会员价格情况 ···································021

表1.2.3.6　2021—2022年主要网络视听机构参与出品网络剧数量统计 ·······023

图1.3.1（1）　2020—2022年新上线网络首播电视剧数量 ···············025

图1.3.1（2）　2022年网络首播电视剧统计（分类别）·················026

表1.3.1　2022年部分关注度较高、影响力较大的网络首播电视剧列表 ·······026

图1.3.1（3）　2022年网络首播电视剧统计（取得发行许可年份）·······027

图1.3.2　2022年网络首播电视剧统计（分题材类型）···················028

表1.3.2.5　2022年网络视听机构参与出品的境外剧列表 ···············030

图1.3.3.1（1）　2022年各播出平台网络首播电视剧数量统计 ···········031

表1.3.3.1　2022年网络首播电视剧主要网络视听平台拼播情况 ···········031

图1.3.3.1（2）　2022年各播出平台网络首播电视剧数量统计 ···········032

图1.3.3.2　2020年至2022年上星频道黄金档首播、网站同步播出（会员优先）
电视剧数量 ···033

表1.3.3.2　2022年上星频道黄金档首播、网站同步播出（网站会员优先观看）的
电视剧列表 ···034

表1.3.3.4　2022年主要视频网站及关联机构参与出品网络首播电视剧数量统计 ·······036

表1.4.2　2022年上线的部分网络微短剧列表 ·························038

图1.4.3　2022年主要视频平台开设的网络微短剧剧场 ···················039

表2.1　2022年网络电影、龙标网络电影、网播院线电影基础数据表 ·······054

图2.2（1）　2021年和2022年网络电影、龙标网络电影、网播院线电影数量统计 ···055

图2.2（2）　2022年网络电影、龙标网络电影数量统计（分月度）·······056

图2.2（3）　2022年各播出平台月上线网络电影数量统计 ···············057

图2.2（4）　2022年网络电影播出平台统计 ···························057

图2.3.1（1）　2021年与2022年网络电影数量对比 ·····················059

图2.3.1（2）　2022年月上线网络电影数量统计 ·······················060

表2.3.1（1）　2022年重点网络电影规划及上线备案情况 ···············060

表2.3.1（2）　2022年关注度较高、影响力较大的网络电影列表 ···········061

图2.3.2（1） 2022年网络电影数量统计（分题材）·····················062

图2.3.2（2） 2021年至2022年网络电影题材分类占比对比·············063

表2.3.2.1 2022年部分主旋律题材网络电影列表·····················064

表2.3.2.2 2022年部分"武侠"类动作题材网络电影列表·············065

表2.3.2.3 2022年部分喜剧题材网络电影列表·····················065

表2.3.2.4（1） 2022年部分"怪兽"题材网络电影列表·············066

表2.3.2.4（2） 2022年部分"民俗惊悚"类超现实题材网络电影列表·067

图2.3.3 2022年IP改编网络电影统计·····························068

表2.3.3 2022年部分"公版IP"改编网络电影列表·················068

图2.3.4（1） 2018年至2022年网络电影平均时长对比·············069

图2.3.4（2） 2022年网络电影单部时长统计·····················070

图2.3.4（3） 2018年至2022年网络电影各时长段占比统计对比·······070

图2.4.1.1 2020年至2022年爱奇艺网络电影数量对比·············071

图2.4.1.2 2020年至2022年腾讯视频网络电影数量对比···········072

图2.4.1.3 2020年至2022年搜狐视频网络电影数量对比···········073

图2.4.1.4 2020年至2022年优酷网络电影数量对比···············073

表2.4.2 2021年和2022年"春节档"网络电影统计列表···········074

表2.4.3（1） 2022年部分"系列化"网络电影列表·················076

表2.4.3（2） 2022年部分"剧集衍生"网络电影列表···············076

表2.4.4 2022年"PVOD"网络电影列表·························077

表2.4.5 2022年部分多平台播出网络电影列表·····················078

表2.4.6 2022年分账超过1000万元网络电影列表·················079

图2.4.7（1） 2019年至2022年爱奇艺网络电影历史最高热度平均值对比·············081

图2.4.7（2） 2019年至2022年优酷网络电影历史最高热度平均值对比·············081

表2.5.1 2022年官方机构参与出品、制作、指导的网络电影列表·····082

表2.5.2 2022年部分网络电影出品机构及作品类型等基本情况·······084

图2.5.2 2021年与2022年网络电影出品数量前十机构名单·········085

图2.5.3 2018年至2022年单部影片平均出品机构数量对比·········085

图2.5.4 2021年与2022年网络电影制作数量前十机构名单·········086

图2.5.5 2021年与2022年网络电影宣发数量前十机构名单·········086

图2.5.6（1） 2021年与2022年网络电影出品机构数量分布（按作品数）⋯⋯⋯⋯⋯087

图2.5.6（2） 2021年与2022年网络电影制作机构数量分布（按作品数）⋯⋯⋯⋯⋯087

图2.5.6（3） 2021年与2022年网络电影宣发机构数量分布（按作品数）⋯⋯⋯⋯⋯088

图2.5.7（1） 2022年网络电影导演年龄分布⋯⋯⋯⋯⋯⋯⋯⋯⋯⋯⋯⋯⋯⋯⋯⋯⋯088

图2.5.7（2） 2022年网络电影主要演员年龄分布⋯⋯⋯⋯⋯⋯⋯⋯⋯⋯⋯⋯⋯⋯⋯089

图2.5.7（3） 2022年网络电影导演执导作品数量分布⋯⋯⋯⋯⋯⋯⋯⋯⋯⋯⋯⋯⋯089

图2.5.7（4） 2022年网络电影主要演员参演作品数量分布⋯⋯⋯⋯⋯⋯⋯⋯⋯⋯⋯089

表2.5.8 2022年网络电影部分导演、演员及作品⋯⋯⋯⋯⋯⋯⋯⋯⋯⋯⋯⋯⋯⋯⋯090

图2.6.1 2018年至2022年龙标网络电影与网络电影数量对比⋯⋯⋯⋯⋯⋯⋯⋯⋯092

表2.6.2 2022年部分主旋律龙标网络电影列表⋯⋯⋯⋯⋯⋯⋯⋯⋯⋯⋯⋯⋯⋯⋯⋯093

表2.6.3 2022年网络首播、同步或随后在其他渠道发行的龙标网络电影列表⋯⋯⋯093

表2.6.4 2022年分账超过1000万的龙标网络电影列表⋯⋯⋯⋯⋯⋯⋯⋯⋯⋯⋯⋯094

图2.6.5（1） 2022年网播院线电影数量统计（分月度）⋯⋯⋯⋯⋯⋯⋯⋯⋯⋯⋯095

图2.6.5（2） 2022年网播院线电影转网比例图⋯⋯⋯⋯⋯⋯⋯⋯⋯⋯⋯⋯⋯⋯⋯095

图2.6.5（3） 2022年网播院线电影数量（分平台）⋯⋯⋯⋯⋯⋯⋯⋯⋯⋯⋯⋯⋯096

表3.1 2022年网络综艺、网播电视综艺等相关数据一览表 ⋯⋯⋯⋯⋯⋯⋯⋯⋯110

图3.1（1） 2021年和2022年网络综艺、网播电视综艺数量统计 ⋯⋯⋯⋯⋯⋯⋯111

图3.1（2） 2022年网络综艺、网播电视综艺月度上线数量统计 ⋯⋯⋯⋯⋯⋯⋯111

图3.1（3） 2022年网络综艺各类型上线数量及占比 ⋯⋯⋯⋯⋯⋯⋯⋯⋯⋯⋯⋯112

图3.1（4） 2022年网播电视综艺各类型上线数量及占比 ⋯⋯⋯⋯⋯⋯⋯⋯⋯⋯113

图3.1（5） 2022年多版本综艺、衍生综艺各类型数量及占比 ⋯⋯⋯⋯⋯⋯⋯⋯113

图3.2.1 2020年至2022年网络综艺数量统计⋯⋯⋯⋯⋯⋯⋯⋯⋯⋯⋯⋯⋯⋯⋯114

表3.2.1 2022年部分代表性网络综艺列表⋯⋯⋯⋯⋯⋯⋯⋯⋯⋯⋯⋯⋯⋯⋯⋯⋯114

图3.2.2（1） 2022年网络综艺类型及上线数量⋯⋯⋯⋯⋯⋯⋯⋯⋯⋯⋯⋯⋯⋯115

图3.2.2（2） 2021年和2022年网络综艺节目类型统计⋯⋯⋯⋯⋯⋯⋯⋯⋯⋯⋯116

表3.2.2.1 2022年部分文化科技类网络综艺列表⋯⋯⋯⋯⋯⋯⋯⋯⋯⋯⋯⋯⋯116

表3.2.2.2 2022年部分谈话讨论类网络综艺列表⋯⋯⋯⋯⋯⋯⋯⋯⋯⋯⋯⋯⋯117

表3.2.2.3 2022年部分生活体验真人秀类网络综艺列表⋯⋯⋯⋯⋯⋯⋯⋯⋯⋯⋯118

表3.2.2.4 2022年部分竞技选拔类网络综艺列表⋯⋯⋯⋯⋯⋯⋯⋯⋯⋯⋯⋯⋯119

图3.2.3 2022年网络综艺主题分布⋯⋯⋯⋯⋯⋯⋯⋯⋯⋯⋯⋯⋯⋯⋯⋯⋯⋯⋯119

表3.2.3　2022年部分网络综艺主题列表······································120

表3.2.3.1　2022年部分主题主线网络综艺列表····························121

表3.2.3.2　2022年部分体育主题网络综艺列表····························122

表3.2.3.3　2022年部分职场主题网络综艺列表····························123

表3.2.3.4　2022年部分喜剧主题网络综艺列表····························123

表3.2.3.5　2022年部分恋爱主题网络综艺列表····························124

表3.2.3.6　2022年部分女性主题网络综艺列表····························125

表3.2.3.7　2022年部分推理题材网络综艺列表····························125

表3.2.3.8　2022年部分露营主题网络综艺列表····························126

表3.2.3.9　2022年部分个人品牌主题网络综艺列表·······················126

表3.2.3.10　2022年部分合家欢主题网络综艺列表·······················127

图3.2.4.1（1）　2022年主要网络视听平台上线网络综艺数量统计············128

图3.2.4.1（2）　2021年、2022年主要网络视听机构独播网络综艺节目统计······128

图3.2.4.2　2021年、2022年腾讯视频网络综艺数量统计····················129

图3.2.4.3　2021年、2022年爱奇艺网络综艺数量统计·····················130

图3.2.4.4　2021年、2022年优酷网络综艺数量统计·······················130

图3.2.4.5　2021年、2022年芒果TV网络综艺数量统计····················131

图3.2.4.7（1）　2022年主要网络视听平台各月度上线网络综艺统计···········132

表3.2.4.7（1）　2022年部分暑期档网络综艺列表························133

表3.2.4.7（2）　2022年部分春节档网络综艺列表························134

图3.2.4.7（2）　2022年网络综艺更新频率统计···························135

图3.2.4.7（3）　2022年周播网络综艺上线日期分布·······················135

表3.2.4.8（1）　部分时长超120分钟"综N代"网络综艺列表···············136

表3.2.4.8（2）　部分时长超120分钟新策划上线网络综艺列表···············136

图3.2.4.9（1）　2022年各网络视听平台有先导片网络综艺节目占比统计·······138

图3.2.4.9（2）　2022年各网络视听平台涉及会员权益节目数量统计··········138

表3.2.4.9　部分会员抢先看网络综艺列表·······························138

表3.2.4.12（1）　2022年部分网络综艺招商情况·························141

表3.2.4.12（2）　2022年网络综艺部分冠名商···························142

表3.2.4.12（3）　2022年网络综艺中部分赞助商··························144

图3.3.1　2020年至2022年网播电视综艺上线数量统计……………………145

表3.3.1　2022年关注度较高、影响力较大的网播电视综艺列表…………145

图3.3.2（1）　2022年各类型网播电视综艺及上线数………………………146

图3.3.2（2）　2022年网播电视综艺主题分布………………………………147

表3.3.2（1）　2022年部分文化类网播电视综艺列表………………………147

表3.3.2（2）　2022年部分播出5季及以上的网播电视综艺列表 …………148

表3.3.2（3）　2022年部分播出第2季的网播电视综艺列表 ………………149

图3.3.3.1（1）　2022年主要网络视听平台上线网播电视综艺统计………149

图3.3.3.1（2）　2022年主要网络视听平台上线网播电视综艺统计（比例）……150

图3.3.3.2　2022年主要网络视听平台上线电视综艺数量趋势图 …………150

图3.3.3.3　2022年网播电视综艺会员权益占比统计 ………………………151

表3.3.3.4　2022年部分网台合作的网播电视综艺列表 ……………………152

表3.4.1　2020年至2022年多版本和衍生综艺数量统计……………………153

图3.4.1　2021年、2022年各平台播出多版本和衍生综艺数量统计………154

图3.4.2　2021年、2022年多版本和衍生综艺类型统计……………………154

表3.4.2　2022年部分多版本和衍生综艺题材创新列表……………………155

表3.4.2.1　2022年部分综艺的多版本综艺列表 ……………………………155

表3.4.2.2　2022年部分综艺的衍生综艺列表 ………………………………156

图3.4.3.1　2021年和2022年主要网络视听平台多版本、衍生综艺统计……158

图3.4.3.2　2022年多版本和衍生综艺会员权益情况………………………158

图3.4.3.3　2022年多版本和衍生综艺上线日期分布………………………159

表4.1　2022年网络纪录片、网播电视纪录片网播纪录电影相关主要数据一览表 …172

图4.1（1）　2022年网络纪录片、网播电视纪录片、网播纪录电影数量统计 ……173

图4.1（2）　2022年网络纪录片、网播电视纪录片、网播纪录电影各平台上线
　　　　　数量统计 ……………………………………………………………173

图4.1（3）　2022年网络纪录片、网播电视纪录片各月度上线数量统计 ……174

图4.1（4）　2021年至2022年网络纪录片各时长类型上线数量统计 ………174

图4.1（5）　2021年至2022年网播电视纪录片各时长类型上线数量统计 ……175

图4.2.1　2019年至2022年新上线网络纪录片数量统计……………………176

表4.2.1　2022年网络纪录片代表性作品列表………………………………176

图4.2.2.1　2022年网络纪录片各题材类型上线数量统计 ················178

图4.2.2.2　2022年党的二十大题材网络纪录片涉及国家发展成就关键词云图 ·······179

表4.2.2.2　2022年上线播出的党的二十大题材网络纪录片代表性作品列表 ·······179

图4.2.2.3（1）　2022年体育题材网络纪录片每月上线作品数量统计 ·········180

图4.2.2.3（2）　2022年体育题材网络纪录片涉及运动类型关键词云图 ········181

表4.2.2.3　2022年体育题材网络纪录片代表性作品列表 ·················181

图4.2.2.4　2022年文化艺术题材网络纪录片涉及表达元素、传统文化关键词云图 ···182

表4.2.2.4　2022年文化艺术题材网络纪录片代表性作品列表 ·············182

图4.2.2.5　2022年社会现实题材网络纪录片涉及职业、话题关键词云图 ·······184

表4.2.2.5　2022年社会现实题材网络纪录片代表性作品列表 ·············184

图4.2.2.6　2022年自然地理题材网络纪录片涉及动物、地域关键词云图 ·······185

表4.2.2.6　2022年自然地理题材网络纪录片代表性作品列表 ·············185

图4.2.2.7（1）　2019年至2022年美食题材网络纪录片非续集数量、续集数量、
作品总量统计 ·················187

图4.2.2.7（2）　2022年美食题材网络纪录片涉及食物关键词云图 ··········187

表4.2.2.7　2022年美食题材网络纪录片代表性作品列表 ·················187

图4.2.3.1（1）　2022年网络纪录片中外机构合作方式统计 ··············188

图4.2.3.1（2）　2020年至2022年中外合作国内、国外机构数量统计 ········189

图4.2.3.1（3）　2020年至2022年网络纪录片中外合作的中方机构分类统计 ····189

表4.2.3.1　2022年中外合作代表性作品列表 ·······················189

图4.2.3.（1）　2022年网络纪录片各主要视听平台上线数量统计 ··········190

图4.2.3.2（2）　芒果TV 2019年至2022年上线播出的网络纪录片数量统计 ····191

图4.2.3.2（3）　爱奇艺2019年至2022年上线播出的网络纪录片数量统计 ····191

图4.2.3.2（4）　2022年美食题材网络纪录片各主要视听平台上线数量统计 ····192

图4.2.3.2（5）　腾讯视频2019年至2022年上线播出的网络纪录片数量统计 ···192

图4.2.3.2（6）　2022年主要网络视听平台参与制作的网络纪录片数量统计 ····193

图4.2.3.2（7）　优酷2019年至2022年上线播出的网络纪录片数量统计 ·····193

图4.2.3.2（8）　bilibili 2019年至2022年上线播出的网络纪录片数量统计 ····194

图4.2.3.2（9）　西瓜视频2022年网络纪录片各时长类型上线数量统计 ······195

图4.2.3.2（10）　西瓜视频2020年至2022年上线播出的网络纪录片数量统计 ···195

图4.2.3.3（1） 2022年四家网络视听机构首页焦点图推荐网络纪录片作品数量统计 …196

图4.2.3.3（2） 2022年四家网络视听机构网页端首页焦点图网络纪录片类型统计 …196

图4.2.3.3（3） 2022年四家网络视听机构移动端首页焦点图推荐网络纪录片类型
统计 ………………………………………………………………197

表4.2.3.3 2022年四家网络视听机构首页焦点图推荐网络纪录片列表 …………197

图4.2.3.4（1） 2022年网络纪录片更新节奏统计 ……………………………199

图4.2.3.4（2） 2022年网络纪录片每周更新统计 ……………………………199

图4.2.3.5 2022年网络纪录片主要付费权益统计 …………………………199

图4.3.1 2020年至2022年新上线网播电视纪录片数量统计…………………200

表4.3.1 2022年网播电视纪录片代表性作品列表………………………………200

图4.3.2.2 2022年网播电视纪录片各题材类型上线数量统计 ………………202

图4.3.3.1（1） 2021年至2022年网播电视纪录片网络视听平台参与制作数量统计 …203

图4.3.3.1（2） 2021年至2022年网播电视纪录片各主要网络视听平台参与制作
数量统计 …………………………………………………………204

图4.3.3.1（3） 2022年网播电视纪录片各级电视台参与形式统计 ……………204

图4.3.3.2 2022年网播电视纪录片各网络视听平台上线数量统计 ……………205

图4.3.3.3 2022年四家网络视听机构首页焦点图推荐网播电视纪录片作品数量统计 …206

表4.3.3.3 2022年四家网络视听机构首页焦点图推荐网播电视纪录片列表 …………206

图4.4（1） 2020年至2022年新上线网播纪录电影数量统计 ………………207

表4.4 2022年上线播出的网播纪录电影列表 …………………………207

图4.4（2） 2022年网播纪录电影各题材类型上线数量统计 ………………208

图4.4（3） 2022年网播纪录电影具有指导单位制作背景的作品数量统计 …208

图4.4（4） 2022年网播纪录电影播出平台数量统计 ……………………209

表5.1 2022年网络动画片、网播电视动画片主要数据表 ……………222

图5.1（1） 2020年至2022年网络动画片（广义）数量对比 …………223

图5.1（2） 2022年网络动画片上线时间统计 …………………………223

图5.1（3） 2022年网络动画片播出平台统计 …………………………224

图5.2.1 2020—2022年网络动画片数量对比……………………………225

表5.2.1 2022年部分关注度较高、影响力较大的网络动画片列表 ……225

图5.2.2 2022年网络动画片元素题材统计…………………………………229

图5.2.3　2022年网络动画片故事来源统计···232

图5.2.3.3　2022年网络动画片统计（续集/非续集）··································234

图5.2.4　2022年网络动画片作品形式统计···235

图5.2.5　2022年网络动画片单集时长统计···236

图5.3.1　2022年网络动画片播出平台统计···237

图5.3.2.2　2020—2022年平台参与出品数量统计·····································239

表5.3.2.3　2022年部分平台设置的剧场及代表作列表······························240

图5.3.3.1　2022年网络动画片月上线节目数量统计································241

表5.3.4.1　爱奇艺作品分账收入说明表··242

表5.3.4.2　部分代表性广告统计表··243

表5.3.6　2022年知名配音团队及代表作品统计表·····································245

图5.4.1　2021年与2022年网络动态漫画数量对比····································246

表5.4.1　2022年部分关注度较高、影响力较大的网络动态漫画列表··········246

图5.4.2.1　2022年网络动态漫画元素统计···247

图5.4.2.2　2022年网络动态漫画故事来源统计···248

图5.4.3.1（1）　2022年网络动态漫画单集时长统计·······························249

图5.4.3.1（2）　2022年网络动态漫画单部集数统计·······························249

图5.4.4.1　2022年网络动态漫画播出平台统计···250

图5.4.4.2　2022年网络动态漫画更新节奏统计···250

图5.5.1　2021年与2022年网播电视动画数量对比····································251

图5.5.2　2022年网播电视动画元素题材分类··252

图5.5.3.1（1）　2022年网播电视动画单集时长统计·······························253

图5.5.3.1（2）　2022年网播电视动画总集数统计·································253

图5.5.3.1（3）　2021年和2022年网播电视动画续集情况统计·················254

图5.5.3.2　2022年网播电视动画作品形式统计···254

图5.5.4.1（1）　2022年网播电视动画播出平台统计·······························255

图5.5.4.1（2）　2022年网播电视动画月上线节目数量统计·····················255

表5.6.1　2022年部分关注度较高、影响力较大的少儿网络动画片列表·········256

图5.6.2　2022年少儿网络动画片元素题材分类···257

图5.6.3.1（1）　2022年网播电视动画单集时长统计·······························258

图5.6.3.1（2）　2022年网播电视动画总集数统计 ··258

图5.6.3.2　2022年网播电视动画作品形式统计 ··259

图5.6.4　2022年网播电视动画播出平台统计 ···259

附表1　2022年上线的网络剧信息列表 ···272

附表2　2022年上线的网络首播电视剧信息列表 ···277

附表3　2022年上线的重点网络微短剧信息列表 ···281

附表4　2022年主要视频网站对网络剧分账模式 ···286

附表5　2022年主要视频网站对网络微短剧分账模式 ···289

附表6　2022年上线的网络电影信息列表 ···296

附表7　取得《电影片公映许可证》并于2022年首先在互联网上线的电影一览表 ·····307

附表8　2022年主要播出平台合作及分成模式 ···309

附表9　2022年上线的网络综艺（狭义）列表 ···313

附表10　2022年上线的网络综艺（多版本、衍生）列表 ·····································319

附表11　2022年上线的网播电视综艺列表 ···331

附表12　2022年上线的网络动画片信息列表 ···339

附表13　2022年上线的网络动态漫画信息列表 ··346

附表14　2022年上线的网播电视动画片信息列表 ···354

附表15　2022年上线的少儿网络动画片信息列表 ···361

1

网络剧、网络首播电视剧、网络微短剧

1.1 主要数据一览和研究发现

表1.1（1） 2022年网络剧、网络首播电视剧等相关主要数据一览表

类型		项目	数量
网络剧		全年上线数量	171
	类别	获得《网络剧片发行许可证》的剧	28
		重点剧	168
		6集以内的剧（含6集）	2
		20集以内的剧（含20集）	54
		30集以内的剧（含30集）	144
		40集以内的剧（含40集）	171
		单集时长15–30分钟的剧	30
		互动剧	2
		独播剧	145
		付费（会员权益）剧	166
		新获得规划备案网络剧	660
		新获得上线备案网络剧	162
网络首播电视剧		全年上线数量	77
	类别	仅在互联网播出的剧	33
		先网后台剧	3
		网台同播剧（网站会员优先）	41
		卫视黄金档剧（网站会员优先）	32
		6集以内的剧（含6集）	0
		20集以内的剧（含20集）	5
		30集以内的剧（含30集）	18
		40集以内的剧（含40集）	72
		单集时长15–30分钟的剧	3
		独播剧	48
		付费（会员权益）剧	74
网台同播电视剧（卫视优先）		全年上线数量	63
	类别	黄金档播出的剧	57
		非黄金档播出的剧	6

续表

类型		项目	数量
重点网络微短剧		全年上线数量	172
	类别	获得《网络剧片发行许可证》的剧	29
		竖屏剧	10
		横屏剧	162

数据来源：监管中心统计数据 2023.1　　　　　　　　　　　　　　国家广播电视总局监管中心

　　网络剧数量减少，重点网络微短剧数量大幅增加，网络首播电视剧数量保持稳定。2022年，全年上线网络剧171部，重点网络微短剧172部，网络首播电视剧77部。网络剧数量较2021年（200部）有所下降，重点网络微短剧数量较2021年（58部）大幅增加，网络首播电视剧数量较2021年（79部）变化不大，基本保持稳定。从月度上线情况来看，寒暑档期上线数量相对集中。

（单位：部）

数据来源：监管中心统计数据 2023.1　　　　　　　　　　　　　　国家广播电视总局监管中心

图1.1（1）　2021年和2022年网络剧、重点网络微短剧、网络首播电视剧数量统计

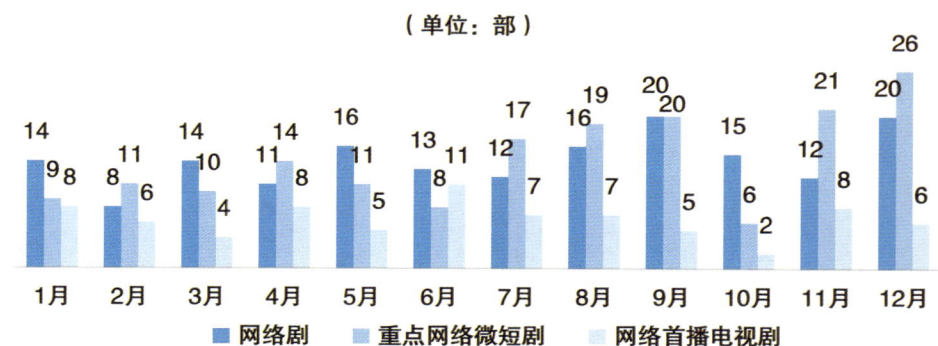

（单位：部）

数据来源：监管中心统计数据 2023.1　　　　　　　　　　　　　　国家广播电视总局监管中心

图1.1（2）　2022年网络剧、网络微短剧、网络首播电视剧数量统计（分月度）

　　网络剧片发行许可制度开始实行。2022年4月29日，国家广播电视总局印发《国家广播电视总局办公厅关于国产网络剧片发行许可服务管理有关事项的通知》，正式将国产网络剧片审查纳入行政许可事项，标志着网络剧正式拥有了"网标"。网络剧片发行许可制度的实行，是对网络影视管理效能的优化，同时也是网上网下同一标准的践行，更是网络影视产业的一次跨越式升级，有利于网络影视作品向精品化方向迈进，向更广阔的空间发展。2022年，获得《网络剧片发行许可证》的网络剧共28部，网络微短剧29部。

　　主旋律作品多点开花。2022年是党的二十大召开之年，"礼赞新时代，奋进新征程"优秀电视剧展播、"共筑中国梦"优秀网络视听节目展播等一系列活动先后上线，网台同播电视剧、网络首播电视剧、网络剧共同发力同频共振。平民史诗级电视剧《人世间》高热开年，《运河边的人们》《麓山之歌》《那山那海》《我们的十年》《大博弈》等多部献礼剧紧随其后、热度不断，聚焦中国梦伟大征程，讲述广大人民对美好生活的向往和追求。主要网络视听平台积极响应，《底线》《大考》等在视频网站与卫视同步播出，以典型人物故事展现现实生活和时代精神。《冰球少年》《猎罪图鉴》等优秀网络视听节目，突出主题，受到广泛好评。

表1.1（2）　2022年电视剧主题作品和网络视听精品节目播出情况

序号	类别	剧名	题材类型	播出平台	上线时间
1	"礼赞新时代 奋进新征程"优秀展播剧	问天	科技航天	腾讯视频、搜狐视频、中国网络电视台、聚力网、风行网、咪咕视频、乐视视频	2021.12.17
2		超越	体育竞技	爱奇艺、腾讯视频、优酷	2022.01.09
3		冰雪之名	青春、励志	爱奇艺、腾讯视频、优酷、中国网络电视台、咪咕视频	2022.02.05
4		运河边的人们	当代、都市	芒果TV、爱奇艺、腾讯视频、优酷、中国网络电视台	2022.08.01
5		麓山之歌	当代、重工、制造业	芒果TV、咪咕视频	2022.08.19
6		底线	都市、法治	芒果TV、爱奇艺	2022.09.19
7		大考	都市	芒果TV、爱奇艺、腾讯视频、优酷	2022.09.21
8		我们这十年	当代、都市	芒果TV、爱奇艺、腾讯视频、优酷、咪咕视频	2022.10.10
9		大博弈	都市、情感	腾讯视频	2022.11.05
10		天下长河	古装、历史	芒果TV	2022.11.11
11		山河锦绣	脱贫攻坚	芒果TV、爱奇艺、腾讯视频、优酷	2022.11.15
12		县委大院	当代、都市	爱奇艺、腾讯视频、中国网络电视台、咪咕视频	2022.12.07
13		护卫者	都市	爱奇艺、腾讯视频、搜狐视频、风行网、咪咕视频	2022.12.16

续表

序号	类别	剧名	题材类型	播出平台	上线时间
14		破晓东方	重大革命	爱奇艺、腾讯视频、优酷、中国网络电视台、咪咕视频	2022.12.23
15	网络视听精品节目	开端	科幻、都市、悬疑	腾讯视频	2022.01.11
16		江照黎明	都市、悬疑	芒果TV	2022.01.27
17		冰球少年	青春、体育竞技	芒果TV、咪咕视频	2022.01.30
18		猎罪图鉴	悬疑、刑侦	爱奇艺、腾讯视频	2022.03.06
19		重生之门	悬疑、刑侦	优酷	2022.04.27
20		对决	悬疑、刑侦	爱奇艺、腾讯视频	2022.05.10
21		星汉灿烂	古装、情感	腾讯视频	2022.07.05
22		月升沧海	古装、情感	腾讯视频	2022.07.27
23		苍兰诀	古装、玄幻、情感	爱奇艺	2022.08.07
24		罚罪	悬疑、刑侦	爱奇艺	2022.08.25
25		你安全吗?	都市、悬疑	爱奇艺、腾讯视频	2022.09.11
26	网络视听精品节目	请君	奇幻、情感	爱奇艺	2022.09.15
27		昆仑神宫	悬疑、探险	腾讯视频	2022.09.20
28		唐朝诡事录	奇幻、悬疑	爱奇艺	2022.09.27
29		血战松毛岭	战争、革命历史	优酷	2022.10.27
30		卿卿日常	古装、喜剧、情感	爱奇艺	2022.11.10

数据来源：监管中心统计数据 2023.1　　　　　　　　　　　　国家广播电视总局监管中心

　　降本增效成效显著，品质水准不断提升。 2022年爱奇艺、腾讯视频、优酷、芒果TV等主要传播平台积极调整发展布局，各平台普遍减少了网络剧和网络首播电视剧的上线数量，将更多的精力投入到提升作品的内容品质方面，通过科学的"健康瘦身"，一大批叫好又叫座的影视作品脱颖而出，热度飙升，好评不断，给观众留下深刻印象。

（单位：部）

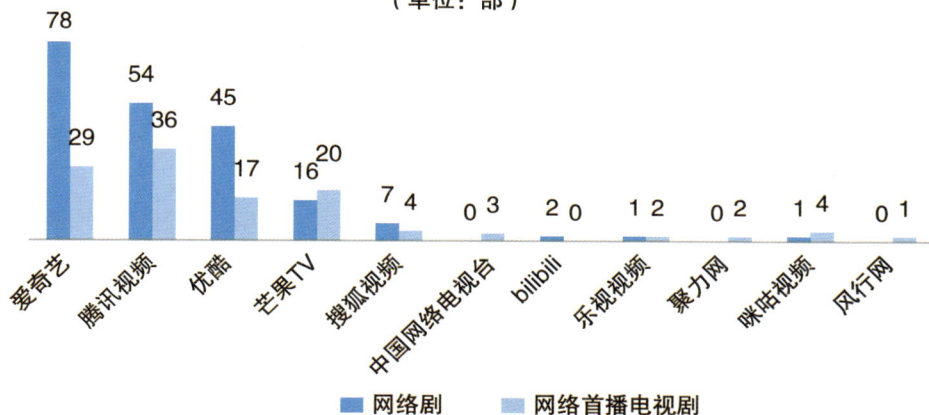

数据来源：监管中心统计数据 2023.1　　　　　　　　　　　　国家广播电视总局监管中心

图1.1（3）　2022年网络剧、网络首播电视剧数量统计（分平台）

在独播方面，网络剧在爱奇艺、腾讯视频、优酷、芒果TV等主要传播平台独播占比较高，网络首播电视剧相对占比较低。优酷独播趋势明显，两种类型节目在平台的独播占比均处于较高水平。

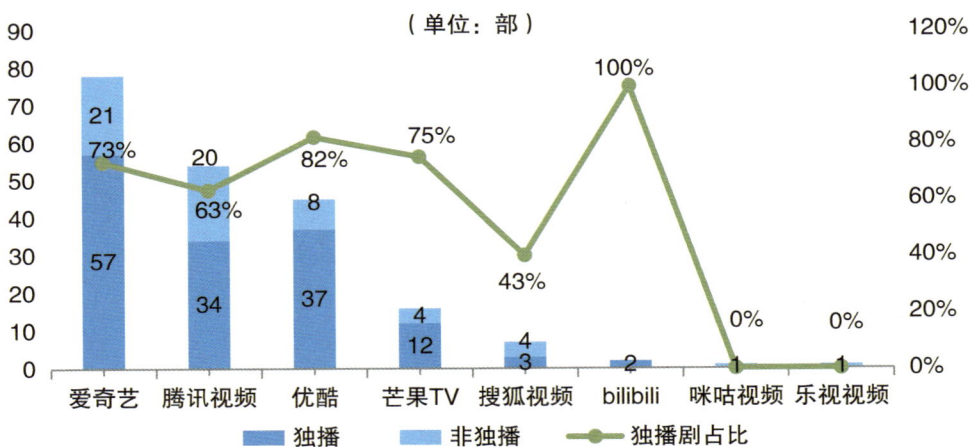

（单位：部）

数据来源：监管中心统计数据 2023.1　　　　国家广播电视总局监管中心

图1.1（4）　2022年网络剧数量统计（分平台）

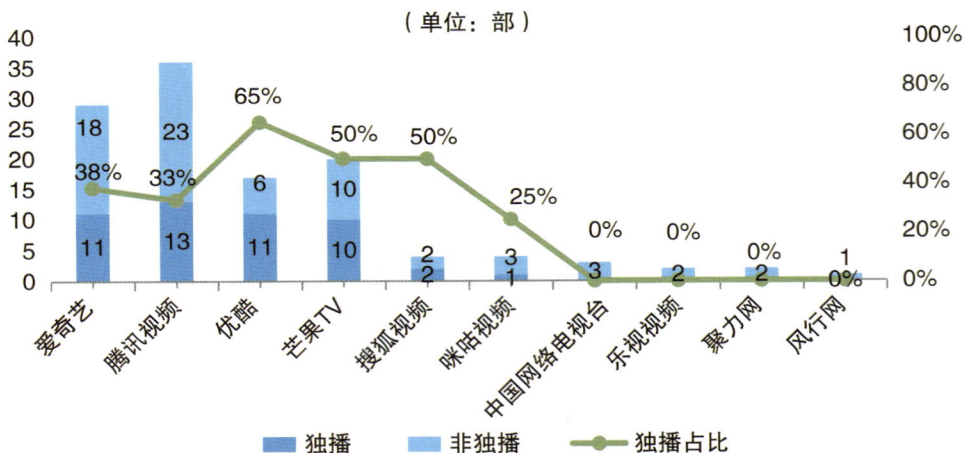

（单位：部）

数据来源：监管中心统计数据 2023.1　　　　国家广播电视总局监管中心

图1.1（5）　2022年网络首播电视剧数量统计（分平台）

网络微短剧爆发式发展。2022年，网络微短剧数量几何式增长，质量有所提升，题材类型逐步呈现多元化、差异化的特征，影响力持续扩大。主要视频平台积极布局，升级分账规则，加大对内容创作的扶持力度。创作团队延伸扩展，持续推进网络微短剧向专业化、精品化方向迈进。

1.2　网络剧

1.2.1　概貌

　　2022年，全年共上线网络剧171部，整体数量有所下降。在影视行业"降本增效"的背景环境中，网络剧也在逐步回调，深耕各题材领域，在冷静摸索中稳步发展。

（单位：部）

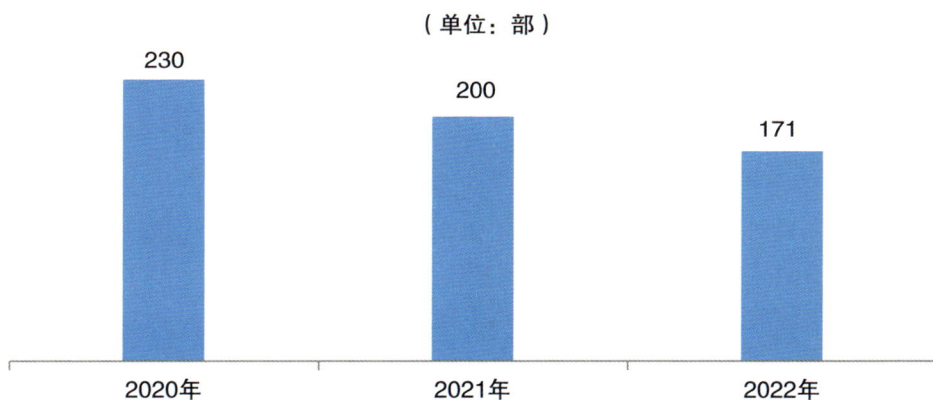

数据来源：监管中心统计数据 2023.1　　　　国家广播电视总局监管中心

图1.2.1（1）　2020—2022年新上线网络剧数量

表1.2.1　2022年部分关注度较高、影响力较大的网络剧列表

序号	剧名	题材类型	播出平台	上线时间
1	开端	都市、科幻、悬疑	腾讯视频	2022.01.11
2	猎罪图鉴	悬疑、刑侦	爱奇艺、腾讯视频	2022.03.06
3	了不起的D小姐	悬疑、年代剧	爱奇艺	2022.03.18
4	重生之门	悬疑、刑侦	优酷	2022.04.27
5	对决	悬疑、刑侦	爱奇艺、腾讯视频	2022.05.10
6	破事精英	都市、喜剧	爱奇艺	2022.06.18
7	星汉灿烂	古装、情感	腾讯视频	2022.07.05
8	庭外·盲区	悬疑、刑侦	优酷	2022.07.14
9	庭外·落水者	悬疑、刑侦	优酷	2022.07.19

续表

序号	剧名	题材类型	播出平台	上线时间
10	月升沧海	古装、情感	腾讯视频	2022.07.27
11	苍兰诀	古装、玄幻、情感	爱奇艺	2022.08.07
12	胆小鬼	悬疑、青春校园	优酷	2022.08.08
13	罚罪	悬疑、刑侦	爱奇艺	2022.08.25
14	你安全吗？	都市、悬疑	爱奇艺、腾讯视频	2022.09.11
15	三悦有了新工作	青春、都市、情感	bilibili	2022.09.21
16	唐朝诡事录	奇幻、悬疑	爱奇艺	2022.09.27
17	芳心荡漾	都市、情感	爱奇艺	2022.10.26
18	血战松毛岭	战争、年代剧	优酷	2022.10.27
19	在你的冬夜里闪耀	奇幻、情感	腾讯视频	2022.10.31
20	卿卿日常	古装、喜剧、情感	爱奇艺	2022.11.10

数据来源：监管中心统计数据 2023.1　　　　　　　　　　　国家广播电视总局监管中心

　　网络剧片发行许可制度实施以来，重点网络剧主要以《网络剧片发行许可证》和"上线备案号"两种上线备案方式呈现。2022年上线的重点网络剧共168部，其中，28部获得《网络剧片发行许可证》，占比17%。49%于2022年获得上线备案号，31%于2021年获得上线备案号，3%于2020年获得上线备案号。

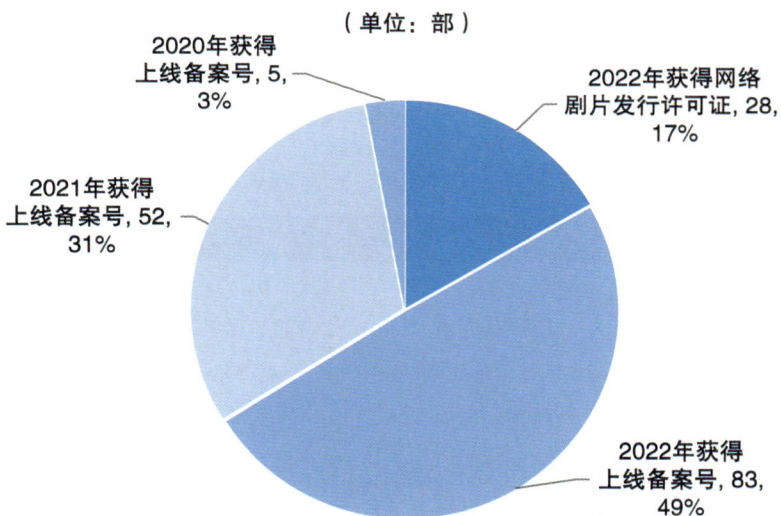

（单位：部）

2020年获得上线备案号, 5, 3%

2022年获得网络剧片发行许可证, 28, 17%

2021年获得上线备案号, 52, 31%

2022年获得上线备案号, 83, 49%

数据来源：监管中心统计数据 2023.1　　　　　　　　　　　国家广播电视总局监管中心

图1.2.1（2）　2022年网络剧统计（获得上线备案年份）

1.2.2 节目内容

　　我们采用"贴标签"的方式，根据一部剧展现的内容，选取其包含的1—3个主要题材元素作为标签，对全年171部网络剧进行了分类统计。统计发现，情感、都市、悬疑等题材相对较多。

数据来源：监管中心统计数据 2023.1　　　　　　　　　　　国家广播电视总局监管中心

图1.2.2　2022年网络剧统计（分题材类型）

1.2.2.1　现实题材·主题创作内容题材取得新突破

　　2022年现实题材网络剧持续发力，在全年上线作品中占比超过六成。网络剧围绕主题主线积极谋篇、大胆尝试，在题材内容方面取得了新突破。在党的二十大胜利召开之际，国家广播电视总局指导创作的革命历史题材网络剧《血战松毛岭》，将真实历史进行艺术创作，通过青春视角，详细描绘闽西地方红军武装队伍打响关键战斗，用生命践行革命信仰的历程，是网络剧在革命历史题材方面的一次有益尝试和全新突破。谍战剧《了不起的D小姐》围绕成功的女商人逐步成长为一名成熟的共产党员展开，突出女性的刚毅之美，呈现谍战工作中女性的力量和重要地位，弥补了网络剧中谍战题材的空白。《共饮一江水》以武汉抗疫为素材，通过艺术塑造，展现了外卖员、志愿者、大学生、普通市民等各行各业抗击疫情的全景画卷，故事温情，打动人心。第一部获得《网络剧片发行许可证》的网络剧《对决》，在揭露黑恶势力罪恶行径的同时，重笔墨展现公安干警的英勇无畏。在"冬奥档期"上线的《冰球少年》聚焦动感高燃的冰球运动，展现新一代年轻人敢于冒险、勇于追梦的精神面貌，实现冬奥主题下的体育文化输出。

　　以观照当下社会生活百态的现实题材剧，主要覆盖悬疑刑侦、都市情感、青春情感等主题内容。例如，刑侦剧《猎罪图鉴》，画像师与警察合作破案，探究骗婚杀人、金店抢劫等真实案件的谜底，同时不回避女性容貌焦虑、职场性别歧视、校园霸凌等社会热点话题。《重生之门》中，刑侦队长与盗窃世家"天才学生"组合探案，在抽丝剥茧中洞见真相，冰冷高智商的悬疑推理夹揉双向救赎的温柔内核，最终让他们释怀过往，实现自我"重生"。网络行业题材剧《你安全吗？》，秉持"科技向善"的初心、恪守正义底线的三个年轻人，协助公安部门打击犯罪。开创性地以互联网信息安全为切入点，聚焦婚恋、教育、养老、职场等社会热点和民生话题，为观众科普网络安全小常识。女性群像剧《芳心荡漾》，以三个不同年龄层独立女性的生活为侧影，在背叛、欺骗、陷阱等不同的情感境遇中，打破"套路"，勇敢应战，努力追爱，不贩卖焦虑，传递积极向上生活态度。青春悬疑剧《胆小鬼》，以悬疑为引，重点突出特殊年代背景下，年轻人直面社会困境和生活痛点的坚守和抉择，整体质量较高。

现实题材剧可圈可点的成绩进一步开掘了网络剧的高度、深度和广度，凭借特有的网络特色，与电视剧共同形成了剧集类作品"花开两朵，各表一枝"的态势。

表1.2.2.1　2022年上线的部分现实题材网络剧列表

序号	剧名	题材类型	播出平台	上线时间
1	江照黎明	都市、悬疑	芒果TV	2022.01.27
2	冰球少年	青春、体育竞技	芒果TV、咪咕视频	2022.01.30
3	猎罪图鉴	悬疑、刑侦	爱奇艺、腾讯视频	2022.03.06
4	了不起的D小姐	悬疑、年代剧	爱奇艺	2022.03.18
5	共饮一江水	都市、抗疫	腾讯视频	2022.04.26
6	重生之门	悬疑、刑侦	优酷	2022.04.27
7	对决	悬疑、刑侦	爱奇艺、腾讯视频	2022.05.10
8	破事精英	都市、喜剧	爱奇艺	2022.06.18
9	庭外·盲区	悬疑、刑侦	优酷	2022.07.14
10	庭外·落水者	悬疑、刑侦	优酷	2022.07.19
11	胆小鬼	悬疑、青春校园	优酷	2022.08.08
12	罚罪	悬疑、刑侦	爱奇艺	2022.08.25
13	你安全吗？	都市、悬疑	爱奇艺、腾讯视频	2022.09.11
14	三悦有了新工作	青春、都市、情感	bilibili	2022.09.21
15	芳心荡漾	都市、情感	爱奇艺	2022.10.26
16	血战松毛岭	战争、年代剧	优酷	2022.10.27

数据来源：监管中心统计数据 2023.1　　　　　　　　　　　　　国家广播电视总局监管中心

1.2.2.2　情感题材·降甜宠、增营养，感情戏有感染力

2022年情感题材网络剧共97部，占比超过全年上线作品的五成。多数内容以古装情感、都市情感、青春情感展开，尤其是轻喜的甜宠剧数量居多，特别是以女性学生

受众群体为主的古装情感剧。相较以往情感题材网络剧同质化、模式化的症结，2022年，该类题材开始在降甜宠、增营养方面下功夫。以"双向救赎""势均力敌""灵魂互通、感其所感"等符合当下价值观念的方式打开，摒弃了爱情中"无脑"的甜、刻意和做作，在较强的情感感染力下，结合诙谐的喜剧成分，引发广泛关注。例如，《星汉灿烂》《月升沧海》《苍兰诀》等多部热播古装剧，在情感方面除了甜宠戏份外，女性自立、男女主人公互帮互助的情节也成为高热度话题，三部剧集霸屏暑期档。其他情感题材也在有意的寻求创新，例如，《不会恋爱的我们》在每集片尾设置情感教学小课堂，针对情感世界中的普遍问题，既有理论，又有实践，直达目标受众。《在你的冬夜里闪耀》设定的两个不同时空里，每个人都有着两段不同的生活经历，通过让两个时空的自己交换人生，弥补亲情中的遗憾，互相和解互相救赎，温暖而治愈。《恋爱的夏天》以喜剧的风格深入探讨爱情中的相遇、相知、相爱、相守，话题犀利，语言逗趣，既放松身心，又传达经验。

表1.2.2.2　2022年上线的部分情感题材网络剧列表

序号	剧名	题材类型	播出平台	上线时间
1	一闪一闪亮星星	穿越、青春校园、情感	爱奇艺	2022.01.26
2	不会恋爱的我们	都市、情感	优酷	2022.02.08
3	且试天下	古装、情感、武侠	腾讯视频	2022.04.18
4	超时空大玩家	奇幻、都市、情感	爱奇艺	2022.04.30
5	星汉灿烂	古装、情感	腾讯视频	2022.07.05
6	月升沧海	古装、情感	腾讯视频	2022.07.27
7	苍兰诀	古装、玄幻、情感	爱奇艺	2022.08.07
8	恋爱的夏天	都市、情感	腾讯视频	2022.08.28
9	见面吧，就现在	都市、喜剧、情感	爱奇艺	2022.09.09
10	三悦有了新工作	青春、都市、情感	bilibili	2022.09.21
11	我的秘密室友	都市、情感、奇幻	爱奇艺	2022.10.13
12	芳心荡漾	都市、情感	爱奇艺	2022.10.26
13	在你的冬夜里闪耀	奇幻、情感	腾讯视频	2022.10.31
14	卿卿日常	古装、喜剧、情感	爱奇艺	2022.11.10

数据来源：监管中心统计数据 2023.1　　　　　　　　　国家广播电视总局监管中心

1.2.2.3　悬疑题材·内容升级，刑侦剧出圈较多

2022年悬疑题材网络剧上线37部，占全年上线总数的22%。悬疑题材一直深受观众喜爱。作为网络剧中的重要品类，2022年多部作品内容创新升级，话题焦点趋向社会性、大众化，高情节密度的刑侦剧持续吸睛。多数作品中融入了不少治愈轻喜元素，起到了调节剧集气氛的作用。

社会派悬疑内容升级。都市科幻悬疑剧《开端》，引入无限循环这一高概念，渲染悬疑氛围，通过对公交车上社会群像的深入剖析，用人文关怀缓解汽车爆炸的恶性事件，实现故事的延展和扩充、主题的深化和升华。首部涉及网络安全的网络剧《你安全吗？》，以互联网信息安全为题，在关注当代社会民生话题同时，揭开网络骗局，传播正能量，轻松幽默的桥段营造轻喜氛围。《胆小鬼》以悬疑为线索，直面社会现实，真实呈现青春疼痛。

刑侦类悬疑作品扩展探案空间，表现亮眼。《重生之门》通过缜密的逻辑推理、骇人的犯案手法，将各方势力之间的博弈氛围拉满，正义与邪恶的角逐牵动人心。《猎罪图鉴》将刑侦案件与模拟画像结合，以画像师的视角剖析刑侦案件，残影修复、三岁画老、整容还原等神奇的技巧让观众耳目一新。《庭外》以《盲区》和《落水者》两个篇章同时空并行叙事：《盲区》以刚性的悬疑为重，将法官作为主视角，结合警察、律师的职业特点展现司法体系生态；《落水者》突出律师的职场风格，重点放在柔情的人性之上。两个篇章各有特色又相得益彰，形式新颖独特。《对决》以扫黑除恶为背景，高度还原人性博弈的残酷，扫黑之路的曲折，通过纪实的影像风格增加题材内容的现实感和说服力。

表1.2.2.3　2022年上线的部分悬疑题材网络剧列表

序号	剧名	题材类型	播出平台	上线时间
1	开端	科幻、都市、悬疑	腾讯视频	2022.01.11
2	江照黎明	都市、悬疑	芒果TV	2022.01.27
3	猎罪图鉴	悬疑、刑侦	爱奇艺、腾讯视频	2022.03.06
4	了不起的D小姐	悬疑、年代剧	爱奇艺	2022.03.18
5	重生之门	悬疑、刑侦	优酷	2022.04.27
6	对决	悬疑、刑侦	爱奇艺、腾讯视频	2022.05.10
7	庭外·盲区	悬疑、刑侦	优酷	2022.07.14
8	庭外·落水者	悬疑、刑侦	优酷	2022.07.19
9	胆小鬼	悬疑、刑侦、情感	优酷	2022.08.08
10	罚罪	悬疑、刑侦	爱奇艺	2022.08.25
11	你安全吗？	悬疑、都市、刑侦	爱奇艺、腾讯视频	2022.09.11
12	昆仑神宫	悬疑、探险、奇幻	腾讯视频	2022.09.20
13	唐朝诡事录	奇幻、悬疑、古装	爱奇艺	2022.09.27

数据来源：监管中心统计数据 2023.1　　　　　　　　　　国家广播电视总局监管中心

1.2.2.4　女性题材·多元内容建构更多新女性形象

2022年共上线女性题材网络剧8部。网络剧中以女性为主要刻画对象的题材兴起于

2020年，与以往传统的都市女性剧、古装大女主剧所不同，网络剧中的女性题材现实感更强，话题内容更加贴近生活，涉及两性关系、独立女性、原生家庭、家庭暴力等多种话题。经过三年的发展变迁，女性题材网络剧不断拓展边界，向着多元、融合方向迈进。

"她题材"网络剧多数剧集已经从家庭选题中跳脱出来，摒弃了"职场白骨精"，精细多元的故事内容建构了更多新女性形象。例如，女性群像剧《芳心荡漾》用喜剧的风格，刻画了三位不同年龄、性格迥异、敢爱敢恨的女性，成功利用反套路对抗生活中的各种难题，老故事新讲法引关注。《三悦有了新工作》以要"躺平"的女青年成长为一名专业殡仪馆遗体化妆师为线索，辐射到众生群像、社会议题，为观众进行了一场温暖、治愈的死亡教育。《摇滚狂花》聚焦一对母女与众不同的家庭代际关系，讲述她们在鸡飞狗跳的相处中逐渐找到和解之路的故事。另外，悬疑、谍战等题材内容的融入，为"她题材"拓展了空间。《不期而至》将情感与悬疑相结合，记录家庭主妇面对突如其来的巨大生活困境，在抽丝剥茧寻找真相过程中逐渐成长蝶变的过程。《了不起的D小姐》将女性力量融入到谍战工作中，以女性视角勾勒抗战时期的时代频谱。

表1.2.2.4   2022年上线的女性题材网络剧列表

序号	剧名	题材类型	播出平台	上线时间
1	江照黎明	都市、悬疑	芒果TV	2022.01.27
2	了不起的D小姐	悬疑、年代剧	爱奇艺	2022.03.18
3	单亲辣妈	都市、情感	腾讯视频	2022.05.14
4	三悦有了新工作	青春、都市、情感	bilibili	2022.09.21
5	乱世芳华	悬疑、情感	爱奇艺、腾讯视频、优酷	2022.09.26
6	摇滚狂花	都市、情感	爱奇艺	2022.10.11
7	芳心荡漾	都市、情感	爱奇艺	2022.10.26
8	不期而至	都市、情感、悬疑	优酷	2022.11.02

数据来源：监管中心统计数据 2C23.1   国家广播电视总局监管中心

1.2.2.5   超现实题材·结构创新，古装玄幻热度不减

2022年超现实题材网络剧共上线34部，占全年上线总数的20%，主要以奇幻、玄幻为主。时间循环、平行宇宙、时空穿梭、无限流等新颖的结构创新，融入了接地气的现实问题，为超现实题材增添了落地的治愈感。《开端》男女主角在时间循环中寻找真凶，阻止公交车爆炸，拯救乘客的生命，展现世间百态和人性冷暖。《救了一万次的你》在老板重复花式死亡的循环中，揭示职场性骚扰、实习生处境、老板员工关系等各种职场问题。《一闪一闪亮星星》聚焦在暗恋这一单纯的情感上，女主反复回

到平行时空的高中，只为治愈青春时光中一场无疾而终的暗恋。《在你的冬夜里闪耀》将女性成长与平行时空结合，在互换后的时空中弥补遗憾，带着被救赎的温暖重新回到现实世界。古装玄幻热度不减，《苍兰诀》讲述仙女小兰花与月尊东方青苍甜虐交织的爱情故事，极弱对极强的反差萌CP组合，在东方玄幻之境中相爱相杀，让观众直呼过瘾。《与君初相识》《恰似故人归》《沉香重华》等多部仙侠剧，以守护天下苍生大义为内核，通过甜虐交织、童话般的美好情感，以及HE（Happy Ending，意思是：完美结局）的结局达到观众对情感的想象预期，满足审美需求。

表1.2.2.5　2022年上线的部分超现实题材网络剧列表

序号	剧名	题材类型	播出平台	上线时间
1	开端	科幻、都市、悬疑	腾讯视频	2022.01.11
2	一闪一闪亮星星	穿越、情感、青春校园	爱奇艺	2022.01.26
3	与君初相识	古装、玄幻	优酷	2022.03.17
4	恰似故人归	古装、玄幻	优酷	2022.04.04
5	救了一万次的你	科幻、喜剧、情感	爱奇艺、腾讯视频	2022.05.01
6	苍兰诀	古装、玄幻	爱奇艺	2022.08.07
7	沉香重华	古装、玄幻	优酷	2022.08.18
8	请君	奇幻、情感	爱奇艺	2022.09.15
9	唐朝诡事录	奇幻、悬疑	爱奇艺	2022.09.27
10	回到明天	奇幻、喜剧	优酷	2022.10.29
11	在你的冬夜里闪耀	奇幻、穿越、情感	腾讯视频	2022.10.31

数据来源：监管中心统计数据 2023.1　　　　　　　　　　　　　　国家广播电视总局监管中心

1.2.2.6　喜剧题材·融入多元类型，扩展情景喜剧的边界

2022年喜剧题材网络剧共29部，占全年上线总数17%。以古装喜剧、都市喜剧为主，内容中融入宫廷、武侠、农村、科幻、奇幻、美食等多元类型，以延展喜剧题材的创作空间，满足大众的需要。例如，古装轻喜题材《卿卿日常》，以一段"先婚后爱"的啼笑因缘展开，跳脱出内院争斗的戏码，呈现一幅后院女性鬼马闹事、彼此宽慰相惜的生活场景，情节欢脱，画风清奇，融入美食、人文，给人轻松愉悦的观剧体验。《乡村爱情14》迎来了本季的"演讲比赛"，继续用东北喜剧演绎乡村生活中"你争我夺"的搞笑场景；都市奇幻剧《回到明天》，赋予生活窘迫的快递员以重置时间的能力，在时间回溯中，主人公改变坎坷命运，悲与喜、泪与笑的融合，意味深长。在类型方面，情景喜剧进行了全面的拓展。例如，《破事精英》以"办公室喜剧"为题，在夸张、荒诞、讽刺的基础上融入了歌舞、科幻、互动等元素，大胆的职场讽刺，展现了职场人的困境，引发观众共鸣。

表1.2.2.6   2022年上线的部分喜剧题材网络剧列表

序号	剧名	题材类型	播出平台	上线时间
1	乡村爱情14	喜剧、农村	优酷	2022.01.24
2	瓦舍江湖	古装、喜剧	爱奇艺	2022.02.03
3	医是医二是二	古装、喜剧、武侠	爱奇艺	2022.03.18
4	珍馐记	古装、喜剧、美食	bilibili	2022.04.07
5	救了一万次的你	科幻、喜剧、情感	爱奇艺、腾讯视频	2022.05.01
6	破事精英	都市、喜剧	爱奇艺	2022.06.18
7	回到明天	奇幻、喜剧	优酷	2022.10.29
8	卿卿日常	古装、喜剧、情感	爱奇艺	2022.11.10
9	刘老根 第五季	喜剧、农村	优酷	2022.11.28

数据来源：监管中心统计数据 2023.1   国家广播电视总局监管中心

1.2.2.7   古装题材·轻量主题破圈作品居多

2022年上线古装网络剧36部，占全年上线总数21%，较2021年48部减少25%。网络剧中的古装题材一直以情感、仙侠、宅斗、喜剧等架空历史内容居多，而屡屡这种"儿女情长、家长里短"的幽默讨喜轻量主题，在保家卫国、家国大义的思想升华之下，很容易成为破圈之作。例如，仙侠剧《苍兰诀》中仙女小兰花与月尊东方青苍甜虐交织的理想爱情中守护苍生，备受观众追捧。《星汉灿烂》《月升沧海》以古装剧为外壳，反映现代人当下的思想。主人公在尊卑有序的古代，遵从自己内心，坚持独立，守护一方百姓，诙谐幽默的节奏吊起观众的兴趣。古装题材剧要在尊重历史的前提下，主动承担传承中华文明之责，尤其在建筑、服饰、语言、礼仪等方面，努力打造与内容相匹配的场景，通过古装剧的呈现让观众直观感受一个历史时代的社会场景和传统文化，从而进一步坚定文化自信。

表1.2.2.7   2022年上线的部分古装题材网络剧列表

序号	剧名	题材类型	播出平台	上线时间
1	与君初相识	古装、玄幻	优酷	2022.03.17
2	恰似故人归	古装、玄幻	优酷	2022.04.04
3	珍馐记	古装、喜剧、情感	bilibili	2022.04.07
4	且试天下	古装、情感、武侠	腾讯视频	2022.04.18
5	星汉灿烂	古装、情感	腾讯视频	2022.07.05
6	月升沧海	古装、情感	腾讯视频	2022.07.27
7	苍兰诀	古装、玄幻	爱奇艺	2022.08.07
8	沉香重华	古装、玄幻	优酷	2022.08.18

序号	剧名	题材类型	播出平台	上线时间
9	唐朝诡事录	古装、悬疑、奇幻	爱奇艺	2022.09.27
10	卿卿日常	古装、喜剧、情感	爱奇艺	2022.11.10

数据来源：监管中心统计数据 2023.1　　　　　　　　　　　　国家广播电视总局监管中心

1.2.2.8　故事来源·原创剧本口碑普遍较高，严肃文学改编开始露头

2022年原创剧本网络剧103部，占全部作品的60%。在题材内容方面涉及广泛，悬疑、都市情感、女性题材等多部作品在没有任何流量加持下表现突出，成为口碑之作。相比于故事内容确定的改编剧本，原创故事对生活本质的提炼和对社会的认知更加精准灵活，更加注重现实观照。例如，《江照黎明》《猎罪图鉴》《重生之门》《对决》《罚罪》《你安全吗？》悬疑感强，剧情紧凑，社会性的现实议题充满烟火气。《当你年少时》《芳心荡漾》等，用心挖掘生活之美，得到观众的广泛认可和好评。

改编剧本网络剧有68部，占全部作品的40%，由网络小说改编的作品仍占大多数。随着严肃文学改编剧的复兴，视频网站率先开始做有意的尝试，爱奇艺文学与《北方文学》合作建立的"爱奇艺文学院"，打造文学与影视的生态圈；芒果TV与中国作家协会签署合作，实现严肃文学和出版文学的影视剧开发。2022年，改编自东北作家郑执的小说《生吞》的网络剧《胆小鬼》，可以算得上是严肃文学改编的试水之作。在出圈作品中，改编自同名小说的悬疑剧《开端》凭借新颖的无限循环模式成为"现象级"爆款；改编自网络小说的古装偶像剧《星汉灿烂》《月升沧海》《苍兰诀》在自带流量IP加持下热度较高。

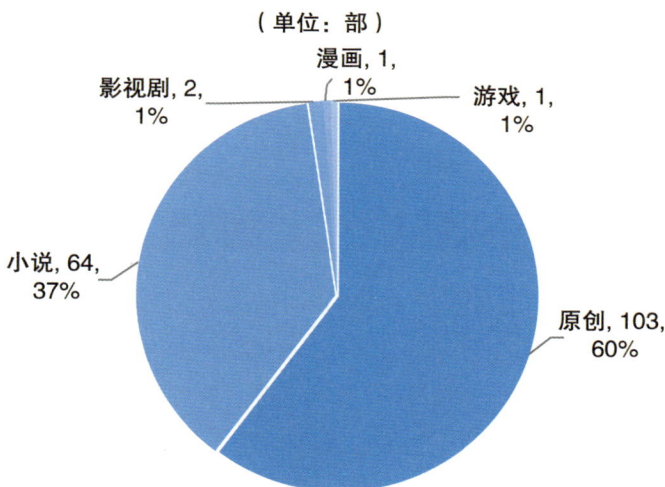

（单位：部）

影视剧, 2, 1%　　漫画, 1, 1%　　游戏, 1, 1%

小说, 64, 37%

原创, 103, 60%

数据来源：监管中心统计数据 2023.1　　　　　　　　　　　　国家广播电视总局监管中心

图1.2.2.7　2022年网络剧剧本来源统计

1.2.3 制作传播

1.2.3.1 播出平台·差异化细分策略仍是发力重点

2022年网络剧的播出平台主要集中在爱奇艺、腾讯视频、优酷、芒果TV、搜狐视频和bilibili。平台独播是主要的播出方式，独播占比85%。在提质增效的普遍共识中，各平台上线数量整体有所减少，爱奇艺数量仍居首位，发展稳步，持续领跑。腾讯视频、优酷、芒果TV等紧随其后。提升头部作品的成功率，差异化垂直细分策略是发力重点。多平台播出的剧集中，也不乏叫好又叫座的作品，如《猎罪图鉴》《对决》《你安全吗？》等。

（单位：部）

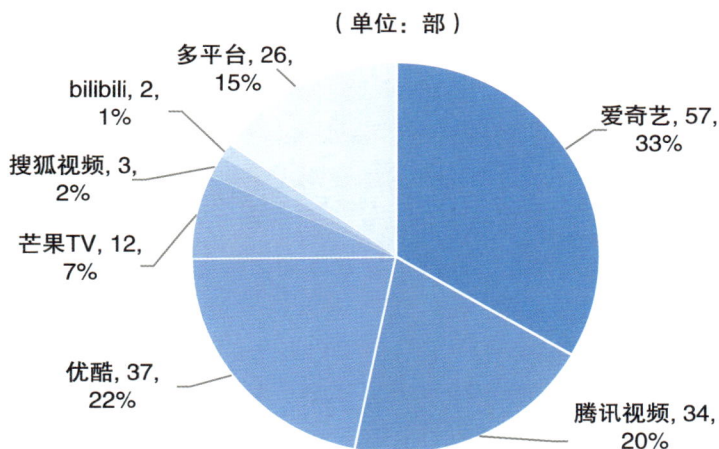

数据来源：监管中心统计数据 2023.1　　国家广播电视总局监管中心

图1.2.3.1（1）　2022年网络剧统计（分播出平台）

（单位：部）

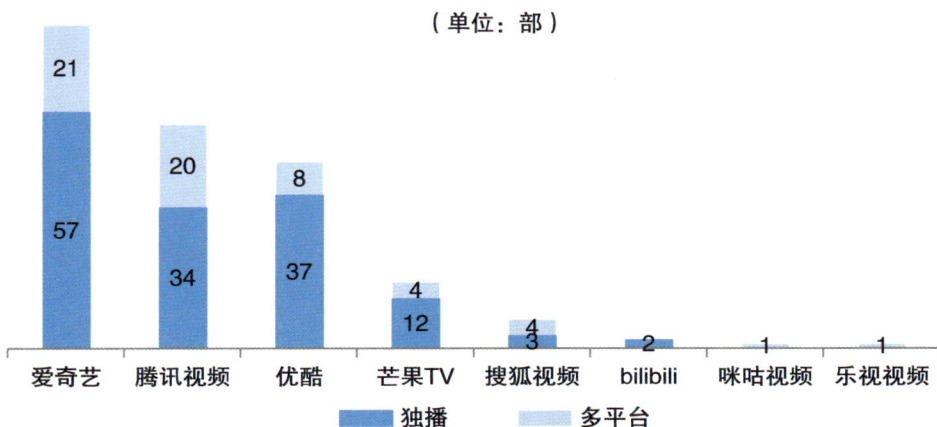

数据来源：监管中心统计数据 2023.1　　国家广播电视总局监管中心

图1.2.3.1（2）　2022年各播出平台网络剧统计

爱奇艺共上线网络剧78部,独播剧57部,独播占上线总数的73%。在内容布局方面,悬疑刑侦题材占比较高,《对决》《罚罪》等多部作品表现出色。"现象级"仙侠剧《苍兰诀》热度破万。在对分众内容的进一步探索中,推出了女性系列主题展映剧"拾光限定 狂花系列"。2022年上线了《芳心荡漾》《摇滚狂花》等女性题材聚集,以多元立体的视角展现当代女性的真实生活和精神力量。另外,爱奇艺将甜宠剧划分在分账剧版块这一举措,从一个侧面也看到了平台提升甜宠剧品质的决心。围绕长视频的二创和推广,爱奇艺与抖音合作,包括"迷雾剧场"在内的诸多优质剧目可用于短视频创作,更大程度拓宽推广面。

腾讯视频共上线网络剧54部,独播剧34部,独播占上线总数的63%。内容趋向多元化发展,悬疑、古装情感、探险、超现实等多题材有突出表现,例如,《开端》为悬疑剧集创作打开全新思路,《星汉灿烂》《月升沧海》将古装偶像剧再度升级。鬼吹灯系列续作《昆仑神宫》,改编自金庸同名小说的《飞狐外传》等IP系列作品,均有不俗表现。

优酷共上线网络剧45部,独播剧37部,独播占上线总数的82%,独播趋势明显。悬疑刑侦剧集表现亮眼,以盗窃为切入点的悬疑剧《重生之门》、采用AB剧形式的悬疑剧《庭外》等在内容和形式上均有所创新。优酷特别针对定制剧推出了激励计划,以现金给予回馈,为影视剧集制作方在降本增效方面提振信心。

芒果TV共上线网络剧16部,独播剧12部,独播占上线总数的75%。近年来,芒果TV重点打造自制剧,形成自制为主、卫视输入以及外购为辅的内容结构,内容方面开始关照社会的不同方面,涵盖悬疑、都市、青春、体育、古装等不同元素。例如,《江照黎明》以悬疑感、真实感成为女性悬疑题材的口碑之作。

bilibili虽然出品作品较少,2022年仅有2部剧集,但在剧集内容偏好和制作思路方面另辟蹊径,在基于社区气质的基础上,更偏向于小体量、治愈、轻喜剧类型。例如,《三悦有了新工作》将沉重的死亡话题,以温暖的底色示人,社会议题和现实矛盾点到为止,给人以轻松的观感体验。

1.2.3.2 剧场运营·平台加大制作出品的参与度,打造品牌号召力

剧场化是网络视频平台布局剧集的重要形态。各大平台深度打造垂类剧集,以精品内容不断强化用户对平台的品牌认知。2022年芒果TV、爱奇艺、优酷等几大网络视听平台在结构化探索和打造特色化差异化服务上持续深耕,加大制作出品的参与度,通过自制或定制模式,保证剧场化作品的整体风格、叙事节奏和艺术水准,努力打造批量口碑之作,提升品牌辨识度,扩大剧场影响力。

芒果TV"季风剧场"延续以往网台联动播出电视剧和自制网络剧的内容布局,2022年推出4部网络剧作品,以参与出品或自制为主,涵盖都市、悬疑、古装等题材,短小精致是重要发力点。例如,聚焦女性生活困境的悬疑剧《江照黎明》,以女性自救故事广受观众好评。

爱奇艺剧场分类较多，主要以自制模式持续在题材、类型、风格等方面深耕挖掘。2022年"恋恋剧场"上线4部网络剧，由穿越、奇幻、悬疑元素加持的甜宠剧表现不俗，其中《苍兰诀》站内热度破万，进一步提升"恋恋剧场"的知名度；主打喜剧题材的"小逗剧场"上线剧集3部，《破事精英》取得不错的口碑。因《隐秘的角落》等多部悬疑剧集的走红，观众对"迷雾剧场"有了特定印象，2022年该剧场只上线2部悬疑题材网络剧《淘金》和《回来的女儿》。

优酷目前有宠爱、悬疑、合家欢、都市和港剧场五大剧场，其中"宠爱剧场"和"悬疑剧场"表现强劲，如《沉香重华》《不会恋爱的我们》以美好的爱情俘获年轻受众。《重生之门》《庭外》《胆小鬼》尝试悬疑题材的突破和创新。另外"合家欢剧场"的《乡村爱情14》《刘老根5》都有不俗表现。最新推出的"无障碍剧场"是服务于视障用户的专属剧场，《回廊亭》等无障碍版本已经在剧场内上线。

2022年，各平台剧场均有表现力较好的代表作品出现，以内容打造品牌号召力，同时也打开了带动剧集精品化发展的探索之路。

1.2.3.3　更新节奏·更新时刻提前趋势明显，热播剧多采用连更方式

2022年上线网络剧更新时间主要集中在12点、18点和20点三个时间段，其中在12点更新的剧集数量最多，占上线总数的39%，20点更新数量占比35%，18点更新数量占比19%。与2021年相比，18点更新数量明显增多，12点更新数量赶超20点，并且普遍在更新当天较更新时刻提前上线。午间档成为超过晚间黄金档的小高峰，18点更新数量增加。平台通过提前更新，优先利用观众的碎片时间预定想看的剧集或提前进入剧情等方式，想方设法满足观众在繁忙的工作学习之余追剧的休闲需求。从上线剧集题材来看，选择在12点和18点更新的多为都市情感、古装情感、青春、奇幻等节奏相对较缓的作品，而悬疑、刑侦、探案等相对烧脑的剧集多为20点更新。

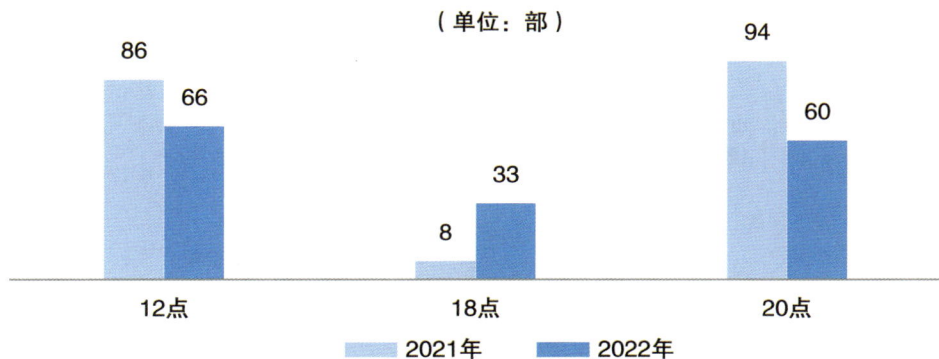

（单位：部）

	12点	18点	20点
2021年	86	8	94
2022年	66	33	60

数据来源：监管中心统计数据 2023.1　　国家广播电视总局监管中心

图1.2.3.3　2021—2022年网络剧更新时刻统计

在更新节奏方面，2022年连更的更新方式开始普及。连更方式的剧集在上线初期

每天更新，连续更新数天，以此在短时间内稳定提升剧集热度，然后再按一定的更新规律进行播出。2022年共有47部作品采用连更方式，多数为热播剧集，如《重生之门》《庭外》《苍兰诀》《星汉灿烂》等。

1.2.3.4 剧集体量·短剧创作稳定，剧集持续"脱水"

2022年上线的171部网络剧中，6集以内的短剧有2部，7—20集的短剧有52部，占比30%，21—30集的中长剧集有90部，数量最多，占比53%，31—40集的剧集有27部，占比16%。在鼓励短剧创作的政策背景之下，网络剧的剧集体量也在逐步调整。与2021年相比，30集以内的剧集数量占比明显增多，增长3个百分点，没有出现40集以上的作品。

（单位：部）

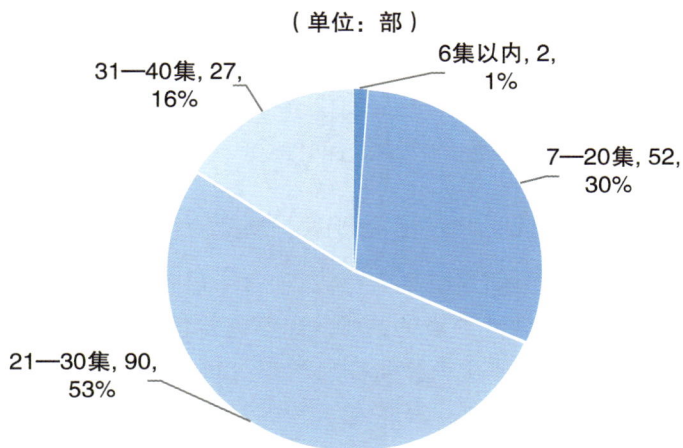

数据来源：监管中心统计数据 2023.1　　　　国家广播电视总局监管中心

图1.2.3.4（1）　2022年网络剧剧集体量统计

（单位：部）

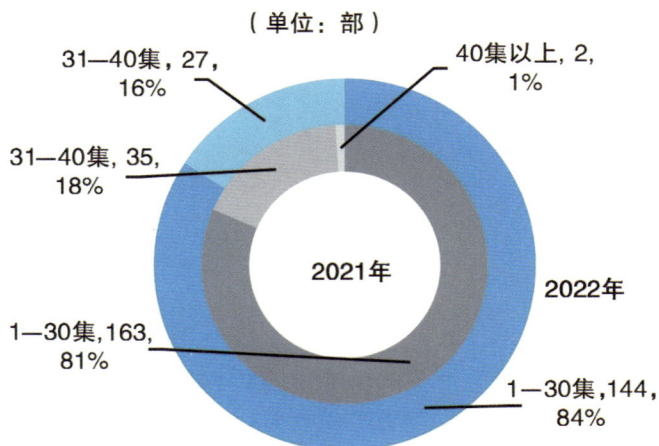

数据来源：监管中心统计数据 2023.1　　　　国家广播电视总局监管中心

图1.2.3.4（2）　2021—2022年网络剧剧集体量统计

2022年24集体量的作品共有56部，占比33%。对一部作品，内容好、完成度高仍然是成为精品节目的关键。24集的体量，既给予剧集充分的创作空间，又兼顾观众的耐受力，同时平衡平台的创收，成为网络剧中的常见体量。如口碑较好的网络剧《对决》《冰球少年》《江照黎明》均为24集。20集以内的短剧也不乏优秀作品，如《开端》《猎罪图鉴》《庭外》《昆仑神宫》《胆小鬼》《三悦有了新工作》等，内容吸睛、节奏紧凑。

1.2.3.5 会员权益·持续不断推出新方式

会员收入成为支撑平台运营最重要的基石。2022年主要视频网站纷纷对会员权益进行各种调整和尝试，以持续不断提高拉新率和老用户的留存率。爱奇艺开发基础版会员，通过低会员费实现付费内容的观看；芒果TV推出"限定会员"权益会员卡，网民可通过购买同名限定卡的方式支持节目；爱奇艺推出爱奇艺极速版App，腾讯视频推出片多多App，网民可通过签到、看视频、观看广告等赚取金币，提现或兑换会员。个别平台还通过热播剧来带动、活跃用户，例如，在热播剧《梦华录》大结局前，腾讯视频推出"梦华录大结局点映礼"，会员花费18元，可获得大结局观看券和点映礼直播观看券，这一操作也被网民质疑是变相的"超前点播"。《我叫赵甲第》在播期间，优酷会员邀请5位好友助力可提前解锁剧集，需再额外付费。

自针对会员增值服务的"超前点播"退场以后，2022年各视听平台又推出了针对非会员的"回转付费"模式，也就是在剧集更新期间，针对非会员已经转免的剧集，再次进行收费观看，边更新边限制权限，以此达到拉新的目的。

2022年，芒果TV、腾讯视频、优酷上调了会员服务价格，其中优酷调整力度较大，与腾讯视频、芒果TV等平台价格基本持平。

表1.2.3.5　主要视听网站会员价格情况

网站名称	会员类型	价格（元）	是否调整，调整时间	较原价涨幅
央视频	VIP月卡	30	未调整	/
	VIP季卡	78	未调整	/
	VIP年卡	253	未调整	/
芒果TV	芒果TV会员月卡	30	是，2022.08.09	20%
	芒果TV会员季卡	78	是，2022.08.09	15%
	芒果TV会员年卡	248	未调整	/
	芒果TV限定会员卡	不同价格不同	未调整	/
	芒果TV全屏会员月卡	50	未调整	/
	芒果TV全屏会员季卡	148	是，2022.08.09	7%
	芒果TV全屏会员年卡	488	未调整	/

续表

网站名称	会员类型	价格（元）	是否调整，调整时间	较原价涨幅
爱奇艺	黄金VIP月卡	30	未调整	/
	黄金VIP季卡	78	未调整	/
	黄金VIP年卡	248	未调整	/
	星钻VIP月卡	60	未调整	/
	星钻VIP年卡	418	未调整	/
	基础VIP月卡（仅极速版使用）	18	未调整	/
腾讯视频	腾讯视频VIP月卡	30	未调整	/
	腾讯视频VIP季卡	78	是，2022.04.20	15%
	腾讯视频VIP年卡	258	是，2022.04.20	2%
	超级影视VIP月卡	50	未调整	/
	超级影视VIP季卡	148	未调整	/
	超级影视VIP年卡	488	未调整	/
优酷	优酷VIP会员月卡	30	是，2022.06.21	50%
	优酷VIP会员季卡	78	是，2022.06.21	39%
	优酷VIP会员半年卡	138	是，2022.06.21	28%
	优酷VIP会员年卡	258	是，2022.06.21	30%
	酷喵VIP会员月卡	50	是，2022.06.21	2%
	酷喵VIP会员季卡	148	是，2022.06.21	6%
	酷喵VIP会员年卡	488	是，2022.06.21	2%

数据来源：监管中心统计数据 2023.1　　　　　　　国家广播电视总局监管中心

注：以上价格采集自视频网站会员服务界面。以原价为准，不以折扣价、连续购买优惠价计算。

1.2.3.6 制作出品

2022年，参与出品网络剧的影视公司共538家（数据由剧集片尾统计得出，未提供相关信息的网络剧未纳入统计），其中芒果TV、爱奇艺、腾讯视频、优酷、搜狐视频、bilibili 6家平台参与出品的网络剧数量达103部，占上线总数的60%。其中爱奇艺参与出品34部，数量最多，腾讯视频参与出品28部，优酷参与出品27部，芒果TV参与出品11部，bilibili参与出品2部，搜狐视频参与出品1部。

在"降本增效"的背景下，2022年主要网络视听机构参与出品的网络剧数量与2021年相比整体有所减少，除爱奇艺和优酷基本持平外，其他视频网站都有不同程度的数量缩减。在出品策略的选择上，主要视频网站差异明显。腾讯视频凸显自制能力，增加单独出品，减少联合出品；爱奇艺和优酷减少了单独出品数量，增加了与影视制作机构合作；芒果TV、搜狐视频、bilibili单独出品和联合出品数量均在减少。

主要网络视听机构参与出品的网络剧，选择在本平台独播成为趋势。芒果TV、优酷、搜狐视频、bilibili参与出品的作品全部在本平台独播，爱奇艺参与出品的独播比例较2021年有所提高，腾讯视频变化不大。2022年，各网站之间没有联合出品的网络剧。

表1.2.3.6　2021—2022年主要网络视听机构参与出品网络剧数量统计

网站名称	年份	总量	单独出品（部）	与制作公司共同出品（部）	与其他网站、制作公司联合出品（部）	出品作品在该网站独播数量（部），占出品作品的比例
芒果TV	2022	11	8	3	0	11，100%
	2021	17	11	6	0	17，100%
爱奇艺	2022	34	3	31	0	28，82%
	2021	33	5	27	1	25，76%
腾讯视频	2022	28	7	21	0	21，75%
	2021	34	4	28	2	26，76%
优酷	2022	27	2	25	0	27，100%
	2021	26	4	21	1	21，81%
搜狐视频	2022	1	1	0	0	1，100%
	2021	6	5	1	0	6，100%
bilibili	2022	2	0	2	0	2，100%
	2021	4	1	3	0	4，100%

数据来源：监管中心统计数据 2023.1　　　　　　　　　　国家广播电视总局监管中心

随着网络剧内容品质的不断提高，影视制作公司优胜劣汰现象也随之越来越明显。老牌影视制作公司和逐渐历练成长起来的影视公司新秀成为网络剧制作的中坚力量。2022年，影视制作公司出品的亮眼作品较多，如正午阳光出品的《开端》，耀客传媒出品的《你安全吗？》，芒果TV与华娱时代影业共同出品的《江照黎明》，爱奇艺与柠萌影业共同出品的《猎罪图鉴》，开火文化与腾讯视频共同出品的《在你的冬夜里闪耀》，优酷与阿里影业、金盾影视共同出品的《重生之门》等。

主创团队方面，2022年更多经验丰富的幕后团队加入，推动剧集高质量发展，加快网络剧的品质提升。例如，曾经是《黑洞》等"黑色三部曲"编剧的张成功，在2022年担任热播刑侦剧《罚罪》的剧本总监。悬疑剧《回来的女儿》由执导过《无证之罪》《平凡的荣耀》等作品的年轻导演吕行担任，监制是韩三平。网生领域新锐青年导演持续发力网络剧创作，风格独特、鲜明。例如，曾执导过《古董局中局》《扫黑风暴》的五百，突破擅长领域，担任都市情感剧《芳心荡漾》的监制。以网络剧处女作《我才不要和你做朋友呢》而被观众熟知的导演田宇，2022年执导的"东北青春剧"系列续篇《我要和你做兄弟》《在你的冬夜里闪耀》广受关注。李漠在2021年执导"黑马"剧《我在他乡挺好的》，2022年继续执导特殊行业青春剧《三悦有了新工作》。

1.2.3.7 分账剧·分账剧集活力充沛，分账金额再度攀升

分账剧从2016年问世以来，视频平台与制作公司共担内容风险成为一种新的合作模式。2022年，在行业资金持续降低的背景下，分账剧逆势增长，剧集品质逐步提升，分账票房再度攀升。平台对优质内容的扶持力度持续加大，分账模式不断优化。

2022年分账剧表现突出的仍然以情感偶像剧居多，剧情不再简单复刻"甜腻"桥段，更多体现双向奔赴的势均力敌，在艺术表达上延续以往极致唯美画风，同时注重"氛围感"，实现口碑与票房双丰收。例如，又甜又虐的奇幻悬疑爱情剧《一闪一闪亮星星》，分账票房过亿；融入奇幻、悬疑、喜剧等元素的剧集也有亮眼表现，如面向男性观众的《我叫赵甲第》和悬疑题材的《拆案》系列，分账票房均超7000万。甜恋青春剧《见面吧就现在》《当你年少时》赢得不错的口碑。由网络电影IP改编的剧版《东北插班生》，把不同地域性格的学生们放在同一校园里，青春叠加爆笑元素，效果令人惊喜。

2022年平台积极鼓励、加大扶持优质内容，持续优化分账模式。2022年8月，爱奇艺宣布将甜宠剧交给分账剧版块，并把已经储备的优质IP分享给分账剧制作方进行内容共创。优酷采用播后定级的模式进行分账。爱奇艺也从早期的播放量分账，逐渐迭代至"会员观看+会员拉新"分账，并且逐步弱化平台定级，推动数据透明。各平台持续发力，给优质内容创造更好的宣传推广环境。

1.3　网络首播电视剧

1.3.1　概貌

2022年，获得《电视剧发行许可证》，且各集（或部分集）网络视听平台先于上星卫视播出的"网络首播电视剧"，全年共上线77部，与2021年相比基本持平。

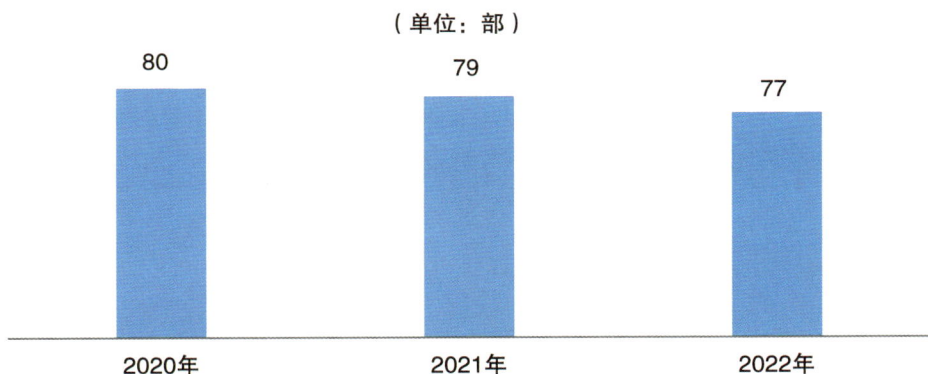

（单位：部）

```
80          79          77
2020年      2021年      2022年
```

数据来源：监管中心统计数据 2023.1　　　　　国家广播电视总局监管中心

图1.3.1（1）　2020—2022年新上线网络首播电视剧数量

截至2022年末，77部网络首播电视剧中，仅在互联网播出的有33部，较2021年减少14部；先网后台播出的有3部（以首集首播计，网络视听机构先于上星卫视至少一天开播），较2021年减少5部；网台同步播出但网站会员优先观看的有41部（网络视听机构、上星卫视同日开播，但网站会员可先于电视观众观看各集或部分集），较2021年增加17部。网台同步且网站会员优先观看的作品数量多于仅在互联网播出的作品数量。

先网后台和网台同步（网站会员优先观看）的网络首播电视剧共44部，这些作品基本集中在中央电视台电视剧频道，以及湖南卫视、北京卫视等一线卫视播出。网台同播剧中，在卫视黄金档与网络渠道同步播出的剧有32部。选择网台同步播出的网络首播电视剧明显增多，进一步扩大剧集的传播力和影响力、拓展观众群，且"上星+网络平台独播"成为很多头部剧集的播出模式。如央视与爱奇艺联播的《亲爱的小孩》《风起陇西》《警察荣誉》等，湖南卫视与芒果TV联播的《消失的孩子》《天下长河》，东方卫视与优酷联播的《请叫我总监》等。

（单位：部）

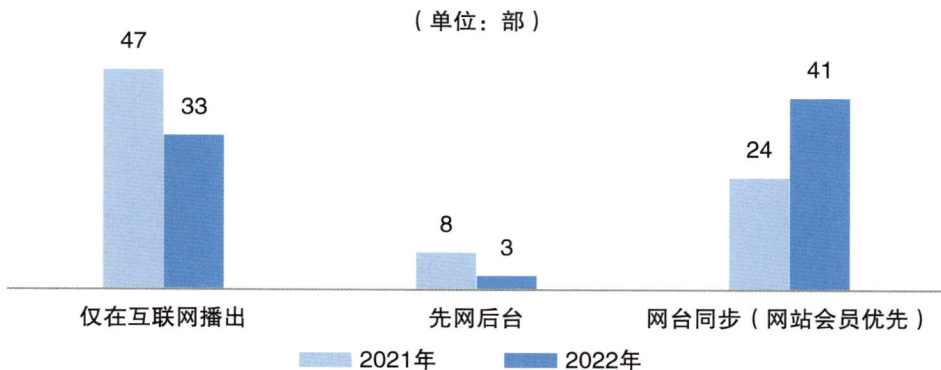

数据来源：监管中心统计数据 2023.1 　　　　　　　　　国家广播电视总局监管中心

图1.3.1（2）　2022年网络首播电视剧统计（分类别）

表1.3.1　2022年部分关注度较高、影响力较大的网络首播电视剧列表

序号	剧名	题材类型	排播方式	卫视播出平台	网络播出平台	上线时间
1	心居	都市、情感	网台同步（会员优先）	浙江卫视、东方卫视	爱奇艺	2022.03.17
2	亲爱的小孩	都市、家庭	网台同步（会员优先）	中央电视台电视剧频道	爱奇艺	2022.04.10
3	风起陇西	古装、悬疑	网台同步（会员优先）	中央电视台电视剧频道	爱奇艺	2022.04.27
4	警察荣誉	都市、生活	网台同步（会员优先）	中央电视台电视剧频道	爱奇艺	2022.05.28
5	梦华录	古装、情感	先网后台	北京卫视	腾讯视频	2022.06.02
6	关于唐医生的一切	都市、职业剧	网台同步（会员优先）	中央电视台电视剧频道	爱奇艺	2022.06.25
7	沉香如屑	古装、玄幻、情感	只在互联网播出	/	优酷	2022.07.20
8	天才基本法	青春、悬疑、情感	网台同步（会员优先）	中央电视台电视剧频道	爱奇艺	2022.07.22
9	冰雨火	刑侦、悬疑	只在互联网播出	/	优酷	2022.08.11
10	二十不惑第二季	青春、都市、情感	网台同步（会员优先）	湖南卫视	爱奇艺、芒果TV	2022.08.17
11	消失的孩子	悬疑	网台同步（会员优先）	湖南卫视	芒果TV	2022.08.29
12	底线	都市、法治	网台同步（会员优先）	湖南卫视	芒果TV、爱奇艺	2022.09.19

续表

序号	剧名	题材类型	排播方式	卫视播出平台	网络播出平台	上线时间
13	大考	都市、家庭	网台同步（会员优先）	中央电视台综合频道、东方卫视、浙江卫视	芒果TV、爱奇艺、腾讯视频、优酷	2022.09.21
14	点燃我，温暖你	青春、都市、情感	只在互联网播出	/	优酷	2022.11.03
15	天下长河	古装、历史	网台同步（会员优先）	湖南卫视	芒果TV	2022.11.11
16	风吹半夏	都市、商业	网台同步（会员优先）	浙江卫视、江苏卫视	爱奇艺	2022.11.27

数据来源：监管中心统计数据 2023.1　　　　　　　　　　　　　　　　国家广播电视总局监管中心

从获得发行许可证年份看，77部作品中，2020年和2020年之前获准发行的剧集有13部。

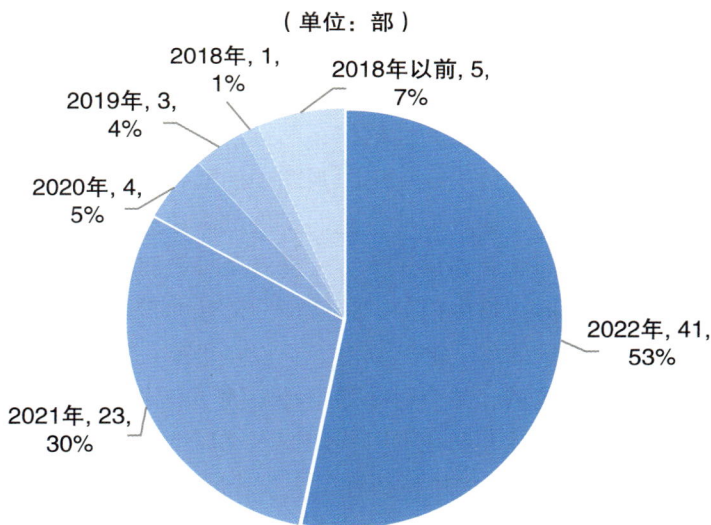

（单位：部）

2018年，1，1%
2018年以前，5，7%
2019年，3，4%
2020年，4，5%
2022年，41，53%
2021年，23，30%

数据来源：监管中心统计数据 2023.1　　　　　　　　　　　　　　国家广播电视总局监管中心

图1.3.1（3）　2022年网络首播电视剧统计（取得发行许可年份）

1.3.2　节目内容

我们采用"贴标签"的方式，根据一部剧展现的内容，选取其包含的1-3个主要题材元素作为标签，对全年77部网络首播电视剧进行了分类统计。情感、都市、悬疑等题材相对较多。

青春校园 1部　玄幻 1部　历史 1部
喜剧 3部
农村 1部　都市 50部　少儿 2部　刑侦 1部
生活 8部
军旅 2部
职业剧 4部　情感 49部　古装 8部　抗战 1部
年代 6部
商业 1部　悬疑 5部　女性 5部　奇幻 3部　传奇 1部

数据来源：监管中心统计数据 2023.1　　　国家广播电视总局监管中心

图1.3.2　2022年网络首播电视剧统计（分题材类型）

1.3.2.1　现实题材·成为创作重心

　　网络首播电视剧中现实题材占比超八成。在党的二十大召开之际，现实题材电视剧迎来创作高峰期，进一步挖掘主题性创作，贴近于时代，采用"以小见大"叙事模式，多角度反映国家建设、社会生活、思想观念中的变化。其中，《底线》以基层法官的工作与生活为故事起点，通过形形色色的案件刻画法庭审判的工作细节与法官的职业伦理，体现新时代我国法制建设进步。《警察荣誉》将镜头对准基层民警群体，用生活化的表达对民生矛盾纠纷中扮演"调解员"的片儿警形象进行了有趣呈现。时代剧《大考》围绕新冠疫情肆虐下的"高考"，以点带面、以小见大，生动展现特殊时期的众生百态，让众志成城、共克时艰的精神流淌了起来，在解锁现实题材创作新角度的同时，具有与国家、社会同频的时代印记。《风吹半夏》跨年代讲述改革开放的浪潮中我国第一代民营企业家的拼搏历程，全景式展现中国经济的变迁。

1.3.2.2　都市情感·呈现生活真实

　　带有都市情感元素的网络首播电视剧共53部，约占播出总数的69%。其中，以聚焦社会热点、家庭生活等为主要内容的剧集依然是主流，与广大观众在话题与情感上形成共振。长期以来，青春成长与家庭伦理题材是网络首播电视剧中雅俗共赏的热门故事类型。多数作品以轻松、温暖的风格直面年轻人从校园到职场的种种现实困惑。如《天才基本法》凭借平行时空的故事设定实现了热度和口碑的双丰收。《点燃我，温暖你》契合原著小说的人物特点选角，以校园为主场景的青春线和以社会职场为主场景的创业线并行，兼具青春感与现实感。《二十不惑 第二季》聚焦"95后"大学生群体职场、友情、爱情、个人成长等议题，生活质感强。

另外，都市题材中密集且大量出现聚焦中年人群体的剧集，呈现中年人生活各个方面的现状与困境，一定程度上展现社会现实。如《张卫国的夏天》刻画中年危机，《关于唐医生的一切》聚焦中年人的职场问题，《心居》讲述中年人的买房问题，《我们的婚姻》聚焦中年人婚姻危机等。

1.3.2.3　古装剧·剧集"瘦身"成趋势

2022年上线8部古装题材网络首播电视剧，占全年上线总数10%，较2021年（14部）减少43%。虽然上线数量较去年同期有较大幅度下滑，但整体质量明显提升。相较于网络剧中大量辨识度与区分度不高的古装情感作品，网播电视剧中古装题材则更广泛多样，内涵表达更新颖独特，如《风起陇西》创造性地将三国与谍战相结合，探索"古装+谍战"的创作空间。《梦华录》通过服饰、器具、食物等细节再现北宋时期的市井风情与生活图景，让观众充分领略传统文化的魅力与活力，在类型、风格、视听美学等方面都取得了积极突破。《天下长河》融合正史与传奇，以康熙年间的黄河治理为主题，并以此交织出众多历史事件，折射出当时的政治生态和社会人心。

另外，部分古装题材因集数过长分为上下两部播出，一个IP拆分成接档播出的前后两部独立的剧，每一部的集数都控制在40集以内，在不压缩剧情的情况下拆分作品，如《沉香如屑》《沉香重华》。

1.3.2.4　剧本来源·原创剧集头部数量提升

故事来源方面，2022年的网络首播电视剧中原创剧本作品44部，占全年上线总数的57%；改编剧本作品33部，占全年上线总数的43%。总的来看，原创剧集在上线数量、题材类型、热度、讨论度方面均取得新的突破。如《警察荣誉》取材于基层民警"鸡零狗碎"的日常生活，拓宽了观众对人民警察的认知。《大考》聚焦疫情爆发的大环境下，社会大众、全体考生朴素的生活面貌和积极乐观的态度。《底线》聚焦于基层法官的工作和生活，在案例选材上关注有舆情争议的大案重案，以及与百姓密切相关的民生热点话题，引发观众关注和思考，实现有效的普法宣传。《冰雨火》主创团队参照了云南边境发生的真实案件，基于现实案例进行艺术创作，展现缉毒工作的复杂性与危险性。2022年的改编剧本剧集如《天才基本法》《点燃我，温暖你》《风吹半夏》等也获得了较高的关注度。

1.3.2.5　网络视听机构参与出品的境外剧

2022年，在网络视听机构播出的境外剧中，有网络视听机构参与出品的剧集共8部。这些剧集均为平台重点布局作品，在相应平台电视剧首页首屏焦点图重点推荐，大部分剧集为平台独播。

表1.3.2.5 2022年网络视听机构参与出品的境外剧列表

序号	剧名	出品机构	发行许可证	播出平台	是否独播	上线时间	制片地区
1	家族荣耀	优酷信息技术（北京）有限公司、寰亚电视节目制作（香港）有限公司	（京）剧审网字（2021）第0145号	优酷	是	2022.01.04	中国香港
2	师任堂	芒果娱乐、EEG英皇娱乐、GROUP EIGHT 8	广外进审字（2016）第096号、097号、098号	芒果TV	是	2022.01.04	韩国
3	黑金风暴	优酷信息技术（北京）有限公司、香港乐道互娱文化传媒有限公司、深圳市无限自在文化传媒有限公司	（沪）剧审网字（2022）第0031号	优酷	是	2022.03.10	中国香港
4	正义的算法	上海宽娱数码科技有限公司、华特迪士尼影业国际制作（中国）有限公司	（沪）剧审网字（2022）第0202号	bilibili	是	2022.06.15	中国台湾
5	白色强人2	优酷信息技术（北京）有限公司、电视广播有限公司	（京）剧审网字（2022）第0102号	优酷	是	2022.06.22	中国香港
6	法证先锋5	优酷信息技术(北京)有限公司、电视广播有限公司	（沪）剧审网字（2022）第0392号	优酷	是	2022.10.26	中国香港
7	廉政狙击	优酷信息技术（北京）有限公司、邵氏兄弟国际影业有限公司	（沪）剧审网字（2022）第0440号	优酷	是	2022.12.10	中国香港

数据来源：监管中心统计数据 2023.1   国家广播电视总局监管中心

1.3.3 制作传播

1.3.3.1 播出平台·两平台拼播成为主流

2022年，网络首播电视剧的播出平台以芒果TV、爱奇艺、腾讯视频、优酷为主。独播剧与多平台播出剧六四开。网络首播电视剧中独播剧的比例（62%），明显低于网络剧（85%）。

（单位：部）

芒果, 10, 13%

爱奇艺, 11, 14%

多平台, 29, 38%

腾讯视频, 13, 17%

搜狐视频, 2, 3%

咪咕视频, 1, 1%

优酷, 11, 14%

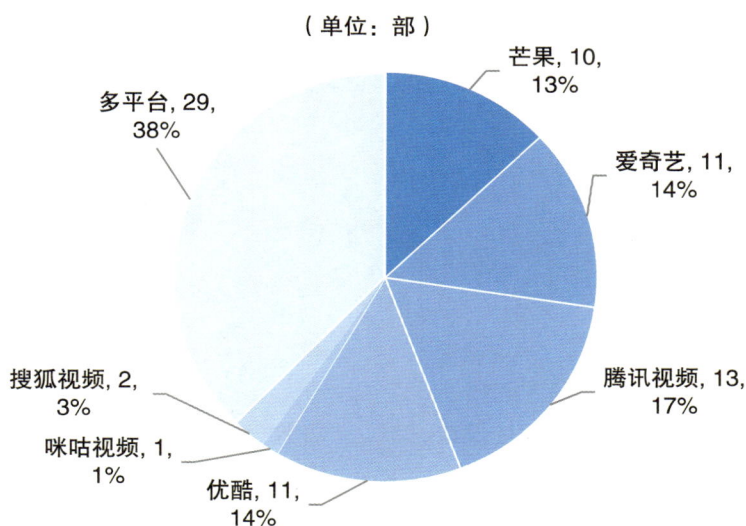

数据来源：监管中心统计数据 2023.1

国家广播电视总局监管中心

图1.3.3.1（1） 2022年各播出平台网络首播电视剧数量统计

　　独播剧方面，腾讯视频13部，数量最多。爱奇艺、优酷以11部并列第二，芒果TV有10部。多平台播出剧共29部，集中在爱奇艺、腾讯视频、芒果TV三家，这三家各自上线作品中，拼播剧的比例均达半数及以上。优酷拼播作品5部，较去年（10部）明显下降，独播策略成为重心。两平台拼播作品24部，其中又以爱奇艺、腾讯视频两家合作最多，拼播作品12部。三平台拼播作品1部，四平台及以上拼播作品3部。

表1.3.3.1 2022年网络首播电视剧主要网络视听平台拼播情况

序号	节目名称	题材类型	播出平台	上线时间
1	假日暖洋洋2	都市、情感	爱奇艺、腾讯视频	2022.02.07
2	光阴里的故事	年代、情感		2022.02.20
3	烽烟尽处	抗战		2022.03.24
4	追爱家族	都市、喜剧		2022.03.27
5	买定离手我爱你	都市、情感		2022.06.02
6	玫瑰之战	都市、生活		2022.08.08
7	亲爱的生命	都市、医疗		2022.09.07
8	谁都知道我爱你	都市、情感		2022.10.26
9	促醒者	都市、悬疑		2022.11.02
10	谢谢你医生	都市、医疗		2022.11.04
11	我们的当打之年	都市、女性、情感		2022.11.25
12	向风而行	都市、情感		2022.12.26

续表

序号	节目名称	题材类型	播出平台	上线时间
13	凭栏一片风云起	年代、情感	芒果TV、腾讯视频	2022.05.19
14	遇见璀璨的你	都市、情感		2022.06.15
15	东八区的先生们	都市、喜剧		2022.08.31
16	胡同	年代、生活		2022.09.25
17	追光者	都市、情感		2022.10.14
18	勇敢的翅膀	军旅		2022.12.13
19	二十不惑 第二季	青春、都市、情感	芒果TV、爱奇艺	2022.08.17
20	底线	都市、法治		2022.09.19
21	镜·双城	古装、奇幻、情感	腾讯视频、优酷	2022.01.16
22	今生有你	都市、情感	优酷、中国网络电视台	2022.01.18
23	从爱情到幸福	都市、情感	搜狐视频、咪咕视频	2022.06.16
24	欢乐颂 第三季	都市、励志、女性	腾讯视频、咪咕视频	2022.08.11
25	特战行动	军旅	爱奇艺、腾讯视频、中国网络电视台	2022.01.18
26	新大头儿子和小头爸爸 第二季	少儿	爱奇艺、腾讯视频、优酷	2022.01.22
27	六尺巷新故事	农村	爱奇艺、搜狐视频、乐视视频、聚力网、咪咕视频	2022.01.20
28	大考	都市、生活	芒果TV、爱奇艺、腾讯视频、优酷	2022.09.21
29	奔跑吧爱人	都市、情感	芒果TV、爱奇艺、优酷、搜狐视频、西瓜视频、风行网、乐视视频	2022.06.17

数据来源：监管中心统计数据 2023.1　　　　　　　　　　　　　　　　　　国家广播电视总局监管中心

（单位：部）

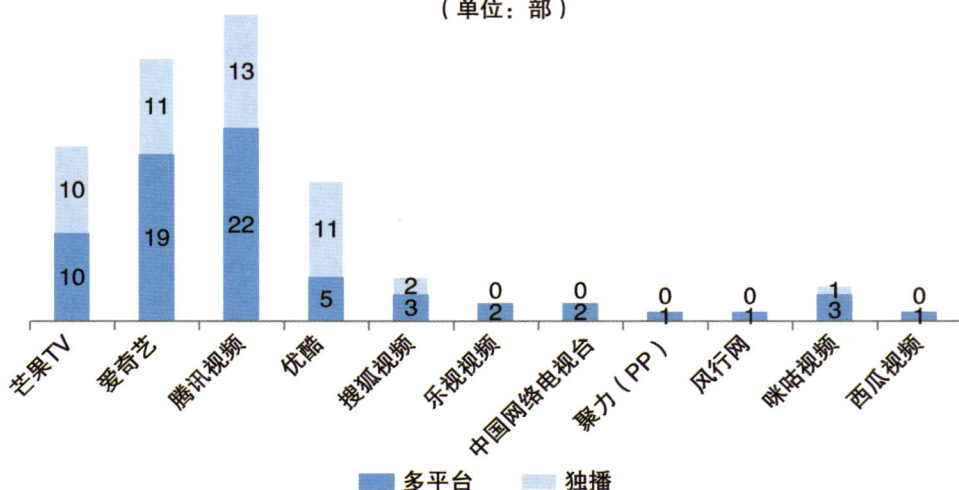

数据来源：监管中心统计数据 2023.1　　　　　　　　　　　　　　　　　　国家广播电视总局监管中心

图1.3.3.1（2）　2022年各播出平台网络首播电视剧数量统计

芒果TV上线的20部网络首播电视剧中，有10部独播，10部多平台播出。其中，芒果TV 9部单独参与出品的网络首播电视剧均在自家独播。此外，芒果TV加强网台联动的闭环策略，5部作品登陆季风剧场，与湖南卫视一体联动，芒果TV会员优先观看，湖南卫视同步播出，其中包括《张卫国的夏天》《消失的孩子》等讨论度较高的剧集。

爱奇艺上线的30部网络首播电视剧中，有11部独播，19部多平台播出。独播剧中，3部仅在网络渠道播出，8部网台同步（会员优先），整体表现上佳，多部作品以"现实"为落脚点，同时适当的嵌入不同的时代背景，题材多元、风格多样，这些剧大部分实现了热度与口碑的双丰收，如《警察荣誉》《天才基本法》《风吹半夏》等。爱奇艺与央视合作更加紧密，网台同步播出的剧集中，《亲爱的小孩》《风起陇西》《警察荣誉》《关于唐医生的一切》《天才基本法》均在CCTV–8同步播出。

腾讯视频上线的35部网络首播电视剧中，有13部独播，22部多平台播出。腾讯视频独播和参与出品的重点剧目以都市情感题材为主，如《才不要和老板谈恋爱》《女士的法则》《爱的二八定律》等。

优酷加强自制和独播内容的方向，独播剧占平台全部作品的69%。平台上线的16部网络首播电视剧中，有11部独播，5部多平台播出。独播剧中，10部仅在互联网播出，1部网台同步（会员优先）。参与出品的网络首播电视剧达12部，风格差异较大，内容上涵盖古装情感、悬疑、都市情感等多种题材。

1.3.3.2　卫视黄金档首轮播出剧·数量大幅增长 平台与卫视收官间隔缩短

2022年，有32部网站会员优先观看的网台同播电视剧，在卫视渠道系黄金档首轮播出剧。相较2021年的13部，数量大幅增长。网台合作成为很多头部剧集的播出模式。如爱奇艺和中央电视台电视剧频道联合播出了《警察荣誉》《天才基本法》等剧，在收视率和网络热度上都有良好表现。另外，在收官时间上，与2021年相比，卫视黄金档首轮播出剧中，视频平台与卫视收官时间间隔有缩短趋势。2021年13部卫视黄金档首轮播出剧中，视频平台早于卫视收官时间2—4天不等。2022年32部剧中，在

（单位：部）

2022年　32
2021年　13
2020年　9

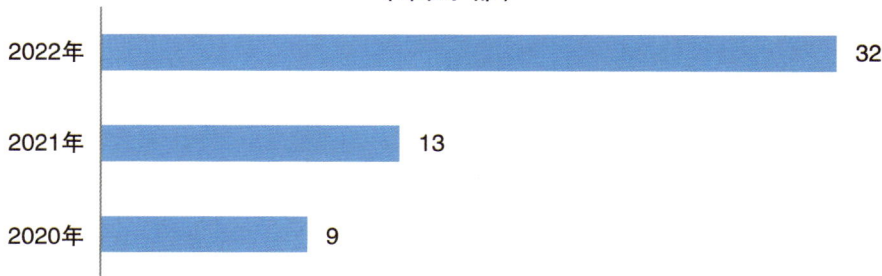

数据来源：监管中心统计数据 2023.1　　　国家广播电视总局监管中心

图1.3.3.2　2020年至2022年上星频道黄金档首播、网站同步播出（会员优先）电视剧数量

同一天收官的作品2部，视频平台早于卫视1天收官的作品10部，早于卫视2天收官的作品13部，只有个别剧集早3天或4天。视频平台与卫视彼此兼顾收官时间也是保护双方权益的重要方面。

表1.3.3.2　2022年上星频道黄金档首播、网站同步播出（网站会员优先观看）的电视剧列表

序号	节目名称	题材类型	首播卫视	首播网络平台	详情
1	今生有你	都市、情感	中央电视台电视剧频道	优酷、中国网络电视台	1月18日网站与卫视同步播出，网站会员抢先看4集
2	光阴里的故事	年代、情感	中央电视台电视剧频道	爱奇艺、腾讯视频	2月20日网站与卫视同步播出，网站会员抢先多看2集
3	我们的婚姻	都市、情感	北京卫视	腾讯视频	2月23日网站与卫视同步播出，网站会员抢先看4集
4	心居	都市、情感	浙江卫视、东方卫视	爱奇艺	3月17日网站与卫视同步播出，网站会员抢先多看2集
5	追爱家族	都市、喜剧	江苏卫视	爱奇艺、腾讯视频	3月27日网站与卫视同步播出，网站会员抢先看4集
6	玉面桃花总相逢	古装、情感	湖南卫视	芒果TV	4月1日网站与卫视同步播出，网站会员抢先多看6集
7	亲爱的小孩	都市、生活	中央电视台电视剧频道	爱奇艺	4月10日网站与卫视同步播出，网站会员抢先看4集
8	好好说话	都市、情感	湖南卫视	芒果TV	4月25日网站与卫视同步播出，网站会员抢先多看6集
9	风起陇西	古装、悬疑	中央电视台电视剧频道	爱奇艺	4月27日网站与卫视同步播出，网站会员抢先多看2集
10	请叫我总监	都市、情感	东方卫视	优酷	4月29日网站与卫视同步播出，网站会员抢先多看1集
11	女士的法则	都市、情感	中央电视台电视剧频道	腾讯视频	5月9日网站与卫视同步播出，网站会员抢先看4集
12	凭栏一片风云起	年代、情感	湖南卫视	芒果TV、腾讯视频	5月19日网站与卫视同步播出，网站会员抢先多看6集
13	加油！妈妈	都市、情感	中央电视台电视剧频道	腾讯视频	6月5日网站与卫视同步播出，网站会员抢先多看4集
14	林深见鹿	都市、情感	东方卫视、北京卫视	腾讯视频	6月7日网站与卫视同步播出，网站会员抢先多看4集
15	遇见璀璨的你	都市、情感	湖南卫视	腾讯视频、芒果TV	6月15日网站与卫视同步播出，网站会员抢先多看4集
16	关于唐医生的一切	都市、职业剧	中央电视台电视剧频道	爱奇艺	6月25日网站与卫视同步播出，网站会员抢先多看4集
17	少年派第二季	都市、生活	湖南卫视	芒果TV	7月21日网站与卫视同步播出，网站会员抢先多看3集
18	天才基本法	青春、悬疑、情感	中央电视台电视剧频道	爱奇艺	7月22日网站与卫视同步播出，网站会员抢先多看4集

续表

序号	节目名称	题材类型	首播卫视	首播网络平台	详情
19	第二次拥抱	都市、生活	浙江卫视	爱奇艺	8月1日网站与卫视同步播出，网站会员抢先多看2集
20	玫瑰之战	都市、生活	中央电视台电视剧频道	爱奇艺、腾讯视频	8月8日网站与卫视同步播出，网站会员抢先多看2集
21	欢乐颂第三季	都市、励志、女性	东方卫视	腾讯视频、咪咕视频	8月11日网站与卫视同步播出，网站会员抢先多看2集
22	二十不惑第二季	青春、情感	湖南卫视	爱奇艺、芒果TV	8月17日网站与卫视同步播出，网站会员抢先多看4集
23	亲爱的生命	都市、医疗	中央电视台电视剧频道	爱奇艺、腾讯视频	9月7日网站与卫视同步播出，网站会员抢先多看4集
24	底线	都市、法治	湖南卫视	芒果TV、爱奇艺	9月19日网站与卫视同步播出，网站会员抢先多看4集
25	大考	都市、生活	中央电视台综合频道、东方卫视、浙江卫视	芒果TV、爱奇艺、腾讯视频、优酷	9月21日网站与卫视同步播出，网站会员抢先多看2集
26	胡同	年代、生活	中央电视台电视剧频道	芒果TV、腾讯视频	9月25日网站与卫视同步播出，网站会员抢先多看3集
27	促醒者	都市、悬疑	北京卫视	爱奇艺、腾讯视频	11月2日网站与卫视同步播出，网站会员抢先多看4集
28	谢谢你医生	都市、医疗	中央电视台电视剧频道	爱奇艺、腾讯视频	11月4日网站与卫视同步播出，网站会员抢先多看2集
29	天下长河	古装、历史	湖南卫视	芒果TV	11月11日网站与卫视同步播出，网站会员抢先多看5集
30	风吹半夏	年代、商业	浙江卫视、江苏卫视	爱奇艺	11月27日网站与卫视同步播出，网站会员抢先多看2集
31	勇敢的翅膀	军旅	湖南卫视	芒果TV、腾讯视频	12月13日网站与卫视同步播出，网站会员抢先多看2集
32	向风而行	都市、情感	中央电视台电视剧频道	爱奇艺、腾讯视频	12月26日网站与卫视同步播出，网站会员抢先多看4集

数据来源：监管中心统计数据 2023.1　　　　　　　　　　国家广播电视总局监管中心

1.3.3.3　更新节奏·根据播出方式对应更新时刻

在更新时刻方面，网络首播电视剧各有侧重，仅在互联网播出的剧与网络剧类似，主要集中在12点、18点和20点三个时间段内；网台同步和先网后台的剧集大部分选择在19：30—22：00时间段内更新，其中在黄金档更新的剧集最多。

更新方式方面，采用"首更多集"或与"连更"叠加的方式居多，以稳定剧集热度。另外为了会员拉新，对网台同步播出的剧集，采用部分剧集内容可供非会员用户在限定的时间内观看的方式，主要集中在关注度较多的热播剧中，如《风起陇西》《警察荣耀》《天才基本法》等。

1.3.3.4　制作出品·头部内容的制作正在形成网台合作趋势

2022年上线的77部网络首播电视剧，共涉及300余家出品机构（数据由剧集片尾字幕统计得出，未提供相关信息的剧集未纳入统计）。在全部出品公司中，爱奇艺、腾讯视频、芒果TV、优酷4家网络视听机构参与出品的剧集共54部，占70%。对比2021年数据，腾讯视频、优酷、芒果TV参与出品网络首播电视剧数量与去年基本持平。爱奇艺虽然在参与出品总量上维持首位，但较2021年明显下降，可以看出，在降本增效的策略下，其对出品内容的选择趋于谨慎。

2022年上线的网络首播电视剧中，4家主要视频平台未参与出品的有23部剧，有8部系2020年及以前获得发行许可，有15部仅在互联网渠道发行。

表1.3.3.4　2022年主要视频网站及关联机构参与出品网络首播电视剧数量统计

网站名称	年份	总量	单独出品（部）	与制作公司共同出品（部）	与电视台、制作公司联合出品（部）	与其他网站、制作公司联合出品（部）	参与出品作品独播数量（部），比例
芒果TV	2022	13	0	5	7	1	9，69%
	2021	13	5	1	6	1	12，92%
爱奇艺	2022	18	2	5	10	3	10，56%
	2021	27	3	19	3	2	15，56%
腾讯视频	2022	15	1	6	7	3	6，40%
	2021	14	0	8	3	3	6，43%
优酷	2022	12	0	9	1	1	10，83%
	2021	9	1	8	0	0	8，89%

数据来源：监管中心统计数据 2023.1

国家广播电视总局监管中心

2022年的网络首播电视剧，视频平台与电视台之间的合作进一步加强，共同出品23部，主要集中在中央电视台与湖南卫视，其中，中央电视台与视频平台共同出品的有15部，爱奇艺与中央电视台共出品7部，腾讯视频与中央电视台共出品4部，爱奇艺、腾讯视频与中央电视台共出品2部，芒果TV、优酷与中央电视台共同出品各1部。湖南卫视与视频平台共同出品6部，合作对象均为芒果TV，5部登陆湖南卫视季风剧场。上述作品均形成了一定热度和话题讨论度，头部内容的制作正在形成网台共同合作趋势。

1.4　网络微短剧

1.4.1　概貌

2022年网络微短剧迎来爆发式发展，在经历了野蛮生长向精品探索的过渡阶段后，开始向着规范化、专业化、类型化方向发力，数量大幅增长，质量稳步提升，影响力持续扩大，总体呈现出向上向好的发展态势。2022年6月开始，国产网络剧片审查纳入行政许可事项，总局对网络微短剧发放《网络剧片发行许可证》，微短剧规范化高质量发展成为大势所趋。

2022年在总局系统备案的网络微短剧数量高达5650部，同比增长150%，备案的剧情类短视频近63万部。其中上线播出的重点网络微短剧共172部，是2021年（58部）的近3倍。在质量上，网络微短剧开始逐步摆脱粗制滥造的固有印象，专业团队加入、专业技术的应用提升了作品的制作水准和内容品质，题材类型逐步呈现多元化、差异化的特征，分众的类型化内容突破圈层，聚焦社会问题、反映现实生活的作品逐步增多，以生活洞察、人性之暖引发观众情感共鸣，影响力从站内延伸到全网。部分没有播出资质、价值观导向存在偏差的小程序微短剧，在主管部门的综合管理下得到有效控制。

2022年网络微短剧的播出平台主要集中在以爱奇艺、腾讯视频、优酷、芒果TV为代表的长视频平台，和以bilibili、抖音、快手、西瓜视频、微视为代表的中短视频平台。其中长短视频平台依托长视频影视剧集多年的专业创作经验，在重点网络微短剧和非重点网络微短剧方面同时发力，内容品质整体较高。短视频平台主要以非重点网络微短剧居多，作品品质参差不齐。

在网络微短剧的内容付费方面，长视频平台沿用现有长剧集的观看方式，对重点网络微短剧为平台会员提供观看服务，非重点网络微短剧免费观看。而短视频平台的会员付费模式仍在尝试阶段，其播出的网络微短剧，重点和非重点剧均为免费观看。

1.4.2　节目内容·现实题材创作走心，古装甜宠数量居多

网络微短剧题材内容广泛，2022年主要集中在都市、古装、奇幻、悬疑、喜剧、情感等题材，内容以国韵古风、甜宠爱情、都市职场、逆袭人生、重生圆梦、青春励

志等居多。值得一提的是，医疗、律政、传统文化等内容的融入，极大提升了观众对微短剧的观感印象。聚焦都市职场、家庭共情等现实生活，反映现实问题的内容题材作品逐渐增多。例如，家庭伦理剧《致命主妇》，聚焦婆媳关系、女性成长，激烈的矛盾点冲突让观众直呼过瘾。医疗题材短剧《仁心》每集选取一个代表性的医学病例，以生动的故事化手法，进行科学普及，并注入时代内核与生活洞察，以人性之温暖，引发观众情感共鸣。《对方正在输入中》以手机中各种App软件为切入点，展现在日常社交、打车、网购、观看直播等多种生活场景中可能存在的安全隐患，引导观众关注信息和人身安全，提高安全意识。甜宠爱情故事依然占据绝对优势，尤其以古风类甜宠最为突出，凭借新颖有趣的爱情故事和古典雅致的场景布局，广受观众欢迎。例如，《长公主在上》以盛唐服饰、中式传统配色、适配的古典妆容打造典雅风格，紧凑的剧情迅速俘获观众。《虚颜》《忘川序》《公子独宠瓦匠妻》一经面世火速破圈，圈粉无数。

表1.4.2　2022年上线的部分网络微短剧列表

序号	剧名	题材类型	播出平台	上线时间
1	致命主妇	都市、情感	优酷	2022.01.11
2	长公主在上	古装、情感	快手	2022.02.05
3	公子独宠瓦匠妻	古装、情感	优酷	2022.02.25
4	亲爱的锦鲤女孩	情感、青春校园	优酷	2022.03.07
5	对方正在输入中	都市、情感	芒果TV	2022.07.04
6	女神酒店 第一季	奇幻、悬疑、年代剧	抖音	2022.07.05
7	仁心	都市、医疗	快手	2022.08.08
8	女神酒店 第二季	奇幻、悬疑、年代剧	抖音	2022.08.25
9	别惹前女友	都市、情感	腾讯视频	2022.08.29
10	浮生印	古装、玄幻	腾讯视频	2022.09.01
11	忘川序	古装、情感	腾讯视频	2022.09.22
12	虚颜	古装、悬疑	芒果TV	2022.09.23
13	将军府来了个小厨娘	古装、奇幻	腾讯视频	2022.09.27
14	女神酒店 第三季	奇幻、悬疑、年代剧	抖音	2022.11.27
15	孤军十二时	战争	优酷、乐视视频	2022.12.18

数据来源：监管中心统计数据 2023.1　　　　　　　　　　国家广播电视总局监管中心

1.4.3　平台布局·以剧场化提升作品的关注度

长短视频平台对微短剧的内容布局侧重不同，以差异化的运营方式打造平台内容特色。在视觉呈现上，微短剧有竖屏与横屏两种不同的媒介形式。其中，短视频平台中的微短剧基本为竖屏形式，单集时长设置在1—5分钟。而长视频平台更偏重于横屏形式，单集时长多为5—10分钟。

2022年，各主要视听平台全方位推进网络微短剧剧场化发展，在排播上体现出不同的特色。比如，芒果TV的"下饭剧场"，主要定位年轻女性用户，主打都市情感剧，并上线了独立的"大芒App"。腾讯视频的"十分剧场"，设置喜剧季、国风季、互动季、悬疑季等主题，联动微视打造"短剧"频道，每日更新、无间断排播。"优酷小剧场"频道，布局时间较早，保持着一定的内容输出频率。bilibili轻剧场作品整体偏年轻化，全部作品均由UP主参与创作，平台气质突出。快手将"快手小剧场"升级为"快手星芒短剧"，持续打造短剧厂牌。

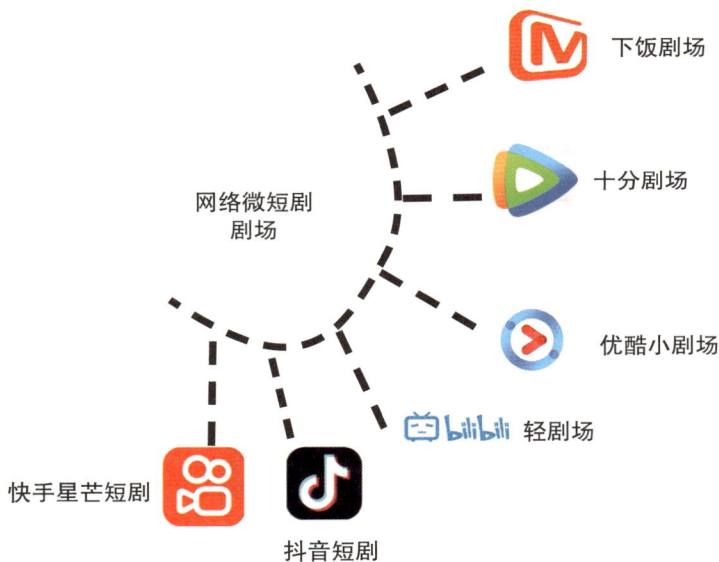

数据来源：监管中心统计数据 2023.1　　　　　　　国家广播电视总局监管中心

图1.4.3　2022年主要视频平台开设的网络微短剧剧场

档期化也成为平台布局的重要方面，春节档、暑期档活跃度较高。例如，2022年暑期，各平台以各自的平台调性推出档期厂牌，快手推出"追剧一夏"，抖音推出"夏日大放送"，腾讯视频推出"微短剧的夏天"，芒果TV推出"今夏片场"。大芒短剧还推出"疯狂星期四"模式，发起了"大芒短剧V我50"话题活动，在每周四中午固定上新短剧内容。

1.4.4　平台扶持·更新激励机制，升级分账模式，提供深度帮扶

2022年，主要网络视听平台在已有的助力支持模式下，纷纷更新激励机制，加大网络微短剧的创作扶持。通过优化调整合作模式、降低参与及分账门槛、提高分账上

限等多种方式，平台为创作者提供深度帮扶，助力微短剧的发展。例如，抖音整合原来的"新番计划""千万爆款剧乐部"资源，升级为"剧有引力计划"，加大激励机制的力度，提升全平台短剧创作活跃度。快手发布"剧星计划"针对优质剧集进行流量分账或现金奖励。"扶翼计划"征集单集时长5分钟以上的横屏短剧，在形式与内容上鼓励创新。

2022年，各平台继续升级微短剧分账模式，其中芒果TV、腾讯视频、优酷等长视频平台将网络剧成熟的分账体系复制到微短剧市场。例如，优酷调整"会员+广告CPM分账""流量分账""广告CPM分账"三种模式的级别和单价，为合作方提供更加优质的动态服务。爱奇艺对单集时长2—15分钟且内容完整连贯的剧集，采用会员付费分账或CPM广告分账模式。短视频平台的分账规则，以连续短剧提升作品精品度为重心。例如，抖音在分账赛道，对连续短剧创作将额外投入20亿流量精准扶持优质作品。2022年，成本几十万元或者几百万元的微短剧，有时能获得几百万元甚至上千万元的分账。分账剧再创新高，《拜托了！别宠我》三季播完，获得3000余万元的分账金额，成为网络微短剧的分账天花板。《致命主妇》《千金丫环》等剧分账也超1000万元。

1.4.5 制作出品·参与公司身份多样，持续注入创作活力

在生产出品方面，MCN制作机构、传统影视公司、视频网站、网络IP平台等越来越多的参与者加入到微短剧的创作赛道，尤其是专业影视公司的入驻，助力微短剧走上专业化优质发展路线。长短视频平台在出品方选择方面各有侧重，短视频平台中绝大部分内容由MCN或UGC创作，以网络达人作为主要演员。例如，MCN机构银色大地旗下达人姜十七，出品了《生于1990》《夜班日记》等现实题材微短剧。而长视频平台将专业创作的优势延续到微短剧之中，多选用专业演员出演。在优胜劣汰的发展大势下，与专业团队的合作为微短剧的内容质量提供了保证。芒果TV大芒短剧与无糖文化共同出品的《念念无明》《虚颜》，优酷与大唐之星合作的《千金丫环》，长信传媒与抖音合作的短剧《女神酒店》等，都取得了亮眼的成绩。

知名网络IP平台也加入了微短剧的内容供给行列，书旗小说、米读小说、番茄小说、阅文集团等有着海量IP资源的文学网站或平台，通过IP改编，让小说的受众和微短剧的观众实现了对话和交流。快手推出书旗小说中诸小颖作品改编的《今夜星辰似你：帝少心尖宠》、米读原创小说改编的《秦爷的小哑巴》，华策和抖音联合出品的《唐诗薄夜》改编自七猫中文网盛不世的作品《你是我的万千星辰》等。

另外，喜马拉雅与芒果TV、达盛传媒达成合作，三方将以喜马拉雅旗下奇迹文学优质网文IP为蓝本，共同开发微短剧。百度七猫计划推出名为"七猫微短剧"以及"9月剧场"的短剧业务；小米也计划推出"多滑短剧"，试水短剧领域的变现模式。

1.5　年度代表性作品点评

《血战松毛岭》

上线时间：2022年10月27日

导演：刘雪松

主演：张宁江、林鹏、郭家豪、杨凯程

集数：24集

集均时长：46分钟

题材类型：战争、年代剧

在线播放平台：优酷

作品类别：网络剧

《血战松毛岭》由慈文（厦门）影视文化传播有限责任公司、阿里巴巴（北京）软件服务有限公司、江西慈文影视文化传媒有限公司、北京小糖人文化传媒有限公司、北京剧有想法影视文化传播有限公司、阿里巴巴影业集团有限公司、开明盛世（北京）国际文化发展有限公司、福建省广播电视局、中共龙岩市委宣传部出品，讲述了我军浴血奋战松毛岭的革命故事，叙事节奏明快，用青春的叙事表达，塑造出生动的人物形象，弘扬革命精神。

《血战松毛岭》基于松毛岭战役这一真实的革命历史故事，通过反复查找和搜集各类史料、开展党史研究专家座谈、实地探访战役遗址、走访当地老红军及其后代等方式，力求贴近、还原真实历史。剧中建筑极具闽西特色，人物服化道考究，使观众能够沉浸式代入曾经那段峥嵘岁月。该剧将革命历史和年轻观众的审美情趣相结合，以创新化、年轻化的表达，开掘出能够引起当代青年人关注和共鸣的情感点，拉近党史和年轻人之间的距离。剧中主要人物余光明、项万金、朱音、跛佬、李革命等皆为年轻人。相较于以往革命题材作品相对严肃的表达方式，该片塑造的人物之间更偏向于使用年轻化、生活化的方式交流，口语化甚至有些"戏谑"的表达深受年轻人追捧，"大喇叭"项万金，"妻管严"跛佬等形象深入人心。

与以往革命战争题材不同，该剧并未对个别英雄式的人物进行塑造，而是聚焦于底层民众觉醒群像。剧中人物有农民、有落魄的旧军官、有商人、有学生，以及其他的普通群众，这些人开始只是想着过好自己的小日子，却在旧社会被压迫得无法生存。通过一场场艰难的斗争，一点点成长、觉醒，为了自己的信仰冲锋陷阵、流血牺牲。正是这些平日默默无闻的普通群众，在逐步觉醒之后毅然加入革命的队伍，发挥出自己的作用，才使中国军队最终取得一个又一个战役胜利，彰显了人民群众推动历史车轮滚滚向前的重要作用。

《天下长河》

上线时间： 2022年11月11日
导演： 张挺
主演： 罗晋、尹昉、梁冠华
集数： 40集
集均时长： 45分钟
题材类型： 古装、历史
在线播出平台： 湖南卫视、芒果TV
作品类别： 网络首播电视剧

《天下长河》由浙江好酷影视有限公司、芒果超媒股份有限公司、湖南快乐阳光互动娱乐传媒有限公司、浙文影业集团股份有限公司联合出品。该剧以黄河治理水患为背景，讲述了清朝皇帝康熙擢选落第举子陈潢与地方大员靳辅治理黄河的故事。

《天下长河》以康熙年间的黄河治理工程真实历史事件为底本，从纪实的角度出发，向观众呈现出一幅幅波澜壮阔的震撼治河场景，展现了从朝廷官员到地方百姓等在治理黄河时的百态群像。治河人士"逆流而上护卫苍生"的热血之情，让整部剧入情、入境、入心，在治河中见人、见事、见情，最大程度地还原了人民与水患抗争时的智慧和勇气，描摹了中华民族敢于担当、勇于奉献的精神图谱，呈现出"人民是历史的创造者"这一唯物主义历史观，塑造着黄河文化的根与魂。

《天下长河》题材新颖，视角独特，节奏张弛有度，叙事恰到好处，遵循着"大事不虚，小事不拘"的创作原则，称得上一部角度新颖的历史剧佳作，同时也为新历史剧创作提供了可借鉴的成功经验。《人民日报》《中国艺术报》等主流媒体同仁也纷纷称赞《天下长河》"守历史观之'正'，创传奇剧之'新'，真切度、完整性俱佳，弘扬了正直义烈、忘我牺牲的中华传统文化精神"。有网友称它是近五年来国产历史剧的天花板。孩子看了受教育，成人看了得智慧，国人看了斗志昂，顺应了"讲好黄河故事，延续历史文脉，坚定文化自信"的时代命题，有效挖掘了黄河蕴含的时代价值。

《冰球少年》

上线时间： 2022年1月30日
导演： 张超理
主演： 朱正廷、白澍、徐好
集数： 24集
集均时长： 45分钟
题材类型： 青春、体育
在线播放平台： 芒果TV、咪咕视频
作品类别： 网络剧

《冰球少年》由咪咕文化科技有限公司、新疆建纬传媒有限公司、慈文传媒、北京影幻韵成影视传媒有限公司联合出品。该剧聚焦冬奥重点项目冰球，讲述一群心怀冰球梦的少年，在成长道路上互相帮持不断拼搏，在迷茫与选择中完成成长与蝶变，最终实现梦想的热血青春故事。

该剧由国家广播电视总局网络视听司、北京市广播电视局指导，在迎接北京冬奥的时间节点上线。一方面，该剧巧妙地以年幼相识的队友沈舟舟和陈彻共同成长的青春故事为切入点，展现热血励志的冰球竞技故事，刻画新时代年轻人勇于追梦的青春风采。另一方面，该剧以竞技运动为名，相当比例的剧情集中在与训练和比赛有关的情节，生动写实，竞技体育精神与少年个性有机结合，塑造了一群性格鲜明、勇敢拼搏的少男少女。队长乔牧拼命练习、对运动精神的尊重，负伤后的陈彻直面困难重拾冰球梦想，不同生活背景和个性的少年为了共同的理想而努力，让不懈拼搏的体育精神发光发热。

冰球比赛作为强对抗性的竞技运动项目，在场上高速移动过程中发生的身体碰撞在所难免，具有极强的刺激感和观赏性。该剧制作上乘、运镜丝滑，剧中对运动员、教练员的日常训练场景的真实呈现，以及大量冰场上的竞技画面给剧集增添了更多真实性、代入感，更让观众深刻理解到何为竞技体育精神。

另外，该剧一定程度上实现了科普推广，让观众开始认识、了解这项运动，以专业内容礼赞冬奥精神、推广冰球运动。

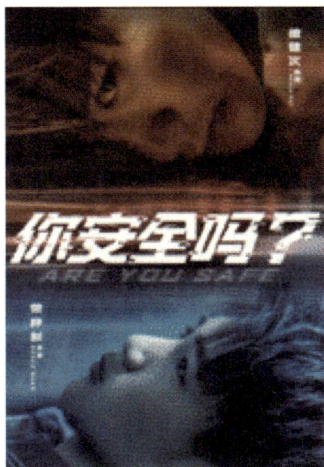

《你安全吗？》

上线时间：2022年9月11日
导演：曹盾、杨彪
主演：檀健次、荣梓杉、逯恣祯
集数：31集
集均时长：36分钟
题材类型：都市、悬疑、刑侦
在线播放平台：爱奇艺、腾讯视频
作品类别：网络剧

《你安全吗？》由上海耀客传媒股份有限公司出品。讲述计算机攻防高手秦淮、周游和陈默三人面对网暴、诈骗、罪犯打击报复等困境仍坚守本心、恪守正义底线，与公安民警共同对抗互联网犯罪团伙，不断收获成长的故事。该剧在贴近普通人日常生活的情节中讲述常见的网络安全故事，科普防诈反骗知识、提高观众网络安全意识，生动阐释"网络安全为人民，网络安全靠人民"的重要内涵。

《你安全吗？》以互联网信息安全为切入点，聚焦社会民生话题，如个人信息安全、婚恋、"杀猪盘"骗局、亲情友情、职场骚扰等，并借由主人公的经历向观众科普防骗知识，专业性强。每集片尾设有"防诈骗小剧场"，简洁明快讲解网络防诈常识，提醒观众不要忽视日常生活中可能出现的信息安全隐患。

《你安全吗？》从普通人生活取材，没有生硬说教、没有故弄玄虚，而是通过一个个鲜活的案例提示观众网络信息安全与日常生活的高度关联性，具有很强的贴近性和服务性。既聚焦社会现实问题，又给人温暖温馨提示。

该剧多次使用倒叙、插叙的叙事手法完成故事内容的多线发展；IT高手之间的博弈、揭开网络骗局等情节颇具吸引力；环环相扣的故事情节中，融入轻喜剧元素，增加了剧集的亲和力。故事贴近现实，但部分情节平铺直叙缺乏张力，悬疑色彩不够浓厚，仍有提升空间。

《大考》

上线时间：2022年9月21日

导演：沈严、贲放

主演：陈宝国、王千源、李庚希

集数：22集

集均时长：45分钟

题材类型：都市、生活

在线播出平台：中央电视台综合频道、东方卫视、浙江卫视、芒果TV、爱奇艺、腾讯视频、优酷

作品类别：网络首播电视剧

　　《大考》由中央电视台、中共江苏省委宣传部、南京爱奇艺影视文化有限公司、幸福蓝海影视文化集团股份有限公司、上海东方娱乐传媒集团有限公司、安徽广播电视台、上海瞳盟影视文化有限公司、杭州懿德文化创意有限公司联合出品。该剧以2020年疫情、洪灾双重考验下的高考为背景，生动再现了特殊时期的高考故事。

　　透过《大考》描绘出的2020年世所罕见的千万人安全大聚集，让社会主义中国非凡的组织动员能力、集中力量办大事的显著制度优势和"人民至上"的价值理念，在人们心中不言自彰。《大考》以平视视角，讲述高考考生的奋斗故事和逐梦之旅。无论面对人生大考还是疫情大考，中国青年传承百年大党、古老中国的青春力量，面对困难迎上去，果敢坚毅走下去，不屈前行的真实点滴和精神气象，绘就了气势磅礴的抗疫图景，践行着让青春在全面建设社会主义现代化国家的火热实践中绽放绚丽之花的责任担当，彰显了中华民族坚忍不拔的民族精神，映照出新时代中国青春之力量、信仰之力量。

　　艺术源于生活，而高于生活，但不超越生活。该剧将疫情大考作为背景，把五个高考家庭组成的群像以及热气腾腾的烟火人间，鲜活、生动、具体、形象地呈现在观众面前。《大考》直面留守儿童、隔代育儿、青春期叛逆等社会热点、理念冲突、家庭矛盾，"原生态"印迹留痕是其创作源于生活、基于生活的可贵之处；将现实痛点艺术地转化为戏剧矛盾，通过人物塑造和故事情节疏导社会情绪、排解焦虑、抚慰心灵，将人性的美好和善良、坚韧和毅力、信心和希望传达给广大观众，是其提炼生活、高于生活、不超越生活的可赞之处；寓情于理、言简意赅、凝练节制、意境深远，将丰富内涵浓缩于22集短小体量之中，对中华审美习惯、中华审美趣向、中华美学内涵创造性传承、创新性表达是其可取之处。

《警察荣誉》

上线时间： 2022年5月28日

导演： 丁黑

主演： 张若昀、白鹿、王景春

集数： 38集

集均时长： 45分钟

题材类型： 都市、生活

在线播放平台： 中央电视台电视剧频道、爱奇艺

作品类别： 网络首播电视剧

　　《警察荣誉》由中央电视台、北京爱奇艺科技有限公司、霍尔果斯华视娱乐制作有限公司、东阳荆棘鸟文化发展有限公司出品。《警察荣誉》鲜活展现老百姓的日常生活，用生活化的表达对民生矛盾纠纷中扮演"调解员"的基层民警形象进行了有趣呈现。

　　在以警察为创作蓝本的类型剧中，刑侦悬疑无疑是该类题材经常选取的创作方向，一定程度上框定了观众对这类作品的想象，但《警察荣誉》在涉警题材上另辟蹊径。它没有大开大合的情节，而是深入基层社区，取材于基层民警"鸡零狗碎"的日常生活，拓宽了观众对警察故事的认知。该剧围绕四个见习警员展开，讲述了他们在八里河派出所经历各类案件洗礼，并在老警察的言传身教下迅速成长，最终成长为合格的人民警察的故事。大到抓捕罪犯，小到不厌其烦的调解邻里间的磕磕绊绊，甚至是帮找尿不湿、给流浪猫接生、帮居民开锁等不起眼的问题，在警民相处的过程中，老百姓日常的细枝末节以极为丰富的细节与戏剧化的情节构建了起来。

　　故事围绕四个见习警员与四位警察师父组成的人物群像展开，新人在派出所获得成长，老警察在生活的庸常中坚守警察的使命与荣光，他们都有血有肉，真实鲜活，中青两代各有各的烦恼，像极了日常生活中的你我他。该剧以乐观精神展现平凡日常，让我们看到了基层民警为守护百姓生活，保一方平安的工作状态，也切身感受到了警察这个职业背后的责任与使命，呈现出鲜明的现实主义色彩。

《风吹半夏》

上线时间：2022年11月27日
导演：傅东育、毛溦
主演：赵丽颖、欧豪、李光洁
集数：36集
集均时长：45分钟
题材类型：年代、商业
在线播放平台：浙江卫视、江苏卫视、爱奇艺
作品类别：网络首播电视剧

　　《风吹半夏》由北京爱奇艺科技有限公司、上海上象星作娱乐（集团）股份有限公司出品。该剧改编自阿耐的小说《不得往生》，从改革开放浪潮中钢铁行业的发展切入，以创业先锋许半夏的经历，跨年代讲述我国第一代民营企业家的拼搏历程，全景式展现中国经济的变迁缩影。

　　该剧通过改革开放初期许半夏的创业故事向观众诠释了小人物在挫折中拼搏向上，改变命运的奋斗精神，激励人心，催人奋进。企业家群像塑造精彩，有胆识、有韧劲、敢闯敢做的许半夏，仗义、冲动、桀骜不驯的童骁骑，忠诚老实的陈宇宙，商业精英赵垒，行业老大哥伍建设，唯利是图的裘必正等。与此同时，"钢三角"之间坚不可摧的兄弟情，"滨海老板组"亦敌亦友、惺惺相惜的伙伴关系，令观众动容。

　　剧中群像人物命运与时代背景紧密贴合，在早期民营企业家创业的过程中遭遇的困境与矛盾，最终随着时代发展推移渐分黑白，让观众在理性的叙述中真切的体会市场经济逐步规范化的过程。

　　在布景上，《风吹半夏》扎根时代背景，很好地复刻出年代的氛围，通过手机、汽车、家具、服装等符号化元素将观众带入90年代的历史语境中，传递了浓厚的怀旧情绪。

《重生之门》

上线时间：2022年4月27日

导演：杨冬

主演：张译、王俊凯、冯文娟

集数：26集

集均时长：42分钟

题材类型：悬疑、刑侦

在线播放平台：优酷

作品类别：网络剧

　　《重生之门》由优酷信息技术（北京）有限公司、阿里巴巴影业（北京）有限公司、北京海华阳光影视文化传播有限公司、公安部金盾影视文化中心、上海熠宣影视传媒有限公司出品。讲述青城公安局刑警队在队长罗坚的带领下，与青城大学法律系学生庄文杰联手破获案件的故事。

　　不同于以往的刑侦悬疑剧，《重生之门》中没有暴力血腥的犯罪手段，没有凶杀案件的情节内容。它打破了常规刑侦悬疑剧单元故事模式，从名画《睡莲》18秒被盗拉开序幕。背负着"盗窃世家"名声的庄文杰，在追查父亲当年遇害真相的同时，在黑暗和光明中抉择，凭借超出常人的聪明和推理能力，庄文杰多次以身为饵帮助刑警队与犯罪分子正面对决。

　　《重生之门》以盗窃案为切入点，用悬疑性质的逻辑推理代替了刑侦案件中杀人越货的感官刺激。该剧人物演技在线，情感表达细腻，较好的展现了人物特点，塑造的人物形象饱满、鲜活；剧中，复杂的人物关系和递进的事件真相增添了悬疑色彩。《重生之门》看点不断，熟练的高科技盗窃技巧令人惊叹，训练有素、拥有超强侦察技能的刑警队与犯罪团伙过招精彩纷呈，剧情不仅有较强的节奏感，还有出乎意料的高能反转，如观众以为盗窃的是一幅《睡莲》的名画，其实，这只是犯罪团伙想打开金库的钥匙，观众以为他们想偷金库里价值连城的宝物，而犯罪团伙却偷走了电脑中的秘密文件。在丁生火（盗窃犯）盗走文件后，又抛出和庄文杰父亲有私仇的剧情路线，环环紧扣、不断递进，在拨开层层迷雾的同时，上演了一场高智商的本格推理。

　　《重生之门》描绘了庄文杰选择光明、对抗黑暗的心路历程，具有一定的正向引导作用，全剧高开高走观照现实。

《开端》

上线时间：2022年1月11日

导演：孙墨龙、刘洪源、老算

主演：白敬亭、赵今麦

集数：15集

集均时长：45分钟

题材类型：科幻、都市、悬疑

在线播放平台：腾讯视频

作品类别：网络剧

　　《开端》由东阳正午阳光影视有限公司和厦门正午阳光影视有限公司出品。讲述了大三学生李诗情和游戏架构师肖鹤云经历公交车爆炸后"死而复生"，循环进入初始时间段内寻找真凶，努力阻止汽车爆炸的故事。该剧巧妙的用时间无限循环的创新方式，在悬疑推理故事中立体展现充满烟火气的社会群像，注重人文关怀，实现了故事的延展和扩充。

　　该剧主要的场景是45路公交车上，利用公交车的公共属性，合情合理将镜头对准了车上来自社会各个层面有着不同人生境遇的人们。在寻找携带炸弹真凶的过程中，故事情节既没有设定为一般悬疑题材那样烧脑，也没有过度注重推理解谜的故弄玄虚，而是近距离拨开车上每一位乘客不为人知的生活现状。哮喘病二次元青年与父母的代际沟通问题，出狱不久为儿子送西瓜的蛇皮袋大叔，欠债失业省吃俭用为女儿着想的行李箱务工大叔，一身朴素时刻备有救急药的热心肠大妈，揭开网红圈真实现状的网红哥等，面对生活中的各种艰难和不易，这些社会毛细血管中的小人物对他人依然报以善良和温柔。刑侦支队的张成用实际行动证明做警察的意义，即使收到陌生人的求助短信息，也会毫不犹豫的出警救助。每一个接地气的鲜活人物的塑造，都有对人性的挖掘和思考，构成了社会百态，用人文关怀和社会温度感染观众。

　　剧中运用了影视剧中少有的时间无限循环的方式，采用"剧本杀"式的排查方法，男女主角是两个玩家，逐一剖析车上的乘客，以此确定真凶。在有限的空间中，通过视角的不断转换，不断推动故事情节发展。虽然故事反复重启，但内容和画面都不重复，从不同人物的视角切入，避免了循环带来的疲倦感。将公交车设定为游戏的载体，进入公交车，游戏开启，车上发生的任何人员死亡，画面都会变成黑白色，直到镜头离开公交车。这样的设置在弱化现场出现流血等引人不适的情节外，让观众有更多的游戏体验感。而循环的真正目的是为了拯救，对现实的观照直击人心。

《苍兰诀》

上线时间： 2022年8月7日

导演： 伊峥

主演： 虞书欣、王鹤棣、徐海乔

集数： 36集

集均时长： 42分钟

题材类型： 古装、情感、玄幻

在线播放平台： 爱奇艺

作品类别： 网络剧

　　《苍兰诀》由北京爱奇艺科技有限公司、上海恒星引力影视传媒有限公司、霍尔果斯恒星引力浩瀚星空影视传媒有限公司出品。改编自九鹭非香同名小说《苍兰诀》。讲述低阶仙女小兰花，无意间复活了困于昊天塔的月尊，二人在相处过程中，打破身份束缚，互生情愫，最终为大爱舍弃自我、拯救苍生的故事。

　　《苍兰诀》故事脉络清晰，在中国东方玄幻背景下，细腻刻画了爱情、友情的美好，细致展现男女主情感变化和个人成长。人物设定较为新奇，男主一反正道为主的常态，设定为霸道高傲、有一手遮天之能的月尊东方青苍；女主则是天真善良、勇敢坚毅，武力值较低的小兰花。两个彼此对立又互补的人碰撞出爱的火花，东方青苍找回了爱人的能力，小兰花也成为了守护和平的"息山神女"，最终两人的小爱升华为保护苍生的大爱。剧集人物情感爱恨分明，人物形象契合人物特点，在真情流露下传递双向奔赴爱情观，激发观众对美好爱情的向往。

　　《苍兰诀》画面美感十足，如山水画一般借景抒情赋予观众无限想象；特效背景美轮美奂，打造仙气飘飘的东方仙侠幻境；融入团扇、绒花、苏绣、漆器等中国传统文化元素，突出"东方玄幻"特点。

《孤军十二时》

上线时间：2022年12月18日

导演：李仓卯

主演：李健壹、李仓卯

集数：12集

集均时长：8分钟

题材类型：战争、年代剧

在线播放平台：优酷、乐视视频

作品类别：网络微短剧

　　《孤军十二时》由河南吉刻出发影业有限公司、云南彩南盛视文化传媒有限公司、重庆幻光影视科技有限公司出品。该剧讲述了1952年初，中国人民志愿军某部9连奉命执行特殊任务，为配合大部队行动，由赵长贵、崔松培、刘耀等人组成的小分队面对"联合国军"及其指挥的南朝鲜军队围剿，孤军深入敌后穿插迂回作战的故事。跌宕起伏的12小时浓缩了伟大志愿军战士不屈不挠的爱国主义情怀，让人热血沸腾。

　　《孤军十二时》由多位国内一线影视制作班底打造，剧集对标国产一线战争大片制作水准，用不输电影质感的表演、拍摄、剪辑、包装等精湛技术打造真实战争场景，呈现出较高的制作水准。在人物刻画上，和其他战争影片不同，该片故事集中在4位鲜活的个人身上，以中国人民志愿军战士的视角，讲述了从志愿军小队与大部队走散之后12个小时内发生的故事。用非常小的切角、用小人物群像之间的记录礼赞英雄舍生忘死的英雄气概，人物性格刻画细腻，历史场景还原度高，引发观众共情。

《仁心》

上线时间： 2022年8月8日

导演： 非非宇Fay

主演： 慧慧周

集数： 20集

集均时长： 2分钟

类型： 医疗

在线播放平台： 快手

　　《仁心》由快手短剧、创壹科技出品的医疗题材网络微短剧。主要讲述了只管治病救人不通人情世故的医生慧慧周，在经过种种历练之后，不仅获得了病人们的承认和感激，最终练就医者仁心的故事。该剧通过身边普通百姓日常就医，注入生活洞察，唤起人文关怀，以故事化手法对典型医学病例进行科普，引发观众共鸣。

　　《仁心》每集一个故事单元，以慧慧周的视角生动品味一段段喜乐悲欢，展现医护人员最真实的一面。女子难产找不到家属签字做剖腹产，周医生不想悲剧发生，代替家属签字，保证了母女的平安，而彼时作为军人的丈夫为了守护祖国和人民，不能守护自己的亲人，舍小家为大家，让人敬佩。52岁的高龄产妇，为了已经牺牲的英雄儿子续写生命，执意怀孕生子，"我完成了国家的使命，你来替我完成子女的使命"打动人心。孕妇还没到预产期，母亲为了改变孩子的命运，坚持要求先行剖腹产，周医生提醒"无论起跑线在哪儿，方向都应该由自己决定"，点醒孕妇尊重生命的轨迹。剧中以生动的故事化手法，对具有典型性的医学病例进行了科普。例如，被误认为酒后驾车的自动酿酒综合征，是肠道微生物过度繁殖，将碳水化合物转化为酒精而导致等。

　　每集剧集虽然篇幅短小，但叙事结构完整，短时间内的强冲突和反转，让故事张弛有度，内容饱满，打开了微短剧内容创作更多的可能性，拓宽了题材品类。

2

网络电影、龙标网络电影、
网播院线电影

2.1　主要数据一览和研究发现

表2.1　2022年网络电影、龙标网络电影、网播院线电影基础数据表

类型	项目		数量
网络电影	全年上线数量（部）		380
	其中	独播网络电影	275
		非独播网络电影	105
	获得《网络剧片发行许可证》的网络电影		20
	总时长（分钟）		30631
	单片平均时长（分钟）		81
	分账票房超过1000万的作品数量（部）		48
	出品机构（家）		1305
	制作机构（家）		403
	宣发机构（家）		159
	会员单片付费（PVOD）的网络电影（部）		8
	IP改编剧本网络电影（部）		92
	新获得规划备案网络电影（部）		1420
	新获得上线备案网络电影（部）		426
龙标网络电影	全年上线数量（部）		47
	其中	独播龙标网络电影	32
		非独播龙标网络电影	15
		网院同播龙标网络电影	5
		网台（CCTV-6）同播龙标网络电影	7
	分账票房超过1000万的作品数量		8
网播院线电影	全年上线数量（部）		199
	其中	国产电影	169
		引进电影	30

数据来源：监管中心统计数据 2023.1　　　　　　　　　　　　国家广播电视总局监管中心

注：统计周期：2022.1.1-12.31。

注：分账票房数据为截至2022.12.31的已公布数据。

注：网播院线电影指2022.1.1-12.31在院线公映，随后（当前统计截至2023.1.4）在网络视听机构播出的影片。

2.2 主要研究发现

减量提质，精耕细作。2022年全网共新上线网络电影380部，较2021年减少了28.4%；上线龙标网络电影47部，较2021年减少48.9%。整体数量虽有下降，但值得肯定的是，随着国产网络剧片发行许可制度的实施，网络电影审查正式纳入行政许可事项，网络电影生产创作进一步规范化、标准化、精品化。主要播出平台持续优化资源配置，通过完善合作及分成模式、创新宣传发行手段等方式，不断提升行业整体发展效能。此外，2022年共有199部院线电影上线互联网，占全年院线电影总数的六成左右。

（单位：部）

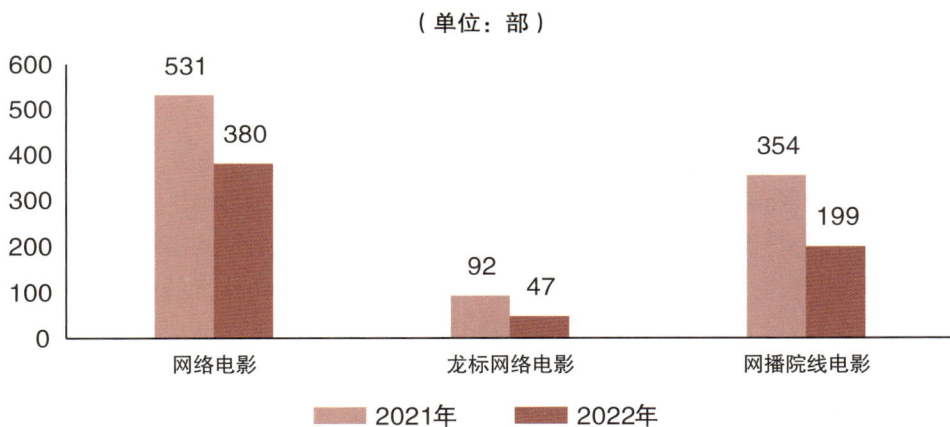

数据来源：监管中心统计数据 2023.1

国家广播电视总局监管中心

图2.2（1）　2021年和2022年网络电影、龙标网络电影、网播院线电影数量统计

（单位：部）

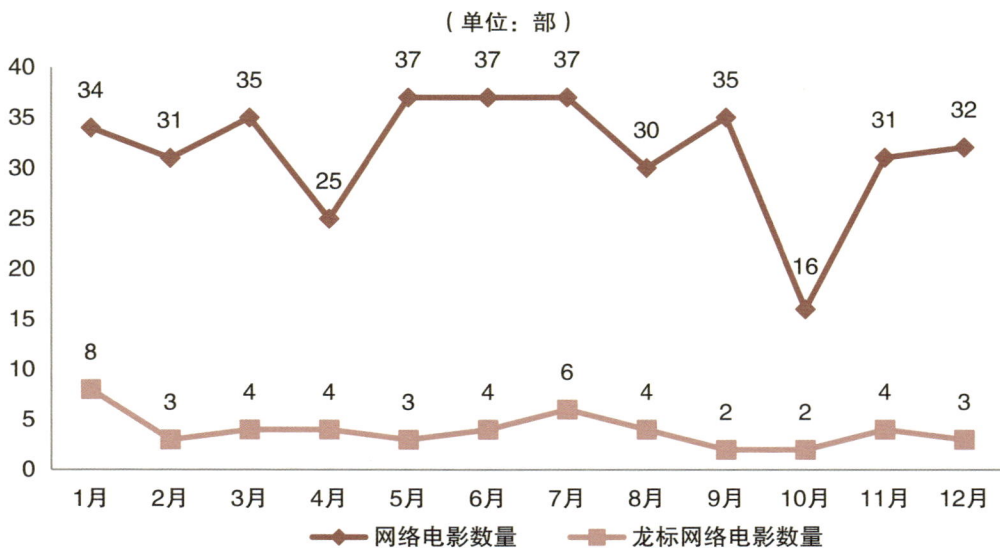

数据来源：监管中心统计数据 2023.1

国家广播电视总局监管中心

图2.2（2） 2022年网络电影、龙标网络电影数量统计（分月度）

　　题材类型保持多元，现实主义题材创作持续火热。2022年，动作、情感、古装、超现实等网络电影题材持续迸发活力，上线数量均在百部以上，拥有稳定的受众群体。2022年，在政府主管部门的扶持推动下，聚焦主题主线的现实主义题材创作持续火热，乡村振兴、冬奥、疫情防控、革命、传统文化等主题多点开花。

　　主旋律作品品质升级，革命历史题材实现突破。2022年全年共上线45部主旋律网络电影，较2021年进一步增加。主旋律作品创作持续发力，其蕴含的精神力量、文化内涵和艺术价值持续提升，主题突出，主线分明，为党的二十大胜利召开营造了浓厚的舆论氛围。多部革命历史题材作品特色鲜明，摒弃宏大叙事，善于从小切口展开故事，以点带面塑造鲜活生动的英雄群像，弘扬革命英雄主义精神，传播效果较好。

　　"主力军"持续挺进"主战场"。2022年上线29部由官方机构参与出品或指导制作的网络电影，占全年总数量的7.6%，同比提升1.4个百分点。如，由国家广播电视总局指导的作品《金山上的树叶》《排爆手》《勇士连》《特级英雄黄继光》《黑鹰少年》，由北京市广播电视局指导的《飞吧，冰上之光》《以青春之名》《狙击英雄》，由浙江省广播电视局指导的《摇滚皮影》等。同时，2022年有更多传统媒体机构参与网络电影的出品、制作。如，江苏省广播电视总台、南宁广播电视台均首次出品网络电影，湖南电视台潇湘电影频道、河池日报社出品数量增加。此外，这些官方机构出品或制作的网络电影种类也由单一类型逐渐迈向多元化。

　　IP改编剧本持续火热，"公版IP"改编作品影响力有所减弱。2022年网络电影IP改编剧本比例为24%，同2021年持平，主要来源为网络小说、影视形象、文学名著、民间传说、剧集、电影、歌曲等。2022年，共上线44部"公版IP"改编作品，涵盖历史人物、文学名著等多种资源，除了部分作品影响力较大之外，多数涉及"聊斋志异""狄仁杰""封神演义""三侠五义"等题材的作品反响平平。

播出平台行业格局整体稳定。2022年，网络电影的主要播出平台依然以爱奇艺、腾讯视频、搜狐视频、优酷等长视频网站为主，同时芒果TV、咪咕视频、聚力、乐视视频也均有不同程度的涉及，整体格局保持稳定。2020年、2021年，短视频平台亦有上线网络电影的情况，而2022年没有网络电影选择在短视频平台上线播出。各主要播出平台中，爱奇艺上线数量超过腾讯视频，重回首位。

（单位：部）

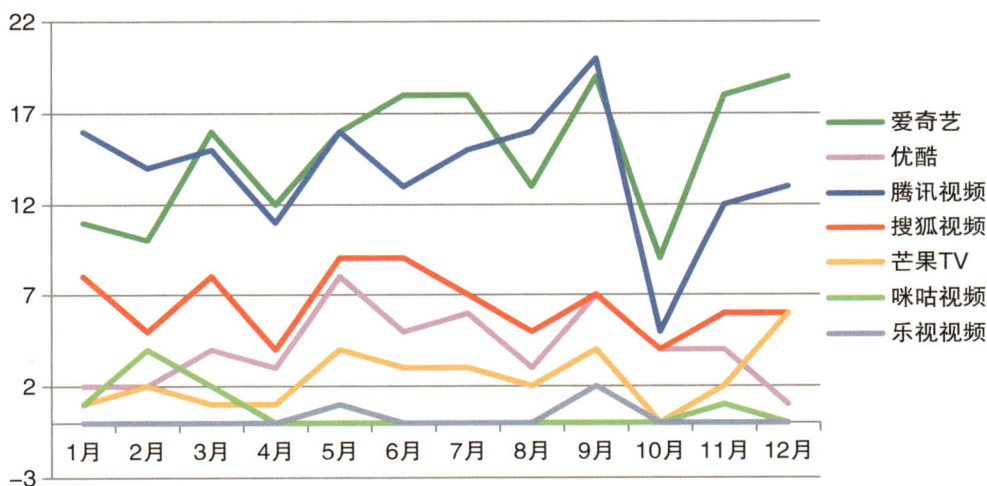

数据来源：监管中心统计数据 2023.1　　　　国家广播电视总局监管中心

图2.2（3）　2022年各播出平台月上线网络电影数量统计

（单位：部）

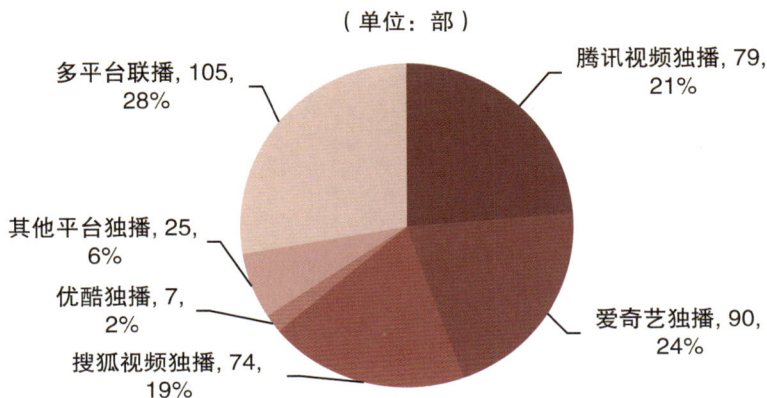

数据来源：监管中心统计数据 2023.1　　　　国家广播电视总局监管中心

图2.2（4）　2022年网络电影播出平台统计

"春节档"不及预期，短视频成重要宣发手段。 2022年"春节档"期间，共上线网络电影17部，较上年度的29部数量明显减少，无论是上线数量还是播放表现，整体表现均有所下滑。2022年有305部影片在抖音、快手等短视频平台投放物料、设置话题、宣传引流，占全年上线影片总数的80%，短视频已成为网络电影营销宣传的重要手段之一。

头部影片更多选择多平台联合播出，行业聚集优势明显。 2022年共上线105部多平台联合播出的网络电影，占全年上线数量的28%，同比上涨22个百分点。同时，分账破千万作品的占比持续上升，行业聚集优势明显。据视频网站官方公开数据统计，2022年腾讯视频、爱奇艺、优酷分账超过1000万元的网络电影共计48部[①]，其中爱奇艺独播14部，腾讯视频独播8部，优酷独播2部，其余24部为多平台播出网络电影。票房破千万作品占比为13%，同比上升2个百分点。

PVOD（会员单片付费）模式持续发展。 2022年共有8部网络电影以PVOD模式上线，较2021年增加1部。据公开数据显示，其中4部的分账票房过千万，PVOD影片的票房表现逐渐受到制作方和播出平台的认可。相较2021年"非会员12元、会员6元"的收费标准，2022年已有PVOD影片将收费标准提高至"非会员18元、会员9元"。

演职人员保持活力，演员阵容提升。 2022年，共有355名导演和1000余名主要演员参与到网络电影的制作拍摄中。其中80后导演仍为网络电影导演群体主力军，占比达61%，同比降低5个百分点；90后导演数量明显增加，占比达20%，同比增长9个百分点。演员群体仍以80后、90后为主，占比合计超七成，略低于去年。2022年网络电影的整体演员阵容较以往明显加强，以刘烨、余男、于荣光、冯绍峰、胡军、吴樾、柳岩、任贤齐等为代表的知名影视剧演员在2022年里参演网络电影。

---

① 该数据由监管中心根据腾讯视频、爱奇艺、优酷官方公布数据统计得出，部分未公布票房数据的网络电影不在统计之内。

2.3 内容分析

2.3.1 概貌

2022年，网络电影创作传播进入了"提质减量、精耕细作"的新阶段，进一步呈现出积极的变化。一方面，随着国产网络剧片发行许可制度落地，网络电影审查正式纳入行政许可事项，网络电影生产创作进一步规范化、标准化、精品化。另一方面，主要播出平台再次优化资源配置，通过完善合作及分成模式、创新宣传发行手段等方式不断提升行业整体发展效能。整体来看，全年新上线作品数量精简，更聚焦头部作品创作，题材类型进一步细化，主旋律逐渐成为主流赛道之一，革命历史题材有较大突破，网络电影生产创作在加强题材创新的同时更注重影片价值观的表达，平台间合作进一步加深。

2022年全网共上线网络电影380部，总时长约30631分钟，两项数据同比均下降28%。

（单位：部）

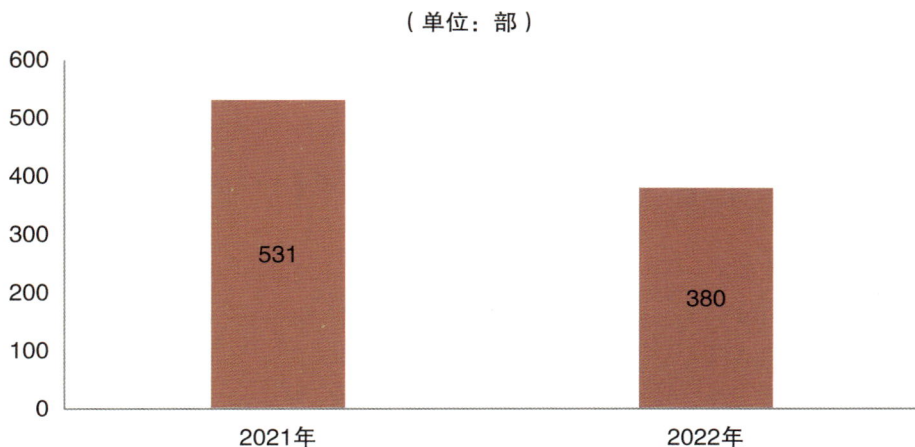

数据来源：监管中心统计数据 2023.1　　　　　　国家广播电视总局监管中心

图2.3.1（1）　2021年与2022年网络电影数量对比

与2021年不同，2022年每月均有"非独播"网络电影上线，且上线比例增多。这与前几年"独播"网络电影为主流有较为明显的变化。

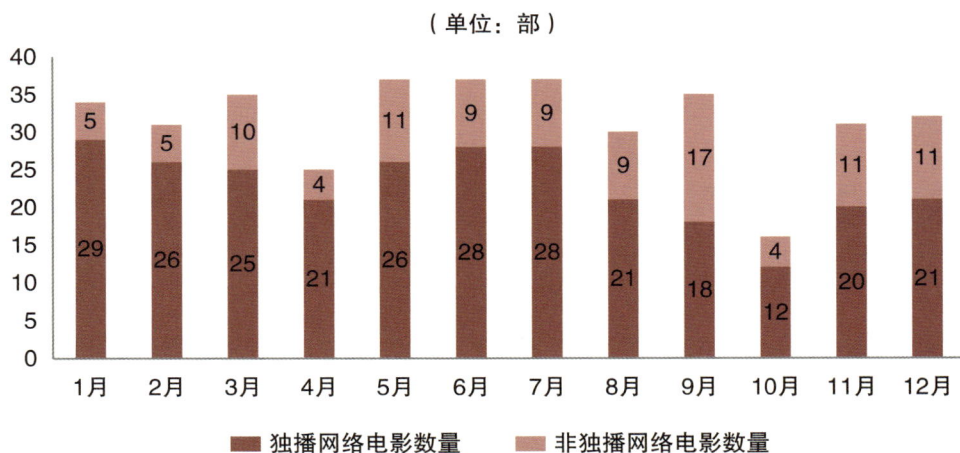

（单位：部）

图例：■ 独播网络电影数量　■ 非独播网络电影数量

数据来源：监管中心统计数据 2023.1　　　　　　　国家广播电视总局监管中心

图2.3.1（2）　2022年月上线网络电影数量统计

根据国家广播电视总局官网公开数据显示，2022年网络电影规划备案和上线备案通过数量分别为1419部和426部，较2021年有所缩减。从备案情况来看，行业生产创作趋于稳定又不失活跃，同时，制作机构疯狂"抢注"片名的现象减少。

表2.3.1（1）　2022年重点网络电影规划及上线备案情况

备案通过年月	规划备案通过数量	上线备案通过数量
2022.01	187	50
2022.02	159	17
2022.03	128	47
2022.04	119	51
2022.05	140	38
2022.06	145	27
2022.07	107	31
2022.08	113	41
2022.09	138	27
2022.10	0	21
2022.11	73	31
2022.12	110	45

数据来源：监管中心统计数据 2023.1　　　　　　　国家广播电视总局监管中心

2021年12月31日，国家广播电视总局发布了《电视剧母版制作规范》（以下简称

《规范》），作为广播电视和网络视听推荐性行业标准，并于2022年4月1日起正式实施。《规范》对广播电视和网络视听节目（包含网络电影）的正片时长、片头时长、片尾、署名、字幕、图像、声音、封装格式等进行了技术量化和统一规范，并给出了声画质量主观评价方法。《规范》的发布从技术层面推动了"网上网下同一标准、同一尺度"的落实。

2022年4月29日，国家广播电视总局印发了《国家广播电视总局办公厅关于国产网络剧片发行许可服务管理有关事项的通知》（广电办发〔2022〕128号），正式将网络剧片审查纳入行政许可事项。

在主管部门的管理引导下，网络电影的内容审核和技术制作标准进一步规范化、标准化，社会影响力和认可度得到进一步提升。

表2.3.1（2）　2022年关注度较高、影响力较大的网络电影列表

序号	节目名称	题材	播出平台	上线时间
1	阴阳镇怪谈	惊悚、玄幻、悬疑	爱奇艺、腾讯视频	2022.01.08
2	猎毒者	公安、枪战、犯罪	爱奇艺	2022.01.12
3	张三丰	古装、动作、武侠	爱奇艺	2022.01.22
4	飞吧，冰上之光	体育、青春、情感	爱奇艺	2022.02.12
5	陈翔六点半之拳王妈妈	情感、喜剧、动作	爱奇艺、腾讯视频、优酷	2022.02.18
6	亮剑：决战鬼哭谷	战争、动作、历史、枪战	爱奇艺、优酷	2022.03.03
7	冰雪狙击	战争、动作、历史、枪战	爱奇艺	2022.03.13
8	烽火地雷战	战争、动作、历史、枪战	爱奇艺、优酷	2022.04.08
9	东北告别天团	喜剧、情感	腾讯视频	2022.04.22
10	盲战	动作、犯罪	爱奇艺	2022.05.01
11	青面修罗	古装、武侠、动作、悬疑	爱奇艺、腾讯视频、优酷、芒果TV、乐视视频	2022.05.13
12	目中无人	古装、武侠、动作、悬疑	爱奇艺	2022.06.03
13	绝地防线	战争、动作、历史、枪战	爱奇艺	2022.06.12
14	狙击英雄	战争、动作、枪战	爱奇艺、优酷	2022.06.30
15	恶到必除	公安、犯罪、动作、枪战	爱奇艺、腾讯视频、优酷	2022.07.28
16	黄金大逃狱（普通话版、粤语版）	动作、犯罪、喜剧	爱奇艺、优酷	2022.08.05
17	猎毒之闪电突击	公安、枪战、犯罪、动作	爱奇艺、腾讯视频	2022.08.17
18	勇士连	战争、历史、动作、枪战	爱奇艺、腾讯视频、优酷	2022.09.24
19	特级英雄黄继光	战争、历史、动作、枪战	爱奇艺、腾讯视频、优酷	2022.10.01
20	一盘大棋	喜剧、情感、犯罪	爱奇艺	2022.10.04

序号	节目名称	题材	播出平台	上线时间
21	逃学神探	喜剧、悬疑、动作	爱奇艺、腾讯视频	2022.12.15
22	鬼吹灯之南海归墟	动作、奇幻、惊悚	爱奇艺、腾讯视频、优酷	2022.12.30

数据来源：监管中心统计数据 2023.1　　　　　国家广播电视总局监管中心

2.3.2 题材类型·丰富多元，垂直题材有待深入挖掘

2022年网络电影题材类型超30类，其中动作、情感、古装、超现实等题材持续迸发活力，上线数量均超百部，受众群体稳定。主旋律作品创作持续火热。现实题材作品更加聚焦主题主线，乡村振兴、冬奥、疫情防控、革命、传统文化等主题创作多点开花。如《金山上的树叶》深入挖掘小切口背后的大主题，唱响新时代青年深度参与共同富裕的青春赞歌；《排爆手》聚焦排爆手这一小众而又神秘的职业，生动展现中国武警铁骨柔情的英雄本色。同时，不少作品积极探索新的表达方式，一定程度上增加了网络电影的思想深度和情感厚度。如喜剧题材作品《东北告别天团》在幽默中融入对刑满释放人员社会处境等现实问题的观照；悬疑题材作品《山村狐妻》用悬疑外壳包裹对人性贪婪的批判等。多元化题材影片为网民提供了更为丰富的观影选择。

但与此同时，2022年网络电影依然存在题材跟风、剧情雷同等同质化现象。萌宠、动画等垂类涉足较浅，或缺少标志性作品，或未能产生较大影响力。如何深化打造垂类题材，在现有成熟题材体系外另辟蹊径，促进网络电影题材进一步细分，需要整个行业持续探索。

为准确描述全年网络电影整体的题材元素，我们根据影片展现的内容，选取各部作品较为主要的1—4个题材元素，对全年380部影片进行分类统计。

体育 9部　儿童 1部　历史 35部
枪战 32部　奇幻 50部　犯罪 48部
剧情 62部　青春 古装 101部
恐怖 动画 谍战 都市
玄幻 48部　动作 惊悚 53部
黑帮　179部
情感 武侠 22部　喜剧 73部
警匪 160部
战争 16部　悬疑 公安 21部
校园 怪兽 49部　刑侦 科幻 29部　穿越
职场　纪实 魔幻

数据来源：监管中心统计数据 2023.1　　　　　国家广播电视总局监管中心

图2.3.2（1）　2022年网络电影数量统计（分题材）

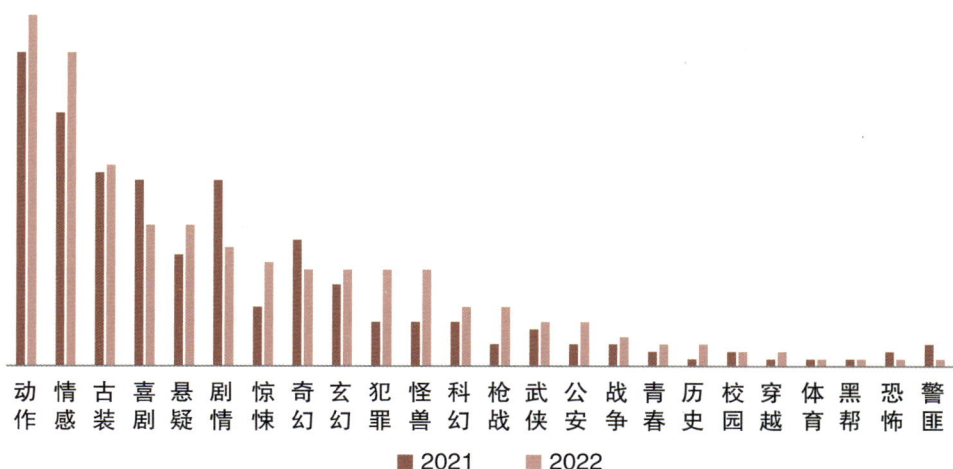

图例：■ 2021　■ 2022

横轴分类：动作、情感、古装、喜剧、悬疑、剧情、惊悚、奇幻、玄幻、犯罪、怪兽、科幻、枪战、武侠、公安、战争、青春、历史、校园、穿越、体育、黑帮、恐怖、警匪

数据来源：监管中心统计数据 2023.1　　国家广播电视总局监管中心

图2.3.2（2）　2021年至2022年网络电影题材分类占比对比

2.3.2.1　主旋律题材·品质升级，革命历史题材有突破

2022年是党的二十大召开之年，在主管部门的引导扶持和行业供给侧改革的推动下，主旋律、正能量影片持续发力，作品中的精神力量、文化内涵和艺术价值日益凸显，主题突出，主线分明，营造了浓厚的舆论氛围。

2022年共上线45部主旋律网络电影，占全年作品的12%，较2021年进一步增加。这些作品多以人物故事为影片主线，在小空间中展现大情怀，传播主流价值，有效拓展了网络电影的题材边界和创作空间。如，《飞吧，冰上之光》《以青春之名》《特级英雄黄继光》等一批优秀作品紧贴时代、聚焦人民、歌颂英雄，积极反映社会现实；《金山上的树叶》《排爆手》等作品在国家广播电视总局"精品创作传播工程"扶持指导下，思想性艺术性显著提升，创达到了网络电影的新高度；《东北狙王决战虎牙山》《亮剑：决战鬼哭谷》《狙击英雄》《勇士连》《冰雪狙击》《烽火地雷战》等革命历史题材作品特色鲜明，摒弃宏大叙事，从小切口展开故事，以点带面塑造鲜活生动的英雄群像，弘扬革命英雄主义精神。

同时，多部主旋律影片精心设计上线时间，如，《无负今日》《老师来了！》等教师节献礼片在教师节前后上线；《勇士连》《特级英雄黄继光》《生死排爆》《黑鹰少年》等多部二十大重点宣推影片在十一前后上线，主动跟进舆论节奏、融入主流舆论浪潮，宣传效果较好。

表2.3.2.1　2022年部分主旋律题材网络电影列表

序号	节目名称	主题	题材	播出平台	上线时间
1	猎毒者	公安干警	公安、枪战、犯罪、动作	爱奇艺	2022.01.12
2	绽放2020	疫情防控	剧情	搜狐视频	2022.01.12
3	心田	乡村振兴	剧情、情感	爱奇艺	2022.01.21
4	欢迎来到瑜伽村	乡村振兴	剧情、喜剧、情感	腾讯视频	2022.02.07
5	飞吧，冰上之光	冬奥	体育、青春、情感	爱奇艺	2022.02.12
6	亮剑：决战鬼哭谷	抗日战争	战争、动作、历史、枪战	爱奇艺、优酷	2022.03.03
7	摇滚皮影	传统文化	剧情、情感	爱奇艺	2022.03.08
8	冰雪狙击	抗日战争	战争、动作、历史、枪战	爱奇艺	2022.03.13
9	咱村好大雪	乡村振兴	剧情	腾讯视频	2022.04.02
10	烽火地雷战	抗日战争	战争、动作、历史、枪战	爱奇艺、优酷	2022.04.08
11	金山上的树叶	乡村振兴	剧情、情感、喜剧	爱奇艺、优酷、腾讯视频	2022.05.18
12	以青春之名	共青团百年	剧情、青春	爱奇艺、优酷、腾讯视频	2022.05.26
13	绝地防线	抗日战争	战争、动作、历史、枪战	爱奇艺	2022.06.12
14	狙击英雄	抗美援朝	战争、动作、枪战	爱奇艺、优酷	2022.06.30
15	恶到必除	公安干警	公安、枪战、犯罪、动作	爱奇艺、腾讯视频、优酷	2022.07.28
16	排爆手	武警	警匪、犯罪、动作	爱奇艺、腾讯视频、优酷	2022.07.30
17	我和我的村	乡村振兴	剧情、喜剧、情感	腾讯视频	2022.08.14
18	猎毒之闪电突击	公安干警	公安、枪战、犯罪、动作	爱奇艺、腾讯视频	2022.08.17
19	无负今日	尊师重教	剧情、情感、校园	爱奇艺、腾讯视频、优酷、芒果TV	2022.09.10
20	勇士连	解放战争	战争、历史、动作、枪战	爱奇艺、腾讯视频、优酷	2022.09.24
21	特级英雄黄继光	抗美援朝	战争、历史、动作、枪战	爱奇艺、腾讯视频、优酷	2022.10.01
22	生死排爆	公安干警	公安、动作、犯罪	爱奇艺	2022.10.05
23	黑鹰少年	少年励志	体育、校园、儿童、情感	爱奇艺、腾讯视频、优酷	2022.10.11

数据来源：监管中心统计数据 2023.1　　　　　　　　　　　　　国家广播电视总局监管中心

2.3.2.2　动作题材 · 数量占比第一，武侠类作品风格创新，价值观表达升级

　　2022年上线的动作题材网络电影共179部，占全年作品的47%，数量占比自2018年以来连年增加，在所有题材中数量最多。

动作题材网络电影类型多元，涵盖武侠、警匪、战争、体育等。武侠类动作片"内外兼修"表现突出，整体动作设计逼真流畅，视觉效果较好，同时注重内涵呈现，升级价值观表达。如，《目中无人》以"盲"为切入点进行创新，借助传统武侠纯粹的快意恩仇模式，展现盲人刀客内心追寻的公道，写实又写意的表达风格赢得了较好口碑。

表2.3.2.2 2022年部分"武侠"类动作题材网络电影列表

序号	节目名称	题材	播出平台	上线时间
1	千里不留行	古装、武侠、动作、情感	腾讯视频	2022.01.10
2	张三丰	古装、武侠、动作	爱奇艺	2022.01.22
3	中华英雄之风云再起	武侠、动作	爱奇艺	2022.01.24
4	蜀山传：万剑归宗	古装、武侠、动作、喜剧	爱奇艺	2022.04.21
5	青面修罗	古装、武侠、动作、悬疑	爱奇艺、优酷、腾讯视频、芒果TV、乐视视频	2022.05.13
6	目中无人	古装、武侠、动作、悬疑	爱奇艺	2022.06.03
7	剑侠情缘之刀剑决	古装、武侠、动作、情感	腾讯视频	2022.06.05
8	霍家拳之铁臂娇娃3	武侠、动作、情感	爱奇艺、腾讯视频	2022.07.17
9	五鼠闹东京	古装、武侠、动作、悬疑	爱奇艺	2022.08.25
10	西行客栈	古装、武侠、动作	爱奇艺	2022.11.20

数据来源：监管中心统计数据 2023.1

国家广播电视总局监管中心

2.3.2.3 喜剧题材 · 东北喜剧影响力扩大，票房表现亮眼

2022年上线喜剧题材网络电影73部，占全年作品的19%，较2021年有所下降。近年来，东北喜剧逐渐成为喜剧题材网络电影中独树一帜的存在。东北喜剧以其独具特色的地域性特点和张浩、宋晓峰、许君聪等为代表的专业东北喜剧演员别具一格的表演风格赢得了不少观众的喜爱。2022年共上线19部东北喜剧，占全年喜剧作品的26%；且在8部票房过千万的喜剧题材网络电影中，东北喜剧多达5部。《东北告别天团》《我不是酒神》《依兰爱情故事》《浩哥爱情故事》《外星人事件2》《四平青年往事》系列和《东北往事》系列等东北喜剧影片亦逐渐形成了一定的品牌效应和规模效应。

表2.3.2.3 2022年部分喜剧题材网络电影列表

序号	节目名称	题材	播出平台	上线时间
1	我不是酒神	喜剧	爱奇艺、优酷	2022.01.29
2	暴走财神3	喜剧、奇幻、情感	爱奇艺、腾讯视频	2022.02.05
3	外星人事件2	喜剧、科幻	爱奇艺	2022.02.06

续表

序号	节目名称	题材	播出平台	上线时间
4	陈翔六点半之拳王妈妈	喜剧、动作、体育、情感	爱奇艺、腾讯视频、优酷	2022.02.18
5	浩哥爱情故事	喜剧、情感、犯罪、公安	爱奇艺、腾讯视频、优酷	2022.03.11
6	大哥，别闹了	喜剧、都市、动作、情感	爱奇艺、腾讯视频	2022.03.17
7	东北往事我叫黄中华	喜剧、动作、情感、黑帮	爱奇艺、腾讯视频	2022.03.24
8	东北告别天团	喜剧、情感	腾讯视频	2022.04.22
9	依兰爱情故事	情感、喜剧、穿越	腾讯视频	2022.04.27
10	四平青年往事	喜剧、动作、犯罪、公安	爱奇艺、腾讯视频	2022.11.30
11	逃学神探	喜剧、悬疑、动作	爱奇艺、腾讯视频	2022.12.15

数据来源：监管中心统计数据 2023.1　　　　　　　　　　　　　　　　国家广播电视总局监管中心

2.3.2.4　超现实题材·"怪兽"题材继续降温，"民俗惊悚"题材异军突起

2022年，带有玄幻、奇幻、科幻、魔幻、穿越、怪兽等超现实元素的网络电影整体传播影响力保持高水位，全年共上线152部，占比40%，同比增加2个百分点。这些影片打破时间和空间的束缚，表达上天马行空、富有张力。同时，有赖于制作成本投入增多，影片整体制作质量提升较大，"五毛特效"已不多见。2022年，"怪兽"题材网络电影共计上线49部，占全年作品的13%，同比提高7个百分点。虽然数量仍较多，但整体热度较前几年明显遇冷，除《大蛇3龙蛇之战》《巨蛇闯女校》两部影片热度可观外，其他以"蛇蟒""鲨鱼""蜥蜴""老鼠"为代表的"怪兽"吸引力、关注度明显下降。

表2.3.2.4（1）　2022年部分"怪兽"题材网络电影列表

序号	节目名称	播出平台	热度	上线时间
1	大蛇3龙蛇之战	优酷	8755	2022.01.22
2	蛇岛狂蟒	优酷	6940	2022.02.24
3	狂鳄	腾讯视频	4994	2022.04.23
4	怪谈	爱奇艺、优酷	3672、7152	2022.05.24
5	巨蛇闯女校	爱奇艺、优酷	5114、8092	2022.06.09
6	异兽之捕龙令	爱奇艺	3063	2022.06.22
7	深海蛇难	优酷、腾讯视频	5200、17000	2022.08.27
8	重装机甲4巨兽来袭	腾讯视频	3112	2022.08.30
9	大虫灾	爱奇艺	2718	2022.09.04
10	深海逃生	爱奇艺	3495	2022.11.27

数据来源：监管中心统计数据 2023.1　　　　　　　　　　　　　　　　国家广播电视总局监管中心

自《兴安岭猎人传说》成为2021年网络电影分账冠军后，2022年"民俗惊悚"题材网络电影异军突起，全年共上线16部此类型的网络电影。《阴阳镇怪谈》《开棺》《龙云镇怪谈》《棺山古墓》《山村狐妻》《民间怪谈录之走阴人》《阴阳打更人》等一系列民俗悬疑惊悚题材影片集体亮相，以"狐仙""大马猴""阴兵"等异闻怪谈形式，讲述诡谲多变的怪异故事。这些影片融入了不同地域传统民俗文化因子，取材于民俗传说或地方习俗，具有较浓烈的神秘色彩。此类影片主旨展现路径较为统一，多数以怪诞离奇的事件和烧脑的悬疑设置为外壳，通过剧情的反转表达对人性丑恶或旧社会阴暗面的批判。当前，此类影片以独具特色的表现风格受到观众追捧，影响力普遍较高。2022年共有6部分账金额过千万，其中《阴阳镇怪谈》更是成为全年分账最高的网络电影。可以预见的是，今后一段时间此类影片仍将十分活跃。虽然影片较大程度上满足了观众的猎奇心理，但值得注意的是，部分影片在创作中存在打封建迷信擦边球的嫌疑。

表2.3.2.4（2） 2022年部分"民俗惊悚"类超现实题材网络电影列表

序号	节目名称	题材	播出平台	上线时间
1	阴阳镇怪谈	惊悚、玄幻、悬疑	爱奇艺、腾讯视频	2022.01.08
2	阴阳打更人	惊悚、玄幻、悬疑、犯罪	腾讯视频	2022.01.19
3	龙云镇怪谈	惊悚、玄幻、动作	爱奇艺	2022.01.20
4	开棺	惊悚、犯罪、悬疑、公安	优酷、腾讯视频	2022.05.02
5	山村狐妻	惊悚、玄幻、悬疑	爱奇艺、优酷、腾讯视频	2022.06.02
6	民间怪谈：水猴子	惊悚、玄幻、悬疑	爱奇艺、腾讯视频	2022.06.14
7	刽子手·怪谈	古装、惊悚、玄幻、悬疑	爱奇艺、优酷、腾讯视频	2022.07.20
8	民间怪谈录之走阴人	惊悚、玄幻、悬疑	腾讯视频	2022.08.05
9	奉天白事铺	惊悚、玄幻、悬疑	爱奇艺、优酷	2022.09.02
10	黑石岭怪谈	惊悚、玄幻、悬疑	爱奇艺	2022.12.21

数据来源：监管中心统计数据 2023.1　　　　　　　　　　　国家广播电视总局监管中心

2.3.3　剧本创作·原创为主，"公版IP"改编作品影响力逐渐减弱

2022年共有92部影片剧本来自各类IP改编，占比24%，与2021年持平，主要涉及网络小说、影视形象、文学名著、民间传说、剧集、电影、歌曲等。2022年，共上线44部"公版IP"改编作品，涵盖历史人物、文学名著等多种IP资源，如《张三丰》《新洗冤录》《齐天大圣》等。但多数涉及《聊斋志异》《狄仁杰》《封神演义》《三侠五义》等其他"公版IP"的网络电影反响普遍不尽如人意。例如多达10部的"狄仁杰"系列显示狄仁杰依然"很忙"，但自2021年以来已没有一部"狄仁

杰"作品票房分账过千万。"公版IP"不再似早些年火爆，其原因与观众审美疲劳不无关系。

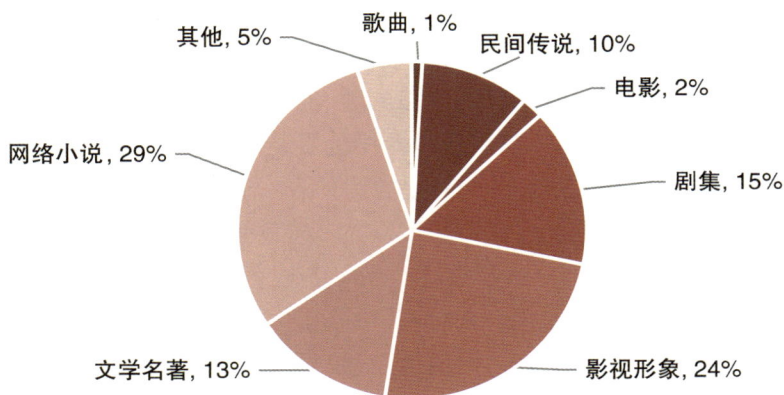

数据来源：监管中心统计数据 2023.1

国家广播电视总局监管中心

图2.3.3　2022年IP改编网络电影统计

表2.3.3　2022年部分"公版IP"改编网络电影列表

序号	节目名称	IP主题	播出平台	上线时间
1	狄仁杰之骷髅将军	狄仁杰	腾讯视频	2022.01.17
2	狄仁杰之冥神契约		腾讯视频	2022.01.26
3	深海异变		爱奇艺	2022.03.14
4	狄仁杰之夺命奇香		爱奇艺	2022.05.22
5	狄仁杰之通天神教		腾讯视频	2022.05.28
6	大唐狄公案之狐影迷案		腾讯视频	2022.06.07
7	狄仁杰之九层妖楼		腾讯视频	2022.07.08
8	狄仁杰之借尸还魂		爱奇艺	2022.07.09
9	狄仁杰之浴火麒麟		爱奇艺	2022.07.23
10	狄仁杰之九龙玄棺		爱奇艺	2022.07.30
11	大话西游之缘起	西游记	腾讯视频	2022.02.11
12	大话西游上 至尊宝		腾讯视频	2022.03.06
13	笑闹无底洞		爱奇艺	2022.06.20
14	大梦西游之五行山		爱奇艺、腾讯视频	2022.09.23
15	新洗冤录（普通话、粤语版）	宋慈	爱奇艺	2022.01.06
16	宋慈之草人案		腾讯视频	2022.01.22
17	洗冤录之西夏铁棺		爱奇艺	2022.03.25
18	大法医宋慈系列之偷梁换柱		爱奇艺	2022.12.13

序号	节目名称	IP主题	播出平台	上线时间
19	武神苏乞儿之红莲虫蛊	苏乞儿	腾讯视频	2022.01.25
20	苏乞儿之武功盖世		搜狐视频	2022.09.28
21	画皮	聊斋志异	爱奇艺、优酷、腾讯视频	2022.04.16
22	阴阳画皮		爱奇艺、腾讯视频	2022.11.18
23	封神杨戬	杨戬	爱奇艺、腾讯视频	2022.06.22
24	五鼠闹东京	三侠五义	爱奇艺	2022.08.25
25	钟馗降魔	钟馗	腾讯视频	2022.01.20
26	张三丰	张三丰	爱奇艺	2022.01.22
27	东游传	东游记	爱奇艺、腾讯视频	2022.04.07
28	振华英雄	陈真	搜狐视频	2022.07.12
29	梁祝：化蝶	梁祝	优酷	2022.10.17
30	轩辕战纪	燕赤霞	爱奇艺	2022.12.04
31	枪神赵子龙	三国演义	腾讯视频	2022.12.16

数据来源：监管中心统计数据 2023.1　　　　　　　　　　　　国家广播电视总局监管中心

2.3.4　节目体量·单片平均时长继续增长，70—80分钟时长占比第一居首位且趋于稳定

　　2022年网络电影单片平均时长为81分钟，体量较往年继续增长。近两年，网络电影时长主要集中在70—90分钟区间。与2021年相比，单片时长在70—80分钟的影片数量占比保持稳定，时长在80—90分钟的影片减少，而其他时长段数量均略有提升。

（单位：分钟）

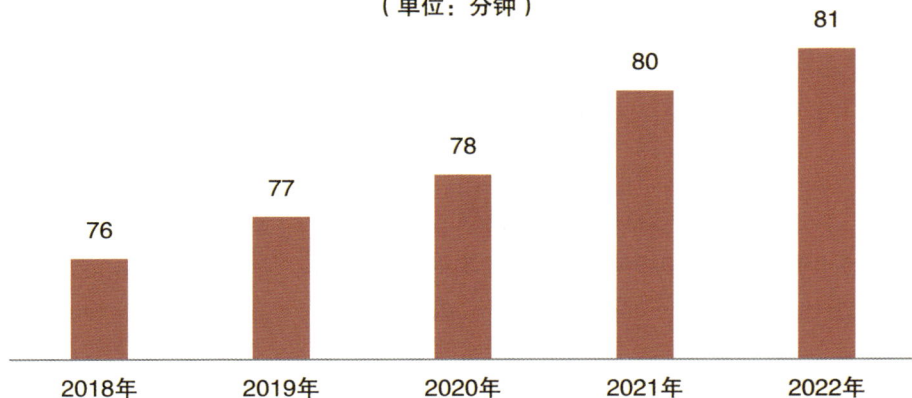

2018年	2019年	2020年	2021年	2022年
76	77	78	80	81

数据来源：监管中心统计数据 2023.1　　　　　　　　　　　　国家广播电视总局监管中心

图2.3.4（1）　2018年至2022年网络电影平均时长对比

（单位：部）

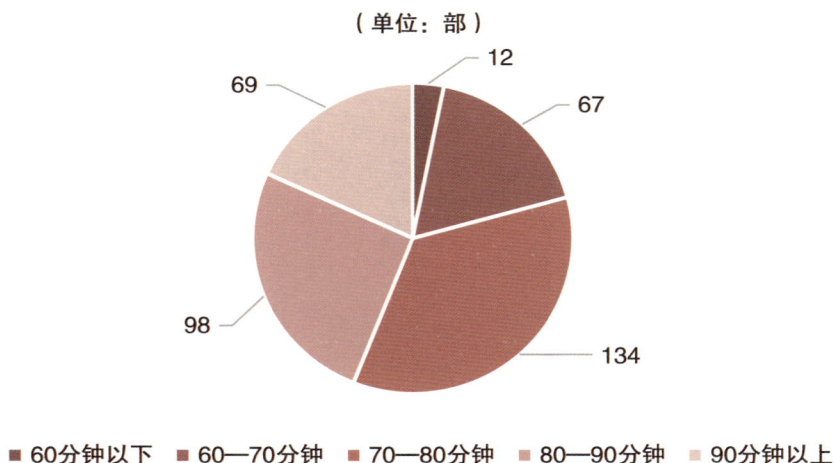

■ 60分钟以下	■ 60—70分钟	■ 70—80分钟	■ 80—90分钟	■ 90分钟以上

数据来源：监管中心统计数据 2023.1　　　　国家广播电视总局监管中心

图2.3.4（2）　2022年网络电影单部时长统计

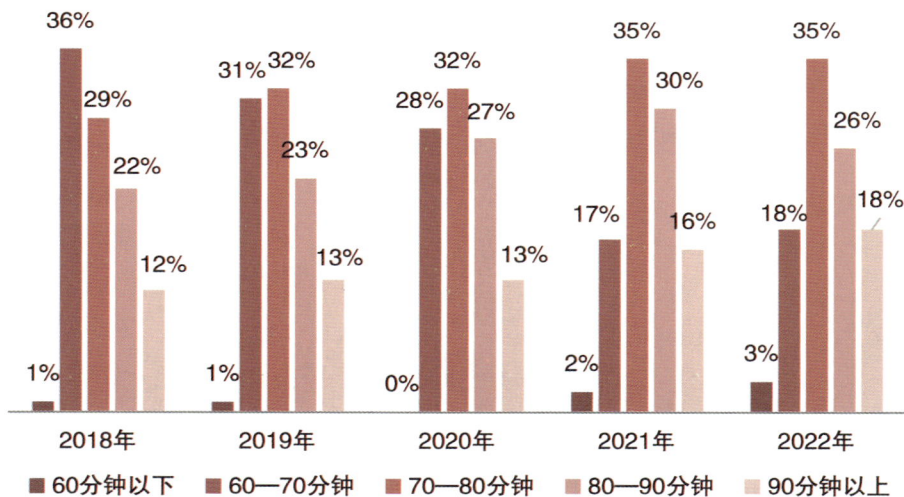

■ 60分钟以下	■ 60—70分钟	■ 70—80分钟	■ 80—90分钟	■ 90分钟以上

数据来源：监管中心统计数据 2023.1　　　　国家广播电视总局监管中心

图2.3.4（3）　2018年至2022年网络电影各时长段占比统计对比

2.4　传播分析

2.4.1　主要播出平台概况

　　2022年，在爱奇艺、腾讯视频、搜狐视频、优酷四家平台上线的网络电影数量合计351部，占全年新上线作品的92%。网络电影的主要播出平台依然以爱奇艺、腾讯视频、搜狐视频、优酷等长视频网站为主，同时芒果TV、咪咕视频、聚力、乐视视频也均有不同程度的涉及，整体格局保持稳定。2020年、2021年网络电影在短视频平台上线的情况2022年未有发现。

2.4.1.1　爱奇艺

　　2022年爱奇艺全年上线网络电影179部，同比增长7%，数量占全年新上线影片的47%，成为长视频网站第一位。一方面持续升级合作模式及分账规则，另一方面不断为优秀项目和制片团队、投资机构等提供全方位扶持，行业引领效应明显。

　　2022年3月3日，爱奇艺升级了网络电影合作模式，在简化合作流程、加速项目周期的同时推出了新的分账模式和平台推广资源，新增云影院首映模式。新分账模式取消了平台定级，从以往按有效点击量分账调整为按有效时长分账。7月29日，爱奇艺启动"青创·电影计划"，针对云影院潜力项目开展扶持并举办线下路演，探索推动线上电影产业化进程。8月16日，爱奇艺联合中国电影基金会成立网络电影专项基金，以

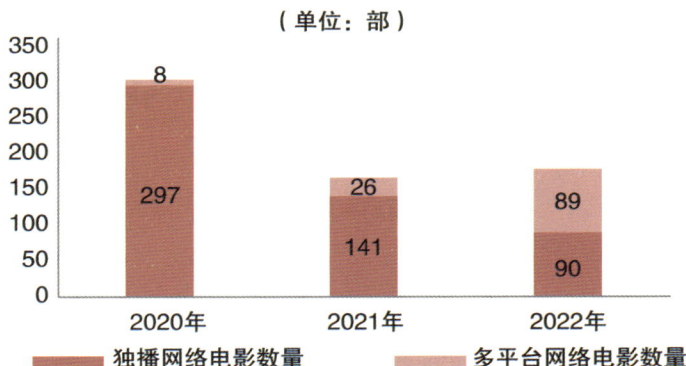

（单位：部）

数据来源：监管中心统计数据 2023.1　　　国家广播电视总局监管中心

图2.4.1.1　2020年至2022年爱奇艺网络电影数量对比

视频平台先进技术保障、丰富项目资源和强大宣发渠道优势，助力中国在线电影产业的发展。9月1日，爱奇艺对云影院首映模式的影片推出阶段性激励政策，将点播分账期片方分账比例由60%提高至90%，暂定执行2年。

2.4.1.2 腾讯视频

2022年腾讯视频上线网络电影166部，同比减少24%，占全年上线网络电影总数的44%。腾讯视频加大力度支持网络电影创新，积极鼓励不同赛道内容创作发展，推动品牌化、精品化、多元化。同时，腾讯视频保持灵活的合作模式，通过题材评估、制作资源整合、用户画像反馈、内容激励金等多方面给予合作方创作支持。

2022年3月2日，腾讯视频正式上线"创作平台"，创新融合创作中心和VIP开放平台，搭建更为完善的全流程在线合作服务体系。9月9日，举办以"凝新聚力，破卷而出"为主题的腾讯在线视频金鹅荣誉网络电影发布会，传递腾讯视频对网络电影持续投入的信心决心，也表达了对深耕创作领域、推动影视行业内容持续进阶的期冀。同一天，推出"2022年度腾讯视频网络电影内容激励计划"，针对自2021年11月1日10：00至2022年12月31日10：00，在腾讯视频平台以分账模式上线的网络电影，从动作、喜剧、东方幻想、创新等4个赛道，以票房和口碑指数为考核标准，以奖金形式奖励每个赛道前两名作品。11月2日，腾讯视频举办"'影'无界，破新生——腾讯广告网络电影及微短剧行业沙龙会"，推动网络电影及微短剧加速营销破局。

（单位：部）

数据来源：监管中心统计数据 2023.1　　　国家广播电视总局监管中心

图2.4.1.2　2020年至2022年腾讯视频网络电影数量对比

2.4.1.3 搜狐视频

2022年搜狐视频上线网络电影78部，同比下降12%，占全年新上线作品的21%。不同于其他头部平台，搜狐视频上线的网络电影以独播为主。搜狐视频2022年针对网络电影的合作及分成模式无较大的调整，依然沿用2020年4月15日公布的合作分成模式。

（单位：部）

数据来源：监管中心统计数据 2023.1　　　　国家广播电视总局监管中心

图2.4.1.3 2020年至2022年搜狐视频网络电影数量对比

2.4.1.4 优酷

2022年优酷上线网络电影49部，同比锐减27%，占全年新上线作品总数的13%，上线数量继续保持第四位。与往年不同，2022年优酷上线的网络电影以多平台播出影片为主，占比高达86%，独播影片仅7部。优酷一方面升级完善合作机制，发布IP系列化内容奖励计划和营销有效性奖励计划；另一方面通过开展培训、沙龙等方式分享创作经验，推动内容创新。

2022年1月12日，优酷正式启动网络电影"扶摇计划"并发布3部IP。通过全网精选多元优质IP，面向优质影视制作公司开放合作，促进行业内容品质升级，开拓创新类型赛道，助力优质内容生产。6月6日，为提高营销引流能力，首次发布"专业营销公司认证"，逐步建立起网络电影营销标准化体系。8月15日，发布"优质IP系列内容

（单位：部）

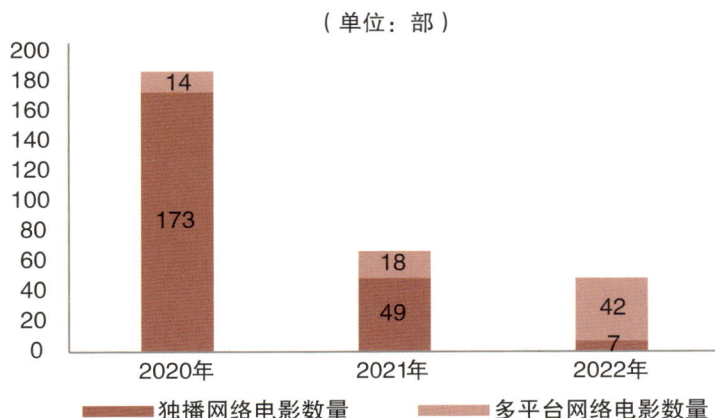

数据来源：监管中心统计数据 2023.1　　　　国家广播电视总局监管中心

图2.4.1.4 2020年至2022年优酷网络电影数量对比

和营销奖励计划"，宣布取消网络电影B级项目合作，鼓励优质IP内容持续生产，促进营销专业性、有效性的提升。9月15日，为加速建立网络电影营销标准化体系，推出《优酷网络电影营销有效性指导手册》，以优酷搜索指数为核心，帮助合作伙伴提升营销有效性。此外，优酷在2022年多次发起线上"优酷开放学堂"系列课程分享活动，邀请业内知名影视策划、导演等作为授课嘉宾，从策划、制作等各个环节，分享爆款内容创作经验，共同推动内容创新和行业升级。

2.4.2 "春节档"不及预期，短视频已成重要宣发手段

2021年，在国家广播电视总局网络视听节目管理司的指导下，网络电影开启了"春节档"，但2022年网络电影"春节档"势头不及2021年。"春节档"期间共上线网络电影17部，数量较2021年的29部大幅减少。影片题材依然以合家欢的喜剧题材和"网感"强的超现实题材为主。相比于院线，网络电影春节档仍处于培养观众观看习惯的摸索阶段，较大程度上依赖播出平台和片方的策划。

近年来，随着短视频平台的快速发展，短视频已逐渐成为网络电影重要的宣发平台。根据监管中心数据统计，2022年有305部影片在抖音、快手等短视频平台投放物料、设置话题、宣传引流，占全年上线影片总数的80%。目前短视频宣发的方式主要包括官方征稿、直播连麦售票、主创人员直播推荐、大V推荐等。基于短视频平台的网络电影营销生态正在发展成熟中。

表2.4.2　2021年和2022年"春节档"网络电影统计列表

上线时间	2021春节档		2022春节档	
	片名	题材	片名	题材
除夕	青龙偃月刀	古装、战争、动作		
	极速战将	警匪、动作、犯罪、枪战		
正月初一	少林寺之得宝传奇	古装、武侠、喜剧、动作	极地追击	动作、犯罪
	布娃娃	情感、奇幻、喜剧		
正月初二	荒野无声	惊悚、情感		
	男主大甩卖	情感、科幻		
正月初三	别那么骄傲	情感、玄幻	蟒山	怪兽、奇幻、恐怖
	决战厨神	剧情、情感、喜剧		
正月初四	护卫者	动作	狄小肆之幽冥飞狼	古装、动作、悬疑
	反击	动作、犯罪、枪战		
	摸金爵之卧龙诡阵	动作、科幻、剧情		
	明天会更好	剧情		
正月初五	暴走财神2	喜剧、奇幻	暴走财神3	奇幻、喜剧、情感

续表

上线时间	2021春节档		2022春节档	
	片名	题材	片名	题材
正月初六	你瞅啥？外星人	喜剧、科幻、动作	外星人事件2	喜剧、科幻
			致命玩家	科幻、情感
正月初七	雷震子：封神缘起	古装、奇幻、动作	欢迎来到瑜伽村	喜剧、情感、剧情
正月初八	小二班之变身老爸	喜剧、儿童、情感、科幻	奇侠义士	穿越、古装、奇幻、动作
	人间大炮3	喜剧、儿童、情感		
正月初九				
正月初十	梦想之门	奇幻、悬疑	老九门之青山海棠	动作、悬疑、奇幻
			梦幻影制社	科幻、校园、青春、剧情
			新夜色惊魂	惊悚、悬疑
			父爱无言	情感
正月十一	情定秋收	情感	大话西游之缘起	喜剧、情感、古装、奇幻
正月十二	军民大生产	情感、剧情	飞吧，冰上之光	体育、青春、情感
	金山伏魔传	古装、玄幻、情感		
	铁血护卫之异种入侵	科幻、动作、怪兽		
正月十三			请束手就擒枪手男友	喜剧、情感、古装
正月十四	平魔策之红颜长情剑	古装、玄幻、动作	昆仑劫之鲛人泪	古装、动作、奇幻、情感
	修仙传之炼剑	古装、玄幻、动作、武侠、怪兽		
	绝缝求生	情感、剧情		
	月亮心愿	情感、剧情		
正月十五	狂刀	古装、武侠、玄幻、动作	快递爱情	剧情、情感
	怒放的铁甲	情感、剧情、犯罪		
	龙窟寻宝	玄幻、动作、怪兽		

数据来源：监管中心统计数据 2023.1

国家广播电视总局监管中心

2.4.3 "系列化"影片数量减少，剧集衍生网络电影数量增多

2022年共上线43部"系列化"①网络电影，涉及35个系列，全年占比11%，同比下降2个百分点。其中11部为新推出影片，32部是延续2021年及之前的作品。相较2021年，尚有10个系列的"剧集化"②网络电影，2022年未上线新内容，这与往年有较大

---

① 此处所称"系列化"网络电影一般指由同一机构出品或主创团队制作的多部在剧情或人物上具有关联性的网络电影的合集。

② 此处所称"剧集化"是指某系列网络电影在较短的时间内以分集的形式集中上线，通常每两部之间的上线间隔一般不超过一周，内容上通常是连续剧形式，故事具有连贯性。

不同。纵观近几年的系列化电影，虽然每年都有一定数量上线，有一定传播影响力和用户黏性，但能够形成品牌IP效应的不多。

表2.4.3（1）　2022年部分"系列化"网络电影列表

序号	片名	题材	故事来源	最高热度/播放量（万）	播出平台	上线时间
1	中华英雄之风云再起	动作、武侠、玄幻	漫画	5336	爱奇艺	2022.01.24
	中华英雄之浴火修罗	动作、武侠、玄幻	漫画	4675	爱奇艺	2022.08.02
2	独孤天下之异瞳	古装、动作、悬疑、玄幻	剧集	1276.6	腾讯视频	2022.03.15
	独孤天下之预言	古装、动作、悬疑、玄幻	剧集	5397	腾讯视频	2022.05.17
3	超时空富豪	喜剧、情感、奇幻、穿越	原创	13000	腾讯视频	2022.07.10
3	超时空房客	喜剧、情感、奇幻、穿越	原创	11000	腾讯视频	2022.07.23
4	双面太子妃	古装、情感、奇幻	原创	363.2	芒果TV	2022.07.23
	我的百变皇后	古装、情感、奇幻	原创	363.6	芒果TV	2022.07.29
	攻略陛下100次	古装、情感、喜剧	原创	50.1	芒果TV	2022.08.13

数据来源：监管中心统计数据 2023.1　　　　　　　　　　　国家广播电视总局监管中心

2022年共有19部由电视剧、网络剧等剧集衍生而来的网络电影，数量较2021年有所增多。这些影片有两种主要形式：一是作为原剧集的番外或前传，如网络电影《独孤天下之异瞳》和《独孤天下之预言》分别为电视剧版《独孤天下》的番外篇和前传，主要内容为拓展新的人物线，讲述新故事。二是由原剧"浓缩"剪辑而成的"速看版""电影版"影片，剧情上无新内容。芒果TV在这方面做出的尝试较多。

表2.4.3（2）　2022年部分"剧集衍生"网络电影列表

序号	片名	题材	故事来源	播出平台	上线时间
1	独孤天下之异瞳	古装、动作、悬疑、玄幻	电视剧《独孤天下》	腾讯视频	2022.03.15
2	别惹白鸽之她的秘密	情感、悬疑	网络剧《别惹白鸽》	芒果TV	2022.05.03
3	夜色暗涌时速看版	情感	电视剧《夜色暗涌时》	芒果TV	2022.05.07
4	独孤天下之预言	古装、动作、悬疑	电视剧《独孤天下》	腾讯视频	2022.05.17
5	住在我隔壁的甲方 速看版	情感、剧情	电视剧《住在我隔壁的甲方》	芒果TV	2022.06.02

序号	片名	题材	故事来源	播出平台	上线时间
6	暗格里的秘密 速看版	情感、青春	网络剧《暗格里的秘密》	芒果TV	2022.06.17
7	黑狐之绝地营救	动作、战争、谍战	电视剧《黑狐》	爱奇艺、优酷	2022.06.19
8	双面神探 速看版	犯罪、悬疑、喜剧	网络剧《双面神探》	芒果TV	2022.06.25
9	念念无明 电影版	古装、武侠	网络剧《念念无明》	芒果TV	2022.08.29
10	为你千千万万遍 电影版	情感、剧情	网络剧《为你千千万万遍》	芒果TV	2022.09.22

数据来源：监管中心统计数据 2023.1　　　　　　　　　　　国家广播电视总局监管中心

2.4.4　"PVOD"模式持续探索

　　2022年网络电影PVOD收费模式（会员单片付费模式）持续探索，共有8部影片以PVOD模式上线，较2021年增加1部。根据公开数据显示，8部PVOD影片中已有4部分账票房过千万，PVOD影片的票房表现逐渐受到制作方和播出平台的认可。相较2021年PVOD影片主要以"非会员12元、会员6元"的收费标准，2022年已有PVOD影片将收费标准提高至"非会员18元、会员9元"。

表2.4.4　2022年"PVOD"网络电影列表

序号	片名	题材	付费金额（元）	播出平台	上线时间
1	盲战	犯罪、动作	会员6元，非会员12元	爱奇艺	2022.05.01
2	青面修罗	古装、动作、悬疑、武侠	会员6元，非会员12元	爱奇艺、优酷、腾讯视频、芒果TV、乐视视频	2022.05.13
3	目中无人	古装、武侠、动作、悬疑	会员6元，非会员12元	爱奇艺	2022.06.03
4	对立面	情感、犯罪、剧情	会员6元，非会员12元	爱奇艺	2022.06.29
5	一车口罩	情感、剧情	会员3元，非会员6元	腾讯视频	2022.07.15
6	排爆手	警匪、犯罪、动作	会员6元，非会员12元	爱奇艺、优酷、腾讯视频	2022.07.30
7	一盘大棋	喜剧、情感、犯罪	会员6元，非会员12元	爱奇艺	2022.10.04
8	斗士	枪战、动作	会员付费9元，非会员18元	爱奇艺	2022.12.23

数据来源：监管中心统计数据 2023.1　　　　　　　　　　　国家广播电视总局监管中心

2.4.5 "多平台联合首播"网络电影明显增多，成头部影片发行重要模式

2022年共上线105部多平台联合首播网络电影，占全年上线数量的28%，同比大幅上涨22个百分点。相较早期同类电影制作成本较低、影片质量不高的情况，2022年有更多制作精良的影片选择多平台同步上线播出，整体表现不俗，其中24部票房分账过千万，数量是2021年的2.2倍。头部影片选择多平台联合首播，一方面可以满足视频平台对优质内容的需求；另一方面也扩大了观众覆盖面，提高影片收益。但同时，也有一部分影片由于自身质量不足，无法满足视频平台的独播评级而选择多平台上线，这种影片在获取播出平台的推广资源上与头部影片存在着巨大的差异，播放表现也不同于头部影片。

总体来看，多平台联合首播模式在分摊成本、提升传播效力和影响力等方面优势明显，实现了"1+1>2"的协同效应，已成为头部网络电影发行的重要模式。

表2.4.5　2022年部分多平台播出网络电影列表

序号	片名	题材	播出平台	最高热度/播放量（万）	上线时间
1	阴阳镇怪谈	惊悚、恐怖、奇幻、悬疑	爱奇艺、腾讯视频	6713/9606	2022.01.08
2	我不是酒神	喜剧	爱奇艺、优酷	6056/7567	2022.01.29
3	暴走财神3	奇幻、喜剧、情感	爱奇艺、腾讯视频	6086/7940	2022.02.05
4	陈翔六点半之拳王妈妈	动作、喜剧、体育、情感	爱奇艺、优酷、腾讯视频	5585/8262/3750	2022.02.18
5	亮剑：决战鬼哭谷	战争、动作、历史、枪战	爱奇艺、优酷	6513/8784	2022.03.03
6	浩哥爱情故事	喜剧、情感、犯罪、公安	爱奇艺、优酷、腾讯视频	6314/8137/5604	2022.03.11
7	大哥，别闹了	喜剧、都市、动作、情感	爱奇艺、腾讯视频	5819/6798	2022.03.17
8	烽火地雷战	动作、战争、历史、枪战	爱奇艺、优酷	6296/7860	2022.04.08
9	开棺	犯罪、悬疑、恐怖、公安	优酷、腾讯视频	8768/10000	2022.05.02
10	齐天大圣	古装、动作、奇幻	爱奇艺、腾讯视频	5793/8534	2022.05.07
11	摸金之诡棺伏军	古装、玄幻、动作、怪兽	爱奇艺、腾讯视频	5563/11000	2022.05.27
12	山村狐妻	惊悚、悬疑、玄幻	爱奇艺、优酷、腾讯视频	6078/8165/14000	2022.06.02
13	巨蛇闯女校	惊悚、怪兽	爱奇艺、优酷	5114/8092	2022.06.09
14	驱魔天师	古装、情感、奇幻	爱奇艺、优酷、腾讯视频	5273/5799/18000	2022.06.24
15	狙击英雄	战争、枪战、动作	爱奇艺、优酷	5799/5685	2022.06.30
16	恶到必除	犯罪、公安、动作、枪战	爱奇艺、优酷、腾讯视频	6485/6123/19000	2022.07.28
17	黄金大逃狱	动作、犯罪、喜剧	爱奇艺、优酷	5950/5916	2022.08.05

续表

序号	片名	题材	播出平台	最高热度/播放量（万）	上线时间
18	鬼吹灯之精绝古城	玄幻、动作、惊悚、怪兽	腾讯视频、芒果TV、乐视视频	14000/未标注/3.5	2022.09.01
19	勇士连	战争、历史、动作、枪战	爱奇艺、优酷、腾讯视频	6420/5583/2.0	2022.09.24
20	特级英雄黄继光	战争、历史、动作、枪战	爱奇艺、优酷、腾讯视频	6442/6369/19000	2022.10.01

数据来源：监管中心统计数据 2023.1　　　　　　　　　　国家广播电视总局监管中心

2.4.6　分账破千万作品占比上升

根据视频网站官方公开数据统计，2022年腾讯视频、爱奇艺、优酷分账超过1000万元的网络电影至少有48部[1]，其中爱奇艺独播14部，腾讯视频独播8部，优酷独播2部，其余24部为多平台联合首播网络电影。其中13%的票房破千万，较2021年再次上升2个百分点。

表2.4.6　2022年分账超过1000万元网络电影列表

序号	片名	播出平台	上线时间
1	新洗冤录	爱奇艺	2022.01.06
2	阴阳镇怪谈	爱奇艺、腾讯视频	2022.01.08
3	猎毒者	爱奇艺	2022.01.12
4	大哥，别闹了	爱奇艺、腾讯视频	2022.01.12
5	阴阳打更人	腾讯视频	2022.01.19
6	龙云镇怪谈	爱奇艺	2022.01.20
7	大蛇3龙蛇之战	优酷	2022.01.22
8	张三丰	爱奇艺	2022.01.22
9	我不是酒神	爱艺奇、优酷	2022.01.29
10	极地追击	腾讯视频	2022.02.01
11	暴走财神3	爱奇艺、腾讯视频	2022.02.05
12	老九门之青山海棠	爱奇艺	2022.02.10
13	陈翔六点半之拳王妈妈	爱奇艺、优酷、腾讯视频	2022.02.18
14	亮剑：决战鬼哭谷	爱艺奇、优酷	2022.03.03
15	浩哥爱情故事	爱奇艺、优酷、腾讯视频	2022.03.11
16	冰雪狙击	爱奇艺	2022.03.13
17	药王天棺·重启	爱奇艺	2022.03.28

---

[1]　该数据由监管中心根据腾讯视频、爱奇艺、优酷官方公布数据统计得出，部分未公布票房数据的网络电影不在统计之内。

序号	片名	播出平台	上线时间
18	青蛇：前缘	爱奇艺	2022.04.01
19	烽火地雷战	爱奇艺、优酷	2022.04.08
20	蜀山传：万剑归宗	爱奇艺	2022.04.21
21	东北告别天团	腾讯视频	2022.04.22
22	依兰爱情故事	腾讯视频	2022.04.27
23	盲战（PVOD）	爱奇艺	2022.05.01
24	开棺	优酷、腾讯视频	2022.05.02
25	桃花缘起	腾讯视频	2022.05.05
26	齐天大圣	爱奇艺、腾讯视频	2022.05.07
27	青面修罗（PVOD）	爱奇艺	2022.05.13
28	摸金之诡棺伏军	爱奇艺、腾讯视频	2022.05.27
29	山村狐妻	爱奇艺、优酷、腾讯视频	2022.06.02
30	目中无人（PVOD）	爱奇艺	2022.06.03
31	巨蛇闯女校	爱奇艺、优酷	2022.06.09
32	绝地防线	爱奇艺	2022.06.12
33	驱魔天师	爱奇艺、优酷、腾讯视频	2022.06.24
34	狙击英雄	爱奇艺、优酷	2022.06.30
35	烈探	优酷	2022.07.08
36	恶到必除	爱奇艺、优酷、腾讯视频	2022.07.28
37	民间怪谈录之走阴人	腾讯视频	2022.08.05
38	黄金大逃狱	爱奇艺、优酷	2022.08.05
39	老板娘2无间潜行	爱奇艺、腾讯视频	2022.08.11
40	猎毒之闪电突击	爱奇艺、腾讯视频	2022.08.17
41	鬼吹灯之精绝古城	腾讯视频	2022.09.01
42	侏罗纪崛起	腾讯视频	2022.09.02
43	勇士连	爱奇艺、优酷、腾讯视频	2022.09.24
44	特级英雄黄继光	爱奇艺、优酷、腾讯视频	2022.10.01
45	一盘大棋（PVOD）	爱奇艺	2022.10.04
46	重启之深渊疑冢	优酷、腾讯视频	2022.11.04
47	棺山古墓	爱奇艺、腾讯视频	2022.11.12
48	逃学神探	腾讯视频、爱奇艺	2022.12.15

数据来源：监管中心统计数据 2023.1

国家广播电视总局监管中心

2.4.7 传播影响力趋于稳定

本章节主要选取在爱奇艺、优酷上线网络电影的历史最高热度进行统计分析。[①] 通过对比发现，2022年爱奇艺和优酷上线网络电影的历史最高热度平均值与2021年基本持平。这反映出，2022年网络电影整体热度并未受到上线数量减少的影响，活跃度和传播影响力较稳定。

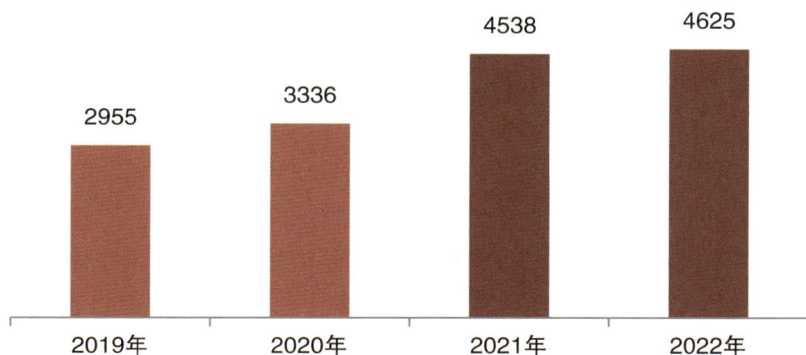

数据来源：监管中心统计数据 2023.1 国家广播电视总局监管中心

图2.4.7（1） 2019年至2022年爱奇艺网络电影历史最高热度平均值对比

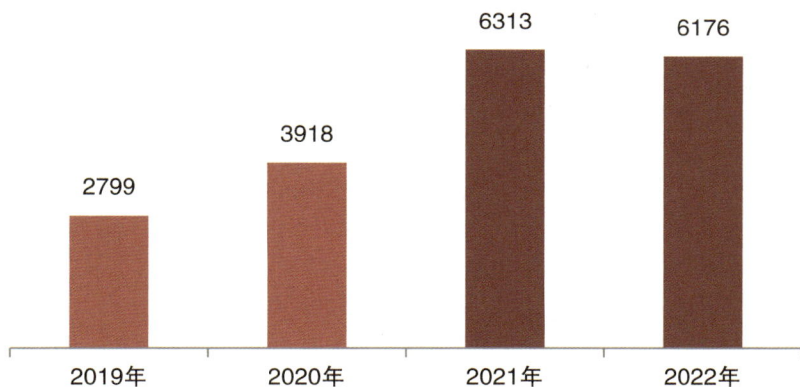

数据来源：监管中心统计数据 2023.1 国家广播电视总局监管中心

图2.4.7（2） 2019年至2022年优酷网络电影历史最高热度平均值对比

[①] 腾讯视频于2022年6月2日将播放页面的"专辑播放量"改为"内容热度系统"，观察对象评判维度不一，因而本节不讨论腾讯视频相关数据。

2.5 制作分析

2.5.1 出品·"主力军"持续深入挺进"主战场"

2022年上线的380部网络电影共涉及1305家出品机构、403家制作机构以及159家宣发机构（数据由影片字幕统计得出，部分影片未提供相关信息）。其中，有44家官方机构参与创作和指导了29部网络电影（其中26家机构直接参与了17部影片的出品制作），占比7.6%，同比上升1.4%。同时，2022年有更多传统媒体机构参与网络电影的出品、制作。如南宁广播电视台、江苏省广播电视总台均在2022年首次出品网络电影，而湖南电视台潇湘电影频道、河池日报社则在2022年增加了出品数量。此外，官方机构涉足的电影种类也由2021年的主旋律题材占绝大多数转变为2022年的多元化，如科幻类影片《缩小人特攻队》、怪兽类影片《巨蛇闯女校》、悬疑类影片《大侦探马修》等，这在一定程度上体现出官方机构探索创作的题材内容更加开阔起来。

表2.5.1 2022年官方机构参与出品、制作、指导的网络电影列表

序号	网络电影作品	参与政府机构名称	上线时间
1	绽放2020	河池日报社出品、河池日报社影视创作中心制作	2022.01.12
2	缩小人特攻队	湖南电视台潇湘电影频道出品	2022.01.28
3	飞吧，冰上之光	北京市广播电视局指导	2022.02.12
4	红纸鹤	法治日报社影视中心出品	2022.03.01
5	摇滚皮影	浙江省广播电视局指导	2022.03.08
6	大侦探马修	江苏省广播电视总台出品	2022.04.06
7	烽火地雷战	中共海阳市委宣传部、海阳地雷战纪念馆支持	2022.04.08
8	后悔药	广东省话剧院有限公司出品	2022.04.26
9	百年初心	河池日报社、中共东兰县委员会宣传部出品	2022.04.27
10	东北狙王决战虎牙山	潇湘电影集团有限公司出品	2022.05.15
11	金山上的树叶	国家广播电视总局、浙江省广播电视局指导	2022.05.18
12	以青春之名	共青团中央宣传部、北京市广播电视局指导	2022.05.26
13	巨蛇闯女校	江西电视剧制作有限公司出品	2022.06.09
14	绝地防线	中共聊城市委宣传部指导	2022.06.12
15	狙击英雄	北京市广播电视局指导	2022.06.30
16	浪子降魔	湖南电视台潇湘电影频道出品	2022.07.07

续表

序号	网络电影作品	参与政府机构名称	上线时间
17	一车口罩	中国电影出版社有限公司、 峨眉电影集团有限公司出品	2022.07.15
18	铁血抗联之血战松山涧	东北师范大学美术学院、东北师范大学 公共艺术研究中心、上海大学上海电影学院、 吉林工程技术师范学院出品	2022.07.27
19	排爆手	国家广播电视总局、北京市广播电视局指导	2022.07.30
20	九色鹿王·前尘	中共南京市秦淮区委宣传部出品	2022.09.17
21	人鱼	湖南电视台潇湘电影频道、湖南电视节目中心出品	2022.09.17
22	勇士连	中国中共党史学会党史宣传教育专业委员会监制， 国家广播电视总局网络视听司、山东省广播电视局 指导，中共甘孜州委宣传部、泸定县委县政府摄制	2022.09.24
23	特级英雄黄继光	国家广播电视总局、北京市广播电视局指导， 中国人民解放军95944部队、黄继光纪念馆支持， 中共中江县委宣传部制作	2022.10.01
24	猎狼行动1	警网传媒（北京）有限责任公司出品， 云南省公安厅、西双版纳傣族自治州公安局协拍	2022.10.03
25	生死排爆	公安部金盾影视文化中心出品	2022.10.05
26	黑鹰少年	国家广播电视总局、北京市广播电视局指导	2022.10.11
27	画不投机	重庆市大学生就业创业公共服务中心制作	2022.10.15
28	生死爆破	台州温岭市公安局制作	2022.11.13
29	梁小霞	中共南宁市委宣传部、南宁市卫生健康委员会、 南宁广播电视台出品，南宁广播电视台 精品节目创作中心制作	2022.11.13

数据来源：监管中心统计数据 2023.1　　　　　　　　　　　国家广播电视总局监管中心

2.5.2　出品·参与机构数量减少，头部机构整体稳定

　　经统计，2022年出品、制作、宣发机构分别较2021年减少了19%、23%、20%，其中出品机构和宣发机构降幅超过2021年。随着网络电影上线数量连年减少，近三年网络电影的参与机构数量下滑态势明显。从作品数量看，中广天择、淘梦、创维酷开、精鹰传媒等头部机构依然是网络电影创作生产的主力。爱奇艺、腾讯视频、优酷3家视频平台2022年均大幅减少了网络电影出品数量，其中腾讯视频仅出品12部网络电影，爱奇艺和优酷均出品4部网络电影，远低于过去四年的数量。与此同时，芒果TV凭借将部分平台自制网络剧、电视剧二次加工成网络电影的制作方式，以出品16部网络电影的数量跃居各视频平台之首。从题材来看，2022年惊悚类型网络电影成为头部出品机构青睐的类型之一。

表2.5.2　2022年部分网络电影出品机构及作品类型等基本情况

机构名称	出品作品数量（部）	部分代表作品	主要作品类型(作品数量)
中广天择	22	《张三丰》《大侦探马修》《扫毒行动》《狂暴巨狼》	动作（12）、科幻奇幻玄幻（118）
精鹰传媒	20	《阴阳打更人》《蛇岛狂蟒》《黄金大逃狱》《刽子手·怪谈》	科幻奇幻玄幻（9）、动作（8）、惊悚（7）
海上云天	17	《开棺》《驱魔天师》《浪子降魔》《僵尸山雀》	动作（11）、科幻奇幻玄幻（7）、惊悚（6）
芒果TV	16	《刺客学苑 电影版》《陛下在左，老板在右 电影版》《金小气家族：花城热恋 电影版》《郡主万福 电影版》	情感（13）、古装（10）
奇树有鱼	15	《金山上的树叶》《浩哥爱情故事》《狙击英雄》《镇魔司：灵源秘术》	动作（6）、科幻奇幻玄幻（6）、情感（5）、惊悚（5）
新片场	14	《亮剑之英雄虎胆》《鬼吹灯之南海归墟》《亮剑：决战鬼哭谷》《鬼吹灯之精绝古城》	动作（9）、科幻奇幻玄幻（8）
淘梦	13	《特级英雄黄继光》《我是女特警》《东北往事：我叫赵红兵》《四平青年往事》	动作（9）、科幻奇幻玄幻（6）、怪兽（5）
腾讯	12	《极地追击》《西行纪之穷奇地洞》《特警使命：狙击风暴》《东北告别天团》	动作（7）、古装（5）、情感（5）
麦奇影视	12	《大话西游之缘起》《东北往事我叫黄中华》《勇士连》《黑石岭怪谈》	科幻奇幻玄幻（8）、动作（7）、惊悚（5）
风海兄弟	12	《排爆手》《黄金大逃狱》《生死排爆》《青蛇：前缘》	科幻奇幻玄幻（8）、动作（6）、惊悚（5）
安徽伍号信息科技	10	《灯下不黑之铜山往事》《独孤天下之预言》《黄金大逃狱》《扫毒行动》	动作（9）、科幻奇幻玄幻（4）、惊悚（3）、古装（3）
爱奇艺	4	《风起洛阳之阴阳界》《对立面》《一盘大棋》《孤墓迷影》	动作（2）、犯罪（2）、情感（2）
优酷	4	《大蛇3龙蛇之战》《烈探》《狂暴巨狼》《勇士连》	动作（4）、怪兽（2）、惊悚（2）

数据来源：监管中心统计数据 2023.1　　　　　　　　　　　　　　　　国家广播电视总局监管中心

　　2022年出品数量排名前十的机构中，有6家在上年位列前10名；排名前40的机构在上年亦有作品推出，整体头部出品机构较为稳定，但出品作品数量均有所下降。

（单位：部）

		2021年		2022年	
腾讯40		1		中广天择22	
淘梦29		2		精鹰传媒20	
创维酷开27		3		海上云天17	
精鹰传媒26		4		芒果TV16	
中广天择24		5		奇树有鱼15	
爱奇艺18		6		新片场14	
新片场18		7		淘梦13	
奇树有鱼17		8		麦奇影视12	
影娱文化16		9		风海兄弟12	
凡酷文化15		10		腾讯12	

■ 2021年网络电影出品数量前十机构名单　　■ 2022年网络电影出品数量前十机构名单

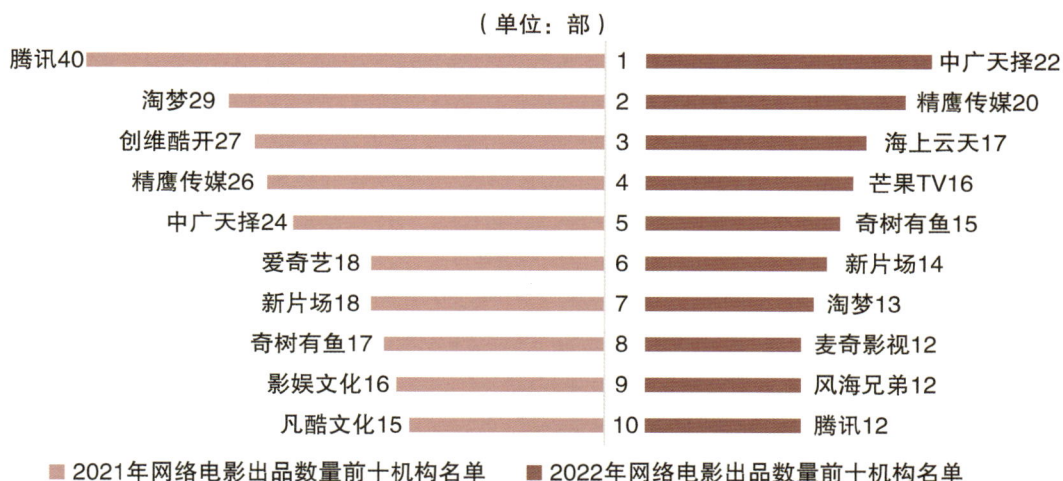

数据来源：监管中心统计数据 2023.1　　　　　　　　　　　　　　　国家广播电视总局监管中心

图2.5.2　2021年与2022年网络电影出品数量前十机构名单

2.5.3　出品·超八成网络电影有多个出品机构，出品机构整体留存率持续上升

　　同2021年类似，2022年有81%的网络电影拥有两个及以上出品机构，这与早些年网络电影多数仅有1个出品机构情况大不同，另有部分网络电影出品机构数近20个，与院线电影趋同。2022年网络电影全部出品机构全年总出品行为达1948频次，全年单部影片平均出品机构数量为5.1个，与2021年持平；平均每个出品机构出品1.5部网络电影，较2021年有所下降。

　　与此同时，2022年有382家出品机构曾在2021年出品网络电影，占比29%，出品机构整体留存率同比上升5个百分点。从单个机构出品数量来看，2022年出品数量排名前10的机构出品了全年近四分之一的网络电影，虽然同比降幅较大，但整体上看，"二八效应"仍十分明显。

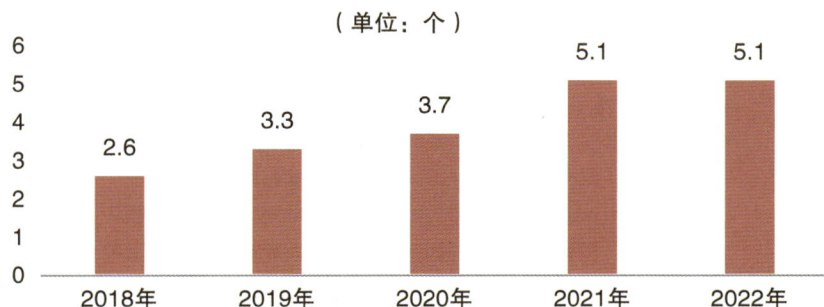

（单位：个）

2018年	2019年	2020年	2021年	2022年
2.6	3.3	3.7	5.1	5.1

数据来源：监管中心统计数据 2023.1　　　　　　　　　　　　　　　国家广播电视总局监管中心

图2.5.3　2018年至2022年单部影片平均出品机构数量对比

2.5.4　制作·头部制作机构稳定成长

　　2022年，出品数量排名前十的头部制作机构大部分在2021年也位列前茅，制作机构行业格局基本延续了2021年的态势。网络电影行业头部制作机构日趋稳固。此外，2022年有84家制作机构曾在2021年参与制作网络电影，占2022年全部制作机构的21%，同比增长2个百分点。

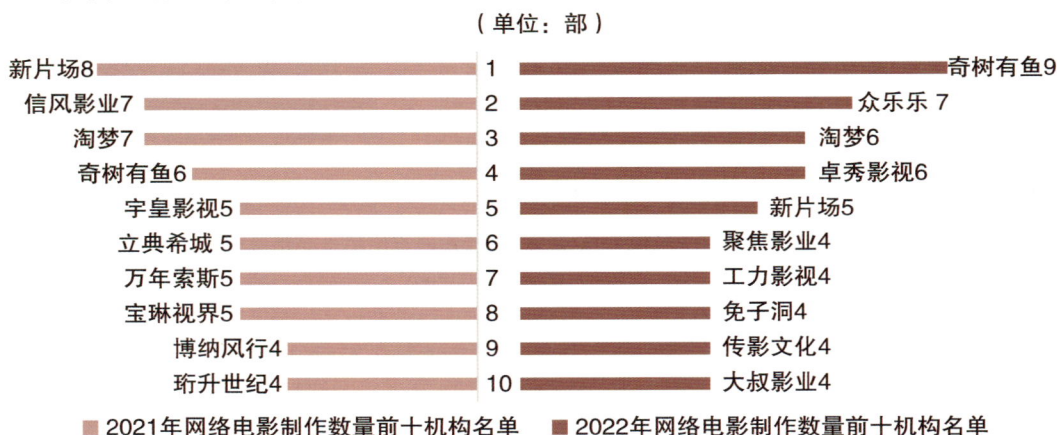

（单位：部）

2021年网络电影制作数量前十机构名单	排名	2022年网络电影制作数量前十机构名单
新片场8	1	奇树有鱼9
信风影业7	2	众乐乐7
淘梦7	3	淘梦6
奇树有鱼6	4	卓秀影视6
宇皇影视5	5	新片场5
立典希城5	6	聚焦影业4
万年索斯5	7	工力影视4
宝琳视界5	8	免子洞4
博纳风行4	9	传影文化4
珩升世纪4	10	大叔影业4

■2021年网络电影制作数量前十机构名单　　■2022年网络电影制作数量前十机构名单

数据来源：监管中心统计数据 2023.1　　　　　　　　　　　　　国家广播电视总局监管中心

图2.5.4　2021年与2022年网络电影制作数量前十机构名单

2.5.5　宣发·头部宣发公司集中且稳定

　　2022年，宣发机构同样保持明显"头部效应"，排名前十的宣发机构承担了全年超过四分之一网络电影的宣发工作，并且其中有8家机构在2021年的宣发数量稳居前十。50家宣发机构在2021年、2022年里持续开展宣发工作，占2022年宣发机构总量的

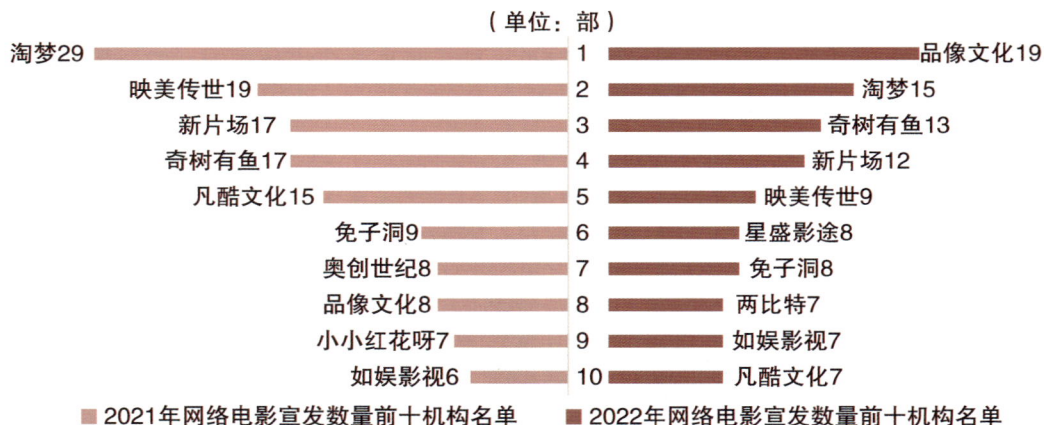

（单位：部）

2021年网络电影宣发数量前十机构名单	排名	2022年网络电影宣发数量前十机构名单
淘梦29	1	品像文化19
映美传世19	2	淘梦15
新片场17	3	奇树有鱼13
奇树有鱼17	4	新片场12
凡酷文化15	5	映美传世9
免子洞9	6	星盛影途8
奥创世纪8	7	免子洞8
品像文化8	8	两比特7
小小红花呀7	9	如娱影视7
如娱影视6	10	凡酷文化7

■2021年网络电影宣发数量前十机构名单　　■2022年网络电影宣发数量前十机构名单

数据来源：监管中心统计数据 2023.1　　　　　　　　　　　　　国家广播电视总局监管中心

图2.5.5　2021年与2022年网络电影宣发数量前十机构名单

31%，较2021年上涨4个百分点，宣发机构留存率持续提升。

2.5.6 生产创作机构整体"作品延续度"有所下降

2022年网络电影的出品、制作、宣发机构整体"作品延续度"较2021年有所下降。全年只参与1部作品出品、宣发和制作的机构占八成以上，出品5部及以上作品的机构占比3.1%，宣发5部及以上作品的机构占比8.2%，制作5部及以上作品的机构仅有约1.2%。

2022年网络电影行业的"新老更替"依然持续，有熟悉面孔渐行渐远，也有新面孔崭露头角、势头强劲。如2022年首次参与网络电影出品的机构中，北京太古时代网络技术有限公司、凤凰传奇影业有限公司均有4部作品；制作机构中，河北聚焦影业有限公司、杭州影盒子文化传媒有限公司分别制作了4部和3部作品；宣发机构中，北京阔乐文化传媒有限公司、北京中润时代国际文化传播有限公司均宣发4部作品。

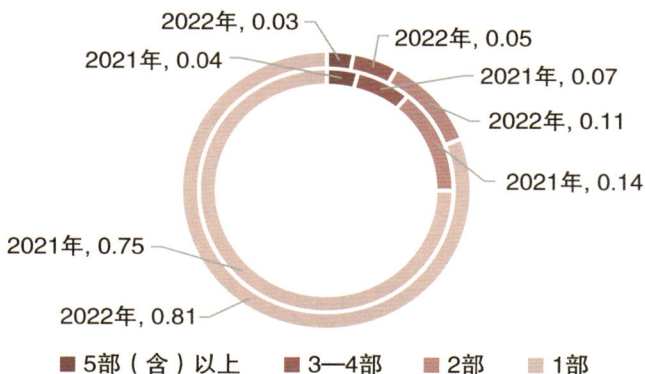

数据来源：监管中心统计数据 2023.1

国家广播电视总局监管中心

图2.5.6（1）　2021年与2022年网络电影出品机构数量分布（按作品数）

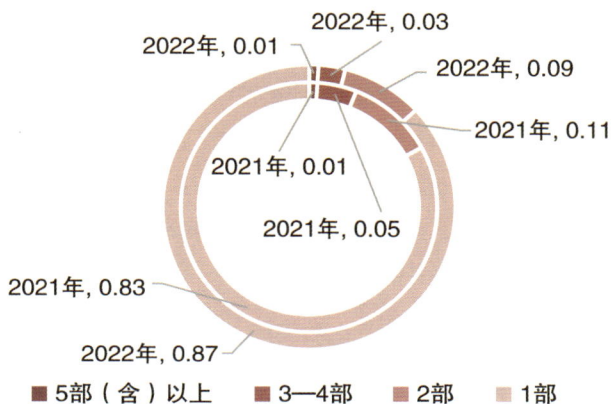

数据来源：监管中心统计数据 2023.1

国家广播电视总局监管中心

图2.5.6（2）　2021年与2022年网络电影制作机构数量分布（按作品数）

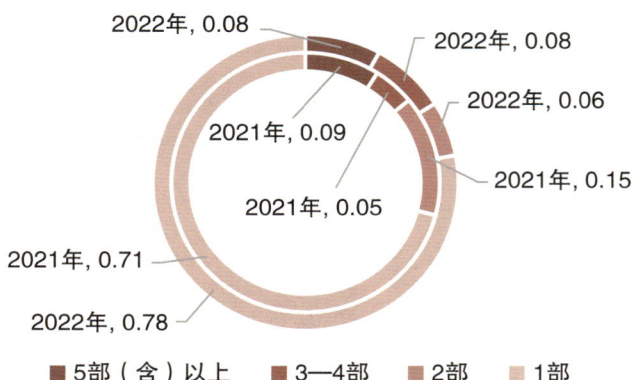

2022年, 0.08 — 2022年, 0.08
2022年, 0.06
2021年, 0.09 — 2021年, 0.15
2021年, 0.05
2021年, 0.71
2022年, 0.78

■ 5部（含）以上　■ 3—4部　■ 2部　■ 1部

数据来源：监管中心统计数据 2023.1　　　　　　　　　国家广播电视总局监管中心

图2.5.6（3）　2021年与2022年网络电影宣发机构数量分布（按作品数）

2.5.7　从业人员仍以80后、90后为主，人员延续性增强

　　2022年, 共有355名导演和1000余名主要演员参与到网络电影的制作拍摄中。其中80后导演仍为网络电影导演群体的主力军，占比达61%，同比降低5个百分点，而90后导演数量大幅增加，占比达20%，同比升高9个百分点。网络电影演员群体仍然以80后、90后为主，2022年占比合计超七成，略低于去年。

　　2021年的导演群体中有92人在2022年继续执导网络电影，占2021年导演总数的20%，同比提升3个百分点；2021年的演员群体中，有251人在2022年继续参演网络电影，占2021年演员总数的19%，同比提升5个百分点。超八成的导演和演员均只有1部作品。总体而言，网络电影从业人员稳定性、延续性有所增强。

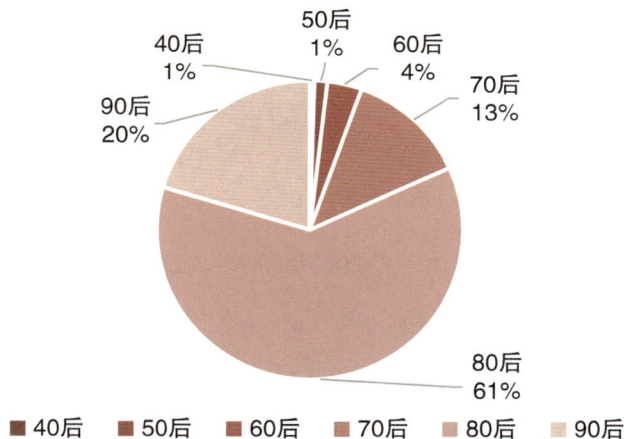

50后 1%　60后 4%
40后 1%　　　　70后 13%
90后 20%
80后 61%

■ 40后　■ 50后　■ 60后　■ 70后　■ 80后　■ 90后

数据来源：监管中心统计数据 2023.1　　　　　　　　　国家广播电视总局监管中心

图2.5.7（1）　2022年网络电影导演年龄分布

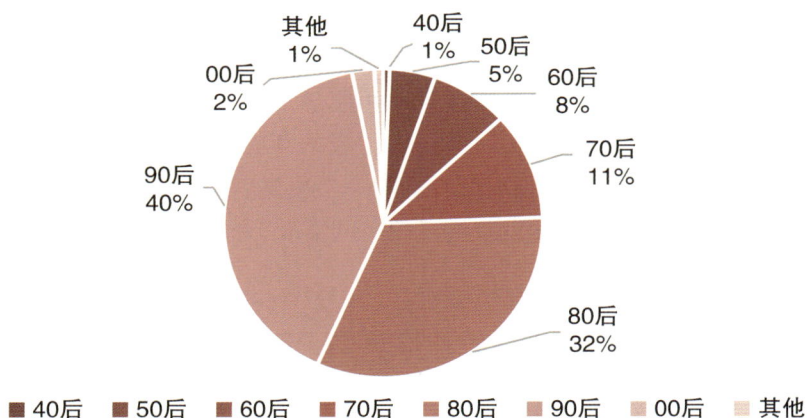

其他 1%
40后 1%
50后 5%
60后 8%
70后 11%
00后 2%
90后 40%
80后 32%

■ 40后　■ 50后　■ 60后　■ 70后　■ 80后　■ 90后　■ 00后　■ 其他

数据来源：监管中心统计数据 2023.1　　　　　　　　　　　　国家广播电视总局监管中心

图2.5.7（2）　2022年网络电影主要演员年龄分布

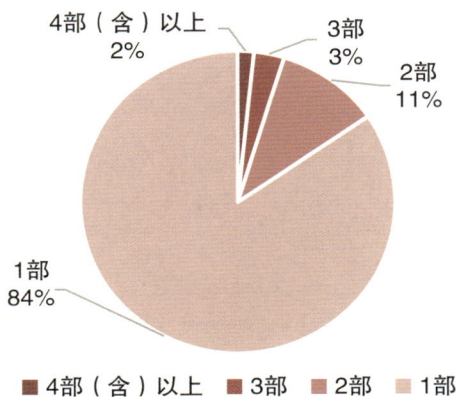

4部（含）以上 2%
3部 3%
2部 11%
1部 84%

■ 4部（含）以上　■ 3部　■ 2部　■ 1部

数据来源：监管中心统计数据 2023.1　　　　　　　　　　　　国家广播电视总局监管中心

图2.5.7（3）　2022年网络电影导演执导作品数量分布

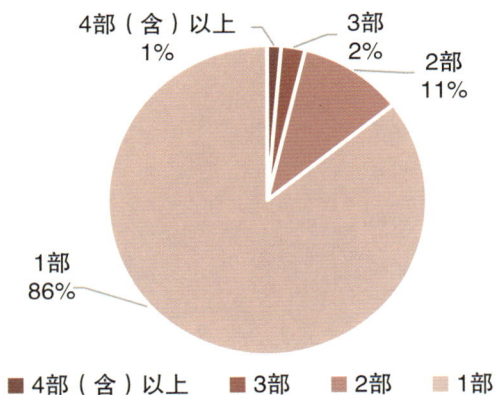

4部（含）以上 1%
3部 2%
2部 11%
1部 86%

■ 4部（含）以上　■ 3部　■ 2部　■ 1部

数据来源：监管中心统计数据 2023.1　　　　　　　　　　　　国家广播电视总局监管中心

图2.5.7（4）　2022年网络电影主要演员参演作品数量分布

2.5.8 "老戏骨"增多，"卡司"阵容愈加豪华

2022年网络电影的整体演员阵容较往年明显加强。一方面，参演的富有经验的"老戏骨"明显增多，60后、70后演员占比较去年有所提升。另一方面，演员知名度提高，刘烨、余男、于荣光、冯绍峰、胡军、吴樾、柳岩、任贤齐等影视剧演员在2022年参演网络电影。演员阵容的提升反映了网络电影整体质量及认可度进一步提升。

表2.5.8　2022年网络电影部分导演、演员及作品

序号	姓名	身份	2022年网络电影作品
1	陈小春	演员	《环线》《猎海日志》
2	樊少皇	演员	《狂鳄》《人鱼》
3	范明	演员	《缩小人特攻队》《一盘大棋》
4	方青卓	演员	《筑梦乐队》
5	冯绍峰	演员	《青面修罗》
6	巩汉林	演员	《隐形侠》
7	郭涛	演员	《一盘大棋》
8	胡军	演员	《青面修罗》
9	贾冰	演员	《冒牌财神爷》
10	金巧巧	演员	《阴阳镇怪谈》
11	李立群	演员	《阴阳镇怪谈》
12	李治廷	演员	《极地追击》
13	李子雄	演员	《发丘天官：昆仑墟》《军火大劫案》《梁祝：化蝶》
14	梁家仁	演员	《九爷伏魔》
15	刘观伟	导演	《哮天神犬勇闯龙宫》
16	刘烨	演员	《排爆手》
17	吕良伟	演员	《黄金大逃狱》
18	莫少聪	演员	《楼兰古卷之沙海魔窟》
19	欧阳震华	演员	《新洗冤录》
20	任贤齐	演员	《烈探》
21	沈保平	演员	《民间怪谈：水猴子》
22	宋晓峰	演员	《暖暖的微笑》《遗嘱囧事》《东北迪斯科》《我不是酒神》《东北告别天团》
23	孙耀威	演员	《蓬莱龙棺之徐福宝藏》《寄生怪》
24	汤镇业	演员	《老板娘2之无间潜行》《遗嘱囧事》

序号	姓名	身份	2022年网络电影作品
25	童瑶	演员	《对立面》
26	王劲松	演员	《无负今日》
27	吴孟达	演员	《大话西游之缘起》
28	吴樾	演员	《张三丰》
29	叶璇	演员	《致命少女姬》
30	余男	演员	《排爆手》
31	元彪	演员	《棺山古墓》

数据来源：监管中心统计数据 2023.1　　　　　国家广播电视总局监管中心

2.6 龙标网络电影及网播院线电影

"院线电影"指经过主管部门前置审核，获得《电影片公映许可证》并在院线公映的作品（公映片头标注"绿底龙头标志"，简称"龙标"）。近年来有多部获得《电影片公映许可证》的作品，在制作、发行、传播环节有网络视听服务机构深度参与，或在互联网独播或首播（播出时同样在片头展示"龙标"），具有一定社会影响力。为便于理解，我们遵循业界惯例，在本报告中将此类作品称为"龙标网络电影"，作为网络电影的一个"分支"。

2022年，我们继续对"网播院线电影"相关数据进行统计分析。此处所称的"网播院线电影"，是指2022年在院线公映，随后（年度计算区间为2022年1月1日至2023年1月4日）在网络视听机构上线的影片。

2.6.1 龙标网络电影数量有所下降

2022年全网共新上线龙标网络电影47部，新上线的龙标网络电影与网络电影数量比约为1∶8，较2021年明显下降。

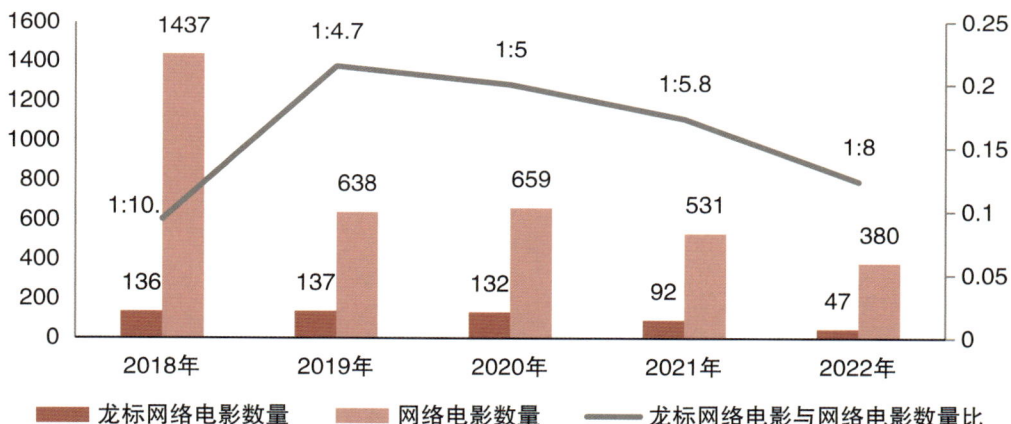

数据来源：监管中心统计数据 2023.1

国家广播电视总局监管中心

图2.6.1 2018年至2022年龙标网络电影与网络电影数量对比

2.6.2 龙标网络电影题材丰富，主旋律作品占比有所下降

2022年龙标网络电影虽然上线数量不多，但题材类型比较丰富，涉及多达20余类。其中动作题材数量最多，达26部。而动作类影片以古装题材为主，占比近三分之二。数量排名第二的是情感题材作品，共上线18部。此外，奇幻、玄幻等超现实题材影片亦较多，共18部，内容涵盖聊斋、重生、盗墓身体互换、怪兽等元素。但相较网络电影，龙标网络电影除个别影片外，整体传播效果一般。

2022年龙标网络电影种共有8部主旋律作品，涵盖公安英模、支教、抗疫、抗战、关爱留守儿童等方面。如，《非凡守护》根据公安英模郝世玲真实事迹改编，以女警郝世玲的视角展现社区民警的责任和担当；《你是我的春天》讲述普通人面对疫情冲击的温暖故事；《五束阳光》改编自音乐剧《阳光不锈》，讲述大学生深入扶贫地区支教的故事；《草帽》用朴实镜头聚焦留守儿童的生活。

表2.6.2　2022年部分主旋律龙标网络电影列表

序号	节目名称	主题	题材	播出平台	上线时间
1	头屯河谷	乡村振兴	剧情、情感	搜狐视频	2022.04.15
2	祥福川	母爱	剧情、情感	1905电影网	2022.04.17
3	你是我的春天	抗疫	剧情、情感	优酷、芒果TV、乐视视频	2022.07.01
4	草帽	留守儿童	儿童、情感	1905电影网	2022.09.15
5	非凡守护	公安英模	公安	爱奇艺	2022.11.04
6	五束阳光	支教	剧情、喜剧	搜狐视频	2022.11.08
7	最后的镖师	抗战	动作、剧情	1905电影网	2022.11.10
8	秋蝉	抗战	战争、谍战	腾讯视频	2022.12.13

数据来源：监管中心统计数据 2023.1　　　　国家广播电视总局监管中心

2.6.3 多渠道发行的龙标网络电影数量减少

近年来，随着网络发行模式不断发展，院网同步、网台同步、先网后台、先网后院等发行模式逐渐出现。2022年先在互联网播出或互联网院线同步播出的龙标网络电影仅9部，占比19%，较2021年明显下降。其中，先网后台7部，网院同步1部，先网后院1部。

表2.6.3　2022年网络首播、同步或随后在其他渠道发行的龙标网络电影列表

序号	节目名称	公映许可证号	题材	播出平台	排播模式	上线时间
1	爱情面对大海：不速食客	电审故字【2016】第403号	情感	1905电影网	先网后台	2022.01.06
2	张三丰传奇之道法自然	电审故字【2020】第063号	古装、武侠、动作	1905电影网、咪咕视频	先网后台	2022.01.06

续表

序号	节目名称	公映许可证号	题材	播出平台	排播模式	上线时间
3	黄金森林	电审故字【2019】第304号	刑侦、悬疑	1905电影网、咪咕视频	先网后台	2022.01.27
4	少北宗师	电审故字【2019】第322号	动作	1905电影网	先网后台	2022.01.27
5	爷们信条	电审故字【2021】第448号	悬疑、动作、犯罪、情感	爱奇艺、腾讯视频	先网后院	2022.02.16
6	烈马争锋上海滩	电审故字【2021】第285号	枪战、动作	爱奇艺	先网后台	2022.04.18
7	延平王郑成功传奇	电审故字【2021】第311号	古装、动作、历史	爱奇艺	先网后台	2022.05.18
8	你是我的春天	电审故字【2022】第040号	情感、剧情	优酷、芒果TV、乐视视频	网院同步	2022.07.01
9	鱼妖志	电审故字【2021】第123号	古装、悬疑、动作	爱奇艺	先网后台	2022.08.26

数据来源：监管中心统计数据 2023.1　　　　　　　　　　　　　国家广播电视总局监管中心

2.6.4　分账过千万的龙标网络电影数量较少

2022年龙标网络电影整体传播效果一般。一方面影片上线数量大幅下降，热度和播放量不及网络电影；另一方面，2022年头部龙标网络电影票房分账情况也有明显变化。2021年分账超过1000万元的龙标网络电影共计8部，占全年作品总数的9%，而2022年仅有2部，占全年作品总数的4%。2部影片皆是"倚天"系列武侠作品，在爱奇艺、优酷、腾讯视频三家平台同步上线，其中《倚天屠龙记之九阳神功》分账金额为2716.9万元，《倚天屠龙记之圣火雄风》分账金额为1871.2万元。

表2.6.4　2022年分账超过1000万的龙标网络电影列表

序号	节目名称	播出平台	上线时间
1	倚天屠龙记之九阳神功	爱奇艺、优酷、腾讯视频	2022.01.31
2	倚天屠龙记之圣火雄风	爱奇艺、优酷、腾讯视频	2022.02.03

数据来源：监管中心统计数据 2023.1　　　　　　　　　　　　　国家广播电视总局监管中心

2.6.5　院线电影转网络播出比例高

2022年全年共有325部电影登陆院线。其中国产电影274部，引进电影51部。全年公映的院线电影中有199部转网络播出（年度计算区间为2022年1月1日至2023年1月4日），占比61%，较2021年少6个百分点，转网影片中国产电影169部，引进电影30部。

（单位：部）

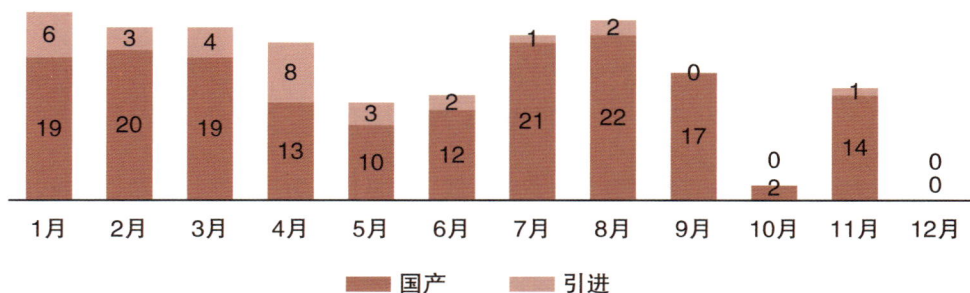

数据来源：监管中心统计数据 2023.1　　　　国家广播电视总局监管中心

图2.6.5（1）　2022年网播院线电影数量统计（分月度）

（单位：部）

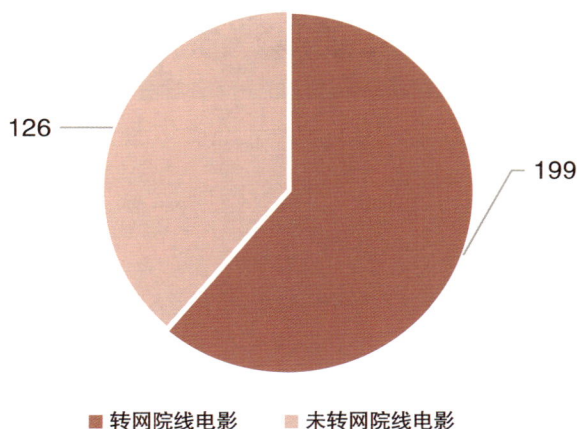

■ 转网院线电影　　■ 未转网院线电影

数据来源：监管中心统计数据 2023.1　　　　国家广播电视总局监管中心

注：年度计算区间为2022年1月1日至2023年1月4日

图2.6.5（2）　2022年网播院线电影转网比例图

这199部网播院线电影在咪咕视频、沃视频、乐视视频、天翼视讯、优酷、腾讯视频、爱奇艺、芒果TV等14家网站上线播出。数据统计可见，移动、联通、电信等运营商旗下视频平台上线数量均排名靠前，咪咕视频上线的影片数量高达168部，占院转网影片总数的84%，与2021年持平。沃视频上线160部，天翼视讯上线123部，均排名前四。在其他视频平台中，乐视视频上线136部，腾讯视频上线100部，优酷上线84部，爱奇艺上线78部。聚力和搜狐视频上线数量较2021年大幅减少，聚力仅上线1部网播院线电影。而搜狐视频没有上线网播院线电影。对比主流视频平台网播院线电影与网络电影上线数量可见，2022年优酷购买院线电影版权数量依然远多于网络电影，而爱奇艺、腾讯视频、搜狐视频购买网络电影版权数量则远多于院线电影。2022年网播院线电影在刚转网时除1部采取"单片付费"的形式外，其余198部均以"会员免费看全片"的形式面向观众。

（单位：部）

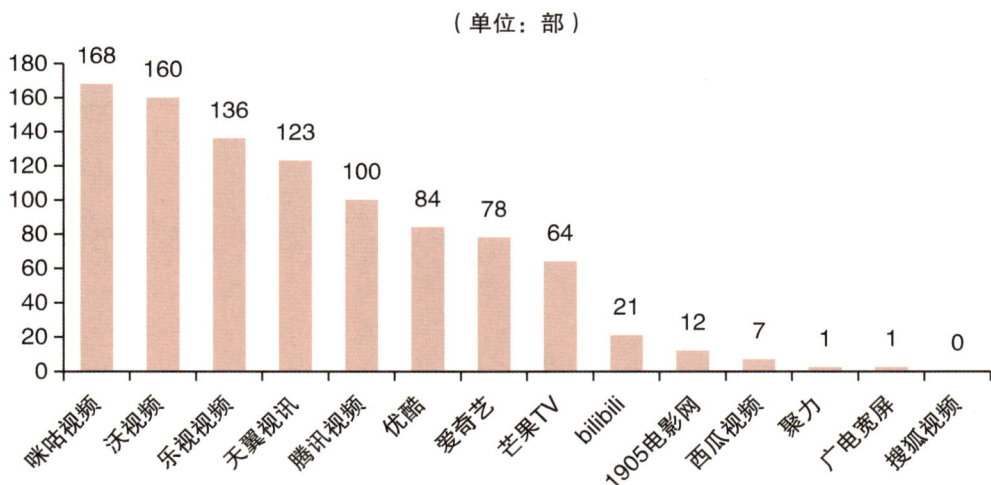

数据来源：监管中心统计数据 2023.1　　　　　　　　　国家广播电视总局监管中心

图2.6.5（3）　2022年网播院线电影数量（分平台）

2.7　年度代表性作品点评

《金山上的树叶》

上线时间： 2022年5月18日

导演： 周幕寒

主演： 刘林城、高曼尔、梁国荣

时长： 80分钟

类型： 情感、喜剧

在线播放平台： 爱奇艺、腾讯视频、优酷

《金山上的树叶》是由国家广播电视总局、浙江省广播电视局指导，是首部获得《网络剧片发行许可证》的网络电影。该片聚焦共同富裕，凸显奋斗青春亮丽底色，讲述了主播金晓白、白茶学徒韩大吉等青年人扎根乡村，以"互联网+电商"模式发展白茶生态经济，向着共同富裕目标奋发努力的故事。

该片根据浙江安吉黄杜村积极经营白茶产业，并向贫困地区捐赠"白叶一号"茶苗的真实故事改编。深入挖掘小事件背后的大主题，以青年网民较为熟悉和喜爱的热血青春叙事进行生动演绎。男主人公韩大吉有热情、有理想，立志于传承白茶、扶贫助困，女主人公金晓白是"非遗"传承人的孙女，毕业后投身"主播"行业，为了帮爷爷卖茶留在家乡，与师从爷爷的韩大吉一起合作创业。二人在共同奋斗的过程中，先后遭遇库房失火、预算不足、为人算计等困难。但面对困难，他们迎难而上，凭借精湛的制茶技艺赢得"茶王争霸赛"，最终实现目标。主人公们的经历，彰显着新时代的大有可为，鼓励青年观众脚踏实地、夯实本领，趁势而上、大展身手。

该片细致描摹安吉山水，生动呈现"绿水青山就是金山银山"的环保理念。该片艺术化呈现浙江安吉充分运用生态资源助推共同富裕的经验成果，润物无声地阐释了绿水青山既是自然财富、生态财富，又是社会财富、经济财富的道理。片中的安吉竹海万顷、山水如画，男女主人工置身于广袤茶园进行直播带货、拍摄短视频，以十足的"大自然"氛围感收获了订单量的飞涨。影片最后，茶园成为了集产业、研学、休闲、娱乐于一体的"网红打卡点"，良好的生态环境吸引了大批外地游客前来观赏。同时，村子还以茶园为背景建造了"移动课堂"，"非遗"文化传承人带领外出实践的学生们"身临其境"感受我国的茶文化，生动讲述"一片茶叶致富一方百姓"的过程。

该片巧妙融入短视频元素，增加了全片的网感、现实感和艺术质感。男女主人公韩大吉、金晓白为推销茶叶，翻拍《卧虎藏龙》《喜剧之王》《倩女幽魂》等电影片段，"戏中戏"式的短视频画质优良、感染力强，与正片内容"无缝衔接"，获得了网民好评。该片还为韩大吉娴熟的制茶手法，配以"龙爪理条""浪里揉青""匾中摊凉""神龙复烘"等富有中华传统美学韵味的形象概括，生动形象，既便于观众理解传统白茶制作过程，也增加了文化韵味。

《排爆手》

上线时间：2022年7月30日
导演：阚家伟
主演：刘烨、余男、于荣光
时长：84分钟
类型：公安、犯罪、动作
在线播放平台：爱奇艺、腾讯视频、优酷

2022年八一建军节期间，由国家广播电视总局、北京市广播电视局指导的军旅题材网络电影《排爆手》在爱奇艺、优酷、腾讯视频上线播出。该片聚焦武警特殊兵种"排爆手"，讲述排爆专家陆阳、技术尖兵萧凌等武警特战队员在连环炸弹威胁下与贩毒分子斗智斗勇的故事，生动展现了我武警战士在极端危险的战斗环境中不畏牺牲、捍卫人民生命财产的英雄本色。该片上线后，传播效果良好，在各播出平台均保持较高热度。

2022年7月，排雷英雄杜富国被授予"八一勋章"，为致敬排爆军人，献礼建军95周年，该片再现英雄事迹，诠释新时代革命军人的使命担当。全片正面展现"排爆手"这个特殊兵种，以生动的剧情近乎真实地演绎了排爆手如何直面死亡，甚至不惜牺牲自我。片中，毒枭坤康和排爆队员们的正邪较量不断升级，武警战士舍命破局紧追不放，生动展现出"召之即来、来之能战、战之必胜"的强悍战力。

该片生动展现武警战士铁骨柔情的英雄本色，描摹武警战士们在面对命悬一线的危机时不惧生死的铮铮铁骨，更展现出武警战士始终把人民群众和战友生命摆在更高位置的大爱。当走投无路的毒贩坤帕即将在地道中引爆炸弹，妄图与武警战士同归于尽时，武警特战队员徐明当机立断推开战友扑向炸弹，选择牺牲自己而把生的希望留给战友；面对毒枭坤康安装在南江大桥上的压力弹簧松发炸弹，特战队员们毫不犹豫挺身而出，替换下被绑在炸弹上的无辜群众们，将危险留给自己……这一幕幕并非剧情需要的刻意编排，而是无数现实案例的真实再现，是万千个"杜富国"的生动写照。

该片剧情紧凑，立体化呈现复杂案情，以激烈的丛林抓捕为开端，在短短的80多分钟里相继上演了森林木屋引爆炸弹、地下通道人体炸弹爆炸、水库大坝水下气压炸弹排除、人民医院双起爆反联动炸弹拆除、新南江大桥压力松发炸弹引爆以及追捕毒枭等多起紧张刺激的场景，拆弹过程千钧一发，追捕过程步步惊心。

此外，该片在道具及演职人员选择方面，也达到了网络电影的新高度。影片展示了遥控引爆炸弹、带联动水平装置的炸弹等多种类型炸弹，向观众科普了多种拆解炸弹的技术。在演员的选用上，刘烨、余男、于荣光等拥有丰富军旅题材影视作品演出经验的演职人员，表现出了精湛的演技，也为影片增色诸多。

该片上线以来，优酷、爱奇艺、腾讯视频均在首页焦点图位置予以推荐，网民们纷纷点赞："这个职业很伟大很危险，撑起了中国脊梁。""这些排爆手都值得我们敬畏，这部影片也更加让我们了解这类职业负担的使命，令人动容。"

《黑鹰少年》

上线时间：2022年10月11日
导演：安佳星、陈亮言
主演：潘子剑、西木西木、张星禾
时长：92分钟
类型：体育、儿童、情感
在线播放平台：爱奇艺、腾讯视频、优酷

《黑鹰少年》是由国家广播电视总局、北京市广播电视局指导，北京新惟影业有限公司、新东方教育科技集团等联合出品的中国梦题材电影，是北京广播电视网络视听发展基金优秀网络视听节目扶持作品、北京市广播电视局"青春中国梦"网络视听精品创作项目入选作品。影片根据真人真事改编，讲述来自凉山州彝族自治区阿沙莫村的瓦尔阿木克服重重困难，辞职回乡组建一支平均年龄12岁、平均身高1.3米的少儿篮球队。虽然条件艰苦，但少年们不负热爱，在逆境中成长、蝶变。

片中少儿篮球队的队员和群众演员大多为原型人物本色出演，不用刻意的"演"来呈现追梦之旅，真挚、淳朴的故事情节引人入胜，给观众带来不一样的体验感。该片多层次阐述"梦想就像心里的种子",以小见大,不论是教练阿木的无私奉献、篮球少年因篮球变得自信勇敢,还是乡亲们从不理解到无条件支持的转变,都令观众动容。结尾"黑鹰少年队"作为大凉山的希望进京参加比赛,虽以一分之差输掉比赛,但少年们心中篮球梦想的种子早已生根发芽。像弹幕所说"虽然输掉了比赛,但早已飞出了大凉山"。正片结束后,纪实短片将这支生动鲜活的球队的不同侧面再次展现给观众。

该片地域特色鲜明,充分展现了大凉山的自然人文风情,还与当下热点"直播""乡村振兴"等题材紧密结合,给观众以强大的精神鼓舞,也激励了每一个大山里的孩子,具有强有力的现实意义。

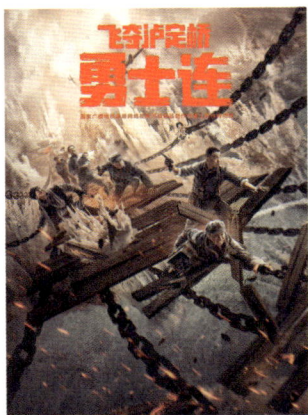

《勇士连》

上线时间: 2022年9月24日
导演: 罗乐
主演: 王挺、范雷、袁布、张煜龙
时长: 88分钟
类型: 动作、战争
在线播放平台: 爱奇艺、腾讯视频、优酷

《勇士连》是由国家广播电视总局、山东省广播电视局指导,迎接党的二十大重点精品网络视听节目,再现了红军长征途中著名战役"飞夺泸定桥",高度还原此次战役的重要情节和代表性场面,细致刻画夺桥勇士们不畏牺牲、英勇杀敌的英雄群像,赓续红色血脉,致敬革命先烈。影片上线后,在各播出平台获得积极反响,效果良好。

该片再现长征壮举,礼赞长征精神。影片讲述为躲避国民党军队追击及时过河,红四团22位勇士临危受命昼夜奔袭,冒着枪林弹雨,攀爬被拆去桥板、仅余十三根铁锁的桥面,最终夺取泸定桥战役胜利的故事,再现红军长征途中的壮举,彰显"为了救国救民,不怕任何艰难险阻,不惜付出一切牺牲"的长征精神。影片高度贴合史实,注重细节刻画,真实还原战斗过程的艰难和悲壮,唤起人们对红军长征的集体记忆,激发观众对革命先烈的无限崇敬。

该片精心刻画英雄群像,致敬革命先烈。影片透过生动鲜活的个体故事,刻画出红四团英雄群像。他们有初入军营,以营队为家的新兵蛋子;有腿负重伤,却依然坚持冒雨徒步前进240里的机枪手;有留病弱老母一人在家中,毅然奔赴沙场浴血奋战的兄弟三人……这些典型人物的选取和形象塑造,将不畏艰难、不怕困苦、不怕流血牺牲的革命英雄主义精神展现得淋漓尽致。影片还用以小见大的手法展现红军坚定的革命理想信念和大无畏的牺牲精神，如战斗中战友互相掩护、伤兵自愿留下殿后与敌军追兵同归于尽等，具有强大的视听感染力。

　　该片制作用心用情用功，营造震撼视觉效果。影片大量运用全景镜头、升格镜头等影像呈现方式，集中展现爆破、轰炸、枪击等战场视觉效果。注重运用视角转变、特效技术等手段，不仅恰到好处地还原了战争场面，还增强了真实感、临场感。如，部分行进、狙击画面采用作战士兵第一视角，镜头跟随角色前进，并伴有抖动；运用经典特效"子弹时间"，在红四团英勇杀敌时展现"凝聚时空"的效果，呈现出作战现场"与子弹赛跑"的紧张氛围。

《特级英雄黄继光》

时间：2022年10月1日
导演：周润泽
主演：刘家祎、洪洋、武强、刘思博、刘一江、牛北壬
时长：96分钟
类型：战争、历史、动作
在线播放平台：爱奇艺、腾讯视频、优酷

　　2022年国庆节，由国家广播电视总局、北京市广播电视局指导的"迎接党的二十大重点精品网络视听节目"《特级英雄黄继光》在爱奇艺、优酷、腾讯视频等上线播出。影片以平实的叙事手法，讲述黄继光在抗美援朝战场"以身躯堵枪眼"的英雄事迹，再现黄继光从参军入伍到成长为特级英雄的光辉历程，展现志愿军战士舍生忘死、保家卫国的高尚情怀，弘扬以爱国主义、革命英雄主义等为主要内涵的伟大抗美援朝精神。

　　该片以英雄个体折射抗美援朝英雄群体。影片围绕黄继光的成长经历展开，从其报名参军到在朝鲜前线"以身躯堵枪眼"壮烈牺牲，完整呈现一名志愿军战士短暂而光辉的一生。从英雄个体事迹切入，延展普通战士身上崇高的爱国主义和革命英雄主义，礼赞伟大的抗美援朝精神，深切缅怀革命先烈。如在报名参军时，出身贫苦农民家庭的黄继光和战友们，均表达出了为了保卫新中国、为了"世世代代不挨饿受冻"加入志愿军的热切愿望；在条件艰苦、强度极高的行前训练中，新兵们站姿笔直，齐声高喊"不书英雄榜，便涂烈士碑"的誓言，表现出志愿军战士赤诚而深沉的爱国情感。

该片以多线叙事塑造立体饱满的英雄形象。影片采用多线叙事，以上甘岭战役为主线，穿插黄继光在四川老家参军入伍、在东北行前训练等人物前传。同时借由主人公的情绪化视点，以闪回的方式串联一段段有关其母亲、指导员和战友的回忆。这些恰到好处的时空转换与意识流，立体饱满地描绘了英雄的成长之路。如在黄继光遭遇敌人轰炸的瞬间，以延宕的慢镜头呈现漫天泥沙和炮火，接着代入以黄继光为第一视角的意识流，展开母亲含泪送子参军的温情场景。影片以扎实的成长叙事补充了观众对英雄生平的认识，从其身高未达标准却以机智果敢破格参军，再到以沾满鲜血的双手用力撕扯自己的衣角请求支援前线，直至最后身负重伤仍纵身一跃"以身躯堵枪眼"的英雄壮举，影片在层层递进、不断累积的情感叙事中将主人公的内心成长历程完整呈现、高度升华，极大地拉近了英雄人物与观众的距离，让观众对人物的处境和心境产生深刻认同，成功塑造了立体饱满的英雄形象。

该片以细腻情感传递家国情怀。在壮烈的战争场面之外，也善于以抒情性情节打动人心，在含蓄蕴藉的情感中传递家国情怀。一方面将炮火连天的战斗场面与战士们书写家书的画面交错呈现，使战争的残酷与家书的温情形成巨大反差。没有刻意煽情，却着实催人泪下。如教导员壮烈牺牲的情节后，马上引入他个人家书的念白，随后自然过渡到操着各地口音的志愿军家书的和声念白，虽朴实无华却字字千钧。另一方面，英雄母亲邓芳芝角色的引入，生动体现了黄继光和家人"舍小家为大家"的家国情怀。

该片传播效果良好，引发积极反响。影片上线以后，在爱奇艺、优酷、腾讯视频三家平台获得较高热度，在猫眼和灯塔网络电影热度榜中均名列前茅。网民对该片积极评价，"很不错，没有特意强调一个人的英雄主义，拍出了真实感与战士们的精气神""制作特别精良，非常扎实的战争片，不输好莱坞"。

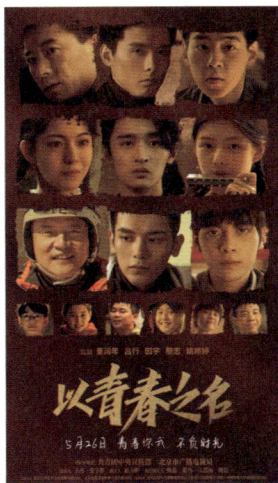

《以青春之名》

上线时间： 2022年5月26日

导演： 李雨谏、张翔鹏、潘雨莹、庄灿杰、岳宇阳

主演： 徐卫、徐均朔、姚驰、艾米、罗辑、纪晓炬、
郑星星、邵晓江、刘一江、夏浩然、孙岩、张朕瑄、
宫正晔、刘津言、徐少武、朱一诺、边少帅、彭波

时长： 91分钟

类型： 青春、剧情

在线播放平台： 爱奇艺、腾讯视频、优酷

《以青春之名》由共青团中央宣传部、北京市广播电视局指导，讲述不同时代下的5个青春故事，展现中国青年自强不息、朝气蓬勃、敢于追梦的青春力量。截至2022年5月30日，优酷最高热度6673，爱奇艺最高热度3771，腾讯视频播放量423.7万，微博话题#电影以青春之名#阅读量4771.8万，抖音话题#以青春之名#播放量528.5万。

2022年是中国共产主义青年团成立100周年，习近平总书记在庆祝中国共青团成立100周年大会上指出"时代各有不同，青春一脉相承"。网络电影《以青春之名》以此为思路，通过不同时代下的5个小故事刻画了从新民主主义革命时期至中国特色社会主义新时代的青春群像，串联起跨越百年的青春力量。在救亡图存的新民主主义革命时期，《回响》一集刻画的热血青年不畏牺牲，用青春诠释抛头颅洒热血的革命精神；在奋发图强的社会主义革命和建设时期，《繁星》中一群有志青年敢于追梦，继承伟大航天事业和前辈们的太空梦；在改革开放和社会主义现代化建设新时期，《光亮》中的青年们勇于创新、迎难而上，为祖国的社会主义经济发展注入活力与热情；在中国特色社会主义新时代，无数的热血青年将青春挥洒在祖国的偏远山区和冬奥赛场，浓缩成了《你听》《热雪》中的青春力量。该片注重观照现实，片中每个故事的结尾均以纪实图文或短视频的形式，衔接与剧情相关的历史现实，带领观众回味记忆中青春激扬的岁月。

影片风格明亮活泼，用年轻化的表达展现青春应有之义，易引发共鸣。《光亮》中没有体面工作的个体户晨光在面对心仪女朋友的父亲时，紧张到不知所措，但为了赢得女孩父亲的认可一次次在失败中重新站起，只为赢得与女朋友父亲的赌注；《你听》中阳光帅气的支教老师庄老师在面对孩子们的理想与个人功名的选择时犹豫彷徨，最终舍弃小我为孩子们圆梦。有网民评论"像极了我年轻时的样子"。

网络电影《以青春之名》在中国共产主义青年团成立100周年之际应时上线，以激情燃烧的青春礼赞共青团百年征程，具有较强的现实意义。

《飞吧，冰上之光》

上线时间： 2022年2月12日
导演： 程浩
主演： 姜来、林潇、刘楚玄、杜佳纯
时长： 87分钟
类型： 体育、青春、情感
在线播放平台： 爱奇艺

《飞吧，冰上之光》由北京市广播电视局指导，北京黑

岩星球文化传媒有限公司、北京掌文信息技术有限公司等联合出品，是北京广播电视网络视听发展基金扶持作品、北京市广播电视局"八一"冬奥主题精品创作工程入选作品。影片讲述了颇有天赋的外卖天才程焕与陷入瓶颈期的短道速滑运动员沈冰因一场野冰竞技相识后，在冰雪之上一起为了梦想刻苦奋斗、挑战自我、逐梦冬奥的热血成长故事。

作为首部短道速滑题材影片，该片紧扣时代主题，献礼北京冬奥会，一经上线就引发普遍关注。该片两名主人公性格、成长环境截然不同，又因意外契机互相扶持、克服困难，通过团结协作最终战胜自我、战胜对手，人物形象鲜明，叙事节奏流畅，感情真挚动人，用巧妙的视听语言展示"不服输、不放弃"的体育精神，展现了短道速滑运动员的辛苦训练和成功背后的艰辛。

《飞吧，冰上之花》不仅展现了冰雪运动的魅力，也生动传达出努力实现梦想的体育精神。

《红纸鹤》

上线时间： 2022年3月1日
导演： 宗海英
主演： 李曼、张熙媛、夏添、蔡栋达
时长： 102分钟
类型： 犯罪、悬疑、剧情
在线播放平台： 腾讯视频

《红纸鹤》由司法部法治宣传中心指导，法治日报社影视中心、北京月影风华影视文化传媒有限公司等联合出品的法律服务题材电影。影片根据真实事件改编，讲述了一名空姐不堪忍受长期家暴，在一个雨夜将丈夫残忍杀害，但因一心求死不愿说出真相，最终在法律援助律师张彤的帮助下重拾生活信心的故事。

该片以"回忆录"的叙事手法聚焦案情，充满"反家暴"的现实关怀，填补了反家暴题材影片的市场空白。片中，法律援助律师张彤以"当男人向女人举起拳头的时候，忍耐一次就是毁了一生"打开当事人的心扉，告诉观众要使用法律武器捍卫自己权利。片尾通过全国妇联最新统计数据立意点题，为宣传落实《中华人民共和国反家庭暴力法》和法律援助制度作出努力和探索。

《陈翔六点半之拳王妈妈》

上线时间：2022年2月18日
导演：陈翔
主演：冷檬、毛台、王炸
时长：100分钟
类型：情感、喜剧、动作
在线播放平台：爱奇艺、腾讯视频、优酷

　　《陈翔六点半之拳王妈妈》是云南爆笑江湖文化传播有限公司出品的情感喜剧，讲述了生活在社会底层的年轻妈妈寒笑笑乐观坚强的拼搏故事。

　　该片是"陈翔六点半"系列网络电影的第五部，延续了以往黑色幽默创作风格，生动反映小人物的生活状态以及真情实感，励志感人。影片塑造了乐观坚强的母亲寒笑笑，她的丈夫失业后酗酒度日，女儿患有失语症、公公残疾痴呆，整个家庭全靠她支撑。为了鼓励女儿和丈夫，寒笑笑苦练打拳，参加电影《拳王妈妈》的女主海选，又毅然走上了真正的拳击场。《陈翔六点半之拳王妈妈》聚焦小人物生活，传递乐观向上的生活力量，是一部较为优秀的现实题材作品。

《东北告别天团》

上线时间：　2022年4月22日
导演：崔志佳
主演：崔志佳、宋晓峰、于洋
时长：95分钟
类型：情感、喜剧
在线播放平台：腾讯视频

　　殡葬题材网络电影《东北告别天团》由上海腾讯企鹅影视文化传播有限公司、北京嘉喜文化传媒有限公司联合出品。影片以殡葬行业为切入点，描绘基层殡葬从业人员的喜怒哀乐。

　　该片是一部非典型性东北喜剧，以一场三百万的葬礼为主线，展示筹办过程中的笑料百出和温暖感人的人性光辉。既生动展现了东北丧葬业的现实，又将充满黑色幽默的"哭丧"展现得淋漓尽致。同时影片观照刑满释放人员等特殊人群的社会生存现实，较好平衡了喜剧元素和社会现实。

《青面修罗》

上线时间： 2022年5月13日

导演： 李仁港

主演： 冯绍峰、胡军、金晨

时长： 118分钟

类型： 古装、动作、悬疑、武侠

在线播放平台： 爱奇艺、腾讯视频、优酷、芒果TV、乐视视频

　　《青面修罗》由乐视影业（北京）有限公司、天策光影（北京）有限公司、北京非凡影界文化传媒股份有限公司联合出品，由捷成数字院线独家提供。该片讲述了古代刺客组织"离恨谷"中，顶级刺客齐君元为查明族门被灭和藏宝铜片的真相，深入迷局的复仇故事。

　　影片根据圆太极同名小说《刺局》改编，凭借阵容收获热度，上线首日即成为热度榜第一。该片充满悬疑推理色彩，节奏紧凑，开门见山，还原了东方美学的刺客世界。该片两条故事主线交织并进，一条是"青面修罗"齐君元一路寻找藏宝铜片，寻找杀害自己全家的幕后凶手；另一条是"离恨谷"老大金锣太岁夺军权。该片跳脱常见的武侠剧思维，建立在游戏感的架空背景下，层层反转，抽象写意，满足受众的好奇心，整体看点十足。

　　影片有胡军、冯绍峰、金晨、王庆祥、曾江等多演员参演，从目前网络电影整体水平来看，其演员阵容、服化道、特效效果等方面均属于为数不多的"大制作"。

《黄金大逃狱》

上线时间： 2022年8月5日

导演： 黄羿

主演： 张建声、吕良伟、陈保元

时长： 85分钟

类型： 动作、犯罪、喜剧

在线播放平台： 爱奇艺、优酷

《黄金大逃狱》是由厦门工力影视有限公司、品像（北京）文化传媒有限公司、安徽伍号信息科技有限公司等联合出品的监狱题材网络电影，讲述落魄编剧钟正孤身涉险进入赤浪湾监狱，寻找祖辈宝藏，与监狱老大蟹哥、大彪策划越狱的故事。

该片具有浓厚"港风"，在选角上多采用香港演员，在剧情设定上融入了港片常见"警匪""兄弟情"等元素。片中的动作戏、警匪追逐戏、爆破戏的节奏紧凑，展示出越狱计划的惊险和刺激。影片整体结构较为完整，主演凭借对犯罪影片的理解和展示正邪两面的良好演技在一定程度上弥补了剧情的遗憾。该片以"多平台联合播放"模式在爱艺奇和优酷同步上线，分为普通话和粤语两个版本，是网络电影中为数不多的粤语网络电影。

《逃学神探》

上线时间： 2022年12月15日

导演： 释小龙

主演： 释小龙、邹兆龙、刘天佐、郝劭文

时长： 101分钟

类型： 动作、喜剧、悬疑

在线播放平台： 爱奇艺、腾讯视频

《逃学神探》由东阳尚宸影业有限公司、佰亿影业（海南）有限公司等联合出品。影片讲述了警察队长陈虎为破案卧底到圣马丁高中执行任务，高中的学习生活令不擅读书的陈虎苦不堪言，在校期间屡屡出糗沦为笑柄，在破案的同时与各

方势力展开较量，最后收获了友谊与爱情的故事。

　　该片由释小龙自导自演，故事脉络与框架参照了周星驰的《逃学威龙》，导演兼主演释小龙与儿时搭档郝劭文合作，结合无厘头式搞笑风与悬疑破案风，共同将老故事重新演义。该片动作戏较为流畅，武戏演员出身的释小龙与动作明星邹兆龙的"双龙斗"是影片的一大看点，同时作为一部悬疑喜剧，该片的悬疑戏份也较好地丰富了该片的故事性。

3

网络综艺、网播电视综艺

3.1　主要数据一览和研究发现

表3.1　2022年网络综艺、网播电视综艺等相关数据一览表

类型	项目			数量（档）
网络综艺（广义）	全年上线数量			431
	网络综艺（狭义）	全年上线数量		198
		重点综艺		123
		"综N代"综艺		50
		独播综艺		178
		付费综艺		68
		免费综艺		130
		单期平均时长超过120分钟的综艺		48
		有多版本内容的综艺		57
		有衍生内容的综艺		77
		有"先导片"的综艺		31
	多版本和衍生综艺	全年上线数量		233
		多版本综艺全年上线数量		119
		其中	电视综艺的多版本综艺	61
			网络综艺的多版本综艺	58
		衍生综艺全年上线数量		114
		其中	电视综艺的衍生综艺	32
			网络综艺的衍生综艺	82
		付费综艺		207
		免费综艺		26
网播电视综艺	全年上线数量			184
	付费综艺			25
	独播综艺			97
	有多版本内容的综艺			31
	有衍生内容的综艺			17
	网台同播电视综艺			37
	有网络平台参与出品制作的综艺			21

数据来源：监管中心统计数据 2023.1

国家广播电视总局监管中心

　　网络综艺呈收缩发展态势。2022年1月1日至12月31日，在芒果TV、爱奇艺、腾讯视频、优酷等主要视听网站上线播出的网络综艺共431档，其中"狭义"的网络综艺198档，数量较2021年同比减少17%，多版本和衍生综艺233档，数量较2021年同比上升9%。在主要视听网站上线播出的电视综艺（以下简称网播电视综艺）共184档，与2021年同比上升19%。

（单位：档）

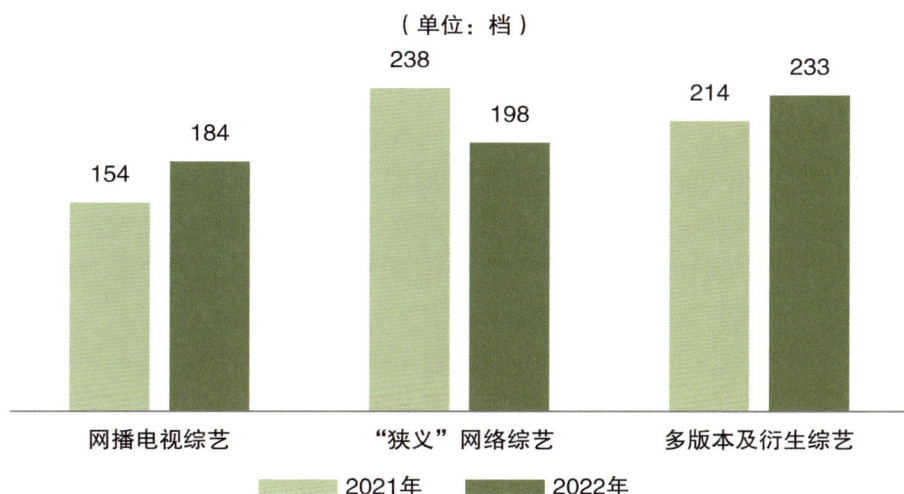

数据来源：监管中心统计数据 2023.1 　　　　　　国家广播电视总局监管中心

图3.1（1）　2021年和2022年网络综艺、网播电视综艺数量统计

（单位：档）

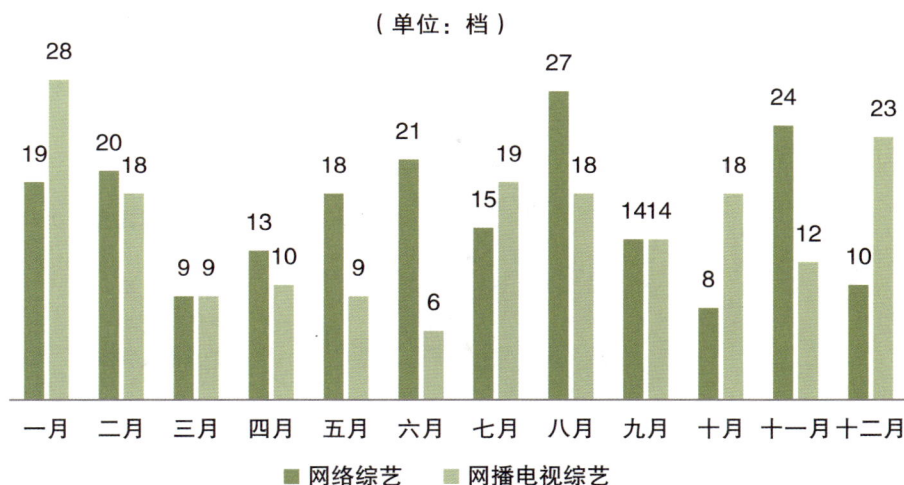

数据来源：监管中心统计数据 2023.1 　　　　　　国家广播电视总局监管中心

图3.1（2）　2022年网络综艺、网播电视综艺月度上线数量统计

综艺实现国风、文化有机结合。2022年文化类综艺聚焦中华优秀传统文化，着力创造性转化、创新性发展，在网络视听平台掀起新一轮国风、国韵、国潮观看热潮。以七夕奇妙游、中秋奇妙游等为代表的《2022"中国节日"系列节目》持续稳定"上新"，抓住传统文化的传播密码，以科技赋能，不断刷新观众对中华优秀传统文化的认知。

真人秀类综艺注重体验观察。2022年真人秀类节目保持了降低娱乐性、提升服务性的趋势，注重发掘内容内涵，强调体验与观察，体验的领域和内容更加垂直化、细分化，选题聚焦与大众生活息息相关的内容方向，传递正向价值。

网络综艺类型丰富，提质创新。2022年网络综艺，主题主线综艺破圈出新，用心用情用功用力书写伟大时代，引领力强；"综N代"的稳定"上新"保证了基本盘，内容题材创新继续向前推进；恋爱综艺和推理综艺持续"吸睛"，旅行露营题材受到热捧，网络综艺青年属性增强；2022年作为体育之年，体育题材综艺显著增多；经过几年的发展，"她综艺"趋于平稳。

网播电视综艺突出价值引领，传统文化类节目出新出彩。2022年，网播电视综艺围绕主题主线持续发力，进行了丰富性与多样化的探索实践。其中文化类节目在主题上对传统文化进行精细化挖掘，从诗词、戏曲到饮食、节气，各个垂类遍地开花。

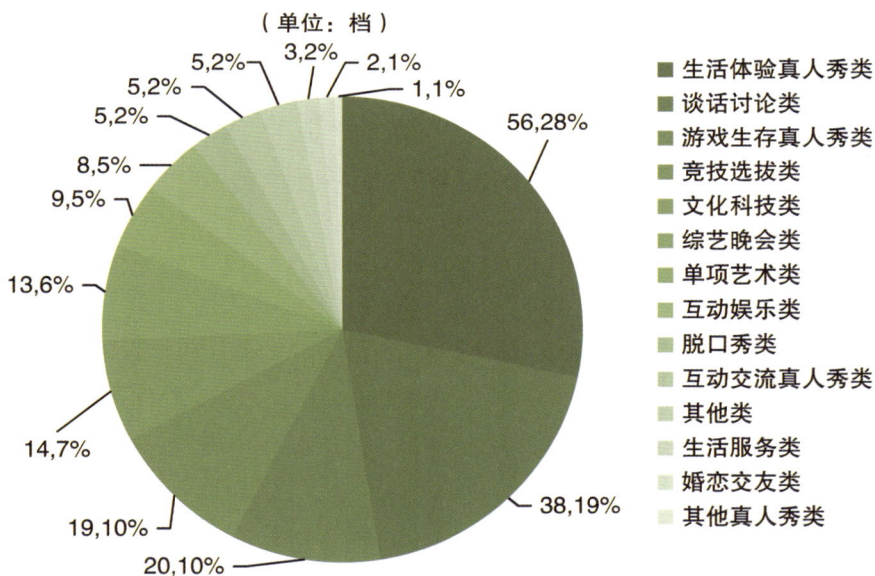

（单位：档）

■	生活体验真人秀类
■	谈话讨论类
■	游戏生存真人秀类
■	竞技选拔类
■	文化科技类
■	综艺晚会类
■	单项艺术类
■	互动娱乐类
■	脱口秀类
■	互动交流真人秀类
■	其他类
■	生活服务类
■	婚恋交友类
■	其他真人秀类

5,2%　3,2%　2,1%　1,1%
5,2%　56,28%
5,2%
8,5%
9,5%
13,6%
14,7%
19,10%
20,10%
38,19%

数据来源：监管中心统计数据 2023.1　　　　　　　国家广播电视总局监管中心

图3.1（3）　2022年网络综艺各类型上线数量及占比

（单位：档）

3,2%　3,2%　2,1%　1,1%
5,3%
5,3%
6,3%
10,5%
21,11%
38,20%
44,24%
45,24%
1,1%

- 综艺晚会类
- 生活体验真人秀类
- 文化科技类
- 竞技选拔类
- 谈话讨论类
- 游戏生存真人秀类
- 生活服务类
- 单项艺术类
- 互动娱乐类
- 互动交流真人秀
- 其他真人秀类
- 脱口秀类
- 其他类

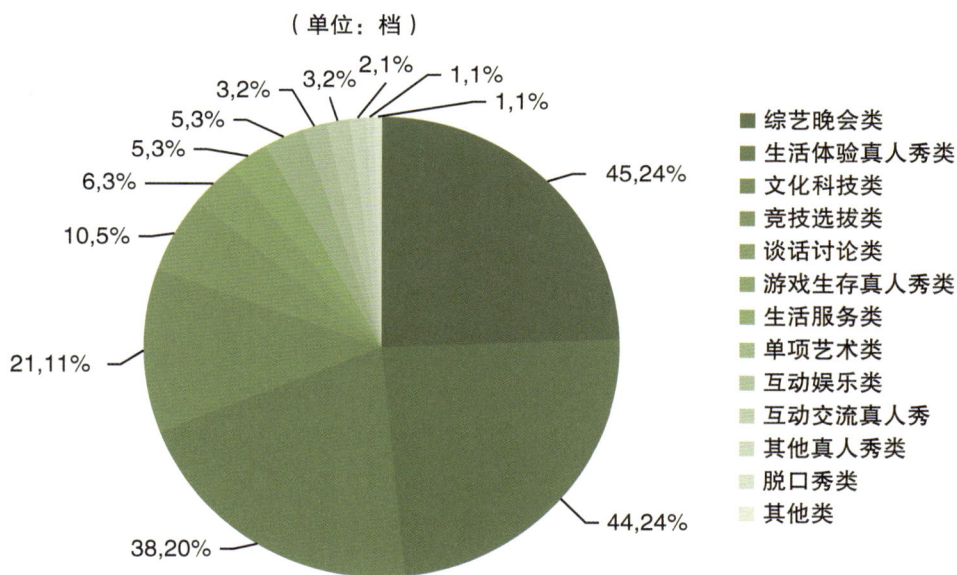

数据来源：监管中心统计数据 2023.1　　　国家广播电视总局监管中心

图3.1（4）　2022年网播电视综艺各类型上线数量及占比

多版本和衍生综艺持续良性发展。 2022年多版本和衍生综艺共有233档，比2021年增加19档，数量呈持续上升态势，其中207档多版本和衍生综艺仅限会员观看，占比增长了14%，成为各网络视听平台增收的重要途径。随着模式的不断成熟，围绕头部综艺的多版本和衍生综艺制作播出"套路"愈加清晰，从探索台前幕后到独自成行的衍生综艺，搭配各种花式加更版、会员PLUS版、悠享版等多版本轮流更新，让主题综艺热度不减、话题不降，形成了持续拉新的作用。

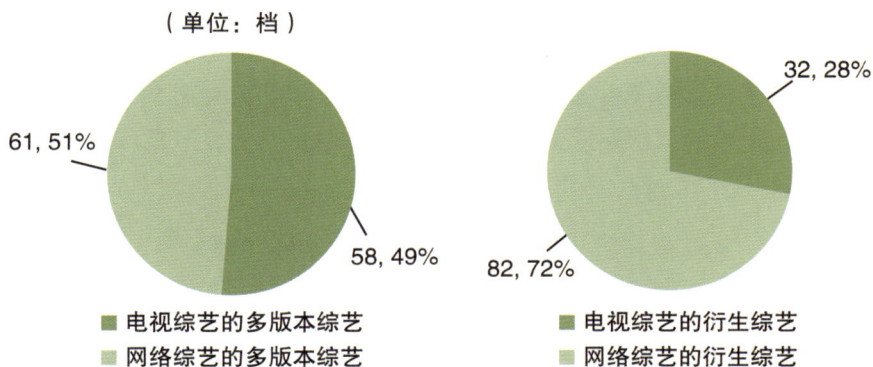

（单位：档）

61,51%　58,49%　　32,28%　82,72%

- 电视综艺的多版本综艺
- 网络综艺的多版本综艺
- 电视综艺的衍生综艺
- 网络综艺的衍生综艺

数据来源：监管中心统计数据 2023.1　　　国家广播电视总局监管中心

图3.1（5）　2022年多版本综艺、衍生综艺各类型数量及占比

3.2 网络综艺

3.2.1 概貌

2022年，网络综艺数量较2021年有所下降，呈收缩发展态势，全网共上线网络综艺431档，全年总量较2021年减少21档。其中，"狭义"网络综艺198档，与上年相比减少40档。

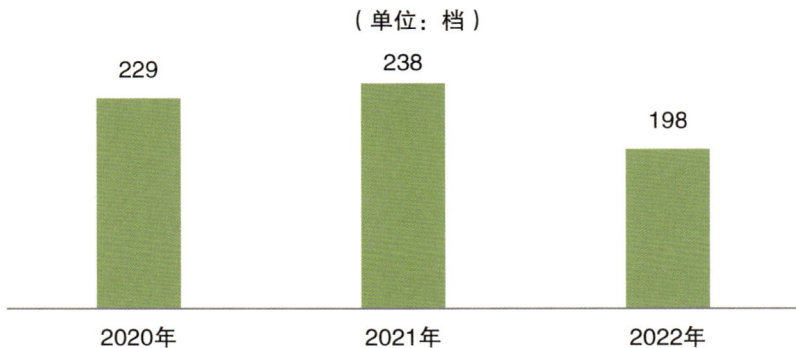

（单位：档）

229　　　　　238　　　　　198

2020年　　　　2021年　　　　2022年

数据来源：监管中心统计数据 2023.1　　　　　　　　　国家广播电视总局监管中心

图3.2.1　2020年至2022年网络综艺数量统计

2022年，网络综艺主题主线综艺破圈出新，用心用情用功用力书写伟大时代；"综N代"的稳定"上新"保证了基本盘，内容题材创新继续向前推进；恋爱综艺和推理综艺保持较高热度，旅行露营题材受到追捧，青年属性增强；2022年作为体育之年，体育题材综艺显著增多；经过几年的发展，"她"综艺发展态势趋于平稳，更注重圈层化、多元化诠释"她"元素。此外，短视频平台发力综艺领域，网络综艺赛道的竞争日趋激烈。

表3.2.1　2022年部分代表性网络综艺列表

序号	节目名称	节目类型	播出平台	上线时间
1	超有趣滑雪大会	游戏生存真人秀类	爱奇艺	2022.01.14
2	闪闪发光的少年	谈话讨论类	bilibili	2022.01.20
3	中国梦·我的梦——2022中国网络视听年度盛典	综艺晚会类	芒果TV、爱奇艺、腾讯视频、优酷、bilibili、咪咕视频、其他	2022.02.02

续表

序号	节目名称	节目类型	播出平台	上线时间
4	春日迟迟再出发	生活体验真人秀类	芒果TV	2022.02.13
5	一往无前的蓝	生活体验真人秀类	腾讯视频	2022.02.19
6	初入职场的我们 法医季	生活体验真人秀类	芒果TV	2022.03.26
7	新游记	生活体验真人秀类	腾讯视频	2022.04.16
8	声生不息	竞技选拔类类	芒果TV	2022.04.24
9	乘风破浪 第三季	竞技选拔类类	芒果TV、咪咕视频	2022.05.20
10	不止于她 第二季	谈话讨论类	腾讯视频	2022.05.24
11	开始推理吧	游戏生存真人秀类	腾讯视频	2022.06.03
12	登录圆鱼洲	游戏生存真人秀类	腾讯视频	2022.06.30
13	这十年·追光者	谈话讨论类	芒果TV	2022.08.03
14	七夕奇妙游2022	文化科技类	优酷	2022.08.03
15	这！就是街舞 第五季	竞技选拔类类	优酷	2022.08.13
16	脱口秀大会 第五季	脱口秀类	腾讯视频	2022.08.30
17	一年一度戏剧大赛 第二季	竞技选拔类类	爱奇艺	2022.09.23
18	妻子的浪漫旅行 第六季	生活体验真人秀类	芒果TV	2022.11.24
19	我们民谣2022	竞技选拔类类	爱奇艺	2022.12.23
20	2022最美的夜	综艺晚会类	bilibili	2022.12.31

数据来源：监管中心统计数据 2023.1　　国家广播电视总局监管中心

3.2.2 节目类型

总体来看，2022年的网络综艺覆盖真人秀类、谈话讨论类等12种类型。真人秀类综艺共82档，相比2021年减少17档；谈话讨论类综艺共38档；竞技选拔类综艺共19档；文化科技类14档，相比2021年增加7档；脱口秀类综艺大幅减少，共5档，相比2021年减少11档。

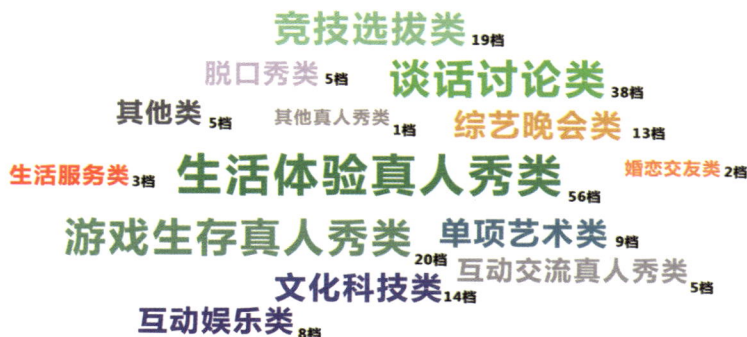

数据来源：监管中心统计数据 2023.1　　国家广播电视总局监管中心

图3.2.2（1）　2022年网络综艺类型及上线数量

（单位：档）

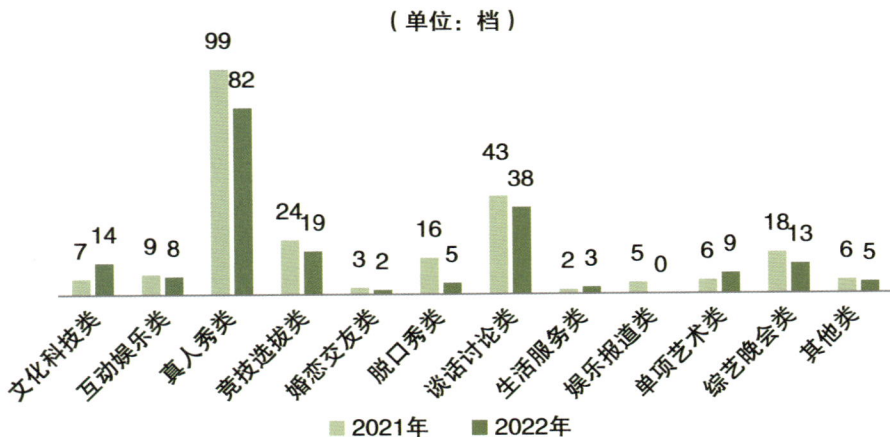

图3.2.2（2）　2021年和2022年网络综艺节目类型统计

3.2.2.1　文化科技类 · 国风与文化有机结合

2022年文化科技类综艺上线14档。此类综艺聚焦中华优秀传统文化，着力创造性转化、创新性发展，为广大网民提供一道道丰盛的文化大餐，满足群众多样化、高品位的精神文化需求。以七夕奇妙游、中秋奇妙游等为代表的《2022"中国节日"系列节目》持续稳定"上新"，抓住传统文化的传播密码，以科技赋能，创新打造"网剧+网综"的节目样态，展现国宝、国风、国潮，不断丰富观众对中华优秀传统文化的认知。《邻家诗话 第四季》洋溢着浓浓国风，融入歌曲、舞蹈等多种艺术形式诠释诗词的内涵，演绎古人的生活点滴，推动诗、歌、乐、舞、书、画、茶、礼、食等中华优秀传统文化瑰宝成为当下年轻人喜闻乐见的流行元素。

表3.2.2.1　2022年部分文化科技类网络综艺列表

序号	节目名称	节目类型	播出平台	上线时间
1	观复嘟嘟2022	文化科技类	优酷	2022.01.18
2	时间的礼物之盛宴唐潮	文化科技类	腾讯视频	2022.02.15
3	科学少年团	文化科技类	爱奇艺、优酷	2022.05.20
4	我的星辰大海	文化科技类	西瓜视频	2022.07.20
5	遇见馆藏 · 太空季	文化科技类	芒果TV	2022.07.20
6	七夕奇妙游2022	文化科技类	优酷	2022.08.03
7	与世界说 第二季	文化科技类	腾讯视频	2022.08.11
8	中秋奇妙游2022	文化科技类	优酷	2022.09.09
9	重阳奇妙游2022	文化科技类	优酷	2022.10.03
10	邻家诗话 第四季	文化科技类	腾讯视频	2022.10.24

3.2.2.2 谈话讨论类 · 兼顾广度和深度

2022年谈话讨论类综艺上线38档。谈话讨论综艺内容更丰富、更包容，既包括经济、历史、文化、哲学等思想性话题，也涵盖个人的工作压力、情感纠纷、人际交往、育儿等日常生活问题，深度剖析与看待社会热点问题的同时，作家、建筑学家、经济学家、企业家等专业人士加入，来自不同领域人物的思想碰撞，给观众带来思维上的冲击。

节目模式从一开始的一问一答逐渐变化为自由聊天闲聊，话题延伸更具发散性，谈话形式突破了"坐着访谈"的局限，出现"走着谈""吃着谈""喝着谈"。精心设计走访路线，在丰富镜头语言的同时，还让嘉宾走入特定环境，使其更易在谈话中敞开心扉。《不止于她 第二季》以"纪实+访谈"的形式，向观众分享六位杰出女性的人生经历与日常生活，展现新时代的女性故事。《圆桌派 第六季》秉持往季风格，窦文涛和朋友们畅聊天文地理、科技美育、竞技表演等，以知识为起点，多角度畅谈普通人生活中遇到的各种问题，收获了大批观众的赞誉。

表3.2.2.2 2022年部分谈话讨论类网络综艺列表

序号	节目名称	播出平台	上线时间
1	星月对话2022	芒果TV、优酷	2022.01.06
2	闪闪发光的少年	bilibili、其他	2022.01.20
3	朋友请听好 第二季	芒果TV	2022.01.25
4	圆桌新春派	优酷	2022.01.27
5	杨澜访谈录逐风者 第二季	腾讯视频	2022.02.17
6	静静吧！恋人	优酷	2022.03.04
7	非正式会谈 第七季	bilibili	2022.04.15
8	她的双重奏	西瓜视频、其他	2022.04.29
9	人生半场 第二季	西瓜视频、其他	2022.05.11
10	圆桌什锦派	优酷	2022.05.16
11	不止于她 第二季	腾讯视频	2022.05.24
12	孩子说	西瓜视频	2022.06.16
13	读她	咪咕视频	2022.06.30
14	这十年·追光者	芒果TV	2022.08.03
15	圆桌派 第六季	优酷	2022.08.18
16	打工不如打电话	腾讯视频	2022.09.16
17	翻篇吧职场人	优酷	2022.09.16
18	曾经心动的offer	腾讯视频	2022.09.19
19	高能育儿团 第二季	西瓜视频、其他	2022.09.21
20	开场白 第二季	西瓜视频	2022.12.22

数据来源：监管中心统计数据 2023.1

国家广播电视总局监管中心

3.2.2.3　真人秀类 · 类型丰富 突出创新

2022年，在观众审美多元多变的需求刺激下，真人秀类综艺类型更加丰富，题材上也有创新。

生活体验真人秀类综艺上线56档，较2021年虽然在数量上有所减少，但体验的领域和内容更加垂直化、细分化。《一往无前的蓝》《初入职场的我们 法医季》《令人心动的offer 第四季》等节目将镜头对准消防员、法医、建筑等行业，带领观众一同沉浸式体验不同行业的苦辣酸甜。

游戏生存真人秀类综艺上线20档。《超有趣滑雪大会》真实呈现普通人学习滑雪的过程，节目轻松有趣，代入感强，拉近了滑雪运动与普通观众之间的心理距离。

互动交流真人秀类综艺上线5档，在表达方式上实现了新的突破。《送一百位女孩回家 第五季》每期嘉宾由一位变为两位，在相同的场景下以双嘉宾视角呈现当代女性在面临诸多现实困境时的选择。

表3.2.2.3　2022年部分生活体验真人秀类网络综艺列表

序号	节目名称	播出平台	上线时间
1	热雪浪	腾讯视频	2022.01.26
2	追雪人	腾讯视频	2022.02.01
3	一往无前的蓝	腾讯视频	2022.02.19
4	春日迟迟再出发	芒果TV	2022.02.23
5	初入职场的我们 法医季	芒果TV	2022.03.26
6	喜欢你我也是 第三季	爱奇艺	2022.04.06
7	新游记	腾讯视频	2022.04.16
8	上班啦！妈妈 第二季	爱奇艺	2022.04.29
9	灿烂的前行	腾讯视频	2022.05.04
10	爸爸当家	芒果TV	2022.05.10
11	是很熟的味道呀	腾讯视频	2022.05.31
12	五十公里桃花坞 第二季	腾讯视频	2022.06.19
13	做家务的男人 第四季	爱奇艺	2022.08.12
14	跃上高阶职场	腾讯视频	2022.08.18
15	想唱就唱的夏天	芒果TV	2022.08.23
16	心动的信号 第五季	腾讯视频	2022.08.30
17	再见爱人 第二季	芒果TV、咪咕视频	2022.11.11
18	妻子的浪漫旅行 第六季	芒果TV	2022.11.24
19	令人心动的offer 第四季	腾讯视频	2022.11.26
20	哎呀好身材 第四季/伴侣季	芒果TV、咪咕视频	2022.12.11

数据来源：监管中心统计数据 2023.1

国家广播电视总局监管中心

3.2.2.4　竞技选拔类 · 拓展赛道 注重品质

2022年，竞技选拔类综艺上线19档，持续受到观众喜爱。从《乘风破浪第三季》《披荆斩棘第二季》等以年龄"30+"艺人为主体的歌舞唱跳类综艺，到《中国说唱巅峰对决》《这！就是街舞 第五季》等面向说唱、街舞等小众爱好者的垂直综艺，再到《一年一度喜剧大赛 第二季》《我是特优声 剧团季》等舞台竞演类节目，类型丰富，娱乐性减弱，专业性增强。《一年一度喜剧大赛 第二季》作为喜剧竞演综艺，致力于呈现"新喜剧"，素描喜剧（Sketch）、漫才、默剧、物件剧、音乐喜剧、独角戏、黑场剧等轮番上演，给观众带来新鲜感。《我们民谣2022》没有设置紧张刺激的赛制，在一首首民谣金曲和民谣音乐人的人生故事中营造出治愈氛围。

表3.2.2.4　2022年部分竞技选拔类网络综艺列表

序号	节目名称	播出平台	上线时间
1	声生不息	芒果TV	2022.04.24
2	乘风破浪 第三季	芒果TV、咪咕视频	2022.05.20
3	燃烧吧！天才程序员 第二季	bilibili	2022.06.13
4	中国说唱巅峰对决	爱奇艺	2022.06.25
5	这！就是街舞 第五季	优酷	2022.08.13
6	披荆斩棘 第二季	芒果TV、咪咕视频	2022.08.19
7	沸腾校园	腾讯视频	2022.08.28
8	我是特优声 剧团季	bilibili	2022.09.10
9	一年一度喜剧大赛 第二季	爱奇艺	2022.09.23
10	我们民谣2022	爱奇艺	2022.12.23

数据来源：监管中心统计数据 2023.1　　　　　　国家广播电视总局监管中心

3.2.3　节目主题

2022年，网络综艺坚持开发垂直类圈层综艺，呈现出"百花齐放、百家争鸣"姿态。各种主题齐齐发力，更深入、更精准地为观众提供了差异化服务，特别是音乐、文化、婚恋、旅行、职场元素的综艺节目数量可观，是各网络视听平台布局的重头戏。

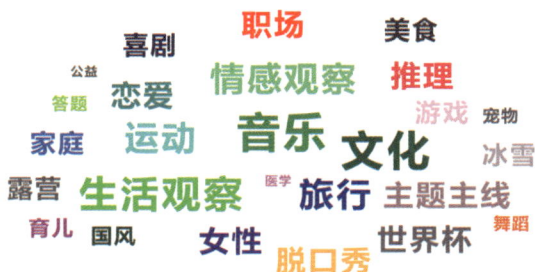

数据来源：监管中心统计数据 2023.1　　　　　　国家广播电视总局监管中心

图3.2.3　2022年网络综艺主题分布

表3.2.3　2022年部分网络综艺主题列表

序号	节目名称	节目类型	播出平台	题材
1	超有趣滑雪大会	游戏生存真人秀类	爱奇艺	冰雪运动
2	跨代答题王	互动娱乐类	芒果TV	答题、家庭、文化
3	"中国梦 我的梦"——2022中国网络视听年度盛典	综艺晚会类	芒果TV、爱奇艺、腾讯视频、优酷、bilibili、咪咕视频、其他	主题主线、文化、音乐
4	大侦探 第七季	游戏生存真人秀类	芒果TV	推理、游戏
5	春日迟迟再出发	生活体验真人秀类	芒果TV	情感观察、婚姻
6	初入职场的我们 法医季	生活体验真人秀类	芒果TV	职场、医学、公益
7	喜欢你我也是 第三季	生活体验真人秀类	爱奇艺	情感观察、恋爱
8	一起露营吧	生活体验真人秀类	爱奇艺	潮玩、露营
9	灿烂的前行	生活体验真人秀类	腾讯视频	情感观察、恋爱
10	爸爸当家	生活体验真人秀类	芒果TV	育儿、家庭
11	乘风破浪 第三季	竞技选拔类	芒果TV、咪咕视频	舞蹈、音乐、女性
12	开始推理吧	游戏生存真人秀类	腾讯视频	推理
13	登录圆鱼洲	游戏生存真人秀类	腾讯视频	元宇宙、游戏
14	密室大逃脱 第四季	游戏生存真人秀类	芒果TV	密室逃脱、推理
15	七夕奇妙游2022	文化科技类	优酷	国风、文化
16	做家务的男人 第四季	生活体验真人秀类	爱奇艺	生活观察、家庭
17	这！就是街舞 第五季	竞技选拔类	优酷	舞蹈、街舞
18	圆桌派 第六季	谈话讨论类	优酷	文化、人物访谈
19	想唱就唱的夏天	生活体验真人秀类	芒果TV	旅行、情感观察、音乐
20	脱口秀大会 第五季	脱口秀类	腾讯视频	脱口秀
21	高能育儿团 第二季	谈话讨论类	其他,西瓜视频	育儿、家庭、生活观察
22	邻家诗话 第四季	文化科技类	腾讯视频	文化
23	再见爱人 第二季	生活体验真人秀类	芒果TV、咪咕视频	情感观察、婚姻
24	乐队的海边	生活体验真人秀类	芒果TV	生活观察、音乐、女性
25	DOU来世界杯	谈话讨论类	西瓜视频	世界杯
26	妻子的浪漫旅行 第六季	生活体验真人秀类	芒果TV	旅行、家庭、情感观察
27	令人心动的offer 第四季	生活体验真人秀类	腾讯视频	职场、生活观察
28	哎呀好身材 第四季/伴侣季	生活体验真人秀类	芒果TV、咪咕视频	运动、健身

数据来源：监管中心统计数据 2023.1

国家广播电视总局监管中心

3.2.3.1 主题主线综艺破圈出新，引领力强

2022年，网络综艺积极倡导向上向善正能量，主题创作推陈出新、亮点频出。在国家广播电视总局的指导部署下，以芒果TV、爱奇艺、腾讯视频、优酷等为代表的主要网络视听平台推出《中国梦·我的梦——2022中国网络视听年度盛典》，着眼时代主题布局谋篇，结合网络视听发展成果落笔造句，将具有鲜明网络视听特色的节目进行创新创造、集中呈现、礼赞中国梦，获得媒体和网民的广泛关注和热情点赞。为迎接党的二十大，芒果TV、优酷等制作推出的《这十年》主题系列网络视听节目，以微观视角勾画十年伟大变革，以人民为中心展现十年巨变感受，创新采用多类型矩阵传播方式，全媒体覆盖、立体式排播，精准触达全年龄层受众，迈上重大主题网络综艺创作的新高度。芒果TV《声生不息·港乐季》献礼香港回归祖国25周年，以"港乐"小切口折射大时代情怀，通过重温香港经典流行音乐作品打通内地和香港两地人民同根同源、血浓于水的情感共鸣，感召力、引领力强劲。

表3.2.3.1 2022年部分主题主线网络综艺列表

序号	节目名称	节目类型	播出平台	上线日期
1	"中国梦 我的梦"——2022中国网络视听年度盛典	综艺晚会类	芒果TV、爱奇艺、腾讯视频、优酷、bilibili、咪咕视频、其他	2022.02.02
2	上元千灯会	综艺晚会类	bilibili	2022.02.15
3	初入职场的我们 法医季	生活体验真人秀类	芒果TV	2022.03.26
4	声生不息	竞技选拔类	芒果TV	2022.04.24
5	七夕奇妙游2022	文化科技类	优酷	2022.08.03
6	这十年·追光者	谈话讨论类	芒果TV	2022.08.03
7	想唱就唱的夏天	生活体验真人秀类	芒果TV	2022.08.23
8	中秋奇妙游2022	文化科技类	优酷	2022.09.09
9	重阳奇妙游2022	文化科技类	优酷	2022.10.03
10	永远跟党走 奋进新征程——中国电视艺术家协会喜迎党的二十大电视文艺节目	综艺晚会类	爱奇艺	2022.10.10

数据来源：监管中心统计数据 2023.1　　　国家广播电视总局监管中心

3.2.3.2 体育主题综艺迎来"小高潮"

顺应北京冬奥会成功举办而兴起的全民"滑雪热"，冰雪主题节目成为2022年网络综艺市场开年的一道亮丽风景线。此类综艺多以职业运动员为主要嘉宾，通过竞

技、体验、科普等形式来组织节目，向观众传递奥林匹克精神，推广冰雪运动。2022年底，综艺节目搭上世界杯快车，如抖音在世界杯开赛期间密集推出《DOU来世界杯》《黄家足球班》《宏哥侃球》《大咖侃球》等，实现节目热度和传播广度的螺旋式上升。

表3.2.3.2　2022年部分体育主题网络综艺列表

序号	节目名称	节目类型	播出平台	上线日期
1	热雪浪	生活体验真人秀类	腾讯视频	2022.01.26
2	冰雪队队碰	游戏生存真人秀类	其他	2022.02.01
3	外国人侃冬奥	谈话讨论类	咪咕视频	2022.02.01
4	追雪人	生活体验真人秀类	腾讯视频	2022.02.01
5	上车吧！冠军 冰雪季	游戏生存真人秀类	优酷	2022.03.24
6	沸腾吧！解说员	竞技选拔类	咪咕视频	2022.09.30
7	Hi！足球少年	竞技选拔类	其他	2022.10.28
8	DOU来世界杯	谈话讨论类	西瓜视频	2022.11.20
9	米卢会客厅	谈话讨论类	爱奇艺	2022.11.20
10	宏哥侃球	谈话讨论类	西瓜视频	2022.11.21
11	开麦总冠军	脱口秀类	爱奇艺、其他	2022.11.21
12	黄家足球班	谈话讨论类	其他	2022.11.24
13	前进吧！现代足球少年	生活体验真人秀类	腾讯视频	2022.11.25
14	濛主来了之我的眼睛就是尺	谈话讨论类	咪咕视频	2022.11.26
15	大咖侃球	谈话讨论类	西瓜视频	2022.11.27

数据来源：监管中心统计数据 2023.1　　　　　　　　　　　国家广播电视总局监管中心

3.2.3.3　职场主题综艺成为热门

2022年，职场主题综艺发展迅速。职场主题节目直面时下观众职场打拼的感受，以多元化的视角剖析职场中面临的问题。2022年，此类主题节目垂直拓展，覆盖面进一步拓宽，给观众更多新鲜感。《一往无前的蓝》带领观众全景、沉浸式体验消防官兵生活；《初入职场的我们 法医季》聚焦法医行业，记录5位实习生30天的实践及考核历程；《令人心动的offer第四季》聚焦建筑行业年轻人成长经历；《主播请就位》开启"主播的offer"谈判；《曾经心动的offer》用脱口秀形式分享职场的过往；《上班啦！妈妈 第二季》以适龄职场女性为第一主角，记录不同人生阶段的女性从入职开始的真实工作历练全过程；《跃上高阶职场》记录12位广告行业职场人的成长经历；《寻找路人"假"》带领观众体验最真实的职场生活，了解不同岗位背后的酸甜苦辣。

表3.2.3.3　2022年部分职场主题网络综艺列表

序号	节目名称	节目类型	播出平台	上线时间
1	一往无前的蓝	生活体验真人秀类	腾讯视频	2022.02.19
2	初入职场的我们 法医季	生活体验真人秀类	芒果TV	2022.03.26
3	上班啦！妈妈 第二季	生活体验真人秀类	爱奇艺	2022.04.29
4	主播请就位	生活服务类	其他	2022.06.12
5	跃上高阶职场	生活体验真人秀类	腾讯视频	2022.08.18
6	打工不如打电话	谈话讨论类	腾讯视频	2022.09.16
7	翻篇吧职场人	谈话讨论类	优酷	2022.09.16
8	曾经心动的offer	谈话讨论类	腾讯视频	2022.09.19
9	令人心动的offer 第四季	生活体验真人秀类	腾讯视频	2022.11.26
10	寻找路人"假"	游戏生存真人秀类	芒果TV	2022.11.28

数据来源：监管中心统计数据 2023.1　　　　　国家广播电视总局监管中心

3.2.3.4　喜剧综艺进入精细化创作阶段

喜剧在2022年的综艺市场，依然是上扬向好趋势，脱口秀、情景喜剧、微喜剧、即兴喜剧真人秀等以喜剧主题创作的节目创新不断、各显神通，喜剧类节目进入精细垂直化发展阶段。《脱口秀大会 第五季》《怎么办！脱口秀专场》《打工不如打电话》等节目形成脱口秀矩阵，让脱口秀文化走向大众，走向生活。《一年一度喜剧大赛 第二季》借助不同作品，全方位展现了素描喜剧（Sketch）、漫才、默剧、物件剧、音乐喜剧、独角戏、黑场剧等类型多样的中国原创喜剧作品。《麻花特开心》以喜剧团队为主，让嘉宾在不同的场景中接受并完成即兴的喜剧表演创作。

表3.2.3.4　2022年部分喜剧主题网络综艺列表

序号	节目名称	节目类型	播出平台	上线日期
1	一起哈哈哈	互动娱乐类	腾讯视频	2022.01.04
2	麻花特开心	游戏生存真人秀类	优酷	2022.01.09
3	Super嘎嘎man	互动交流真人秀类	腾讯视频	2022.03.10
4	怎么办！脱口秀专场	生活体验真人秀类	腾讯视频	2022.06.07
5	长在笑点上的他	单项艺术类	腾讯视频	2022.08.06
6	脱口秀大会 第五季	脱口秀类	腾讯视频	2022.08.30
7	打工不如打电话	谈话讨论类	腾讯视频	2022.09.16
8	一年一度喜剧大赛 第二季	竞技选拔类	爱奇艺	2022.09.23
9	开麦总冠军	脱口秀类	爱奇艺、其他	2022.11.21

数据来源：监管中心统计数据 2023.1　　　　　国家广播电视总局监管中心

3.2.3.5　恋爱主题热度不减，话题频频出圈

2022年恋爱主题综艺上线16部，赛道逐步成熟，成绩不俗。恋爱主题节目已经跳出了最原始的相亲模式，进而更加关注不同状态下的亲密关系，几乎涵盖了人们亲密关系的各个阶段。在嘉宾的选择和话题的设置上，恋爱题材综艺大胆创新、不断探索，直面社会痛点，精准触达受众。《再见爱人 第二季》直面濒临破碎的婚姻关系，在第一季的基础上，加大了嘉宾选取的年龄跨度，给不同年龄阶段的观众带来情感思考的新火花，吸引了不少关注和讨论。《灿烂的前行》以失恋男女破题，真实展现了失恋后的男女对自我的探究和对亲密关系的重新思考。节目在帮助当代年轻人进行情感治愈、实现自我成长的同时，鼓励失恋者走出困境，接纳自己，用信心与勇气拥抱下一段亲密关系。

表3.2.3.5　2022年部分恋爱主题网络综艺列表

序号	节目名称	节目类型	播出平台	上线时间
1	春日迟迟再出发	生活体验真人秀类	芒果TV	2022.02.23
2	没谈过恋爱的我	生活体验真人秀类	优酷	2022.03.02
3	静静吧！恋人	谈话讨论类	优酷	2022.03.04
4	喜欢你我也是 第三季	生活体验真人秀类	爱奇艺	2022.04.06
5	灿烂的前行	生活体验真人秀类	腾讯视频	2022.05.04
6	90婚介所2022	婚恋交友类	bilibili	2022.05.14
7	迟到的恋人	生活体验真人秀类	咪咕视频	2022.06.05
8	爱情这件小事	生活体验真人秀类	腾讯视频	2022.06.29
9	心动的信号 第五季	生活体验真人秀类	腾讯视频	2022.08.30
10	再见爱人 第二季	生活体验真人秀类	芒果TV、咪咕视频	2022.11.01
11	下班！去约会	生活体验真人秀类	腾讯视频	2022.11.02
12	我不恋爱的理由	生活体验真人秀类	腾讯视频	2022.11.24

数据来源：监管中心统计数据 2023.1　　　　　　　　国家广播电视总局监管中心

3.2.3.6　"她综艺"注重圈层化、多元化

2022年，"她综艺"在经历了上年矩阵式发展后，更加注重圈层化，多元化地诠释"她"元素。一方面，如《乘风破浪 第三季》这样的头部综艺继续得到平台的大力投入，深挖女性议题，构建女性价值，持续寻求"破圈"的法则；另一方面，一些综艺则在节目具体创作中体现"她"属性，不仅仅是"她+"的简单组合，而是抓住女性角色多重性特点，聚焦社会热点问题，关切不同阶段女性所面临的问题和困境，通过节目输出正向的价值观。如《上班啦！妈妈 第二季》以职场女性为第一主角，展现当代职场女性在家庭和事业之间的平衡和挑战；《乐队的海边》以女性为主人公，更多的是展现如何积极探索工作与生活的平衡，诠释"认真工作，好好生活"的美好意义。

表3.2.3.6　2022年部分女性主题网络综艺列表

序号	节目名称	节目类型	播出平台	上线时间
1	送一百位女孩回家 第五季	互动交流真人秀类	搜狐视频	2022.2.9
2	静静吧！恋人	谈话讨论类	优酷	2022.3.4
3	了不起！舞社	竞技选拔类	优酷	2022.4.16
4	上班啦！妈妈 第二季	生活体验真人秀类	爱奇艺	2022.4.29
5	她的双重奏	谈话讨论类	西瓜视频、其他	2022.4.29
6	她·乡——风一样的女子	生活体验真人秀类	芒果TV	2022.5.13
7	乘风破浪 第三季	竞技选拔类	芒果TV、咪咕视频	2022.5.20
8	不止于她 第二季	谈话讨论类	腾讯视频	2022.5.24
9	读她	谈话讨论类	咪咕视频	2022.6.30
10	出发吧！老妈	生活体验真人秀类	其他	2022.8.6
11	美丽俏佳人	谈话讨论类	其他	2022.8.8
12	声声如夏花	竞技选拔类	咪咕视频、其他	2022.8.19
13	乐队的海边	生活体验真人秀类	芒果TV	2022.11.11

数据来源：监管中心统计数据 2023.1　　　　　　　　国家广播电视总局监管中心

3.2.3.7　推理主题综艺成为各平台布局重点

2022年，一系列的推理主题综艺接踵而来。芒果TV《大侦探 第七季》刚收官，爱奇艺《萌探探探案第二季》就无缝衔接，腾讯视频也在同期开播了首档推理综艺《开始推理吧》和以"元宇宙"为核心的新节目《登录圆鱼洲》，扩大推理赛道。同时，推理综艺以更加现实向的剧情使娱乐性与社会属性同频共振，节目功能进一步升级，如《大侦探》与最高人民法院合作后升级为普法教育推理节目，增设特别环节《大侦探合议庭》，科普案件故事中涉及的相关法律知识，并在线上发起"大侦探全民普法课堂"活动，实现普法内容向年轻人群的精准化覆盖、普法活动的实时互动化。

表3.2.3.7　2022年部分推理题材网络综艺列表

序号	节目名称	节目类型	播出平台	上线日期
1	大侦探 第七季	游戏生存真人秀类	芒果TV	2022.02.10
2	萌探探探案 第二季	游戏生存真人秀类	爱奇艺	2022.05.27
3	密逃星球	游戏生存真人秀类	芒果TV	2022.06.02
4	开始推理吧	游戏生存真人秀类	腾讯视频	2022.06.03
5	悬疑有新番	游戏生存真人秀类	优酷	2022.06.16
6	登录圆鱼洲	游戏生存真人秀类	腾讯视频	2022.06.30
7	密室大逃脱 第四季	游戏生存真人秀类	芒果TV	2022.07.08
8	漂亮的推理	游戏生存真人秀类	芒果TV	2022.08.30
9	寻找路人"假"	游戏生存真人秀类	芒果TV	2022.11.28
10	名侦探学院 第六季	游戏生存真人秀类	芒果TV	2022.12.14

数据来源：监管中心统计数据 2023.1　　　　　　　　国家广播电视总局监管中心

3.2.3.8 露营元素成为新宠

露营原本是一种较为小众的休闲方式，但在2022年成为了一种新时尚。不论是"综N代"还是新节目，纷纷涉足这一领域，搭上了潮流的顺风车。露营题材综艺大致可以分为两类：一种是在节目编排中加入露营元素，而另一种则是垂直深挖，真实呈现露营这种新鲜的生活方式。相较而言以《一起露营吧》为代表的第二种类型节目还原度高，为观众提供一份完整的"学习攻略"，热度和口碑表现出色。

表3.2.3.8　2022年部分露营主题网络综艺列表

序号	节目名称	节目类型	播出平台	上线时间
1	一起露营吧	生活体验真人秀类	爱奇艺	2022.04.28
2	去野吧！餐桌	生活体验真人秀类	爱奇艺、优酷、bilibili	2022.06.30
3	做家务的男人 第四季	生活体验真人秀类	爱奇艺	2022.08.12
4	叽叽扎扎的生活	互动交流真人秀类	其他	2022.08.16
5	想唱就唱的夏天	生活体验真人秀类	芒果TV	2022.08.23
6	心动的信号 第五季	生活体验真人秀类	芒果TV	2022.08.23
7	少年出游记	生活体验真人秀类	芒果TV、咪咕视频	2022.08.03
8	星空万里	生活体验真人秀类	腾讯视频	2022.08.09
9	暑与我们的夏天	生活体验真人秀类	搜狐视频	2022.09.14
10	一人客栈	生活体验真人秀类	搜狐视频	2022.10.27

数据来源：监管中心统计数据 2023.1　　　　　　　　　　　　国家广播电视总局监管中心

3.2.3.9 个人品牌化综艺特征鲜明

2022年，依托艺人个人品牌效应诞生的节目增多，艺人回归日常的真情流露及其强大的朋友圈效应，成为这类节目的重要看点。《静静吧！恋人》依托伊能静在以往恋综上的表现，延展个人IP价值，推出恋爱脱口秀；《出发吧！老孟》以主持人孟非个人IP为主，在旅行的过程中自然融合他的人生见解和思考；访谈类节目《杨澜访谈录逐风者 第二季》也是杨澜个人品牌的再次落地；《我的青铜时代 第二季》延续对话人陈晓楠与各界名人的纪实访谈形式，继续为年轻人提供多元的成长样本。

表3.2.3.9　2022年部分个人品牌主题网络综艺列表

序号	节目名称	节目类型	播出平台	主要嘉宾	上线日期
1	杨澜访谈录逐风者 第二季	谈话讨论类	腾讯视频	杨澜	2022.02.17
2	独一吴二棒	文化科技类	腾讯视频	吴二棒	2022.02.23
3	出发吧！老孟	生活体验真人秀类	优酷	孟非	2022.03.01
4	静静吧！恋人	谈话讨论类	优酷	伊能静	2022.03.04
5	侣行十年	生活体验真人秀类	优酷	张昕宇、梁红	2022.04.18

续表

序号	节目名称	节目类型	播出平台	主要嘉宾	上线日期
6	骞航记	生活体验真人秀类	腾讯视频	马伯骞	2022.05.18
7	不止于她 第二季	谈话讨论类	腾讯视频	王屹芝	2022.05.24
8	我的青铜时代 第二季	脱口秀类	腾讯视频	陈晓楠	2022.08.17
9	宏哥侃球	谈话讨论类	西瓜视频	刘建宏	2022.11.21
10	黄家足球班	谈话讨论类	其他	黄健翔	2022.11.24
11	依然范志毅	谈话讨论类	西瓜视频、其他	范志毅	2022.11.25
12	濛主来了之我的眼睛就是尺	谈话讨论类	咪咕视频	王濛	2022.11.26

数据来源：监管中心统计数据 2023.1　　　　　　　　　　　　　　　　国家广播电视总局监管中心

3.2.3.10　合家欢属性增强

2022年，网络综艺在思想内容上更加注重凸显合家欢的属性、传达真善美的价值，从成长陪伴、育儿、家庭生活、宠物等方面细分主题进行创作，适合全家收看。《爸爸当家》《做家务的男人 第四季》聚焦"爸爸"在家庭育儿、伴侣沟通等方面发挥的作用。《去野吧！毛孩子》帮助退役职业犬找到领养家庭。《好运梦想之墙》《跨代答题王》包含着陪伴、互动交流等核心元素，在形式上强调更多家庭成员间的互动，以互动答题的形式促进家庭成员代际沟通。《你好，小孩》《高能育儿团 第二季》从当代父母育儿的现实困惑出发，以人文视角，深入观察真实的中国家庭，呈现未成年人的成长轨迹。

表3.2.3.10　2022年部分合家欢主题网络综艺列表

序号	节目名称	节目类型	播出平台	上线日期
1	跨代答题王	互动娱乐类	芒果TV	2022.02.01
2	好运梦想之墙	互动娱乐类	爱奇艺	2022.02.15
3	去野吧！毛孩子	生活体验真人秀类	芒果TV	2022.03.15
4	爸爸当家	生活体验真人秀类	芒果TV	2022.05.10
5	孩子说	谈话讨论类	西瓜视频	2022.06.16
6	出发吧！老妈	生活体验真人秀类	其他	2022.08.06
7	你好，小孩	游戏生存真人秀类	芒果TV	2022.08.09
8	做家务的男人 第四季	生活体验真人秀类	爱奇艺	2022.08.12
9	高能育儿团 第二季	谈话讨论类	西瓜视频、其他	2022.09.21
10	妻子的浪漫旅行 第六季	生活体验真人秀类	芒果TV	2022.11.24

数据来源：监管中心统计数据 2023.1　　　　　　　　　　　　　　　　国家广播电视总局监管中心

3.2.4 制作传播

3.2.4.1 播出平台

2022年，各主要网络视听平台在保持自身特色的同时稳定输出，上线数量略有下降。芒果TV、爱奇艺、腾讯视频、优酷4家网站全年上线网络综艺共150档，其中独播120档。

（单位：档）

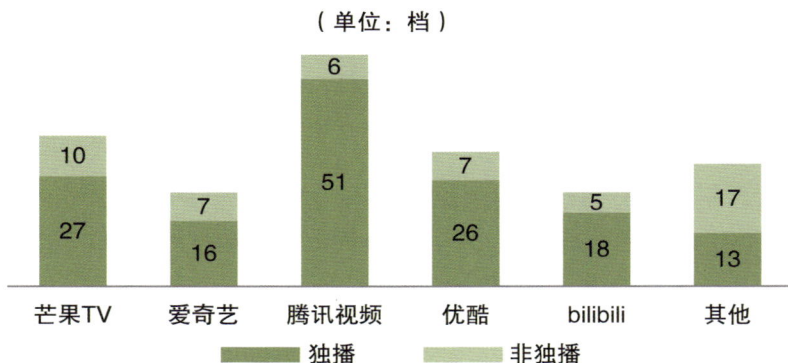

　　　　　国家广播电视总局监管中心

图3.2.4.1（1）　2022年主要网络视听平台上线网络综艺数量统计

独播综艺中，芒果TV上线27档，爱奇艺上线16档，腾讯视频上线51档，优酷上线26档；其余数量较多的是bilibili和西瓜视频。**本小节以下数据仅统计各网络视听机构独播节目数量。**

（单位：档）

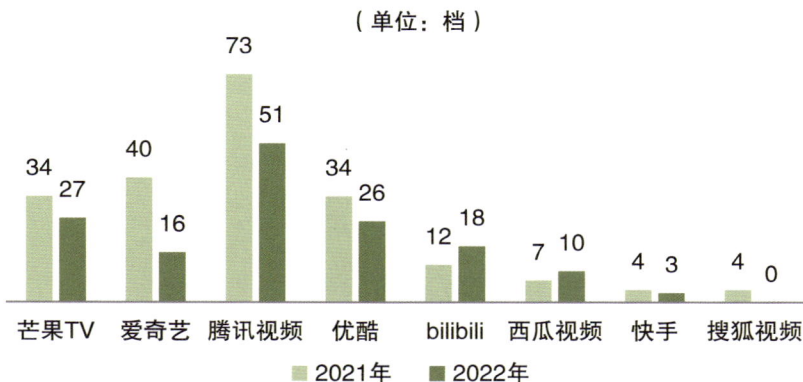

　　　　　国家广播电视总局监管中心

图3.2.4.1（2）　2021年、2022年主要网络视听机构独播网络综艺节目统计

3.2.4.2 腾讯视频 · 多元布局、创新节目内容

2022年，腾讯视频紧跟潮流趋势，关注多元圈层，寻求多元布局，在保证脱口秀、电竞、恋爱、社区生活实践等内容基本盘的基础上，发力年轻新综艺IP，不断探索音乐、恋爱等类型的创新表达，频频试水小体量新项目，有效维系了平台的声量和影响力。如校园街舞类综艺《沸腾校园》、推理类综艺《开始推理吧》，以及元宇宙综艺《登录圆鱼洲》等。同时，腾讯视频继续发展壮大"小鲜综"赛道，包括了居家、美妆、约会、演唱会等细分领域。如，艺人生活观察类真人秀《闪亮的日子》，美妆竞技真人秀《宝藏美妆师》、全开麦演唱会式综艺《来看我们的演唱会》等。

2022年，腾讯视频上线的网络综艺中，生活体验真人秀类最多，共有25档，占比近二分之一。受广告招商和受众稳定度的影响，腾讯视频加大了生活体验真人秀类节目制作力度，在总体上综艺节目上线数量大幅减少时，生活体验真人秀类节目不降反增。2022年，综艺晚会类、文化科技类、互动娱乐类节目呈上升趋势，谈话讨论类、互动交流真人秀类、脱口秀类、竞技选拔类节目数量大幅减少，但是脱口秀类节目关注度和影响力依然持续扩大。

（单位：档）

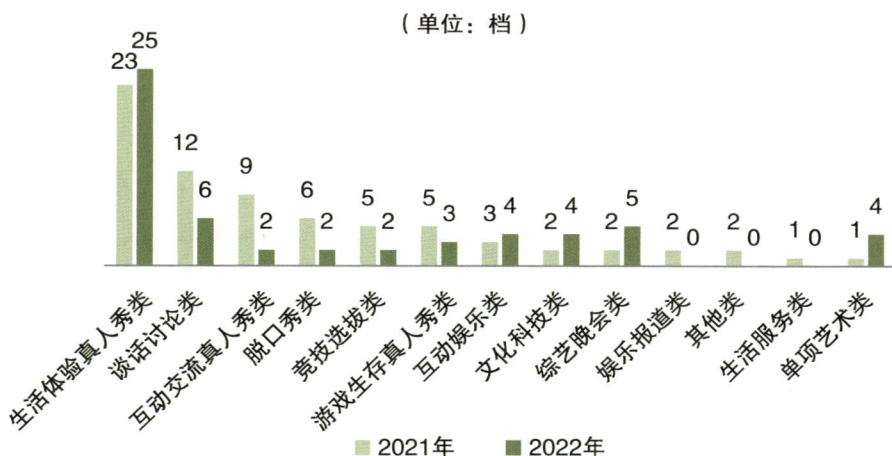

图3.2.4.2 2021年、2022年腾讯视频网络综艺数量统计

数据来源：监管中心统计数据 2023.1　　　　国家广播电视总局监管中心

3.2.4.3 爱奇艺 · 坚持精品化创作方向

2022年，爱奇艺继续坚持精品化创作方向，集中优势力量力推"综N代"优质节目，《中国说唱巅峰对决》《做家务的男人 第四季》《一年一度喜剧大赛 第二季》等老牌节目表现依旧亮眼。继说唱、乐队后，爱奇艺再掀圈层文化热潮，推出全新民谣音乐竞演综艺《我们民谣2022》和元宇宙音乐闯关竞演真人秀《元音大冒险》。同时，爱奇艺也正在探索一些全新的领域，尽力追求题材主题的多样性，打造滑雪、露

营等年轻人喜爱的内容，如《超有趣滑雪大会》《一起露营吧》。

2022年，爱奇艺上线的网络综艺节目中，生活体验真人秀类最多，共有6档。说唱、喜剧、民谣等主题的竞技选拔类节目仍是爱奇艺的布局重点。

（单位：档）

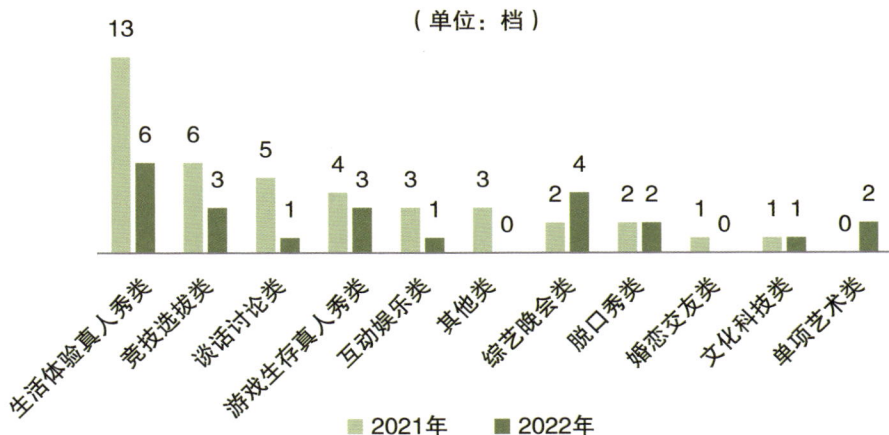

■ 2021年　■ 2022年

图3.2.4.3　2021年、2022年爱奇艺网络综艺数量统计

3.2.4.4　优酷 · 深耕"综N代"、不忘文化品牌

2022年，优酷继续深耕"综N代"节目和人文品牌，王牌节目《这！就是街舞 第五季》《圆桌派 第六季》等持续刷屏。尤其是在人文类节目方面，优酷巩固自身人文内容特色与优势，在人文内容赛道上积极布局，打造文化标签。与河南卫视联合推出

（单位：档）

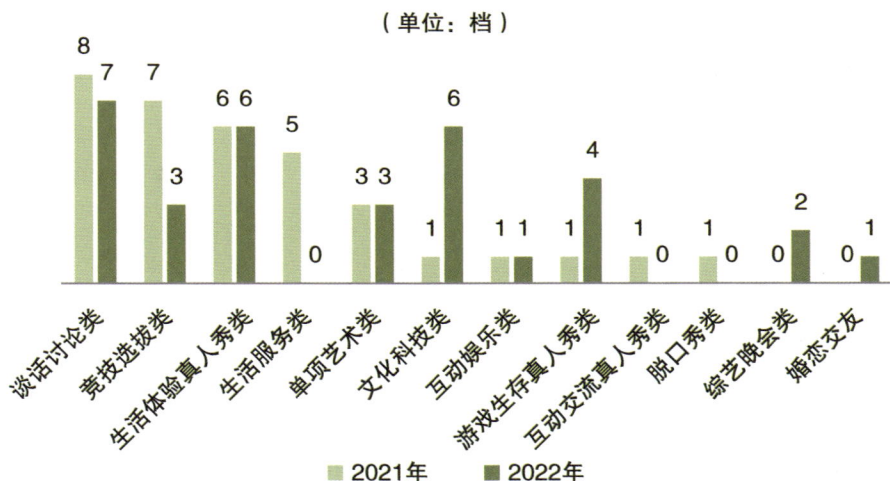

■ 2021年　■ 2022年

图3.2.4.4　2021年、2022年优酷网络综艺数量统计

的以七夕奇妙游、中秋奇妙游等为代表的《2022"中国节日"系列节目》，赢得了海内外广大网民的热切关注和广泛好评，成为"现象级"传播精品。与此同时，优酷开辟恋爱类综艺细分赛道，《没谈过恋爱的我》《静静吧！恋人》多档恋综联动，挖掘素人故事，凸显情感与自我价值实现。

2022年，优酷上线的网络综艺节目中，谈话讨论类最多，共有8档。尤其是优酷的"圆桌派"系列，以鲜明的节目风格和强大的嘉宾阵容，收获了大批观众的赞誉。其他数量较多的为竞技选拔类、生活体验真人秀类、生活服务类、单项艺术类综艺。

3.2.4.5　芒果TV · 主打观察和生活、试水新综艺

芒果TV依然延续观察和生活两大标签化内容布局，制作推出一系列口碑力作。"迷综"《大侦探第 七季》《密室大逃脱 第四季》+"音综"《披荆斩棘 第二季》《乘风破浪 第三季》双打布局策略，依旧是其重要内容布局形式，实现了热度持续。同时，芒果TV积极尝试了多样态的内容创作，试水新综艺，囊括了不同的主题形式与内容领域，打开多样态内容创作新局面。家庭情感方向有《爸爸当家》《春日迟迟再出发》《跨代答题王》《去野吧！毛孩子》等；文化旅行方向有《她·乡——风一样的女子》《想唱就唱的夏天》《少年出游记》等；社交实验方向有《漂亮的推理》《寻找路人假》等。

2022年，芒果TV上线的网络综艺节目中，生活体验真人秀类最多，共有14档。随着推理类节目的火热发展，芒果TV的游戏生存类节目也大幅增加，多达8档。其余数量较多的为谈话讨论类、竞技选拔类节目。

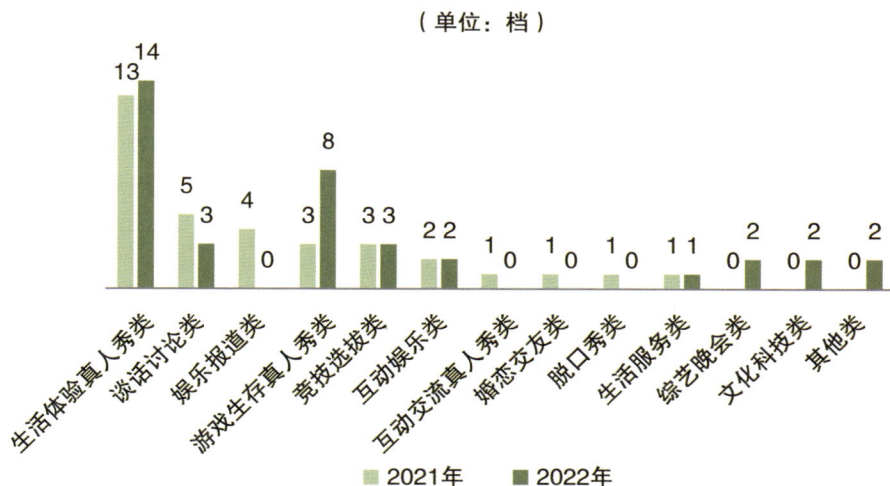

图3.2.4.5　2021年、2022年芒果TV网络综艺数量统计

数据来源：监管中心统计数据 2023.1　　国家广播电视总局监管中心

3.2.4.6 短视频平台 · 积极扩展网络综艺赛道

2022年，短视频平台纷纷入局网络综艺，一方面与长视频网站展开适度合作，共同输出内容；另一方面，积极尝试自制综艺，与长视频网站抢占内容版图份额。警务纪实观察类真人秀《守护解放西 第三季》获得高人气和口碑。bilibili与安徽卫视联合创作的水上实境闯关节目《哔哩哔哩向前冲》，吸引大批年轻观众的观看和参与，让曾经的老牌综艺焕发出新的生机，并以播放量2.6亿的成绩获站内口碑9.2分。抖音、快手、知乎等开始产出综艺，从内容来看，相较于长视频平台，短视频平台综艺常跳出传统的综艺形式，在创新性上有所突破，如快手《11点睡吧》聚焦于当代人的睡眠焦虑，《声声如夏花》则以音乐女主播为主角，跟平台有了更紧密的结合。抖音的综艺亮点主要集中在上半年，如《为歌而赞》第二季站内播放量达到近20亿，占据抖音全年综艺榜单TOP1。

3.2.4.7 更新节奏

2022年，各网络视听平台在春节档、暑期档和年底上线节目相对较多。其中，8月上线节目数量达到全年顶峰，有21档，仅腾讯视频在7月就上线节目11档，暑期档竞争激烈。3月上线节目数量较少。

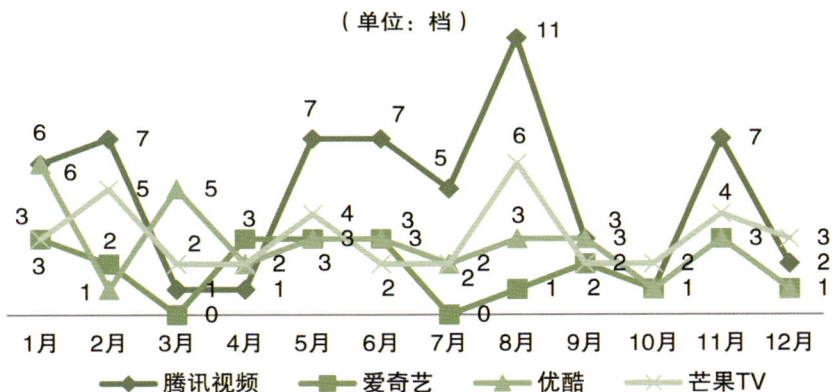

（单位：档）

腾讯视频　　　爱奇艺　　　优酷　　　芒果TV

数据来源：监管中心统计数据 2023.1　　　　　　　　　国家广播电视总局监管中心

图3.2.4.7（1）　2022年主要网络视听平台各月度上线网络综艺统计

暑期档节目中，以竞技选拔类和生活体验真人秀类节目居多，题材涉及文化、音乐、舞蹈、推理、比赛、游戏、美食、晚会、脱口秀、生活记录、情感观察、职场体验、社交爱情、户外生存等，紧跟年轻群体的兴趣趋势。暑期档节目的播放量以及网络关注度较高，头部节目效应明显。"综N代"节目齐聚，自带稳定的观众群体，热度不减，话题不断，如《这！就是街舞 第五季》《脱口秀大会 第五季》《乘风破浪第三季》《披荆斩棘 第二季》等；部分国风节目上线，融入浪漫、唯美的中华传统文化和习俗，抓住年轻观众群体的喜好，如《七夕奇妙游2022》；以游戏、推理为主的综艺，推出新的游戏体验或逻辑推理，颇受年轻用户的喜爱，如《开始推理吧》《登录圆鱼洲》；慢综艺与恋综"神仙打架"，从"社交"切口进入，展示当下年轻人社交的新方式和关注点，如《心动的信号 第五季》《她的心动周末》等；甚至校园、毕业等主题的节目也开始试水暑期档，如《bilibili夏日毕业歌会》《沸腾校园》等。

表3.2.4.7（1）　2022年部分暑期档网络综艺列表

序号	节目名称	节目类别	播出平台	上线时间
1	开始推理吧	游戏生存真人秀类	腾讯视频	2022.06.03
2	迟到的恋人	生活体验真人秀类	咪咕视频	2022.06.05
3	战至巅峰	游戏生存真人秀类	腾讯视频	2022.06.11
4	夏日音乐会	单项艺术类	爱奇艺	2022.06.14
5	bilibili夏日毕业歌会	单项艺术类	bilibili	2022.06.16
6	五十公里桃花坞 第二季	生活体验真人秀类	腾讯视频	2022.06.19
7	中国说唱巅峰对决	竞技选拔类	爱奇艺	2022.06.25
8	登录圆鱼洲	游戏生存真人秀类	腾讯视频	2022.06.30
9	密室大逃脱 第四季	游戏生存真人秀类	芒果TV	2022.07.08
10	2022 B站校园十佳歌手大赛	竞技选拔类	bilibili	2022.07.30
11	七夕奇妙游2022	文化科技类	优酷	2022.08.03
12	这十年·追光者	谈话讨论类	芒果TV	2022.08.03
13	她的心动周末	生活体验真人秀类	腾讯视频	2022.08.05
14	哔哩哔哩向前冲	游戏生存真人秀类	bilibili	2022.08.07
15	做家务的男人 第四季	生活体验真人秀类	爱奇艺	2022.08.12
16	这！就是街舞 第五季	竞技选拔类	优酷	2022.08.13
17	跃上高阶职场	生活体验真人秀类	腾讯视频	2022.08.18
18	圆桌派 第六季	谈话讨论类	优酷	2022.08.18
19	披荆斩棘 第二季	竞技选拔类	芒果TV、咪咕视频	2022.08.19
20	声声如夏花	竞技选拔类	咪咕视频、其他	2022.08.19
21	想唱就唱的夏天	生活体验真人秀类	芒果TV	2022.08.23
22	沸腾校园	竞技选拔类	腾讯视频	2022.08.28
23	心动的信号 第五季	生活体验真人秀类	腾讯视频	2022.08.30
24	脱口秀大会 第五季	脱口秀类	腾讯视频	2022.08.30

数据来源：监管中心统计数据 2023.1　　　　　　　　　　　国家广播电视总局监管中心

　　春节期间，以文化科技类和综艺晚会类节目居多。《时间的礼物之盛宴唐潮》《观复嘟嘟2022》《圆桌新春派》《上元千灯会》等节目围绕春节主题，通过丰富的节目类型和深厚的文化韵味，将现代内涵与民族精神相融合，让博大精深的中华优秀传统文化深入人心。同时，春节期间合家欢主题的节目也集中涌入，如《麻花特开心》《跨代答题王》《好运梦想之墙》，注重嘉宾和线上观众的参与积极性，实现屏内屏外、场内场外的互动，将节目话题热度持续扩散。2022年春节恰逢北京冬奥会，《超有趣滑雪大会》《热雪浪》《追雪人》等冬奥题材综艺节目扎堆上线，突出趣味性、参与性和科普性，将冬奥运动项目与游戏、娱乐相结合，通过明星嘉宾、运动员的亲身示范来推广冰雪运动。

表3.2.4.7（2） 2022年部分春节档网络综艺列表

序号	节目名称	节目类别	播出平台	上线时间
1	麻花特开心	游戏生存真人秀类	优酷	2022.01.09
2	超有趣滑雪大会	游戏生存真人秀类	爱奇艺	2022.01.14
3	闪亮的日子	生活体验真人秀类	腾讯视频	2022.01.17
4	观复嘟嘟2022	文化科技类	优酷	2022.01.18
5	家族年年夜FAN2022	综艺晚会类	腾讯视频	2022.01.25
6	朋友请听好 第二季	谈话讨论类	芒果TV	2022.01.25
7	热雪浪	生活体验真人秀类	腾讯视频	2022.01.26
8	圆桌新春派	谈话讨论类	优酷	2022.01.27
9	甜蜜的任务2022	互动娱乐类	芒果TV	2022.01.30
10	跨代答题王	互动娱乐类	芒果TV	2022.02.01
11	追雪人	生活体验真人秀类	腾讯视频	2022.02.01
12	快乐站你这边	生活体验真人秀类	bilibili	2022.02.03
13	Yes or No 第二季	游戏生存真人秀类	芒果TV	2022.02.04
14	送一百位女孩回家 第五季	互动交流真人秀类	搜狐视频	2022.02.09
15	大侦探 第七季	游戏生存真人秀类	芒果TV	2022.02.10
16	时间的礼物之盛宴唐潮	文化科技类	腾讯视频	2022.02.15
17	上元千灯会	综艺晚会类	bilibili	2022.02.15
18	好运梦想之墙	互动娱乐类	爱奇艺	2022.02.15
19	杨澜访谈录逐风者 第二季	谈话讨论类	腾讯视频	2022.02.17
20	一往无前的蓝	生活体验真人秀类	腾讯视频	2022.02.19
21	春日迟迟再出发	生活体验真人秀类	芒果TV	2022.02.23
22	11点睡吧	生活服务类	其他	2022.02.24

数据来源：监管中心统计数据 2023.1

国家广播电视总局监管中心

2022年，网络综艺上线周期仍以周更为主，周播节目131档，占66%；一次性上线的节目共计29档，主要是综艺晚会类节目和单项艺术类节目；不定期上线的节目26档；日播节目12档。周更节目中，45档节目分上下2期或上中下3期上线，一周多更能更好实现对用户的长线陪伴，完成内容热度发酵，同时单期视频时间缩短，更能满足网络平台用户的观看偏好。

（单位：档）

日播, 12, 6%
不定期上线, 26, 13%
一次性上线, 29, 15%
周播, 131, 66%

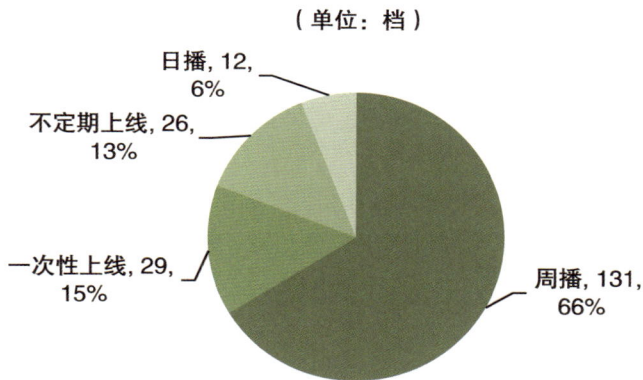

数据来源：监管中心统计数据 2023.1

国家广播电视总局监管中心

图3.2.4.7（2） 2022年网络综艺更新频率统计

周更节目中，周四至周五上线的节目较多，其中周五上线的节目最多，有35档。由于周一需要对周末综艺进行消化，周日和周一上线的综艺数量少，各网络视听平台逐渐形成了从周二到周六每天都有节目上线的"排排坐"连播效应。同时，周内上线综艺也为网络视听平台对综艺做针对性的宣发工作提供了时间的自由便利。相对而言，在周中播出，因同期竞争者少，有创意的话题营销很容易被推上热搜榜单，节目更易"出圈"。

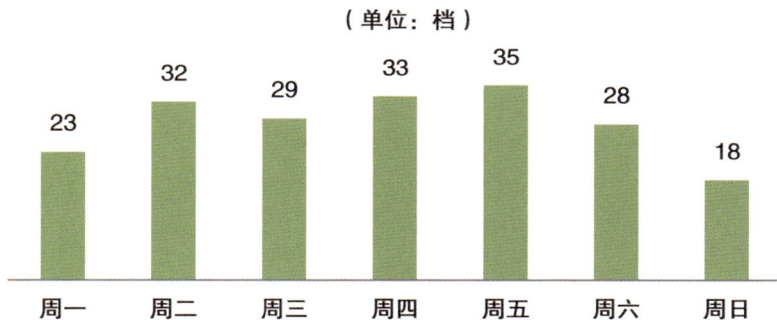

（单位：档）

周一	周二	周三	周四	周五	周六	周日
23	32	29	33	35	28	18

数据来源：监管中心统计数据 2023.1

国家广播电视总局监管中心

图3.2.4.7（3） 2022年周播网络综艺上线日期分布

3.2.4.8 节目时长

2022年，单期平均时长超过120分钟的综艺（包括上、中、下期）共48档，以竞技选拔类、生活体验真人秀类、综艺晚会类综艺数量居多，且以"综N代"节目为主（22档）。也就是说，有近一半的"综N代"节目时长超过120分钟。一方面，"综N代"节目拥有稳定的受众和广告投资商，多视角记录以及广告时长的增加，导致了节目时长增加。另一方面，节目时长增加也会增加用户的观看时间。而针对时长增加可能会导致的用户流失，平台的策略有很多，如节目拆分成多段上线、支持倍速播放、用户可拖拽定位想看的内容、精彩片段可反复重看、利用短视频平台推送精彩剪辑引流等。

表3.2.4.8（1）　　部分时长超120分钟"综N代"网络综艺列表

序号	节目名称	单期平均时长（分钟）	节目类型	播出平台	上线时间
1	朋友请听好 第二季	120	谈话讨论类	爱奇艺	2022.01.25
2	大侦探 第七季	240	游戏生存真人秀类	芒果TV	2022.02.10
3	初入职场的我们 法医季	160	生活体验真人秀类	腾讯视频	2022.03.26
4	喜欢你我也是 第三季	180	生活体验真人秀类	腾讯视频	2022.04.06
5	乘风破浪 第三季	160	竞技选拔类	爱奇艺	2022.05.20
6	萌探探探案 第二季	160	游戏生存真人秀类	爱奇艺	2022.05.27
7	五十公里桃花坞 第二季	150	生活体验真人秀类	优酷	2022.06.19
8	中国说唱巅峰对决	120	竞技选拔类	bilibili	2022.06.25
9	密室大逃脱 第四季	200	游戏生存真人秀类	芒果TV	2022.07.08
10	这！就是街舞 第五季	165	竞技选拔类	爱奇艺	2022.08.13
11	披荆斩棘 第二季	180	竞技选拔类	腾讯视频	2022.08.19
12	心动的信号 第五季	160	生活体验真人秀类	腾讯视频	2022.08.30
13	脱口秀大会 第五季	220	脱口秀类	腾讯视频	2022.08.30
14	我是特优声 剧团季	130	竞技选拔类	芒果TV	2022.09.10
15	高能育儿团 第二季	150	谈话讨论类	芒果TV	2022.09.21
16	一年一度喜剧大赛 第二季	170	竞技选拔类	爱奇艺	2022.09.23
17	再见爱人 第二季	140	生活体验真人秀类	腾讯视频	2022.11.01
18	令人心动的offer 第四季	180	生活体验真人秀类	芒果TV	2022.11.26
19	名侦探学院 第六季	240	游戏生存真人秀类	bilibili	2022.12.14
20	开场白 第二季	135	谈话讨论类	腾讯视频	2022.12.22

数据来源：监管中心统计数据 2023.1　　　　　　　　　　　国家广播电视总局监管中心

　　而新节目在时长方面相对而言比较保守。2022年，共计有148档新策划节目上线，仅有26档节目时长超过120分钟，这其中还包括8档一次性上线的晚会类综艺。也就说是仅有18档周播节目时长超过120分钟。

表3.2.4.8（2）　　部分时长超120分钟新策划上线网络综艺列表

序号	节目名称	单期平均时长（分钟）	节目类型	播出平台	上线时间
1	麻花特开心	120	游戏生存真人秀类	优酷	2022.01.09
2	11点睡吧	240	生活服务类	快手	2022.02.24
3	没谈过恋爱的我	160	生活体验真人秀类	优酷	2022.03.02

续表

序号	节目名称	单期平均时长（分钟）	节目类型	播出平台	上线时间
4	新游记	180	生活体验真人秀类	腾讯视频	2022.04.16
5	了不起！舞社	160	竞技选拔类	优酷	2022.04.16
6	声生不息	160	竞技选拔类	芒果TV	2022.04.24
7	灿烂的前行	150	生活体验真人秀类	腾讯视频	2022.05.04
8	怎么办！脱口秀专场	120	生活体验真人秀类	腾讯视频	2022.06.07
9	战至巅峰	200	游戏生存真人秀类	腾讯视频	2022.06.11
10	美丽俏佳人	165	谈话讨论类	其他	2022.08.08
11	跃上高阶职场	180	生活体验真人秀类	腾讯视频	2022.08.18
12	沸腾校园	160	竞技选拔类	腾讯视频	2022.08.28
13	相遇的夏天	220	生活体验真人秀类	优酷	2022.09.01
14	来看我们的演唱会	130	单项艺术类	腾讯视频	2022.11.19
15	DOU来世界杯	150	谈话讨论类	西瓜视频	2022.11.20
16	大咖侃球	170	谈话讨论类	西瓜视频	2022.11.27
17	元音大冒险	140	游戏生存真人秀类	爱奇艺	2022.11.30
18	我们民谣2022	180	竞技选拔类	爱奇艺	2022.12.23

数据来源：监管中心统计数据 2023.1　　　　　　　　　　国家广播电视总局监管中心

　　除了老牌IP，2022年涌现出不少周播的新综艺，《闪亮的日子》《大伙之家》《毛雪汪》都位列其中。三档节目都是单期时长控制在30分钟左右的小体量综艺，时长的缩减与当下受众的偏好相契合。

　　2022年，微综艺凭借制作成本更加轻量级，更符合用户消遣时间需求等优势，有效补充了综艺市场。微综艺找准平台原有内容生态和新兴形态的共振点，呈现出圈层化、纵深化、垂直化等发展态势，加速内容生态扩容破圈。推理节目《Yes or No 第二季》、真假职员分辨节目《寻找路人"假"》等节目，时长在10分钟左右，不断深耕其在推理节目赛道的优势。《出发吧！老孟》《周震南21—22》《骞航记》等节目，单集在10分钟以内，定制个人IP旅游综艺。《我们的理由》单集10分钟左右，以实验性的社交方式，帮助寻求脱单的男女，发现自己没有恋爱的原因。《海苔超有料》单集片长30分钟，从海南本土网红嘉宾、B站UP主和市井民众的角度切入，洞察当代年轻人是如何看待正在发展的海南。INTO1团综《打开INTO1的N种方式》《星空万里》、熊猫堂微综《熊猫出没请注意》，以及伊能静主持的《静静吧！恋人》等，都收获了不少关注度。

3.2.4.9　会员权益

　　2022年，共有31档网络综艺节目上线先导片，其中，腾讯视频上线11档，芒果TV上线9档，爱奇艺上线4档，优酷上线2档，bilibili上线2档，其他平台上线3档。

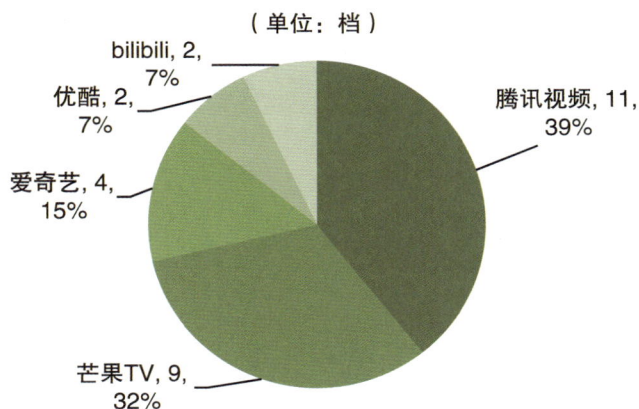

（单位：档）

bilibili, 2, 7%

优酷, 2, 7%

爱奇艺, 4, 15%

腾讯视频, 11, 39%

芒果TV, 9, 32%

数据来源：监管中心统计数据 2023.1　　　　　　　　　　　国家广播电视总局监管中心

图3.2.4.9（1）　2022年各网络视听平台有先导片网络综艺节目占比统计

2022年，网络视听平台会员权益的优势更加凸显，有68档节目会员可抢先观看或仅限会员观看。其中，腾讯视频30档，芒果TV 20档，爱奇艺 8档，优酷 7档，bilibili 2档，多平台1档。各网络视听平台采用的上、下期隔天上线、非会员再等一天等策略，倒逼观众为保持追综连贯性"花钱买时间"，开会员追综的现象已非常普遍。

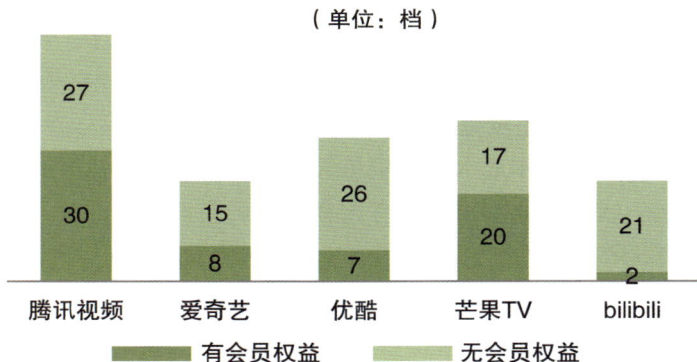

（单位：档）

腾讯视频	爱奇艺	优酷	芒果TV	bilibili
27	15	26	17	21
30	8	7	20	2

■ 有会员权益　　　■ 无会员权益

数据来源：监管中心统计数据 2023.1　　　　　　　　　　　国家广播电视总局监管中心

图3.2.4.9（2）　2022年各网络视听平台涉及会员权益节目数量统计

表3.2.4.9　部分会员抢先看网络综艺列表

序号	节目名称	节目类型	播出平台	上线日期
1	超有趣滑雪大会	游戏生存真人秀类	爱奇艺	2022.01.14
2	朋友请听好 第二季	谈话讨论类	芒果TV	2022.01.25
3	大侦探 第七季	游戏生存真人秀类	芒果TV	2022.02.10
4	春日迟迟再出发	生活体验真人秀类	芒果TV	2022.02.23
5	初入职场的我们 法医季	生活体验真人秀类	芒果TV	2022.03.26

续表

序号	节目名称	节目类型	播出平台	上线日期
6	非正式会谈 第七季	谈话讨论类	bilibili	2022.04.15
7	新游记	生活体验真人秀类	腾讯视频	2022.04.16
8	声生不息	竞技选拔类	芒果TV	2022.04.24
9	一起露营吧	生活体验真人秀类	爱奇艺	2022.04.28
10	上班啦！妈妈 第二季	生活体验真人秀类	爱奇艺	2022.04.29
11	灿烂的前行	生活体验真人秀类	腾讯视频	2022.05.04
12	爸爸当家	生活体验真人秀类	芒果TV	2022.05.10
13	乘风破浪 第三季	竞技选拔类	芒果TV、咪咕视频	2022.05.20
14	萌探探探案 第二季	游戏生存真人秀类	爱奇艺	2022.05.27
15	是很熟的味道呀	生活体验真人秀类	腾讯视频	2022.05.31
16	开始推理吧	游戏生存真人秀类	腾讯视频	2022.06.03
17	怎么办！脱口秀专场	生活体验真人秀类	腾讯视频	2022.06.07
18	战至巅峰	游戏生存真人秀类	腾讯视频	2022.06.11
19	五十公里桃花坞 第二季	生活体验真人秀类	腾讯视频	2022.06.19
20	中国说唱巅峰对决	竞技选拔类	爱奇艺	2022.06.25
21	密室大逃脱 第四季	游戏生存真人秀类	芒果TV	2022.07.08
22	跃上高阶职场	生活体验真人秀类	腾讯视频	2022.08.18
23	披荆斩棘 第二季	竞技选拔类	芒果TV、咪咕视频	2022.08.19
24	心动的信号 第五季	生活体验真人秀类	腾讯视频	2022.08.30
25	脱口秀大会 第五季	脱口秀类	腾讯视频	2022.08.30
26	相遇的夏天	生活体验真人秀类	优酷	2022.09.01
27	再见爱人 第二季	生活体验真人秀类	芒果TV、咪咕视频	2022.11.01
28	乐队的海边	生活体验真人秀类	芒果TV	2022.11.11
29	妻子的浪漫旅行 第六季	生活体验真人秀类	芒果TV	2022.11.24
30	令人心动的offer 第四季	生活体验真人秀类	腾讯视频	2022.11.26
31	元音大冒险	游戏生存真人秀类	爱奇艺	2022.11.30

数据来源：监管中心统计数据 2023.1 　　　　　国家广播电视总局监管中心

3.2.4.10 新技术赋能网络综艺发展

随着技术的发展进步，元宇宙等概念逐渐走进人们的视线，各网络视听平台也开始布局元宇宙相关内容，创作元宇宙综艺节目。2022年，元宇宙相关技术在音乐综艺方面表现突出。爱奇艺推出的融合"元宇宙技术+游戏+音乐 XR表演"的《元音大冒险》，将动作捕捉与全息技术相结合，将嘉宾的运动轨迹实时传输到虚拟人物模型上完成影射，为观众打造出前所未有的观看体验。腾讯视频《登录圆鱼洲》打造了一个平行于现实世界的游戏时空"圆鱼洲"，玩家被"传送"到"异次元"，进入博弈游戏，整个节目颇具备"科技感"和"未来感"。

元宇宙技术在赋能节目创新的同时，也赋能了节目衍生产品开发。《乘风破浪 第三季》《脱口秀大会 第五季》等多档综艺节目均发售了带有品牌标识的数字藏品。2022年11月，工业和信息化部、文化和旅游部、国家广播电视总局等五部门联合发布的《虚拟现实与行业应用融合发展行动计划（2022—2026 年）》中指出，要加速虚拟现实在"演艺娱乐"行业场景中的应用落地。在政策支持和强劲市场需求下，未来元宇宙相关节目将朝着更富时空穿越感、更具想象力的方向发展，在音乐、舞蹈、游戏等多元题材中打开无限可能。

3.2.4.11 大小屏联动成为内容输出趋势

伴随着短视频的广泛应用和社交化融合传播，小屏成为优质内容传播价值的放大器。纵观2022年综艺市场，在全媒体环境下，不少节目在保持大屏专业、权威的节目制作优势的同时，把目光转向小屏，通过小屏的碎片化、精细化传播，更有效、更精准地触达用户，实现多维度、多屏互动的传播效果。这种现象在北京冬奥会、世界杯期间表现较为突出。另外，越来越多的节目嘉宾以个人化IP发布内容，如：助农强农、知识科普、体育解说、普法宣传、剧情搞笑等内容，或侧重于点评社会热点事件，或关注本地化、生活化资讯，公益性、服务性突出。

值得一提的是，由芒果TV、广西IPTV、贵州广播电视台宽带电视G+TV联合出品的节目《跨代答题王》，是一档为大屏"定制"的节目，在全国31个省（区、市）同步播出的模式，则成为其跨地域资源整合的首次探索。以"大屏聚宝盆"为代表的内容平台不仅打破了"地域壁垒"，联通各省市IPTV+DVB资源，形成了全国一张网，解决了一直以来客户难跨省、价格难掌控的问题，也让IPTV广告从此前以本地化、中小品牌投放为主的情况逐渐转变为可以承接全国性大客户；同时还攻破了"资源壁垒"，让全国电视大屏市场资源有效整合、共同发力、联合经营，既实现品牌重点市场的精准投放，又可以助力品牌拥抱全国家庭户。

3.2.4.12 广告

2022年，招商问题无疑是综艺市场的"痛点"之一，在短视频分流、直播电商崛起以及经济环境不佳多重因素的影响下，2022年综艺招商直接进入"冷冻期"，广告商更加注重降本增效，节目招商难度增加，直至下半年才有"解冻"的迹象。"综N代"有先发优势，招商相对容易，但赞助数量超10个的"综N代"，比上年同期减少了75%。走到第七季的推理综艺《大侦探》，也失去了一路陪伴的OPPO，由京东接棒冠名。《朋友请听好第二季》，品牌赞助数量也从7个降至2个。新节目更难，"裸播"现象频频出现，高分综艺《闪亮的日子》和"黑马"综艺《半熟恋人》一路裸播，高分和热度也没能笼络广告主的心。

表3.2.4.12（1） 2022年部分网络综艺招商情况

序号	节目名称	节目类型	播出平台	赞助商	上线日期
1	麻花特开心	游戏生存真人秀类	优酷	宠胖胖、新帕萨特、胡姬花、天眼查、纯甄	2022.01.09
2	跨代答题王	互动娱乐类	芒果TV	小度智能学习平板、山图酒业、珀莱雅、三星电视	2022.02.01
3	非正式会谈第七季	谈话讨论类	bilibili	养乐多、中国移动动感地带、芙清	2022.04.15
4	声生不息	竞技选拔类	芒果TV	君乐宝、三星、美赞臣、中国移动、王老吉、李锦记、岚图汽车、京东、绿箭	2022.04.24
5	一起露营吧	娱乐报道类	爱奇艺	甄稀冰淇淋、黑狮白啤、银鹭花生牛奶、辅舒良、双汇	2022.04.28
6	上班啦！妈妈第二季	生活体验真人秀类	爱奇艺	QQ星、米堆学堂、中国移动、京东大药房、D·cal	2022.04.29
7	灿烂的前行	生活体验真人秀类	腾讯视频	蘑菇街、新三九胃泰、希思黎、TF口红	2022.05.04
8	爸爸当家	生活体验真人秀类	芒果TV	美素佳儿、双汇、戴可思、little小皮freddie	2022.05.10
9	90婚介所2022	婚恋交友类	bilibili	京东、飞利浦电动牙刷、凯美瑞	2022.05.14
10	乘风破浪第三季	竞技选拔类	芒果TV、咪咕视频	金典、合生元、斯维诗、力士、德芙	2022.05.20
11	萌探探探案第二季	游戏生存真人秀类	爱奇艺	巧乐兹、美素佳儿、红牛、顾家家居	2022.05.27
12	是很熟的味道呀	生活体验真人秀类	腾讯视频	可口可乐、雅培菁挚幼儿配方奶粉、方太集成烹饪中心	2022.05.31
13	怎么办！脱口秀专场	生活体验真人秀类	腾讯视频	海天蚝油、伊利舒化奶、腾讯微保、统一茄皇鸡蛋面、沃尔沃S60、益达口香糖、趣多多、惠普	2022.06.07
14	bilibili夏日毕业歌会	单项艺术类	bilibili	云南白药口腔护理品、Pico、欧莱雅、云闪付、百事	2022.06.16
15	五十公里桃花坞第二季	生活体验真人秀类	腾讯视频	金典鲜牛奶、mach-E电动汽车、多乐士、方太集成烹饪中心	2022.06.19
16	登录圆鱼洲	游戏生存真人秀类	腾讯视频	可口可乐、炫迈口香糖、远大魔方	2022.06.30
17	这！就是街舞第五季	竞技选拔类	优酷	勇闯天涯、美素佳儿、喜临门床垫、冰红茶	2022.08.13
18	跃上高阶职场	生活体验真人秀类	腾讯视频	纯甄甄酸奶、惠普电脑、美团、领英职场、趣多多、传应纽扣电池	2022.08.18
19	披荆斩棘第二季	竞技选拔类	芒果TV、咪咕视频	金典、京东、三星、良品铺子、合生元、德芙、中国移动、双鲸、青岛瓶酒、丁桂	2022.08.19

序号	节目名称	节目类型	播出平台	赞助商	上线日期
20	心动的信号 第五季	生活体验 真人秀类	腾讯视频	RIO微醺、奥利奥、海飞丝、 海信空调、优衣库、方太集成 烹饪中心、汉米尔顿、宝马X3	2022.08.30
21	脱口秀大会 第五季	脱口秀类	腾讯视频	金典、益达、云南白药、 赫莲娜、养元青、道达尔润滑油、 捷途汽车、海天拌饭酱、茄皇	2022.08.30
22	一年一度喜剧大赛 第二季	竞技选拔类	爱奇艺	京东、QQ星、三星、度小满、 别克昂扬、英特尔	2022.09.23
23	米卢会客厅	谈话讨论类	爱奇艺	长虹、快克、汉兰达、 周黑鸭、杜蕾斯	2022.11.20
24	令人心动的offer 第四季	生活体验 真人秀类	腾讯视频	趣多多、炫迈、惠普、 雀巢、PICO 4VR	2022.11.26

数据来源：监管中心统计数据 2023.1　　　　　　　　　　　　国家广播电视总局监管中心

　　冠名方面，京东和伊利冠名的节目最多。伊利冠名了《乘风破浪 第三季》《脱口秀大会 第五季》《萌探探探案 第二季》《中国说唱巅峰对决》《披荆斩棘 第二季》《一起露营吧》《上班啦！妈妈 第二季》等节目。京东冠名了《一年一度喜剧大赛 第二季》《第二季大侦探 第七季》《90婚介所2022》《做家务的男人 第四季》《妻子的浪漫旅行 第六季》等节目。奶粉类和白酒类品牌商大量撤出。之前冠名节目较多的唯品会、外星人电解质水等品牌商退出。电信运营商也加入冠名商行列，中国移动冠名了《超有趣滑雪大会》《漂亮的推理》，中国电信冠名了《Hi！足球少年》。相对而言，世界杯相关的节目多有冠名商。大众汽车冠名的《赤热城市》《DOU来世界杯》，电器类品牌商海尔、海信也冠名了《Hi！足球少年》《海尔智趣新潮夜》。

表3.2.4.12（2）　2022年网络综艺部分冠名商

序号	广告商类型	广告商品牌	冠名节目（部分）
1	乳品类	伊利（金典、甄稀、QQ星、巧乐兹、优酸乳等）	乘风破浪 第三季、脱口秀大会 第五季、萌探探探案 第二季、中国说唱巅峰对决、披荆斩棘 第二季、一起露营吧、上班啦！妈妈 第二季、依然范志毅
		蒙牛（纯甄、真果粒）	开始推理吧、跃上高阶职场、沸腾吧！解说员
		安慕希	新游记
		君乐宝	声生不息
		养乐多	非正式会谈 第七季
2	饮品类	康师傅（绿茶、茉莉蜜茶等）	朋友请听好 第二季、她的心动周末
		雀巢咖啡	初入职场的我们 法医季
		伊刻活泉	喜欢你我也是 第三季

续表

序号	广告商类型	广告商品牌	冠名节目（部分）
2	饮品类	统一冰红茶	我是特优声 剧团季
		美年达	密室大逃脱 第四季
		RIO微醺	心动的信号 第五季
		红牛	一往无前的蓝
		百事可乐	沸腾校园
		可口可乐	家族年年年夜FAN2022、是很熟的味道呀、登录圆鱼洲
3	电商平台类	京东	一年一度喜剧大赛 第二季、大侦探 第七季、90婚介所2022、做家务的男人 第四季、去炫吧！乐派、妻子的浪漫旅行 第六季
		淘宝	开场白 第二季
		蘑菇街	灿烂的前行、宝藏美妆师
		拼多多	2022最美的夜 bilibili晚会
4	奶粉类	海普诺凯	春日迟迟再出发
		澳优	没谈过恋爱的我
		美素佳儿	爸爸当家
		美赞臣	高能育儿团 第二季
5	生活用品类	海天（耗油）	怎么办！脱口秀专场
		云南白药牙膏	bilibili夏日毕业歌会
6	酒类	雪花啤酒	这！就是街舞 第五季
		青岛纯生	来看我们的演唱会
7	汽车类	大众	我的青铜时代 第二季、追雪人、赤热城市、DOU来世界杯
		凯迪拉克	闪闪发光的少年
		长安马自达	品牌请指教
8	电信运营商类	中国电信	2022B站校园十佳歌手大赛
		中国移动	超有趣滑雪大会、漂亮的推理
9	手机类	三星	元宇宙虚拟跨年演唱会
		华为	打工不如打电话
		realme	战至巅峰
10	电器类	海信	Hi！足球少年
		海尔	海尔智趣新潮夜
11	金融类	度小满	我们民谣2022、宏哥侃球

数据来源：监管中心统计数据 2023.1

国家广播电视总局监管中心

赞助商方面，以食品、药品类的赞助商居多，如炫迈、益达口香糖，趣多多、奥利奥、云南白药、三九胃泰等。此外，京东、三星、惠普、中国移动赞助的节目也较多。

表3.2.4.12（3）　2022年网络综艺中部分赞助商

序号	广告商类型	广告商品牌	赞助节目（部分）
1	电商平台类	京东	声生不息、我们的村晚、上班啦！妈妈 第二季、披荆斩棘 第二季
2	手机电脑类	惠普	令人心动的offer 第四季、跃上高阶职场、怎么办！脱口秀专场
		三星	跨代答题王、新游记、了不起！舞社、声生不息、披荆斩棘 第二季、一年一度喜剧大赛 第二季、
3	生活服务类	中国移动	非正式会谈 第七季、声生不息、上班啦！妈妈 第二季、披荆斩棘 第二季、我是特优声 剧团季、一人客栈
		方太	是很熟的味道呀、五十公里桃花坞 第二季、心动的信号 第五季
		美团	新游记、跃上高阶职场
4	汽车类	别克	一年一度喜剧大赛 第二季
		上气大众	没谈过恋爱的我、暑与我们的夏天
		比亚迪	宏哥侃球
5	饮品类	百事可乐	2022最美的夜 bilibili晚会、
		伊利	一年一度喜剧大赛 第二季、怎么办！脱口秀专场、麻花特开心
		康师傅	这！就是街舞 第五季、2022B站校园十佳歌手大赛、乐队的海边
6	奶粉类	美赞臣	来看我们的演唱会、声生不息
		美素佳儿	萌探探探案 第二季、这！就是街舞 第五季
		菁挚幼儿配方奶粉	是很熟的味道呀、送一百位女孩回家 第五季
7	护肤品类	希思黎	灿烂的前行
		TF	灿烂的前行
		欧莱雅	bilibili夏日毕业歌会
8	食品药品类	海天	脱口秀大会 第五季
		炫迈	令人心动的offer 第四季、登录圆鱼洲、
		益达	怎么办！脱口秀专场、脱口秀大会 第五季
		云南白药	脱口秀大会 第五季
		三九胃泰	再见爱人 第二季、灿烂的前行
		奥利奥	开始推理吧、心动的信号 第五季
		合生元	乘风破浪 第三季、披荆斩棘 第二季
		趣多多	怎么办！脱口秀专场、跃上高阶职场
8	食品药品类	雀巢	战至巅峰、令人心动的offer 第四季
		统一	一往无前的蓝、怎么办！脱口秀专场
		德芙	乘风破浪 第三季、披荆斩棘 第二季
		双汇	爸爸当家、一起露营吧
		银鹭	喜欢你我也是 第三季、一起露营吧

数据来源：监管中心统计数据 2023.1　　　　　　　　国家广播电视总局监管中心

3.3 网播电视综艺

3.3.1 概貌

2022年是疫情持续的第三年，各大卫视对于如何在各种不利因素存在的情况下仍保持内容产出探索出了一套行之有效的应对措施，各网络视听平台也为了弥补自身产出不足，全年共上线网播电视综艺184档，在经历了连续两年的下降后触底反弹，实现回升。

（单位：档）

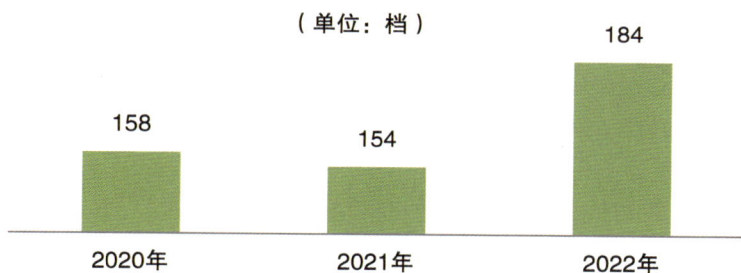

数据来源：监管中心统计数据 2023.1　　　　　　　国家广播电视总局监管中心

图3.3.1　2020年至2022年网播电视综艺上线数量统计

表3.3.1　2022年关注度较高、影响力较大的网播电视综艺列表

序号	节目名称	节目类型	播出频道	播出时间	网络播出平台
1	斯文江南	文化类	东方卫视	2022.01.06	bilibili、爱奇艺、优酷
2	冰雪正当燃	竞技选拔类	浙江卫视	2022.01.07	腾讯视频、爱奇艺
3	跟着冠军去滑雪	生活体验真人秀类	东南卫视	2022.01.12	芒果TV、咪咕视频
4	勇往直前的我们	其他真人秀类	湖南卫视	2022.01.12	芒果TV
5	飘雪的日子来看你	生活体验真人秀类	北京卫视	2022.01.22	优酷
6	新民乐国风夜	综艺晚会类	河南卫视	2022.01.25	优酷
7	运动者联濛	生活体验真人秀类	北京卫视	2022.02.05	咪咕视频、其他
8	两天一夜山屿海	生活体验真人秀类	深圳卫视	2022.02.11	爱奇艺
9	中国节气·春分奇遇记	文化类	河南卫视	2022.03.19	腾讯视频、爱奇艺、优酷、bilibili
10	经典咏流传·大美中华	文化类	CCTV-1	2022.04.03	腾讯视频、央视网
11	为歌而赞第二季	竞技选拔类	浙江卫视	2022.04.09	西瓜视频、其他

续表

序号	节目名称	节目类型	播出频道	播出时间	网络播出平台
12	书画里的中国第二季	文化类	北京卫视	2022.05.14	优酷、咪咕视频
13	还有诗和远方诗画浙江篇	生活体验真人秀类	浙江卫视	2022.06.26	优酷、腾讯视频、bilibili、爱奇艺
14	快乐再出发	生活体验真人秀类	东南卫视	2022.07.05	芒果TV
15	闪光吧！少年	生活体验真人秀类	浙江卫视	2022.07.14	腾讯视频
16	京城十二时辰第二季	生活体验真人秀类	北京卫视	2022.07.30	腾讯视频、咪咕视频
17	朤月东方——月光露营会	综艺晚会类	东方卫视	2022.09.10	优酷、腾讯视频、爱奇艺、bilibili
18	这十年·追光之夜	综艺晚会类	湖南卫视	2022.10.14	芒果TV、腾讯视频
19	一馔千年	文化类	CCTV-3	2022.10.28	央视网
20	最美中轴线第二季	文化类	北京卫视	2022.10.29	腾讯视频、爱奇艺、咪咕视频

数据来源：监管中心统计数据 2023.1　　　　　　　　　　　　　　国家广播电视总局监管中心

3.3.2　内容

2022年网播电视综艺共184档，较上年增长19%，虽然不及疫情前2019年的204档，但也展现出电视台高涨的创作热情。增长量主要体现在综艺晚会类、生活体验真人秀类、文化科技类节目上，其余类型均有不同程度的下降。各电视台不约而同减少在新类型领域上的试水，守好基本盘实现降本增效。全年，网播电视综艺涵盖13个类型，各类型的分布情况呈现出一定程度的两极分化趋势：综艺晚会类、生活体验真人秀类和文化科技类节目分列前三甲，数量为45档、44档和38档，共占据69%的份额，其中较具代表性的节目有河南卫视《新民乐国风夜》、东南卫视《跟着冠军去滑雪》、央视综合频道《典籍里的中国 第二季》等；竞技选拔类、谈话讨论类等其余10个类型共57档，平均每个类型不足6档，包括东方卫视《爱乐之都》、浙江卫视《为歌而赞 第二季》等节目。

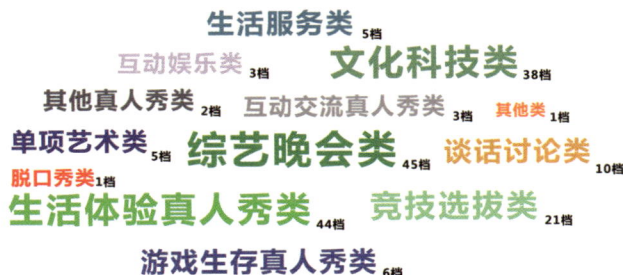

生活服务类 5档
互动娱乐类 3档　文化科技类 38档
其他真人秀类 2档　互动交流真人秀类 3档　其他类 1档
单项艺术类 5档　综艺晚会类 45档　谈话讨论类 10档
脱口秀类 1档
生活体验真人秀类 44档　竞技选拔类 21档
游戏生存真人秀类 6档

数据来源：监管中心统计数据 2023.1　　　　　　　　　　　　　　国家广播电视总局监管中心

图3.3.2（1）　2022年各类型网播电视综艺及上线数

2022年，网播电视综艺围绕主题主线持续发力，紧扣党的二十大重要时间点，巩固拓展脱贫攻坚成果，聚焦乡村振兴，进行了丰富多样的探索实践，给观众带来了许多精品佳作。如《这十年·追光之夜》以"追光"为主题、时间为主线，用丰富的文艺形式展示各行业十八大以来的奋斗历程，歌颂祖国十年间取得的非凡成就；《在希望的田野上》立足本地，以年轻视角深度体验乡村特色文化，号召青春力量助力乡村振兴；《奔跑吧·共同富裕篇》从浙江、福建两省出发，以乡村全面振兴、高速发展的美好风貌为背景，通过艺人嘉宾的沉浸式走访游玩，向观众生动展示共同富裕的阶段性成果。

2022年，网播电视综艺坚守主流媒体立场，充分发扬自身文化优势，在主题上对传统文化进行精细化挖掘，从诗词、戏曲到饮食、节气，各个垂类遍地开花。如河南卫视继上年"中国节日"系列节目收获成功后，2022年又以节气、民乐等传统文化细分子类作为切入口，通过新奇角度展示中华优秀传统文化，创作"中国节气"系列节目，赢得各方好评；《一馔千年》从古籍文物出发，展现中华传统饮食文化。

数据来源：监管中心统计数据 2023.1　　　　　　　　　　　　　　　国家广播电视总局监管中心

图3.3.2（2）　2022年网播电视综艺主题分布

表3.3.2（1）　2022年部分文化类网播电视综艺列表

序号	节目名称	播出时间	播出频道	网络播出平台
1	斯文江南	2022.01.06	东方卫视	bilibili、爱奇艺、优酷
2	中国节气·春分奇遇记	2022.03.19	河南卫视	腾讯视频、爱奇艺、优酷、bilibili
3	经典咏流传·大美中华	2022.04.03	CCTV-1	腾讯视频、央视网
4	书画里的中国 第二季	2022.05.14	北京卫视	优酷、咪咕视频
5	活起来的技艺·年份故事	2022.07.02	安徽卫视	优酷、爱奇艺、咪咕视频
6	馆长请亮宝	2022.08.13	内蒙古卫视	爱奇艺
7	闪耀吧！中华文明	2022.09.02	河南卫视	优酷
8	典籍里的中国 第二季	2022.09.24	CCTV-1	央视网
9	一馔千年	2022.10.28	CCTV-3	央视网
10	最美中轴线 第二季	2022.10.29	北京卫视	腾讯视频、爱奇艺、咪咕视频

数据来源：监管中心统计数据 2023.1　　　　　　　　　　　　　　　国家广播电视总局监管中心

2022年，网播电视综艺中真人秀类综艺聚焦美食、旅行、运动等与大众生活息息相关的题材上，为观众提供真实而纯粹的快乐，传递正向价值。在各类真人秀节目中，生活体验真人秀类仍占据首位，以露营、旅行为主题的节目占比明显增多，为广大因疫情困扰无法出门远行的观众提供"云旅行"的视听体验，纾解精神压力，如东南卫视与芒果TV联合打造的《快乐再出发》，打破真人秀节目同质化顽疾，以嘉宾的真诚与幽默唤起观众共鸣，收获广泛好评。此外，在北京冬奥会、卡塔尔世界杯等国际大型体育赛事接连举办的浓厚氛围下，各电视台趁热打铁，推出了数档体育运动题材综艺节目，以人民群众喜闻乐见的方式点燃观众对体育运动的热情，如融合冰雪体验与冬奥故事的《飘雪的日子来看你》，以专业运动员为核心，兼具娱乐与科普属性的《运动者联濛》等。

2022年，网播电视综艺"综N代"节目撑起综艺市场。"综N代"节目中，"综二代"节目有25档，占比达47%，播出5季及以上的"综N代"节目有16档，占比达30%。《奔跑吧》《极限挑战》《王牌对王牌》《向往的生活》《最强大脑》等每年更新的头部"综N代"，既得益于其IP影响力，同时也因为此类节目持续不断的单季创新，并且紧跟社会热点、设定新颖、嘉宾有趣等，赢得了观众持续关注。《技惊四座 第二季》《为歌而赞 第二季》《书画里的中国 第二季》《京城十二时辰 第二季》等"综二代"节目以开辟新领域、打通产业链、拓展变现渠道为目标，为综艺市场注入活力的同时，积极打造自身品牌。

表3.3.2（2）　2022年部分播出5季及以上的网播电视综艺列表

序号	节目名称	播出时间	播出频道	网络播出平台
1	最强大脑 第九季	2022.01.07	江苏卫视	爱奇艺、优酷
2	欢乐喜剧人·老友季	2022.01.30	东方卫视	优酷、腾讯视频
3	王牌对王牌 第七季	2022.02.25	浙江卫视	腾讯视频、优酷、爱奇艺
4	生命缘 第十二季	2022.03.07	北京卫视	腾讯视频、咪咕视频
5	向往的生活 第六季	2022.04.29	湖南卫视	芒果TV
6	奔跑吧 第六季	2022.05.13	浙江卫视	腾讯视频、爱奇艺、优酷
7	鲁豫有约一日行 第十季	2022.05.18	东南卫视	优酷
8	极限挑战 第八季	2022.06.26	东方卫视	优酷、腾讯视频、爱奇艺
9	中餐厅 第六季	2022.08.12	湖南卫视	芒果TV
10	梦想改造家 第九季	2022.09.21	东方卫视	爱奇艺、bilibili

数据来源：监管中心统计数据 2023.1

表3.3.2（3）　2022年部分播出第2季的网播电视综艺列表

序号	节目名称	播出时间	播出频道	网络播出平台
1	技惊四座 第二季	2022.02.12	广东卫视	优酷、爱奇艺
2	为歌而赞 第二季	2022.04.09	浙江卫视	西瓜视频
3	追星星的人 第二季	2022.04.16	浙江卫视	腾讯视频、爱奇艺
4	闪耀东方 第二季	2022.05.10	江西卫视	腾讯视频、爱奇艺
5	书画里的中国 第二季	2022.05.14	北京卫视	优酷、咪咕视频
6	闪闪发光的你 第二季	2022.06.24	江苏卫视	爱奇艺、腾讯视频
7	京城十二时辰 第二季	2022.07.30	北京卫视	腾讯视频、咪咕视频
8	最美中国戏 第二季	2022.09.10	北京卫视	爱奇艺、咪咕视频
9	典籍里的中国 第二季	2022.09.24	CCTV-1	央视网
10	最美中轴线 第二季	2022.10.29	北京卫视	腾讯视频、爱奇艺、咪咕视频

数据来源：监管中心统计数据 2023.1　　　　　　　　　　　国家广播电视总局监管中心

3.3.3　制作传播

3.3.3.1　播出平台

2022年，各主要网络视听机构全年上线网播电视综艺184档，其中芒果TV、爱奇艺、腾讯视频、优酷四家网站上线网播电视综艺数共计162档，占88%。

（单位：档）

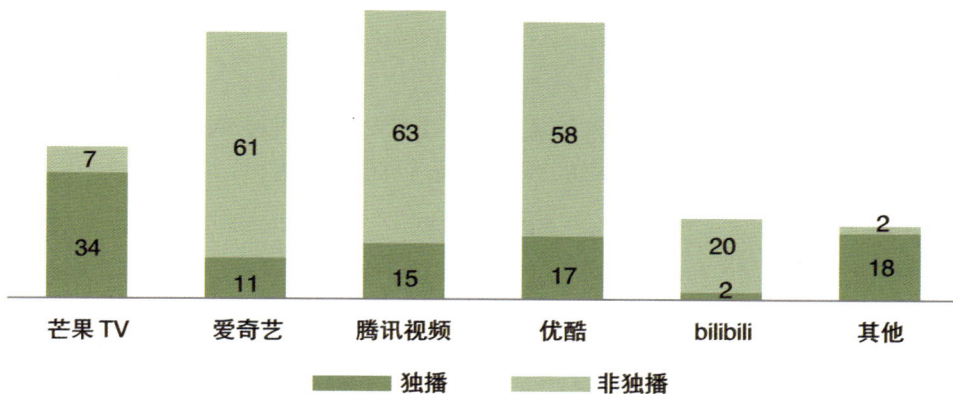

数据来源：监管中心统计数据 2023.1　　　　　　　　　　　国家广播电视总局监管中心

图3.3.3.1（1）　2022年主要网络视听平台上线网播电视综艺统计

全年上线网播电视综艺中，独播综艺97档，占52%。其中，芒果TV以34档大幅领跑，爱奇艺、优酷、腾讯视频、央视频等平台数量相当。

（单位：档）

芒果TV, 34, 19%

优酷, 17, 10%

腾讯视频, 15, 8%

爱奇艺, 11, 6%

多平台, 87, 49%

bilibili, 2, 2%

央视网, 11, 6%

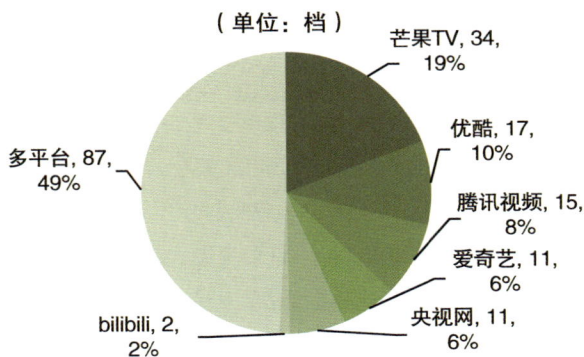

数据来源：监管中心统计数据 2023.1

国家广播电视总局监管中心

图3.3.3.1（2） 2022年主要网络视听平台上线网播电视综艺统计（比例）

网播电视综艺与网络综艺在数量上大体相当，已成为网络视听平台综艺版块中不可或缺的一部分。2022年网播电视综艺在网络平台的上线播出情况与上年相似，主要呈现出以下三个特征：一是影响力大、有一定观众基础的热门电视综艺仍是网络视听平台的"香饽饽"，往往以多平台的形式上线，如浙江卫视制作的《王牌对王牌 第七季》、东方卫视制作的《极限挑战 第八季》等；二是部分网络视听平台在卫视的选择上表现出一定的倾向性，最具代表性的当属芒果TV与湖南卫视，由于其二者深度融合的平台特点，湖南卫视的电视综艺基本只在芒果TV播出，如《你好星期六》《向往的生活 第六季》等；三是网络视听平台参与制作的电视综艺，均在相应网络视听平台独播上线，如河南卫视与优酷联合出品的《"中国节日"系列节目》、东方卫视与咪咕视频联合出品的《我相信》等。

3.3.3.2 更新频率

2022年，各主要网络视听平台电视综艺上线时间与节假日呈现出强相关性，全年的几个上线高峰与元旦、春节、暑假、国庆等节假日高度重合。

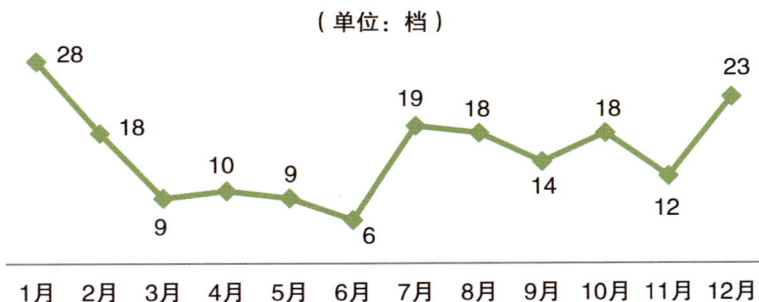

（单位：档）

28 18 9 10 9 6 19 18 14 18 12 23

1月 2月 3月 4月 5月 6月 7月 8月 9月 10月 11月 12月

数据来源：监管中心统计数据 2023.1

国家广播电视总局监管中心

图3.3.3.2 2022年主要网络视听平台上线电视综艺数量趋势图

此外，网播电视综艺上线周期同电视频道更新周期整体呈伴随状态，网站和频道播出时间相差不大，基本不会超过24小时。2022年共有37档节目网台同播，较上年的5档有较大幅度提升。这些节目主要体现出以下两个特点：一是晚会类节目提升覆盖面、参与感，与网络视听平台同播，如河南卫视与优酷联合出品的国风主题晚会节目《新民乐国风夜》，于大年初四上线播出，以对传统民乐的创新表达烘托节日氛围；二是网络视听平台参与出品的综艺，享有同播话语权，如国家体育总局体育文化发展中心、东南卫视、芒果TV、咪咕视频等多方联合出品的《跟着冠军去滑雪》，仅在芒果TV与咪咕视频上线，北京卫视与优酷联合出品的《飘雪的日子来看你》，也仅在优酷上线。

3.3.3.3 会员权益

2022年，由于网播电视综艺主要起到网络视听平台补齐自身综艺版图的作用，大多无需会员权益即可免费观看。其中，涉及会员权益的节目有25档，占14%；不需要会员权益的节目有159档，占86%，分布比例基本与上年持平。

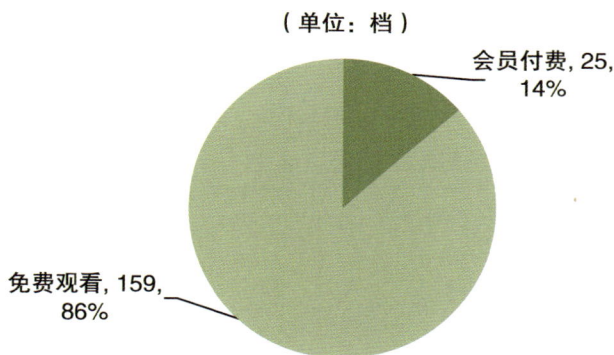

（单位：档）

会员付费, 25, 14%

免费观看, 159, 86%

数据来源：监管中心统计数据 2023.1　　　　　国家广播电视总局监管中心

图3.3.3.3　2022年网播电视综艺会员权益占比统计

3.3.3.4 网台合作进入"黄金期"

2022年，各卫视与网络视听平台进一步深化合作，开辟新赛道、探索新模式，实现电视频道与网络视听平台的优势互补。其中，优酷和河南卫视联合打造"中国节气"系列，从台到网，为优质内容提升传播效能；芒果TV自产自销，同时扩大节目影响力，《牧野家族》《100道光芒》等在芒果TV与湖南卫视同步上线的节目，均取得了不俗的收视成绩；短视频平台也用互联网思维与卫视联手，如抖音与北京卫视、河南卫视、江苏卫视联合出品的《百川综艺季》，多个制作团队录制节目后投放至抖音平台试水，再根据用户反馈为节目效果评分，实现了对节目方向的精细化把控。2022年网台合作的综艺在宣发传播方面也表现突出，成果显著。如抖音、浙江卫视联合出品的《为歌而赞 第二季》，融合电视频道的制作经验与短视频平台的宣发能力，以"大屏首唱，小屏二创"的联动模式提升观众参与感，收获网民好评。

表3.3.3.4 2022年部分网台合作的网播电视综艺列表

序号	节目名称	播出时间	播出频道	网络播出平台
1	跟着冠军去滑雪	2022.01.12	东南卫视	芒果TV、咪咕视频
2	中国节日·清明奇妙游	2022.04.04	河南卫视	优酷
3	为歌而赞 第二季	2022.04.09	浙江卫视	西瓜视频、其他
4	老板不知道的我 第四季	2022.04.22	江苏卫视	腾讯视频
5	快乐再出发	2022.07.05	东南卫视	芒果TV
6	闪光吧！少年	2022.07.14	浙江卫视	腾讯视频
7	牧野家族	2022.07.16	湖南卫视	芒果TV
8	100道光芒	2022.07.31	湖南卫视	芒果TV
9	我相信	2022.08.05	东方卫视	咪咕视频
10	百川综艺季	2022.08.12	北京卫视	抖音、西瓜视频

数据来源：监管中心统计数据 2023.1

国家广播电视总局监管中心

3.4　多版本和衍生综艺

3.4.1　概貌

本报告所指的多版本和衍生综艺，是指所用素材在特定主体综艺拍摄过程产生，或与主体综艺情节设置有相通性的综艺。多版本和衍生综艺的主体综艺来源既包含"狭义"的网络综艺，也包括电视综艺（所产生的多版本和衍生综艺须在网络首播）。衍生综艺多围绕主体综艺进行二次创作；而多版本综艺则是在原版综艺的素材基础上进行重新编排，如增加一些花絮、互动内容等。

2022年，全网上线播出的多版本综艺和衍生综艺共233档，总体数量较2021年的214档增加9%，增速稍有放缓。一方面受"狭义"的网络综艺数量下降影响，但另一方面电视综艺数量增加，电视综艺的衍生和多版本综艺数量上升明显，各大网络视听机构借助主体综艺的吸引力，根据用户需求开发电视综艺的衍生和多版本节目，稳固主体综艺热度，同时弥补网播综艺数量不足的问题。总体来看，电视综艺的多版本综艺较多，而网络综艺的衍生综艺较多。

表3.4.1　2020年至2022年多版本和衍生综艺数量统计

类别\年份	全年上线数量（档）	网络综艺的衍生综艺（档）	网络综艺的多版本综艺（档）	电视综艺的衍生综艺（档）	电视综艺的多版本综艺（档）
2020	171	81	30	21	39
2021	214	92	68	10	44
2022	233	82	58	32	61

数据来源：监管中心统计数据 2023.1　　国家广播电视总局监管中心

分平台看，2022年各网络视听机构上线的多版本和衍生综艺数量均有所增加，其中芒果TV上线数量最多，达107档，位居榜首。此外，与2021年相比，腾讯视频、优酷在数量上稳中微升；爱奇艺上线数量与2021年相近，占比较小。

（单位：档）

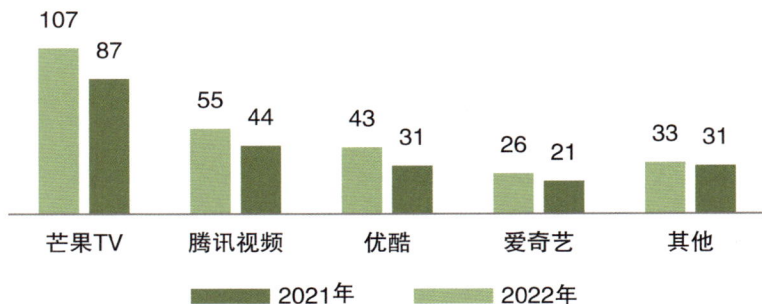

数据来源：监管中心统计数据 2023.1　　　　　　　　国家广播电视总局监管中心

图3.4.1　2021年、2022年各平台播出多版本和衍生综艺数量统计

3.4.2　节目内容

　　2022年上线的233档多版本和衍生综艺中，仍以真人秀类综艺占据主要部分，共144档，占比62%，单项艺术类、谈话讨论类综艺次之。总的来看，2021年多版本和衍生综艺节目类型与正片节目基本保持一致，各网络视听机构愈发看重多版本综艺所带来的直接效益与长尾价值，即稳固受众群体、增加用户黏性、提升会员付费价值、拉长内容付费周期等，会员（Plus）版、精编版成为头部综艺标配节目。此外，网络综艺的衍生综艺仍占据整体上线综艺的近一半空间，各网络视听机构对主体节目的二次创作热度依旧不减，维持往年制作水准，个别节目有所突破，在节目内容、形式等多方面创新，培养独立增量用户，形成独立IP。

（单位：档）

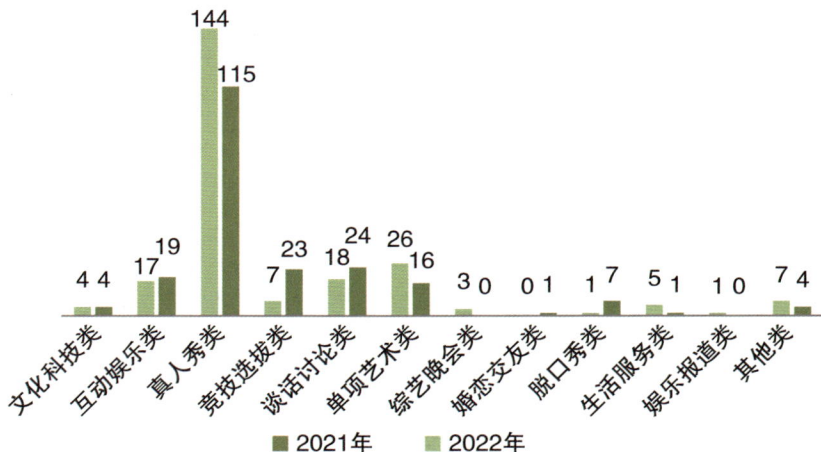

数据来源：监管中心统计数据 2023.1　　　　　　　　国家广播电视总局监管中心

图3.4.2　2021年、2022年多版本和衍生综艺类型统计

2022年多版本和衍生综艺节目题材大体上与主体综艺保持一致，涉及音乐、文化、情感观察、生活观察、游戏等多个领域，涵盖生活的方方面面；部分综艺在题材创作与创新开发方面，在延续往年对嘉宾或选手垂类延伸式的生活观察和创新制作情感观察、社交谈话的综艺外，对正片节目的舞台表演内容进行单独编排，形成以歌舞、说唱、相声、小品为主的专场节目，满足不同观众的针对性需求。

表3.4.2　2022年部分多版本和衍生综艺题材创新列表

序号	主体综艺名称	多版本和衍生综艺名称	播出平台	上线时间
1	朋友请听好 第二季	朋友的小美好	芒果TV	2022.01.25
2	喜欢你我也是 第三季	喜欢你唤醒我	爱奇艺	2022.04.06
3	了不起！舞社	了不起的下午茶	优酷	2022.04.16
4	声生不息	声生不息 舞台纯享版	芒果TV	2022.04.24
5	是很熟的味道呀	很熟加点料	腾讯视频	2022.05.31
6	中国说唱巅峰对决	中国说唱巅峰饭局	爱奇艺	2022.06.25
7	这！就是街舞 第五季	一起火锅吧 第三季	优酷	2022.08.13
8	我是特优声 剧团季	特优声下一个是谁	bilibili	2022.09.10
9	乐队的海边	乐队的海边 LIVE纯享版	芒果TV	2022.11.11
10	来看我们的演唱会	来看我们的演唱会 庆功宴	腾讯视频	2022.11.19

数据来源：监管中心统计数据 2023.1　　　　　　　　国家广播电视总局监管中心

3.4.2.1　多版本综艺

2022年多版本综艺开发已趋于成熟，紧贴观众喜好，剪辑挑选主体综艺"看点""爆点"，为主体综艺节目"造势"和"保温"，扩大节目的黏性和吸引力。2022年多版本综艺主要包括加更版、会员版、精编版等，其中电视综艺多版本中精编版居多，网络综艺多版本以加更版和会员版为主。

表3.4.2.1　2022年部分综艺的多版本综艺列表

序号	主体综艺名称	主体综艺类型	多版本综艺名称	播出平台	上线时间
1	朋友请听好 第二季	互动交流真人秀类	朋友请听好 第二季 会员加更篇	芒果TV	2022.01.27
2	春日迟迟再出发	文化科技类	重阳奇妙游2022 纯享版	优酷	2022.10.03
			重阳奇妙游2022 会员版		
3	爸爸当家	生活体验真人秀类	爸爸当家 加更版	芒果TV	2022.05.11
			爸爸当家 沉浸版	芒果TV	2022.07.08

续表

序号	主体综艺名称	主体综艺类型	多版本综艺名称	播出平台	上线时间
4	王牌对王牌	互动娱乐类	王牌对王牌精编版	腾讯视频	2022.02.05
5	乘风破浪 第三季	互动交流真人秀类	乘风破浪 第三季 加更版	芒果TV	2022.08.17
		单项艺术类	乘风破浪 第三季 舞台纯享版	芒果TV	2022.08.21
6	五十公里桃花坞 第二季	生活体验真人秀类	五十公里桃花坞 第二季 加更版	腾讯视频	2022.06.20
7	我们民谣2022	单项艺术类	我们民谣2022 纯享版	爱奇艺	2022.12.24
		互动交流真人秀类	我们民谣2022 加更版	爱奇艺	2022.12.25
8	法医探案团	游戏生存真人秀类	法医探案团 案件速看版	芒果TV	2022.12.27
			法医探案团 加更版	芒果TV	2022.11.11

数据来源：监管中心统计数据 2023.1

国家广播电视总局监管中心

3.4.2.2 衍生综艺

2022年各网络视听机构持续注重发酵长尾效应，主推头部综艺的衍生综艺，通过不同的主题和形式吸引观众，助力主体综艺热度攀升。主体综艺结合衍生综艺的搭配，让综艺IP更丰满，整体节目的热度更具延续性，嘉宾也可以基于衍生节目内容再次"吸睛"。2022年衍生综艺内容依旧主要围绕嘉宾的分享性、成长性、实用性的生活观察、情感观察展开。此外，部分衍生综艺从与主体综艺的强依附走向强关联，在内容开发方面实现"独立行走"，对主体综艺进行独立创作开发。

表3.4.2.2　2022年部分综艺的衍生综艺列表

序号	主体综艺名称	主体综艺类型	衍生综艺名称	衍生路径	播出平台	上线时间
1	萌探探探案 第二季	游戏生存真人秀类	探头探脑来探案 第二季	围绕嘉宾为中心的分享性、成长性、实用性的生活观察、情感观察为主	爱奇艺	2022.05.28
2	做家务的男人 第四季	生活体验真人秀类	家务班会课	围绕嘉宾为中心的分享性、成长性、实用性的生活观察、情感观察为主	爱奇艺	2022.08.23
3	新游记	生活体验真人秀类	新游外传	对主体节目进行独立创作开发	腾讯视频	2022.04.18
		谈话讨论类	新游记里的新职场学	围绕嘉宾为中心的分享性、成长性、实用性的生活观察、情感观察为主		2022.04.20

续表

序号	主体综艺名称	主体综艺类型	衍生综艺名称	衍生路径	播出平台	上线时间
4	开始推理吧	生活体验真人秀类	11号公寓入住日记	围绕嘉宾为中心的分享性、成长性、实用性的生活观察、情感观察为主	腾讯视频	2022.06.04
		谈话讨论类	开始推理吧案件追踪			2022.06.05
5	爸爸当家	生活体验真人秀类	萌娃当家	围绕嘉宾为中心的分享性、成长性、实用性的生活观察、情感观察为主	芒果TV	2022.05.12
			爸爸当家超前彩蛋			2022.05.16
6	了不起！舞社	竞技选拔类	开会啦 了不起！舞社	围绕嘉宾为中心的分享性、成长性、实用性的生活观察、情感观察为主	优酷	2022.04.16
		互动娱乐类	舞社里的酷女孩了不起的下午茶	对主体节目进行独立创作		2022.04.17
7	密室大逃脱 第四季	游戏生存真人秀类	密室大逃脱第四季 大神版	对主体节目进行独立创作	芒果TV	2022.07.08
8	初入职场的我们法医季	生活体验真人秀类	初入职场的我们法医实录	围绕嘉宾为中心的分享性、成长性、实用性的生活观察、情感观察为主	芒果TV	2022.03.23
		生活体验真人秀类	法医一千零一夜			2022.03.31
		游戏生存真人秀类	初入职场的我们法医季 案件前夜			2022.04.01

数据来源：监管中心统计数据 2023.1　　　　　　　　　　　　　　国家广播电视总局监管中心

3.4.3　制作传播

3.4.3.1　播出平台

2022年，芒果TV、爱奇艺、腾讯视频、优酷依然热衷于开发多版本和衍生综艺，观众可以根据个人喜好关注更多正片以外的内容，填补周更的空档期。2022年在芒果TV、爱奇艺、腾讯视频、优酷四家网站上线独播的多版本和衍生综艺总数量达到190档，占全年上线多版本和衍生综艺的82%，相比2021年略低4%。其中，芒果TV上线93档，数量最多；腾讯视频上线45档；优酷上线35档；爱奇艺上线17档；其余数量较多的是bilibili。

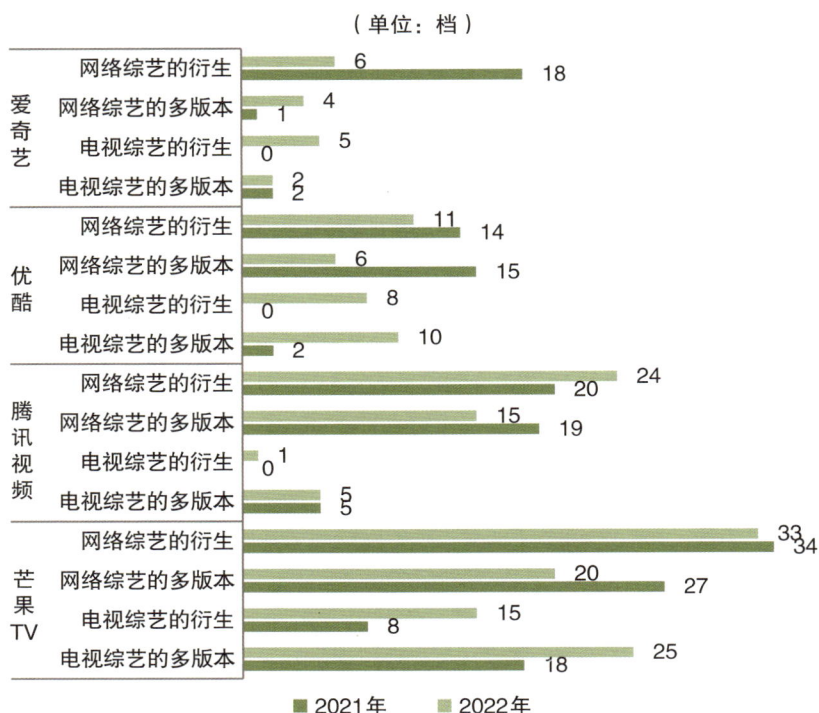

（单位：档）

数据来源：监管中心统计数据 2023.1　　　　　国家广播电视总局监管中心

图3.4.3.1　2021年和2022年主要网络视听平台多版本、衍生综艺统计

3.4.3.2　会员权益

2022年，各网络视听机构上线播出多版本和衍生综艺共233档，其中207档综艺节目仅会员观看，占比89%；26档综艺节目非会员可观看，占比11%，相比2021年，仅会员观看比例略有上升。总体来看，多版本和衍生综艺依旧被视为网络视听机构巩固用户黏性、提升会员收益的主要产品。

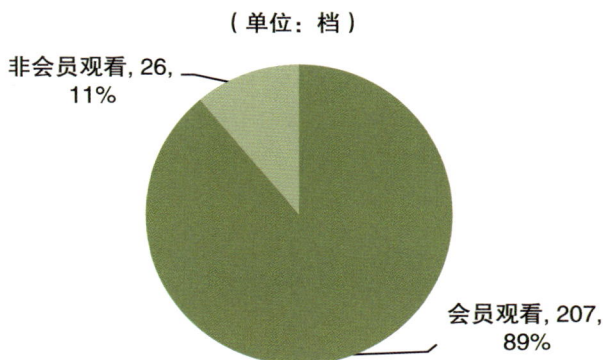

（单位：档）

非会员观看，26，11%

会员观看，207，89%

数据来源：监管中心统计数据 2023.1　　　　　国家广播电视总局监管中心

图3.4.3.2　2022年多版本和衍生综艺会员权益情况

3.4.3.3　排播情况

　　网络综艺多版本和衍生综艺除内容质量、观众范围等因素外，播出时间也是节目能否火爆的关键因素，错峰上线多版本和衍生综艺进行内容补充，对增强主体综艺话题热度有一定效果。2022年多版本和衍生综艺排播上，均以头部综艺为主轴，其保住当前已有主体综艺优势的同时，让主体综艺不断拓展破圈。此外，周更对很多观众来说时间较长，网络视听平台抓住观众观看时间没有固定时段的着力点，排播策略让主体综艺收获更多的热度，引发更多的关注与讨论。2022年，多版本和衍生综艺的排播策略主要为伴随式和"周末档"。其中，伴随式策略增强了主体综艺的陪伴感。2022年"周末档"数量占比57%，排播策略契合用户习惯，能够做到吸引用户、留住用户，提高主体综艺竞争力，起到"反哺"主体综艺的作用。

（单位：档）

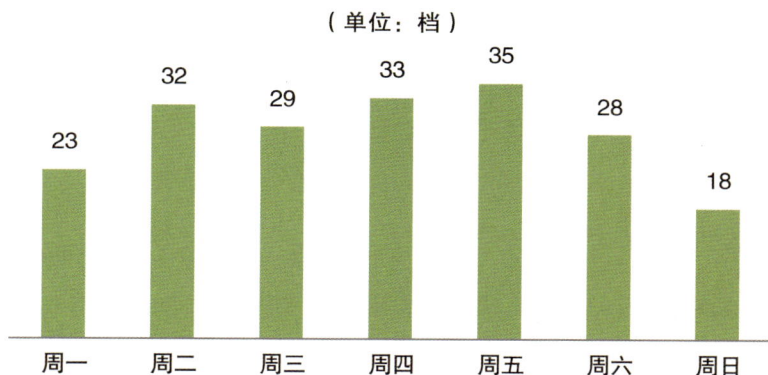

数据来源：监管中心统计数据 2023.1　　　　国家广播电视总局监管中心

图3.4.3.3　2022年多版本和衍生综艺上线日期分布

3.5　年度代表性网络综艺点评

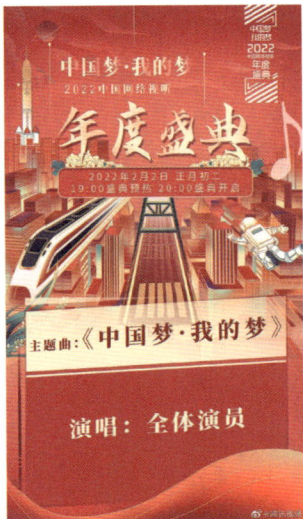

《中国梦·我的梦
　　——2022中国网络视听年度盛典》

节目类型：综艺晚会类

上线时间：2022年2月2日

期数：1期

时长：324分钟

在线播放平台：芒果TV、爱奇艺、腾讯视频、优酷、
　　　　　　　　bilibili、咪咕视频、其他

　　《中国梦·我的梦——2022中国网络视听年度盛典》由国家广播电视总局网络视听节目管理司指导，中国电视艺术委员会主办，于2022年2月2日在芒果TV、爱奇艺、腾讯视频、优酷等平台播出。节目围绕"中国梦，我的梦"主题，涵盖建党百年、北京冬奥、抗美援朝、疫情防控、脱贫攻坚、乡村振兴、中华优秀传统文化等多个题材，用创新性、富有时代特点和科技感的歌舞、朗诵、情景表演等艺术形式，全景式展现网络视听行业在习近平新时代中国特色社会主义思想指引下，倾情投入、用心创作的新作为、新风貌，激励全行业奋发进取共筑中国梦，以优异成绩迎接党的二十大胜利召开。

　　节目聚焦普通百姓的生活，把普通中国人的追梦故事搬上舞台，充分展现人民群众的获得感、幸福感、安全感。如守山大叔，作为地道的农民，凭着一副好嗓子红遍了各大网络平台；因短视频而被人们熟知的浙江温州农民夫妇彭小英和范得多、50后时尚奶奶团，用舞蹈、用走秀自信展现精彩自我；在猪肉铺里长大的小女孩云儿，和她的小伙伴们带来民族芭蕾舞《孔雀飞来》，此外，节目同时视频连线边境派出所民警、ICU护士、电网职工、战士、高速公路收费员、快递骑手等平凡岗位上的普通人，展现生活中每个温暖的角落和勇敢生活的普通百姓。

　　节目将中华优秀传统文化与现代时尚元素进行融合，赋予传统文化新的活力，凸显文化自信，令人耳目一新。歌舞《华夏》以说唱为本，以民乐赋彩，在传统的中国乐风中凸显悠悠华夏的千年神韵；歌舞《世间慢》融合普通话、四川方言、戏腔等不同唱法，颇具感染力；歌曲《阳光彩虹小白马》表现出传统乐器与民族唱腔的魅力；歌曲《Don't break my heart》让民乐与摇滚碰撞焕发新活力；《佳人戏》通过戏曲+歌曲的跨界融合，彰显百年戏曲之美，助力国韵创新传承；歌舞《蜀绣》尽显国风意境，带领观众一览国潮绣品的风采。

　　制作方面，节目突出技术与艺术的创新表达，采用360度圆形舞台，运用多维度特种设备拍摄，为舞台效果提供了更多的呈现手段。此外，虚拟与现实结合的视觉效果让观众眼前一亮。如，在"访谈+XR歌曲"《烟火星辰》中，《你是我的荣耀》的两位主演与现实中的航天工作者跨次元相遇，XR技术还原宇宙星海，为观者带来虚拟与现实世界之间无缝转换的沉浸感。

《声生不息·港乐季》

节目类型： 竞技选拔类
上线时间： 2022年4月24日
期数： 12期
时长： 110分钟左右
在线播放平台： 芒果TV

　　《声生不息·港乐季》是由国家广播电视总局网络视听节目管理司、港澳台办公室、香港中联办宣传文体部指导，湖南广播电视台、香港电视广播有限公司（TVB）联合出品的一档竞技选拔类节目，于2022年4月24日起在芒果TV、湖南卫视和香港翡翠台播出，共12期。作为一档献礼香港回归25周年的音乐类综艺，节目从"港乐"这一小切口折射大时代情怀，通过带领观众重温香港经典流行音乐乐章，搭建内地和香港两地观众的文化桥梁，加深两地人民同根同源、血浓于水的情感，见证新时代两地关系欣欣向荣的新景象、新篇章。

　　《声生不息·港乐季》节目以文化内涵打动人心，建立两地观众情感共鸣。节目从港乐的发展史讲起，在一曲象征香港精神的《狮子山下》中向观众述说音乐背后的文化记忆与精神力量，在一首首充满文化内涵的歌曲中传达中国文化精神，使得该节目比普通音乐类综艺更具厚重感，更耐人寻味浸透了香港音乐人深沉的爱国情怀与文化坚守，展现了80年代香港音乐人将中国文化推向世界的文化自信与自觉，这些展露出鲜明传统文化特色的乐曲，历经岁月风霜而传唱至今，让同根同源的两地同胞产生情感共鸣。节目以港乐史勾连时代记忆，建立两地观众交流纽带。节目中，林子祥、叶倩文、李克勤等著名香港歌手，以及《耀出千分光》《天若有情》《一生所爱》等不同年代经典曲目陆续登场，这些早已深入人心的乐章，与歌手、制作人们真情实感的背景叙述一并营造出浓厚的怀旧氛围，将观众带入到温情的集体记忆中，一同回顾对两地人民精神生活产生深刻影响的香港电影、香港流行乐黄金时代。同时，节目让普通观众以留言方式讲述与港乐相关的青春少年事，使节目摆脱"金曲捞"的单薄质感，而强化了音乐的故事感。如，节目的第一篇章以"愉快少年事"为主题，由观众投票留言选出《来生缘》《花火》等爱情、成长主题的经典曲目，真挚的留言与动人的演绎让个体生活经验与港乐发展史水乳交融，勾勒出内地和香港普通观众的青春记忆，让港乐真正成为两地人民特别是青年人相遇相知、情感互动的纽带。

《声生不息·港乐季》让港乐经典与时代相遇，让港乐发展史与两地人民对话，书写了一段熠熠生辉、血浓于水的民族文化史。乘着歌声的翅膀，香江的诗歌掷地有声、意蕴铿锵，新时代的内地和香港关系继往开来、承旧启新，同根同源的中华文化终将与历史的长河一并奔流入海、生生不息。

《这十年·追光者》（《这十年·追光之夜》）

节目类型：谈话讨论类（综艺晚会类）
上线时间：2022年8月3日（2022年10月14日）
期数：12期（1期）
时长：50分钟左右（90分钟）
在线播放平台：芒果TV

由国家广播电视总局网络视听节目管理司特别指导，芒果TV制作的综艺节目《这十年·追光者》于8月3日上线播出，每周更新1期，共12期。芒果TV、湖南卫视联合制作播出的主题晚会《这十年·追光之夜》于10月14日上线播出。作为《这十年》主题系列网络视听节目主要组成，节目以微观视角勾画十年伟大变革、以人民为中心展现十年巨变感受、以普通人奋斗故事彰显十年砥砺奋进，开启了为迎接党的二十大胜利召开营造浓厚氛围的周期。

综艺节目《这十年·追光者》以访谈为主的形式，将"这十年"设置成"时光记忆馆"，从青春视角、逐梦历程等维度，勾勒十年伟大的变革、彰显十年砥砺奋进。节目围绕为时代鼓与呼的主题主线，以榜样的力量放大主流价值的强大感召力，突出小故事的"微光"，照亮十年大事件的"聚光"，最终影响更多人"追光"。节目首期紧扣"精准扶贫"主题，聚焦十八洞村、下庄村、闽宁镇脱贫典型案例，用真实的镜头、感人的细节讲述精准扶贫改变乡村命运的故事。节目以"时代大事件"为背景，每期选取普通人奋斗过程中的闪光点和故事，聚焦各行各业领域的年轻追光者。如节目中以"下庄村年轻人纷纷返乡"为题设置悬念，展开讲述下庄村年轻人袁孝鑫、袁清松、黄梅的返乡经历，凸显有志青年纷纷返乡、反哺家乡的景象。

晚会《这十年·追光之夜》紧密围绕乡村振兴、粤港澳大湾区建设、生态文明、一带一路等时代主题及农业、航天、冬奥等多个垂直领域的突出成就，立体化呈现十年伟大变革和成果，致敬投身伟大事业的每一位追光者，节目内容有温度、有深度、有高度。节目以多样化的舞台表演形式，全景展现各领域中国成就。歌舞《美丽中国》以激昂的鼓声和歌声及极具民族特色的舞蹈服饰，呈现出美丽乡村新面貌和各民族欣欣向荣的美好生活；歌曲《星梦》搭配浩瀚蓝色星空，营造较强的意境美，让观众沉浸憧憬宇宙探索；舞蹈《强军出击》结合动感光影和高难度动作展现中国官兵精气神，有力彰显人民军队风采；情景舞蹈《西出阳关》以创新的沉浸式表演短剧和跨时空情景舞蹈秀，交叉缔合千百年来古今东西方文明交汇的丝绸之路，传播优秀历史文化和历史典故，彰显"一带一路"承前启后的必要性。

综艺节目《这十年·追光者》覆盖乡村振兴、生态文明、爱国奉献、文化自信等多个主题，勾勒十年伟大变革、展现十年感人瞬间、彰显十年砥砺奋进，与结尾综艺节目《这十年·追光之夜》共同升华"这十年"主题系列网络视听节目内涵。节目充分运用互联网思维，矩阵传播、全媒覆盖、借势出海，探索融合传播新实践。《这十年》节目类型矩阵丰富，主题上一脉相承，内容上互相支撑，类型上百花齐放，差异化传播精准触达各类群体；节目运用立体式排播方式，实现长短视频平台、电视台、IPTV、互联网电视全媒体传播、大小屏联动，极大延伸了受众圈层，用"大视听"传播理念推动正能量节目获得大流量；节目扎根本土、面向世界，借助中国国际服务贸易交易会等国际化平台，充分运用国家广播电视总局"电视中国剧场"等渠道，借势出海、走向全球，向世界讲好中国共产党的故事、讲好中国人民的故事，扩大认同中国之治、参与中国发展的"朋友圈"，让中国声音传得更远、传得更广。

《2022"中国节日"系列节目》(《七夕奇妙游》《中秋奇妙游》《重阳奇妙游》)

节目类型： 文化科技类

上线时间： 2022年8月3日、9月9日、10月3日

期数： 3期

时长： 80分钟左右

在线播放平台： 优酷

2022年，优酷相继上线播出"中国节日"系列节目《七夕奇妙夜》《中秋奇妙游》《重阳奇妙游》，该系列节目由河南卫视、优酷联合出品，围绕华夏文明、黄河文化等文化主题，通过创新艺术的表现形式，传递中华优秀传统文化魅力。节目以传统节日为切入点，传统文化结合传统习俗令观众感受灿烂悠久的中华文化魅力，极大地契合了当下观众对传统文化的美好想象，让中华传统文化可视、可闻、可感。

"中国节日"系列节目深入挖掘中国传统节日中的文化内涵，通过营造情景交融、虚实相生的意境，增添节目的沉浸感与代入感，刻画出精彩的中国故事，引发观众的情感共鸣。如七夕节的乞巧、染指甲；中秋的赏月、逛灯会；重阳的登高、采菊、采药，体现传统节日承载的意向与祝福，表达传统节日的文化深意，激发观众对传统文化的热爱。《中秋奇妙游》中的《戏·韵》从全新视角展现国家级非物质文化遗产传承人"靴子张""盔头李""绣娘"与京剧表演各派传承人，展示了戏曲舞台幕后的传统文化元素，体现文化自信。"中国节日"系列节目让中国的传统习俗在节目中全面细致地展现，让观众切身体会传统节日习俗，向观众传达传统节日的意义。

制作方面，"中国节日"系列节目把中国传统文化和现代创新科技（5G、AR、AI）融合起来，创新采用漫画、特效、剧情等形式，融合虚拟场景和现实舞台，为观众制造出身临其境的奇妙之感。如《中秋奇妙游》除了采用AR特级技术，还采用XR（扩展现实）特技，武术舞蹈《少林·功夫》以中岳嵩山少林寺壁画为原型，采用复活壁画的形式，并结合XR技术，呈现舞者进入壁画世界并与武僧过招的精彩画面。《重阳奇妙游》则采用"网剧+网综"的形式将节目与故事相结合，以传统文化为内核，通过传统与现代相互结合的形式，赋予传统节日多元化的表达形式。

《超有趣滑雪大会》

节目类型：游戏生存真人秀类
上线时间：2022年1月14日
期数：10期（分上、下）
时长：80分钟左右
在线播放平台：爱奇艺

　　《超有趣滑雪大会》是由爱奇艺出品的游戏生存真人秀类节目，于2022年1月14日起在爱奇艺上线播出，共10期。节目以冰雪运动为主题，通过艺人嘉宾与专业运动员趣味竞技的方式展示冰雪运动的魅力，激发观众对北京冬奥会的关注和期待。

　　节目创新融合冰雪体育项目与趣味游戏，以嘉宾间的趣味竞技消除观众对冰雪运动的陌生感和恐惧感，降低冰雪运动的参与门槛，力求使更多人对其产生兴趣，让"3亿人上冰雪"的美好愿景照进现实。节目组将滑雪、冰壶等冬奥会比赛项目与实现流行的VR技术、剧本杀等元素进行了创新融合，节目效果良好。如第一期节目中，众嘉宾戴上VR眼镜，以俯视视角进行雪上足球比赛，兼具趣味性与竞技性，让观众在捧腹的同时，对冰雪运动产生亲切感受；再如第五期节目中，节目组将趣味冰雪运动设置为推动剧本杀游戏进程的关键环节，对嘉宾提出了脑力和体力的双重考核，收获观众好评。

　　制作方面，节目整体节奏适当，从嘉宾实际运动水平出发，量体裁衣设置每期比赛项目，以养成的方式记录嘉宾从零基础新手到滑雪能手的成长过程，引导观众逐渐认识冰雪运动、爱上冰雪运动。

《闪闪发光的少年》

节目类型：谈话讨论类
上线时间：2022年1月20日
期数：7期
时长：20分钟左右
在线播放平台：央视频、bilibili

　　《闪闪发光的少年》是由央视频、良芸文化、云集将来联合出品制作的一档纪实谈话类综艺，于2022年1月20日起在央视频、bilibili联合播出，共7期。节目以总台记者王冰冰第一视角出发，探访韦筱圆、柯洁、陈芋汐等一众年轻运动员代表的日常生活与训练，全方位发掘每一位少年的"发光故事"，重塑青年群体精神文化的主流表达，激励国内年轻人勇敢追梦。

《闪闪发光的少年》以青年文化为切口，以讲好青春"发光故事"为载体，为青年群体提供精神文化探讨和输出的交流场地，重新定义少年榜样，以少年引领少年，用时代影响时代的方式，让年轻受众产生共鸣，弘扬青春正能量。如遗憾落选东京奥运会的韦筱圆坚持备战最后一秒，恪守永不言弃、坚守初心的体育精神，最终斩获十四届全运会女子个人全能冠军、首次世锦赛女子高低杠冠军；受哮喘和脊柱侧弯的伤病折磨，刘湘以惊人毅力勇敢前行，不断打破世界纪录；东京奥运会卫冕失败的袁心玥重拾信心，与队友一起砥砺前进。此外，节目创新破题体育综艺节目的表达，以年轻人语态同年轻人温暖对话，融合新闻纪实色彩与Vlog网感属性，让观众借助王冰冰的"眼睛"走进"发光少年"的训练场地、生活空间，以亲切、自然、平等的语态和运动员展开对话，运用沉浸体验的方式让荧幕前的观众感受运动员日常训练的辛苦与努力；同时，节目生活化、碎片化呈现王冰冰与发光少年的一天相处，向观众展现出发光少年们可爱率真、自然真实的另一面，让观众感受发光少年的反差萌，如韦筱圆收获王冰冰赠送的易烊千玺签名照后，喜悦之情溢于言表；节目录制中适逢刘湘也在进行个人Vlog拍摄，两人开启同框互采模式，并玩起了憋气游戏，轻松、娱乐的对话氛围进一步增添节目张力。

在制作传播上，节目更加注重年轻化的表达与传播，创新纪实类综艺节目的表达和呈现方式，以真实化、聚焦化的纪实性Vlog表现形式，让兼具新闻专业性和综艺亲和力的王冰冰充分发挥自身优势；"小而美"的节目内容搭配"短平快"的传播手段，贴近观众生活情景和观看习惯，有效、有力向青年群体传递积极向上的人生观与价值观。

《一往无前的蓝》

节目类型：生活体验真人秀类
上线时间：2022年2月19日
期数：10期
时长：100分钟左右
在线播放平台：腾讯视频

《一往无前的蓝》是由腾讯视频出品的一档消防体验真人秀节目，于2022年2月19日起在腾讯视频播出，共10

期。节目邀请6位嘉宾，作为"消防新生"前往当地的特色消防站点，与消防员们同吃同住同训练，学习消防救援技能，真实出警，共同经历消防生活。节目力图通过嘉宾视角，带领观众走进一线消防实况与生活日常，在彰显使命感和责任感的同时，记录消防英雄可爱平凡的一面，讲述温暖、有趣、动人的消防故事。

《一往无前的蓝》打造了一个全景式展现消防员群体的窗口，完整呈现出消防员的日常训练、业余生活等维度，以"消防新生成长记"为切口，通过平视的视角、沉浸式的参与感，让观众看到了消防"新生们"的工作生活环境，了解消防员成长的背后故事。训练伊始，"新生们"会对滑梯产生浓厚兴趣；在进行综合性体能训练时，新老同志之间会展开比拼；在日常生活中，大家会进行掰手腕等小游戏，交流整理内务的心得等。节目以多元内容增添了趣味性，降低了观众的观看门槛。同时节目通过多样化的方式拓宽消防知识的普及面。节目中穿插展示了灭火防护服、空呼、拉梯等消防装备的用途，在每个出警任务时也会详细介绍发生原因及处理方式。

在情节设置上，节目更加注重真实性以及对细节的把控。节目中，嘉宾褪去艺人光鲜亮丽的外表，不仅要与消防员们同吃同住，更要接受消防员的严格训练，参与真实消防工作的考验。从将宿舍的被子叠成"豆腐块"等细节，到听到警铃后在1分钟之内穿好消防服集合完毕等专业要求，消防救援站搭建了严格的考核机制和层层递进的训练体系，以专业消防员的标准来要求他们。嘉宾因为纪律意识不够，认为纠正站姿、整理着装都是小事而遭到批评；消防新生们反复多次练习穿越真火操、1分钟着装登车、高空绳索速降等，真正了解、走近、甚至走进消防员职业，以第一视角带领观众近距离了解消防员的生活，建立普通观众与消防英雄之间精神联结。

《春日迟迟再出发》

节目类型：生活体验真人秀类

上线时间：2022年2月23日

期数：14期

时长：110分钟左右

在线播放平台：芒果TV

《春日迟迟再出发》是由芒果TV出品的一档情感观察类真人秀节目，于2022年2月23日起在芒果TV播出，共14期。节目邀请八位结束婚姻、重新出发的男女，通过连续四个周末的短途"限定旅行"及周间与自己感兴趣的对象进行单线联络，真实展现离异人士的社交过程，折射当代社会的婚恋观念，旨在激发观众对婚姻生活的深层次思考，传达亲密关系需要双方维护的正向观念。

春日虽迟迟，出发仍未晚。《春日迟迟再出发》作为一档离婚再出发的婚恋纪实节目，以8位恢复单身的男女通过专属的周末"限定约会"，分享彼此过往的经历，探索再次心动的体验，真实地向观众呈现离婚后的心路历程和心动时的择偶标准，反映当代社会的婚姻现状和离婚人群的心态，引导观众思考自身的婚恋关系，传递正向的婚恋观念。节目在嘉宾选择上去艺人化、流量化，选取8位素人男女进行纪实观察，贴近普通人生活，更加接地气、富有烟火气；观察团成员承担婚恋话题观点输出、科普婚恋心理知识等作用，硬观点与软情绪相互结合，以不同视角解读婚恋关系，洞察离婚人群的社交现状和新型婚恋观，在丰富节目看点的同时，展现节目内容的社会价值。节目在表达上写实、细腻，感情真挚，素人嘉宾在旅途中逐步褪去自我保护，真诚袒露自己的过去和脆弱，打开心结，重拾爱和勇气。

在制作手法上，节目采取纪实手法展现离婚男女的社交历程，现实主义色彩浓厚，全方位展现成年人爱情真实面貌，刨析现实婚姻问题，引发观众共鸣与讨论；此外，节目以精准化的影像镜头表达契合主题，从外景、服装设计到后期字幕、花字、片花等各类元素，立体展现春日阳光与绿色盎然，升华春日意境，紧扣节目主调。

《一年一度喜剧大赛 第二季》

节目类型： 竞技选拔类
上线时间： 2022年9月23日
期数： 12期（分上、下）
时长： 140分钟左右
在线播放平台： 爱奇艺

《一年一度喜剧大赛 第二季》是由爱奇艺出品、米未传媒制作的竞技选拔类节目，于2022年9月23日起在爱奇艺上线播出，共12期。节目召集了25组青年喜剧人，通过数轮的创排展演来争夺"年度喜剧小队"的称号。

节目延续上一季的年轻化语态，引导选手们以青年群体的生活为中心进行创作，以欢笑消解烦闷，靠真情收获共鸣，数个作品火爆出圈，在网络上引起热烈讨论，如作品《黑夜里的脆弱》描绘了现代打工人熬夜加班时敏感丰富的内心活动；作品《排练疯云》真实再现了疫情居家线上办公时期的各种窘况；作品《再见老张》则改编自选手亲身经历，虚构出儿子婚礼当天已故父亲"附身"伴郎的奇妙境遇，让人笑中带泪。

　　在制作上，节目在服化道方面表现出较高的专业度，助力选手们的创作表达，为观众带来更为沉浸的视听体验。如作品《少爷和我》中，选手的表演与妆服相互搭配，引导观众落入对民国时期"少爷""管家"的固有印象，再通过反转实现喜剧效果，收获好评。

　　此外，本季节目除了素描喜剧外，还将漫才、黑场剧、偶剧、独角戏等多种艺术形式带到大众面前，尽可能多地满足各类人群的精神需求，为喜剧行业创新注入更多生命力。

4

网络纪录片、网播电视纪录片、
网播纪录电影

4.1　主要数据一览和研究发现

表4.1　2022年网络纪录片、网播电视纪录片、网播纪录电影相关主要数据一览表

类型	项目		数量
网络纪录片	全年上线数量		318
	其中	纪录长片	57
		纪录短片	122
		微纪录片	139
		系列纪录片	166
		续集纪录片	47
		衍生纪录片	19
		网络视听平台参与出品或制作的纪录片	115
		网台合作纪录片	31
		中外合作纪录片	19
		独播纪录片	176
		付费（会员权益）纪录片	120
		仅在网络视听机构播出纪录片	291
		海外传播纪录片	13
网播电视纪录片	全年上线数量		297
	其中	纪录长片	86
		纪录短片	153
		微纪录片	58
		系列纪录片	194
		续集纪录片	31
		付费（会员权益）纪录片	22
		先台后网播出的纪录片	277
		网台同播纪录片	20
网播纪录电影	全年上线数量		5

数据来源：监管中心统计数据2023.1

国家广播电视总局监管中心

2022年，全网共上线网络纪录片318部，独播作品占比过半、达176部；全网共上线网播电视纪录片297部，独播作品仅56部，占比不足两成；全网共上线网播纪录电影5部，独播作品1部。从作品数量来看，网络纪录片相比2021年（377部）虽略有下降，但整体仍保持稳扎稳打的势头，网播电视纪录片继续稳步提升，网播纪录电影降幅较多。

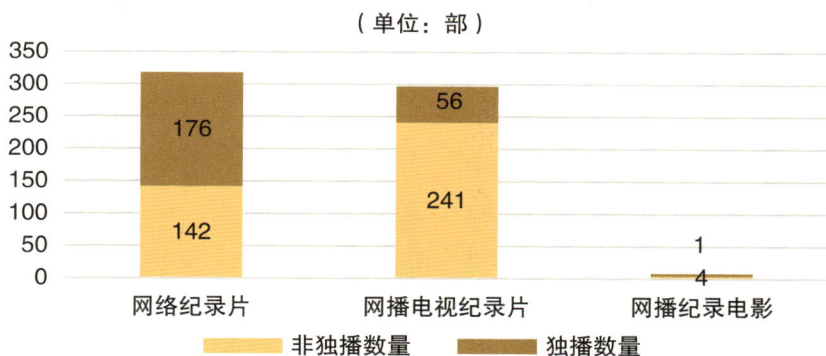

（单位：部）

数据来源：监管中心统计数据2023.1

国家广播电视总局监管中心

图4.1（1） 2022年网络纪录片、网播电视纪录片、网播纪录电影数量统计

播出平台方面，腾讯视频、bilibili为2022年网络纪录片上线数量最多的2家网络视听机构，近4年以来在网络纪录片传播数量上持续领跑；bilibili、央视网和央视频为网播电视纪录片上线数量最多的3个平台，且数量优势较为明显；网播纪录电影主要在咪咕视频、乐视视频进行传播。

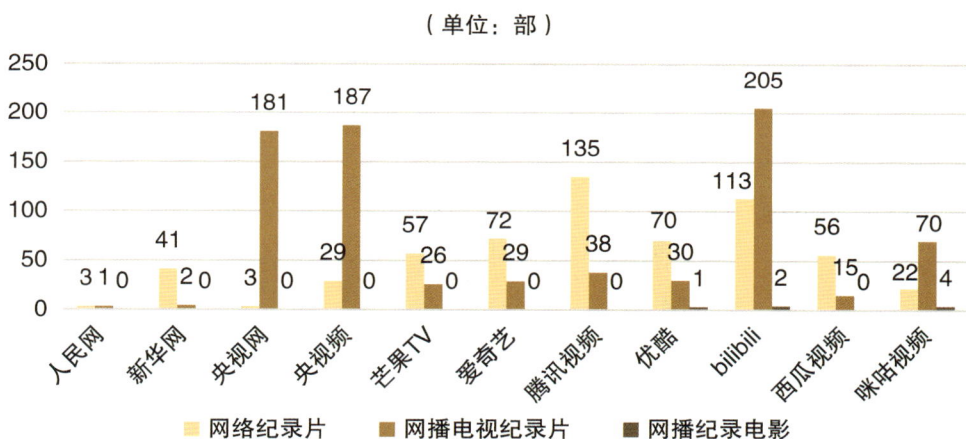

（单位：部）

数据来源：监管中心统计数据2023.1

国家广播电视总局监管中心

图4.1（2） 2022年网络纪录片、网播电视纪录片、网播纪录电影各平台上线数量统计

播出节奏方面，网络纪录片各月上线量较为接近，相对突出的为2月（35部）和9月（32部）；网播电视纪录片各月上线量走势波动相对较大，其中上线量最多的为1月（42部）、最少的为7月（8部）。总体来看，网络纪录片和网播电视纪录片在9月和10月均保持了较高的作品上线量，为二十大前后的宣传做好了充分准备。

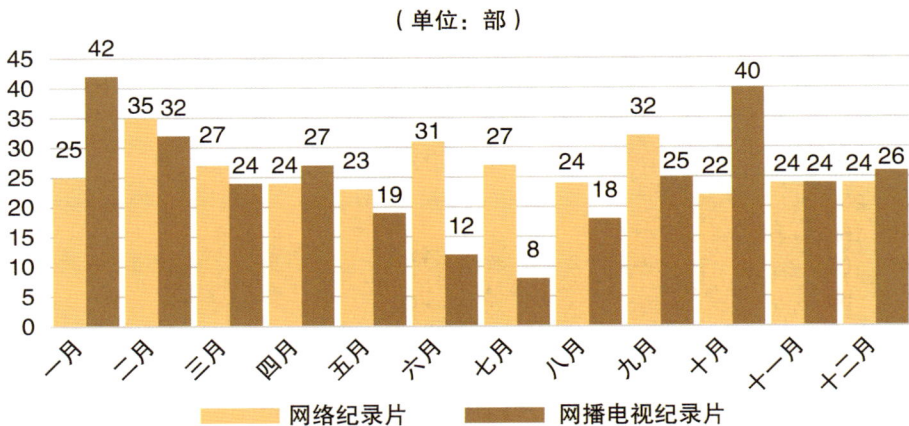

（单位：部）

数据来源：监管中心统计数据2023.1　　　国家广播电视总局监管中心

图4.1（3）　2022年网络纪录片、网播电视纪录片各月度上线数量统计

时长类型方面，2022年上线的网络纪录片和网播电视纪录片均以单集体量较小的纪录短片和微纪录片为主，这一趋势与2021年保持一致。具体来看，网络纪录片中更侧重于微纪录片，数量占比超过四成、为139部；网播电视纪录片则偏重于纪录片短片，数量占比超一半、达153部。

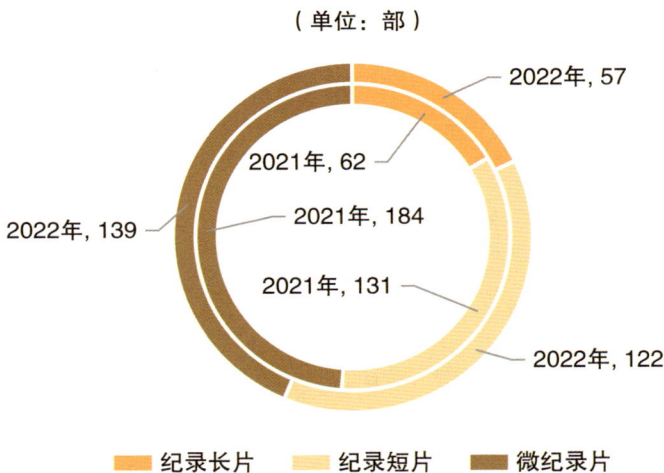

（单位：部）

数据来源：监管中心统计数据2023.1　　　国家广播电视总局监管中心

图4.1（4）　2021年至2022年网络纪录片各时长类型上线数量统计

（单位：部）

2022年, 58

2022年, 86

2021年, 48

2021年, 92

2021年, 127

2022年, 153

■ 纪录长片　　■ 纪录短片　　■ 微纪录片

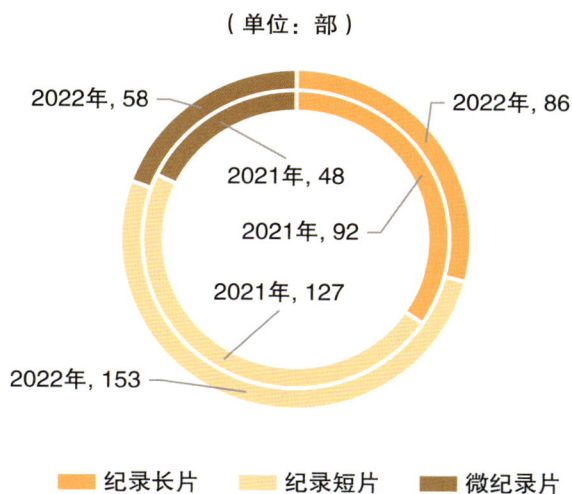

数据来源：监管中心统计数据2023.1　　　　　　　　　　　　国家广播电视总局监管中心

图4.1（5）　2021年至2022年网播电视纪录片各时长类型上线数量统计

4.2 网络纪录片

4.2.1 概貌

2022年，全网共上线播出网络纪录片318部，作品数量在经过连续两年大幅增加（2020年增加109部、增幅73%，2021年增加118部、增幅46%）以后，呈现出略有回落、总体稳定的态势。

（单位：部）

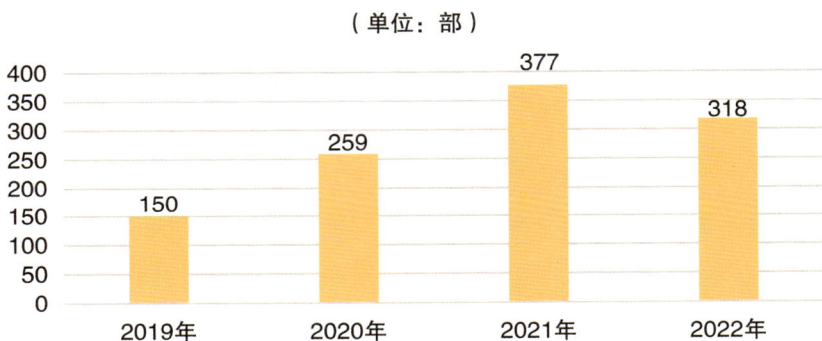

数据来源：监管中心统计数据2023.1

国家广播电视总局监管中心

图4.2.1　2019年至2022年新上线网络纪录片数量统计

表4.2.1　2022年网络纪录片代表性作品列表

序号	片名	播出平台	上线时间
1	守护解放西 第三季	bilibili	2022.01.07
2	我们村	西瓜视频	2022.01.12
3	但是还有书籍 第二季	bilibili	2022.01.20
4	冰雪Z世代	新华网、芒果TV、bilibili、西瓜视频、好看视频	2022.01.24
5	冬奥之约	新华网、芒果TV、腾讯视频、优酷、好看视频	2022.02.01
6	最美中国新春特别版：四季如歌	优酷	2022.02.01
7	过年的画	爱奇艺、腾讯视频、bilibili	2022.02.11
8	数字里的中国	bilibili、华数TV	2022.03.01
9	一次远行	腾讯视频	2022.03.17
10	与丝路打交道的人	芒果TV	2022.04.20

续表

序号	片名	播出平台	上线时间
11	雨林之子	腾讯视频	2022.04.20
12	人生第二次	央视网、bilibili	2022.05.19
13	英雄之路	bilibili	2022.05.23
14	我是你的瓷儿	bilibili	2022.06.11
15	舞台上的中国	bilibili	2022.06.15
16	守望秦岭	央视网、央视频、腾讯视频	2022.06.25
17	党的女儿 第二季	芒果TV、咪咕视频	2022.06.28
18	众神之地	bilibili	2022.07.11
19	亲爱的敌人	腾讯视频、优酷	2022.07.13
20	神奇的嫦娥五号	咪咕视频	2022.07.28
21	国医有方	优酷	2022.07.30
22	这十年	芒果TV、爱奇艺、腾讯视频、优酷、bilibili、西瓜视频、咪咕视频	2022.08.01
23	我到非洲去	爱奇艺、腾讯视频	2022.08.24
24	端牢中国饭碗	央视网、央视频、bilibili、咪咕视频	2022.08.29
25	闪耀吧！中华文明	优酷	2022.09.02
26	我们的新时代	新华网、央视网、芒果TV、爱奇艺、腾讯视频、bilibili、好看视频、咪咕视频、搜狐视频	2022.09.27
27	这十年·幸福中国	优酷	2022.10.12
28	不止考古：我与三星堆	bilibili	2022.10.20
29	航拍中国 第四季	央视网、央视频、咪咕视频	2022.11.07
30	风味人间4·谷物星球	腾讯视频	2022.11.24

数据来源：监管中心统计数据2023.1

国家广播电视总局监管中心

4.2.2 节目内容

4.2.2.1 整体印象

聚焦党的二十大主题，主旋律作品集中涌现，营造浓厚宣传氛围。2022年党的二十大胜利召开之际，一批记录人民心声、展现时代风貌、彰显中国气质的主旋律作品集中涌现，全年共计上线50部乡村振兴、全面小康、社会建设等主题主线类网络纪录片。这些作品充分发挥了"时代影像志"的作用，聚焦各个行业领域，描摹人民奋斗群像，反映新时代发展变迁，擘画国家建设新蓝图，共悟踔厉奋发时代精神，奋力书写主题宣传高分答卷，为党的二十大营造了良好氛围。

社会现实和文化艺术题材产量持续领跑，彰显温暖现实关怀、展现深厚文化底蕴。2022年，社会现实（76部）和文化艺术（74部）题材连续4年在作品数量上领跑。社会现实题材选题广泛，将社会议题"颗粒化"，在微观中凝视普通人的真情实感，用有温度的表达引发情感共鸣，为新时代留下真实鲜活、生动翔实的纪实影像；文化艺术题材挖掘文化遗产背后的传承故事，在多元路径中创新视角与表达，激发探源中华文明根脉的思考，让中华优秀传统文化发挥好烛照现实、抚慰人心的当代价值。

自然地理、体育和美食题材质量稳步提升。2022年自然地理（23部）、体育（26部）和美食（41部）题材网络纪录片质量稳步提升。自然地理题材在视觉效果上追求极致，在叙事表达中浸润温情，内容上侧重探究人与自然的关系，展示中国生物多样性保护成果，呈现和谐与共的生态之美；体育题材作品紧扣冰雪运动主题，在北京冬奥会期间集中上线，契合热点，用镜头记录难忘瞬间，将冬奥主题转化为弘扬民族精神的载体，传播效果良好；美食题材作品走进街头巷尾和田野深处，用地方特色美食串联饮食文化和人文故事，唤起味觉记忆抒发乡土之情。

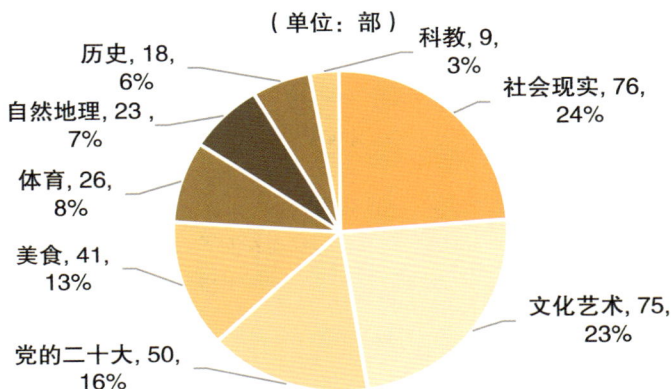

（单位：部）

科教，9，3%
社会现实，76，24%
文化艺术，75，23%
党的二十大，50，16%
美食，41，13%
体育，26，8%
自然地理，23，7%
历史，18，6%

数据来源：监管中心统计数据2023.1

国家广播电视总局监管中心

图4.2.2.1　2022年网络纪录片各题材类型上线数量统计

4.2.2.2　占比高、涵盖广，回顾党和国家历史成就，书写新时代人民奋斗征程

2022年共计上线50部与党的二十大相关的网络纪录片，党的二十大成为贯穿全年最重要的题材。这些作品主要讲述革命时期的历史故事，聚焦党的十八大以来党和国家在乡村振兴、全面小康、社会建设等各方面取得的历史成就，书写了中国人民感天动地的奋斗史诗，为党的二十大的胜利召开营造了良好舆论氛围。

延续前一年建党百年主题创作热潮，《宿北战役》《烈士颜阿兰》《果然意气是男儿》《追忆延安》《初心照耀红土地》等党史军史题材作品相继上线。这些作品通过再现战争历史、追忆革命英雄以及实地探访红色故居等形式，生动讲述党的历史，既发挥了"四史"的宣传教育作用，也在党的二十大召开之际激发观众强烈的爱党爱国情怀。

同时，相关作品紧扣2022年党的二十大这一核心主题，坚持以人民为中心的创作导向。《我们村》《我们的小村庄》《丰收的田野》《沸腾的故乡》等作品关注中国乡村变化，呈现脱贫攻坚和乡村振兴给农村带来的巨大变迁，描绘各族人民共赴小康的动人图景，记录新时代人民生活的幸福画卷；《十年家国十年心》《十年如一日》《这十年》以时间轴的叙事方式反映党和国家过去十年取得的重大成就，讲述中国政治、经济、文化等各领域的进步发展，用各行业人物的奋斗史反映中国巨变。例如，《这十年》以微观视角讲述时代变革，通过50位"十年见证者"的亲述，对比展现十年发展，用一个个微光个体投射出时代浪潮里积极向上、不懈进取的奋斗群像。鲜活的个体故事传递出深厚的家国情怀，人物的奋斗足迹印证出新时代的勃勃生机。这些作品在宏观的话题下描摹时代风貌，从微观的视角里反映百姓生活，为礼赞新征程、讴歌新时代留下了生动影像。

数据来源：监管中心统计数据2023.1   国家广播电视总局监管中心

图4.2.2.2 2022年党的二十大题材网络纪录片涉及国家发展成就关键词云图

表4.2.2.2 2022年上线播出的党的二十大题材网络纪录片代表性作品列表

序号	片名	播出平台	上线时间
1	我们村	西瓜视频	2022.01.12
2	丰收的田野	腾讯视频	2022.03.02
3	我们的村庄	bilibili	2022.03.26
4	党的女儿 第二季	芒果TV、咪咕视频	2022.06.28
5	这十年	芒果TV、爱奇艺、腾讯视频、优酷、bilibili、西瓜视频	2022.08.01
6	理解中国	腾讯视频、优酷、bilibili、西瓜视频	2022.08.26
7	端牢中国饭碗	bilibili	2022.08.29
8	超级数字工厂	优酷	2022.09.25

续表

序号	片名	播出平台	上线时间
9	思想的力量	央视网、央视频、爱奇艺、腾讯视频、优酷、bilibili、好看视频、搜狐视频	2022.09.26
10	我们的新时代	央视网、芒果TV、爱奇艺、腾讯视频、bilibili、西瓜视频、咪咕视频、好看视频、搜狐视频	2022.09.27
11	十年家国十年心	芒果TV	2022.09.29
12	这十年·幸福中国	优酷	2022.10.12
13	新时代答卷	芒果TV、爱奇艺、腾讯视频、bilibili、西瓜视频、好看视频、搜狐视频	2022.10.14
14	青春的火花	bilibili、西瓜视频	2022.10.14
15	初心照耀红土地	央视频	2022.12.26

数据来源：监管中心统计数据2023.1　　　　　　　　　　　　 国家广播电视总局监管中心

4.2.2.3　体育：冬奥期间应时上线，传递中华体育精神

2022年共上线体育题材作品27部，相比2021年（22部）增长23%。2022年初举办的第24届冬奥会为该题材提供了多样化素材，全年共上线冬奥会相关作品16部，占体育题材作品总量的六成。其中共计15部冬奥会相关的作品集中在冬奥会举办之时的第一季度应时上线，为盛会的召开营造浓厚氛围。

（单位：部）

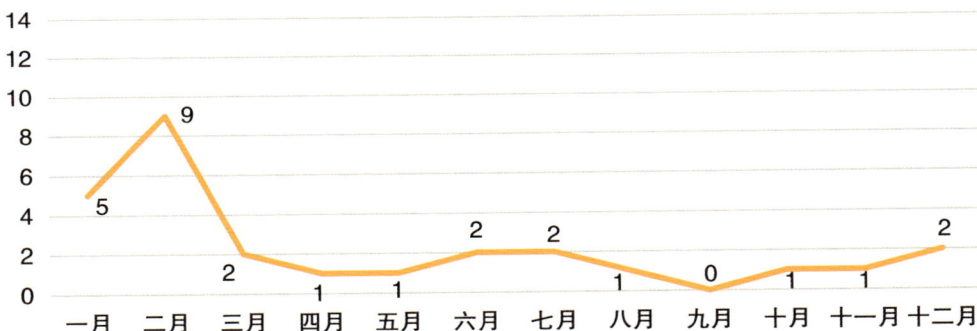

数据来源：监管中心统计数据2023.1　　　　　　　　　　　　 国家广播电视总局监管中心

图4.2.2.3（1）　2022年体育题材网络纪录片每月上线作品数量统计

在内容方面，体育题材的作品以幕后视角为切入点，讲述各行各业迎接冬奥会的生动场景，以冬奥人文故事为观众提供丰富的冬奥影像。这些作品通过对比赛场馆、冰雪运动以及对热爱运动的普通群众的关注，承担起深层次展示冬奥魅力的责任。如《闭环下的五环》记录志愿者、班车司机、专列乘务员等人群在赛事组织中的全力配合，致敬为中国冰雪事业无私奉献的幕后工作者们，侧面反映出全民参与冬奥会的热情；《点燃心中的美好》讲述各项人工智能技术在冰雪运动领域的精彩运用，不仅展

示了技术力量对科技冬奥的支持，也彰显了中国奥运强国背后科技大国的国际形象；《冰雪Z世代》聚焦一群来自不同地区、不同文化的青少年逐梦冰雪的故事，通过展示他们对梦想的热爱和追求，折射出阳光、自信、向上的社会风貌。

2022年的体育题材作品也起到了弘扬中华体育精神的良好作用，通过聚焦中国运动员的成长经历和训练故事，彰显奥运健儿自信自强、踔厉奋发、勇毅前行的意志品质。《少年志》《单板飞跃》等作品，通过关注苏翊鸣、张嘉豪等中国运动员的冬奥征程，展现他们突破极限、挑战自我的精神风貌，诠释中国冰雪健儿顽强拼搏的中华体育精神。

数据来源：监管中心统计数据2023.1　　　　　　国家广播电视总局监管中心

图4.2.2.3（2）　2022年体育题材网络纪录片涉及运动类型关键词云图

表4.2.2.3　2022年体育题材网络纪录片代表性作品列表

序号	片名	播出平台	上线时间
1	冰雪Z世代	新华网、芒果TV、bilibili、西瓜视频、好看视频	2022.01.24
2	打出众	爱奇艺、腾讯视频、bilibili、咪咕视频	2022.01.27
3	谷爱凌：我，18	腾讯视频	2022.02.02
4	冬奥华彩	爱奇艺、咪咕视频	2022.02.13
5	盛会华章	新华网、芒果TV、腾讯视频、bilibili、西瓜视频、好看视频	2022.03.02
6	沙漠中的绿茵场	爱奇艺	2022.12.19

数据来源：监管中心统计数据2023.1　　　　　　国家广播电视总局监管中心

4.2.2.4　文化艺术：表达元素丰富，内容生动可感

2022年共上线文化艺术题材网络纪录片74部，相比2021年（86部）有所减少。其

中衍生纪录片共20部，相较2021年（33部）数量及占比均有明显减少。

从节目内容上看，文化艺术题材结合丰富的表达元素，以"趣味性"和"科技感"赋予传统文化新的表达，让文化艺术更加立体、生动。如《但是还有书籍 第二季》继续延续第一季诙谐、幽默的基调，采用实景结合动画、投影拼贴等形式带领观众回归传统的阅读文化中。片中饶有趣味的小动画时不时穿插内容中，把书和人巧妙地联结在了一起，打通了书籍与现实世界的次元壁，文字也随之动了起来。《舞台上的中国》中不仅呈现了京剧、昆曲、皮影戏等中国传统的技艺，还将现代化的AR虚拟歌手与传统舞台相互碰撞，呈现出包容并蓄的中国文化。

文化艺术题材作品通过记录传统民俗、非遗技艺传承人的生活故事和精湛技艺，诠释了手艺人的坚守和使命，激发起观众对中华优秀传统文化传承与保护的思考。如《非遗有新人》将镜头对准了全国各地的新生代非遗传承人，讲述他们从入行到拜师学艺、从新人到不断进阶、从遭遇瓶颈到自我突破的故事，借人物成长故事透视非遗文化的血脉传承。《不止考古·我与三星堆》将镜头对准考古工作者，揭开小众职业的神秘面纱，通过还原文物发掘到修复的全过程，激发起观众对历史文化的思考。《与丝路打交道的人》《敦煌师父》等作品展现民间手艺人对传统技艺"择一事而终一生"的传承与守护，揭开传统文化、历史文物背后鲜活的故事。

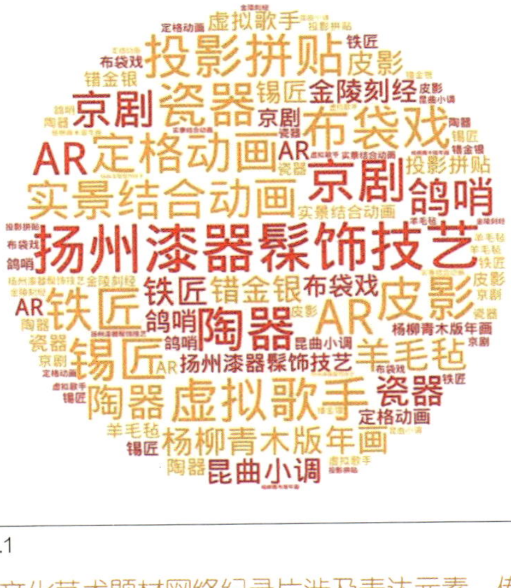

数据来源：监管中心统计数据2023.1　　　　　　　国家广播电视总局监管中心

图4.2.2.4　2022年文化艺术题材网络纪录片涉及表达元素、传统文化关键词云图

表4.2.2.4　2022年文化艺术题材网络纪录片代表性作品列表

序号	片名	播出平台	上线时间
1	寻找手艺 第四季	bilibili	2022.01.13
2	但是还有书籍 第二季	bilibili	2022.01.20

续表

序号	片名	播出平台	上线时间
3	过年的画	央视网、央视频、爱奇艺、腾讯视频、bilibili	2022.02.11
4	千古风流人物 第二季	爱奇艺、腾讯视频、优酷	2022.03.18
5	穿越时空的古籍	西瓜视频	2022.03.18
6	与丝路打交道的人	芒果TV	2022.04.20
7	陶王子	腾讯视频	2022.05.30
8	海派百工 第二季	bilibili	2022.06.05
9	我是你的瓷儿	bilibili	2022.06.11
10	舞台上的中国	bilibili	2022.06.15
11	非遗有新人	西瓜视频、好看视频、咪咕视频	2022.06.29
12	国医有方	优酷	2022.07.30
13	我们的清明上河图	腾讯视频、bilibili	2022.09.01
14	敦煌师父	腾讯视频	2022.09.07
15	不止考古·我与三星堆	bilibili	2022.10.20

数据来源：监管中心统计数据2023.1

国家广播电视总局监管中心

4.2.2.5 社会现实：作品选题包罗万象，充满人文关怀

2022年，全年共计上线76部社会现实题材的网络纪录片，比2021年(118部)减少36%。2022年社会现实题材作品进一步扩大了选题范围，涉及的社会议题囊括了老中青三代，也集中反映了特定身份人群的生活状态，以充满暖意的表达关照现实生活。

2022年社会现实题材作品选题包罗社会万象，从多角度、多层面记录生活百态，通过对不同群体的描摹呈现时代轮廓，以饱含人文关怀的内容引发观众强烈共鸣。《燃点：创业不停下》《无穷青年》聚焦青年群体的创业历程，展示他们"创业不停"的坚持和热爱，记录他们不断向前的态度和努力；《万分之六的人生》《烟火里的大爱》《大象出没的地方》讲述癌症、罕见病人群与疾病抗争的故事，真实还原病患求医的酸甜苦辣，折射背后的社会现状，发现隐于平凡的治愈与温暖；《秃然发生：一个被凝视的男人的世界》《近视时代》从脱发、近视等议题出发，展现当前时代下的"社会横切面"，搭建起人与人相互理解的桥梁；《人生第二次》用多方视角记录普通人在人生决定性瞬间的选择，刻画他们直面生活风暴时的勇气和坚韧，唤醒更多人重燃生活的信心和勇气；《守护解放西 第三季》《大美边疆·人物故事》《医问》《闪闪发光的少年 第二季》等作品，关注警察、边防战士、医生、体育冠军等特定群体，充分展现他们特有的职业魅力，讲述他们背后的付出和担当，多元化定义榜样的力量。这些作品以新潮的视角、温暖的表达、真实的情感，讲述一个个平凡与不凡的人生，传递积极向上、热爱生活的人生态度。

数据来源：监管中心统计数据2023.1　　　国家广播电视总局监管中心

图4.2.2.5　2022年社会现实题材网络纪录片涉及职业、话题关键词云图

表4.2.2.5　2022年社会现实题材网络纪录片代表性作品列表

序号	片名	播出平台	上线时间
1	守护解放西 第三季	bilibili	2022.01.07
2	真实生长	腾讯视频	2022.02.24
3	铁铁的小尾巴	腾讯视频、优酷、乐视视频	2022.02.28
4	漫画一生	芒果TV、爱奇艺、腾讯视频、优酷、bilibili、西瓜视频、西瓜视频	2022.03.24
5	了不起的妈妈	腾讯视频	2022.04.21
6	我不是英雄	芒果TV、爱奇艺、腾讯视频、优酷、bilibili、快手、搜狐视频、咪咕视频	2022.05.01
7	奋斗湾区·不负青春	爱奇艺、腾讯视频、西瓜视频	2022.05.04
8	成为妈妈	腾讯视频	2022.05.08
9	人生第二次	央视网、bilibili	2022.05.19
10	近视时代	腾讯视频、bilibili	2022.06.05
11	大象出没的地方	腾讯视频	2022.06.08
12	亲爱的敌人	腾讯视频、优酷	2022.07.13
13	医问	优酷	2022.12.26
14	坏爸爸 好爸爸	腾讯视频	2022.12.16
15	闪闪发光的少年 第二季	央视频、bilibili	2022.12.16

数据来源：监管中心统计数据2023.1　　　国家广播电视总局监管中心

4.2.2.6　自然地理：用技术扩展影像表达方式，传递生态文明理念

2022年的自然地理题材网络纪录片共计上线播出23部，相较2021年（28部）在数

量上有所回落、质量稳定。

相较于其他题材作品而言，自然地理题材在制作方面使用的技术最为多样且持续升级，尤其在摄影技术、声音等方面，用技术美学为观众创造了更为丰富精彩的视听体验。如《万物之生》融合了"8K全流程制作+杜比全景声+8K VR"前沿技术，生动捕捉到众多鲜为人知的微生物、植物和动物，还原了云南生物多样性之美；《航拍中国 第四季》采用8K超高清记录并结合空中俯瞰、微观透视、水下摄影等拍摄手法，以多样视角带领观众领略祖国壮美山河，在不同镜头的切换中全方位、立体化展示中国历史人文景观、自然地理风貌及经济社会发展变化。该题材不少作品侧重于以人为核心去探究人与自然和谐共生的关系，在展现中国独特生态之美以及生物多样性保护显著成果的同时，用影像生动诠释了"生态兴，则文明兴"的生态文明建设理念。如《众神之地》通过跨越中国四种不同的生态系统，探寻亚洲象、白海豚、野牦牛、东北虎这四种被称为中华神兽且令人敬畏的动物，讲述它们与自然、与人类的故事，探讨人、动物、自然三者和谐共生之道，展现了中国在生态保护中的智慧与成果。《与象同行》从观察人与自然关系视角出发，讲述云南野生亚洲象"短鼻家族"北移南归的故事，生动还原亚洲象群北移和南返的曲折过程，展现了中国在保护生物多样性方面所做的努力。

数据来源：监管中心统计数据2023.1　　　　　　国家广播电视总局监管中心

图4.2.2.6　2022年自然地理题材网络纪录片涉及动物、地域关键词云图

表4.2.2.6　2022年自然地理题材网络纪录片代表性作品列表

序号	片名	播出平台	上线时间
1	万物之生	bilibili、咪咕视频	2022.03.21
2	雨林之子	腾讯视频	2022.04.20
3	王朝 第二季	bilibili	2022.05.28

序号	片名	播出平台	上线时间
4	恐龙：最后一日	西瓜视频	2022.06.10
5	守望秦岭	央视网、央视频、腾讯视频	2022.06.25
6	众神之地	bilibili	2022.07.11
7	与象同行	芒果TV、爱奇艺、腾讯视频、bilibili、咪咕视频	2022.08.12
8	湿地上的城市	新华网、bilibili、西瓜视频	2022.10.03
9	航拍中国 第四季	央视网、央视频、咪咕视频	2022.11.07
10	我们的生物多样性——卓乃湖	bilibili	2022.11.26

数据来源：监管中心统计数据2023.1　　　　　　　　国家广播电视总局监管中心

4.2.2.7　美食：深入街头巷尾，以地方特色尽显人间烟火

2022年的美食题材网络纪录片共计上线41部，相较2021年（48部）减少15%，数量有少许波动。其中，续集共计12部，占比近三成，跟上年相差不大，仍为网络纪录片各题材数量之最。

2022年的美食题材作品体现出较强的地域性，多部作品通过地方特色美食把当地饮食文化和人文故事串联起来，讲述充满家乡味道的美食故事，展示百姓身边的人间烟火。如《早餐中国 第四季》以热气腾腾的早餐为主题，探寻云南、河北、陕西、贵州等全国各地街头巷尾的30种美味早餐，通过美食讲述30个主人公的人生故事，用真实、朴实、平凡的故事成功将中国普通大众与早餐文化紧密连接，展现了充满温情的烟火气息。又如《新疆滋味》《湘辣香辣》《圈粉食刻》《美食令》分别聚焦新疆、湖南、广西、云南等地的特色美食，并通过人文故事唤醒属于当地的味觉记忆，展现不同地方的风土人情、人生百态，让观众感受到平凡人的生活热情。《念城味》《拿一座城市下酒》《一面之词》等作品也以不同城市为背景，带领观众去探寻不同城市的专属美味，展示不同城市的美食魅力。

此外，2022年的美食作品延续了2021年各大美食IP的影响力，接连推出多部新作，预示美食纪录片已逐渐成为品牌化的成熟类型。如《早餐中国 第四季》《街边下饭魂》《风味人间4·谷物星球》《新疆滋味》等作品分别作为"一日之食""下饭魂""风味""逃不掉的B站美食纪"四大IP的新一季内容，极大程度地满足不同网民的观看需求。其中《风味人间4·谷物星球》延续前作影响力，一上线便赢得了口碑与热度的双丰收。该片主要以全球谷物为主题，带领观众踏遍世界各地，探寻谷物与人类息息相关的故事，展现了谷物在全球各地的不同风貌，也让观众在诗意般的视听盛宴中，感受食物美学中的生活哲学，收获心灵慰藉和情感共鸣。

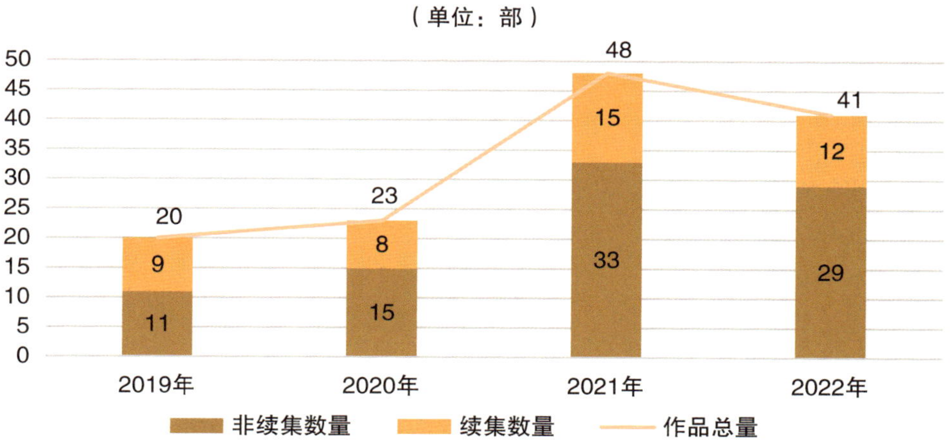

（单位：部）

数据来源：监管中心统计数据2023.1　　　　　　　　国家广播电视总局监管中心

图4.2.2.7（1）　2019年至2022年美食题材网络纪录片非续集数量、续集数量、作品总量统计

数据来源：监管中心统计数据2023.1　　　　　　　　国家广播电视总局监管中心

图4.2.2.7（2）　2022年美食题材网络纪录片涉及食物关键词云图

表4.2.2.7　2022年美食题材网络纪录片代表性作品列表

序号	片名	播出平台	上线时间
1	一面之词	芒果TV、腾讯视频、优酷、bilibili、搜狐视频、1905电影网	2022.03.22
2	湘辣香辣	爱奇艺、bilibili	2022.04.18
3	新疆滋味	bilibili	2022.05.12

续表

序号	片名	播出平台	上线时间
4	美食令	爱奇艺、腾讯视频、优酷	2022.06.02
5	下饭江湖 第二季	爱奇艺	2022.07.27
6	宵夜江湖 第二季	爱奇艺、腾讯视频	2022.09.13
7	送你一桌味	爱奇艺	2022.11.04
8	早餐中国 第四季	腾讯视频	2022.11.07
9	街边下饭魂	爱奇艺	2022.11.23
10	风味人间4·谷物星球	腾讯视频	2022.11.24

数据来源：监管中心统计数据2023.1　　　　　　　　　　　　　国家广播电视总局监管中心

4.2.3 制作传播

4.2.3.1 国际合作

2022年以中外合作方式产出的网络纪录片共19部，相较2021年（23部）减少了17%。从合作形式来看，国内机构更加侧重在出品方面的努力，境外机构则在制作层面参与的更多。从参与机构的数量来看，相比2021年国内机构数量有所增加，国外机构略有减少，但是机构数量近三年表现稳定。

（单位：部）

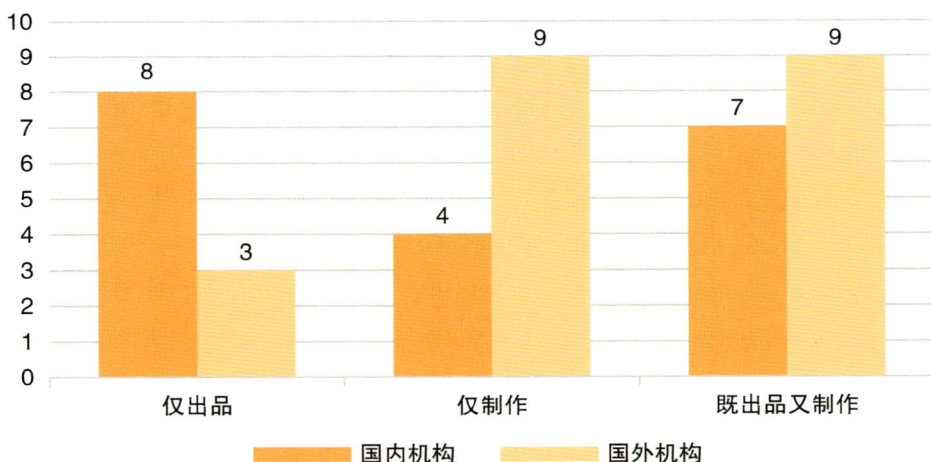

数据来源：监管中心统计数据2023.1　　　　　　　　　　　　　国家广播电视总局监管中心

图4.2.3.1（1）　2022年网络纪录片中外机构合作方式统计

（单位：部）

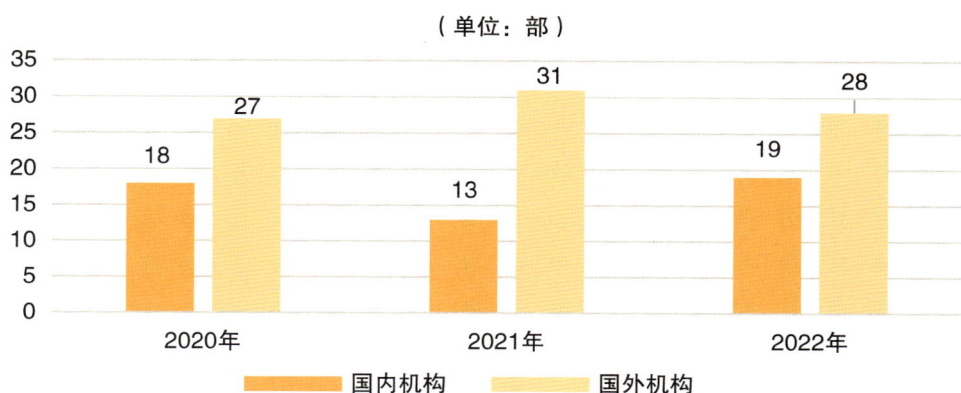

数据来源：监管中心统计数据2023.1

国家广播电视总局监管中心

图4.2.3.1（2）　2020年至2022年中外合作国内、国外机构数量统计

　　从国内具体的机构来看，腾讯视频、优酷、bilibili 等网络视听机构继续成为中外合作中的主流，且参与作品数量持续增长，共参与13部作品，占比近七成；专业机构参与作品数量逐年减少，2022年减量颇为明显，减幅超七成；其他机构参与产出的作品数量有明显提升，2022年达10部。国外机构近三年参与产出的作品数量变化不大，以Discovery（探索传媒集团）、BBC Studios（英国广播公司工作室）等老牌海外机构作为主要力量。

（单位：部）

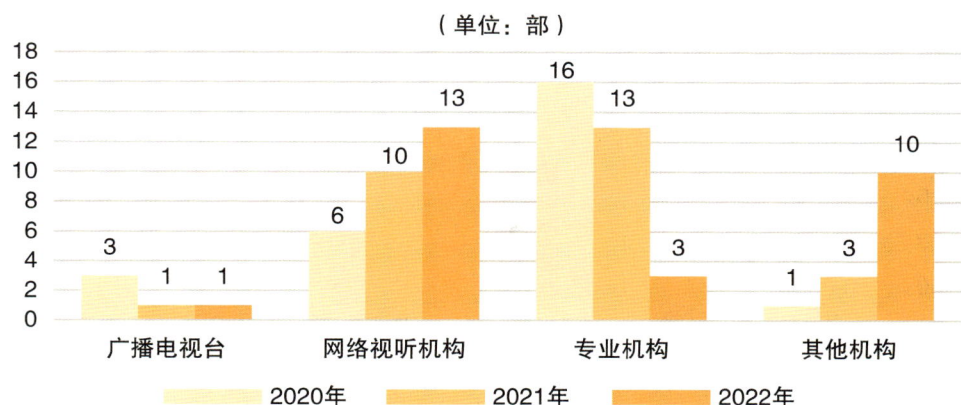

数据来源：监管中心统计数据2023.1

国家广播电视总局监管中心

图4.2.3.1（3）　2020年至2022年网络纪录片中外合作的中方机构分类统计

表4.2.3.1　2022年中外合作代表性作品列表

序号	片名	播出平台	上线时间
1	最美中国新春特别版：四季如歌	优酷	2022.02.01
2	探索中国奶粉新高度	bilibili	2022.02.22
3	数字里的中国	bilibili、华数TV	2022.03.01

序号	片名	播出平台	上线时间
4	追"球"	爱奇艺、腾讯视频、优酷、bilibili、西瓜视频、好看视频	2022.05.28
5	王朝 第二季	bilibili	2022.05.28
6	恐龙：最后一日	西瓜视频	2022.06.10
7	舞台上的中国	bilibili	2022.06.15
8	投中那颗Logo Shot	腾讯视频	2022.06.21
9	家有恶猫 第二季	腾讯视频	2022.09.24
10	唐卡画师之乡	腾讯视频	2022.09.29
11	竞技星球	优酷	2022.10.03
12	科学未解之谜	bilibili	2022.10.12
13	筑梦——献给中德建交50周年	央视频	2022.11.04
14	未来漫游指南	bilibili	2022.11.16
15	数智纪	新华网、央视网、bilibili	2022.11.18
16	双城之战：天堑	腾讯视频、bilibili	2022.11.21
17	决胜荒野 第三季	bilibili	2022.11.24
18	史诗女武将·妇好	bilibili	2022.11.25
19	宝藏	中国新闻网	2022.12.23

数据来源：监管中心统计数据2023.1　　　　　　　　　　　国家广播电视总局监管中心

4.2.3.2　播出平台

（单位：部）

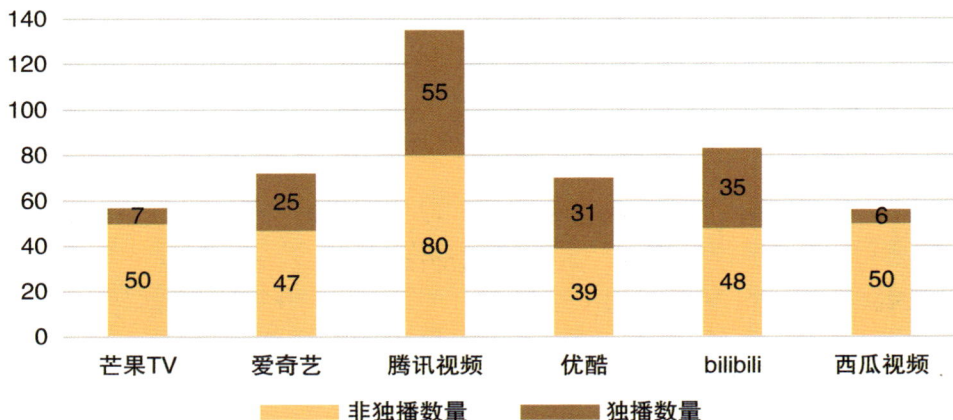

数据来源：监管中心统计数据2023.1　　　　　　　　　　　国家广播电视总局监管中心

图4.2.3.（1）　2022年网络纪录片各主要视听平台上线数量统计

　　芒果TV 2022年共上线网络纪录片57部，相比2021年（85部）总量有所回落，其中独播作品7部，为近4年数量最少。2022年，芒果TV 集中力量搭建主旋律作品的宣传阵营，在平台纪录片板块长期将党的二十大题材作品推至首页首屏或放置在精选专区，大大提高了作品的曝光度，如《这十年·向未来》以当事人亲口讲述"十年变迁"的体会和感受，其站内播放总量超过10亿，获得网民认可。此外，芒果TV 还积极投身主旋律作品的创作，其参与制作的党的二十大题材作品量超过其他网络视听平台，且作品得到了观众的认可。如由芒果TV 参与出品的讲述党的十八大以来普通百姓生活变迁的《这十年》，其在微博相关话题阅读量超2亿。《十年家国十年心》以沉浸式剧情与和纪实故事相结合的手法，讲述100位普通人的奋斗故事，获得大量网民点赞。

（单位：部）

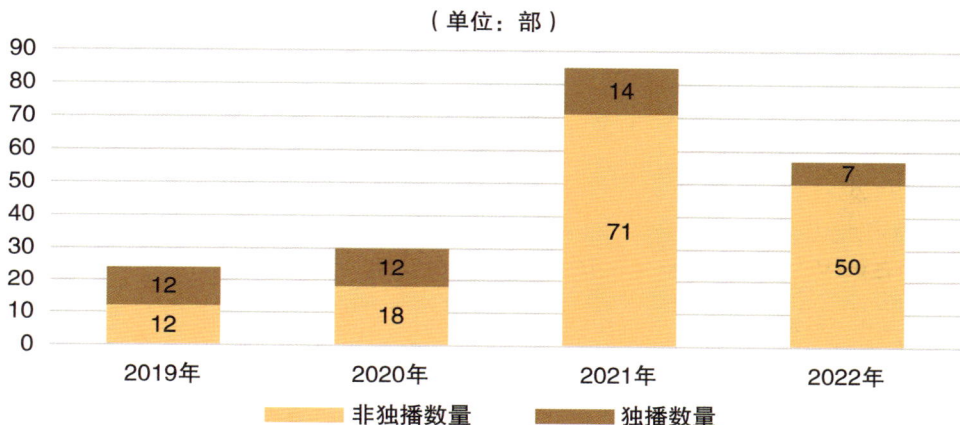

数据来源：监管中心统计数据2023.1　　　　　　　　　　国家广播电视总局监管中心

图4.2.3.2（2）　芒果TV 2019年至2022年上线播出的网络纪录片数量统计

爱奇艺2022年共上线网络纪录片72部，相比2021年（135部）减少47%，独播作品25部，同比减少55%，是缩减幅度最大的网络视听平台。2022年，爱奇艺的页面布局调整较大，目前网页端"纪录片"栏目为折叠状态，与之作品数量的减少有一定关系。

（单位：部）

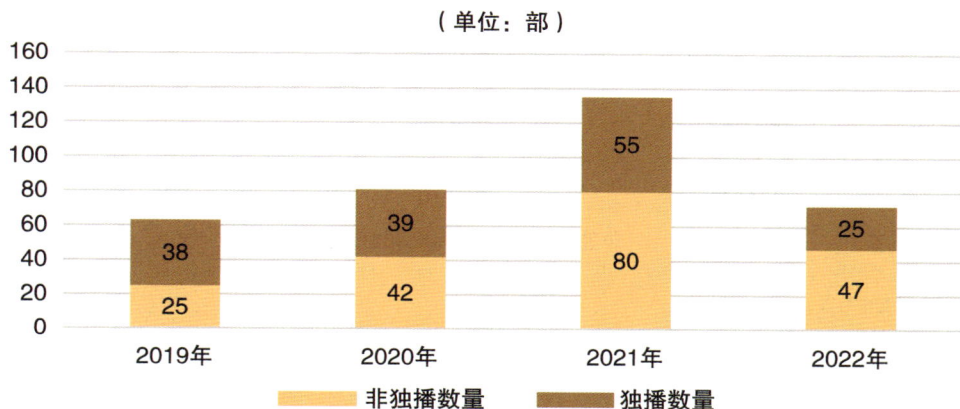

数据来源：监管中心统计数据2023.1　　　　　　　　　　国家广播电视总局监管中心

图4.2.3.2（3）　爱奇艺2019年至2022年上线播出的网络纪录片数量统计

爱奇艺2022年上线播出的美食题材作品共计21部，在数量上高于其他网络视听平台，同时也是该平台中数量最多的题材类型。爱奇艺在2022年的网络纪录片中重点聚焦市井特色美食，通过在生活场景中呈现烟火滋味，还原寻常生活中的世俗味道，深挖美食背后的人文意义。如《湘辣香辣》用系列短剧的形式，展示湘菜的独特魅力与饮食文化，呈现活色生香的湖南生活；《下饭江湖 第二季》用丰富的美食画面刺激舌尖味蕾，讲述美食江湖给人带来的极强的体验感；《街边下饭魂》另辟蹊径，将目光聚焦"市井灵魂"——"路边摊"，用味道拼凑城市记忆。

（单位：部）

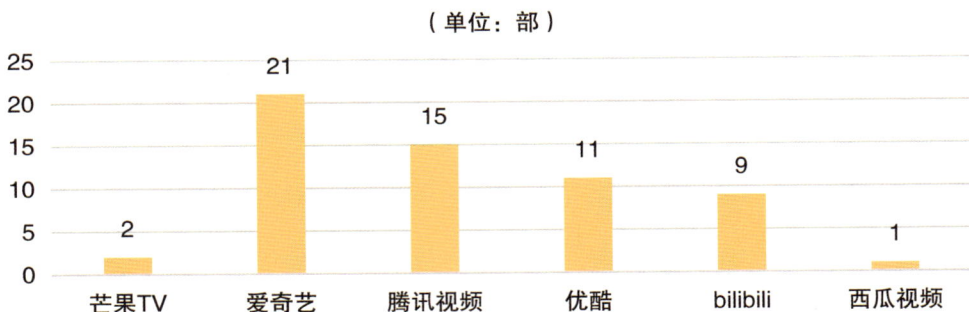

数据来源：监管中心统计数据2023.1　　国家广播电视总局监管中心

图4.2.3.2（4）　2022年美食题材网络纪录片各主要视听平台上线数量统计

2022年腾讯视频共计上线135部作品，其中独播作品 55部，这两项数据连续4年领跑各网络视听平台。

（单位：部）

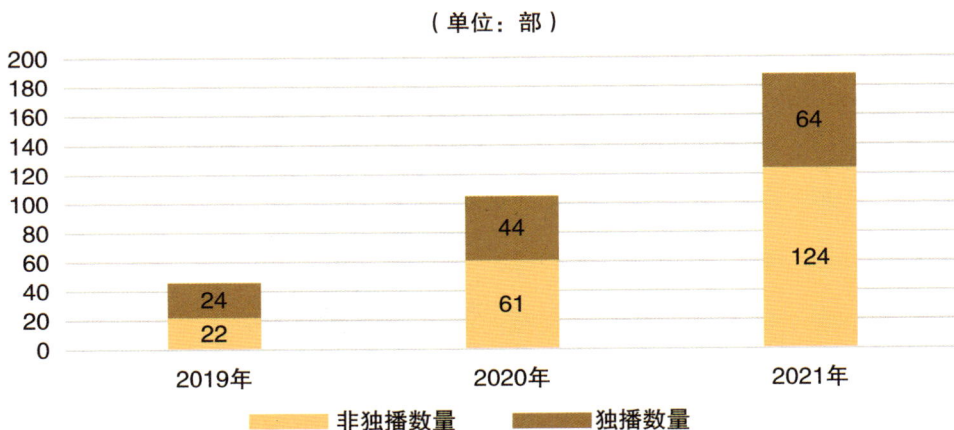

数据来源：监管中心统计数据2023.1　　国家广播电视总局监管中心

图4.2.3.2（5）　腾讯视频2019年至2022年上线播出的网络纪录片数量统计

近几年腾讯视频不断调整平台内容上的布局，从2019年发力美食IP至今，其重心已逐步转移打造平台推出的"人间真实"系列为主，通过关注到社会的不同切面，引发观众的强烈共鸣。如《一次远行》是一部中国留学生海外生存实录；《真实生长》记录95后少年的成长故事；《了不起的妈妈》将镜头对准亲子关系中"妈妈"这个角色；《大象出没的地方》以跟拍儿童医院的日常为主要内容，以普通人直面人生命题时的生活态度，传递出向上的正能量。

2022年腾讯视频共参与出品制作36部作品，亦成为各视听平台中制作参与度最高的平台。这些作品题材涉及广泛，尤其以社会现实和文化艺术数量为最多，部分作品也收获了观众较好口碑。如《亲爱的敌人》以律师的视角理性探讨婚姻生活，该片在微博上的话题阅读量接近2亿，引发网民热议。

（单位：部）

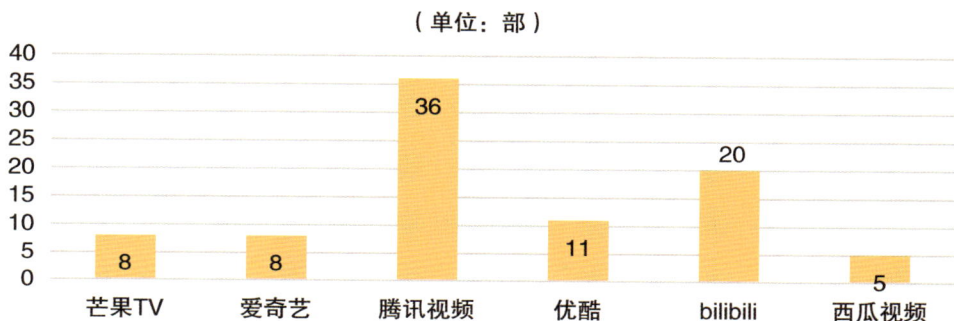

数据来源：监管中心统计数据2023.1

国家广播电视总局监管中心

图4.2.3.2（6）　2022年主要网络视听平台参与制作的网络纪录片数量统计

2022年优酷共计上线70部作品，总量与上年相比下降34%,其中独播作品31部，与上年持平，保持稳定输出。

从作品题材来看，优酷在2022年实现了对所有题材的全覆盖，但题材分布上差异较大。其中文化艺术和社会现实各有15部，科教和自然地理分别仅有1部。在传播方面，党的二十大和历史题材作品数据可观，如采用历史演绎与真实记录相结合的手

（单位：部）

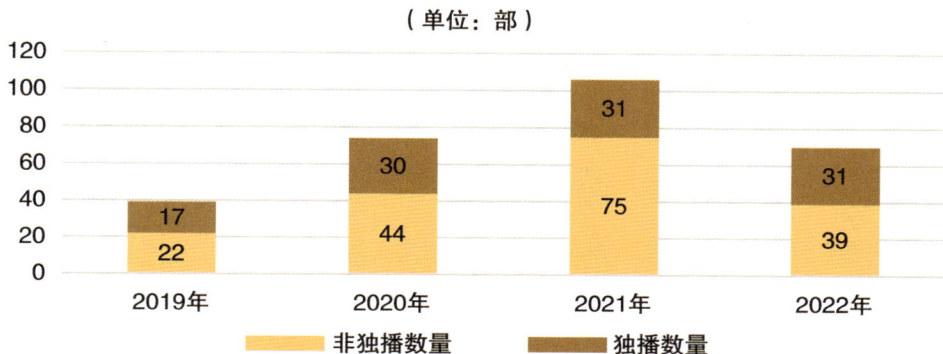

数据来源：监管中心统计数据2023.1

国家广播电视总局监管中心

图4.2.3.2（7）　优酷2019年至2022年上线播出的网络纪录片数量统计

法，展现这10年各领域发展日新月异的《这十年·幸福中国》，其在微博上有10余个相关话题，并借助24位文艺工作者在微博上的联合推荐，话题的阅读总量超过1亿，尤其在党的二十大召开前后迎来了传播小高潮；《闪耀吧！中华文明》以推理探索的方式寻找中华文明的高光时刻，与观众共同解读中华五千年文明，作品单个微博话题讨论量接近4亿，同时该作品在2022年入选国家广播电视总局"网络视听精品节目"名单，获得了较高口碑和广泛认可。

bilibili 2022年共上线网络纪录片113部，其中独播作品35部，相比2021年总量下降但独播量有所增长，是唯一一个独播量增长的平台。从作品类型来看，2022年bilibili成为上线党的二十大题材作品数量最多的平台，同时该题材作品数量也是bilibili上线所有题材数量之最，可见其侧重点主要聚焦在主旋律作品的传播上。不仅如此，这些主旋律作品在平台本身也收获了较多的关注。《再会长江》讲述日本导演竹内亮十年后重走长江之行，真切感受长江及其沿岸10年巨变的故事，作品站内播放量超百万；《我们的村庄》聚焦多种农村养殖业，展现广大农村新时代的新风貌，作品站内播放量超千万。值得一提的是，bilibili在2022年创作网络纪录片的热情上也非常高涨，共计参与出品制作20部作品，且在传播方面表现不俗，收获了口碑和热度双高。如《人生第二次》在开播之际引发网民的热烈讨论，其温暖治愈的故事引发了观众的强烈共鸣；《守护解放西 第三季》通过深度展示长沙核心商圈城市警察的日常工作，以质朴和真实的镜头打动网民。两部作品不仅豆瓣评分均在9分以上，"纪录片人生第二次""守护解放西"等多个相关微博话题登上热搜，话题阅读量均过亿。

（单位：部）

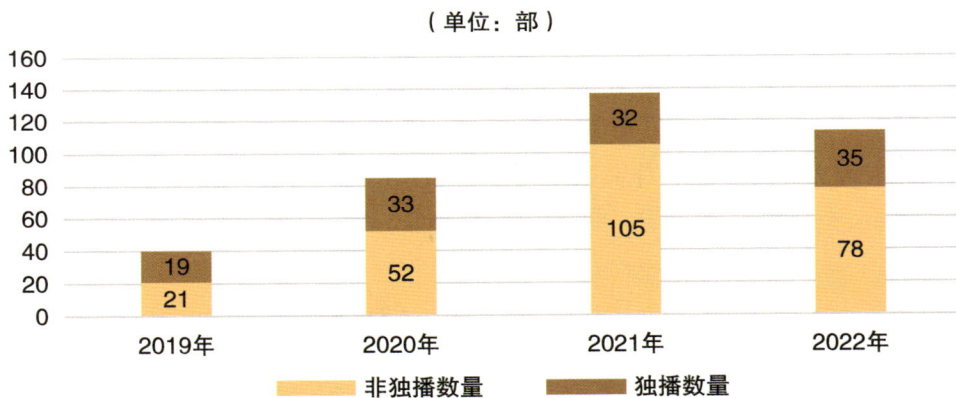

数据来源：监管中心统计数据2023.1　　　　　　　　　　　　国家广播电视总局监管中心

图4.2.3.2（8）　bilibili 2019年至2022年上线播出的网络纪录片数量统计

西瓜视频2022年共上线网络纪录片56部，相较2021年（81部）减少了31%，整体数量有所下降，独播作品6部，占比11%，相较2021年（7%）仍在逐渐增加。此外，该平台上线的网络纪录片仍以微纪录片为主，占比近七成，跟2021年相差不大。2022

年西瓜视频在减量保质的情况下推出了多部较为优秀的作品，如以年轻化视角呈现"小城中青年奋斗者"原生乡村环境的《我们村》《我们村 第二季》，以叙述视角展现中国古代文化源远流长与包容魅力的《穿越时空的古籍》，以通俗叙事与艺术呈现相结合的形式为大众带来科学文化解读的《恐龙：最后一日》。

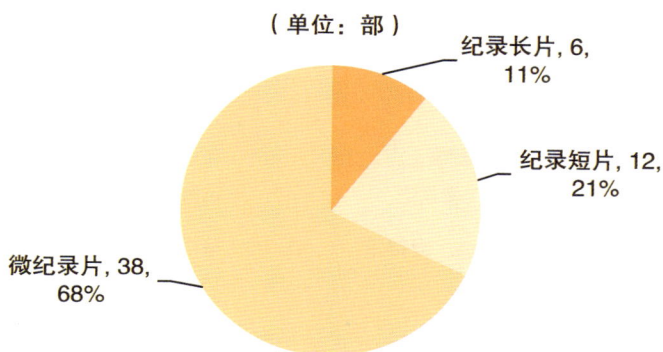

（单位：部）

纪录长片, 6, 11%
纪录短片, 12, 21%
微纪录片, 38, 68%

数据来源：监管中心统计数据2023.1　　　　　　　　　国家广播电视总局监管中心

图4.2.3.2（9）　西瓜视频2022年网络纪录片各时长类型上线数量统计

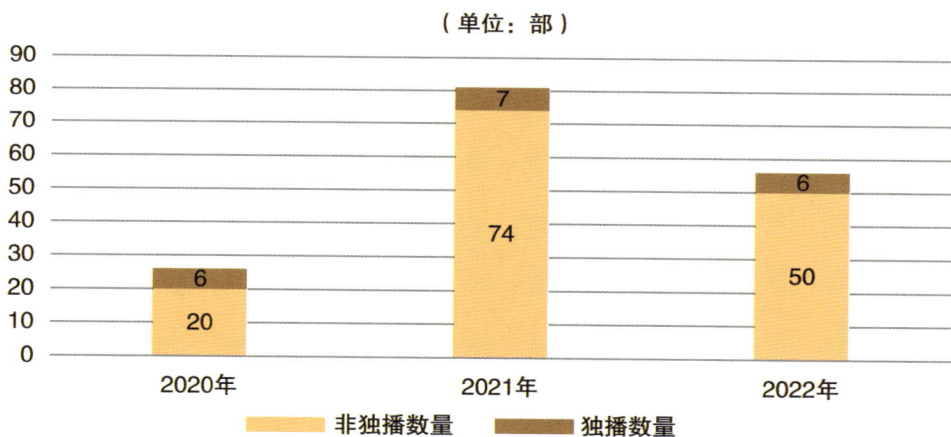

（单位：部）

年份	非独播数量	独播数量
2020年	20	6
2021年	74	7
2022年	50	6

■ 非独播数量　■ 独播数量

数据来源：监管中心统计数据2023.1　　　　　　　　　国家广播电视总局监管中心

图4.2.3.2（10）　西瓜视频2020年至2022年上线播出的网络纪录片数量统计

4.2.3.3　焦点图推荐

2022年，芒果TV、爱奇艺、腾讯视频、优酷4家网络视听平台通过网页端、移动端的首页焦点图推荐网络纪录片共计56部，相较2021年（61部）减少5部。其中，腾讯视频连续两年成为网页端、移动端推荐作品数量最多的平台，其余3家平台的作品数量相较2021年变化不大。

（单位：部）

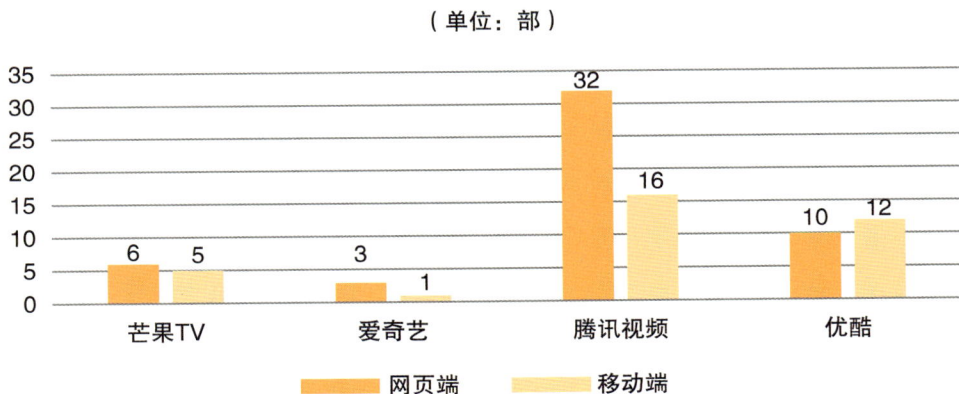

数据来源：监管中心统计数据2023.1　　　　　国家广播电视总局监管中心

图4.2.3.3（1）　2022年四家网络视听机构首页焦点图推荐网络纪录片作品数量统计

　　从各网络视听机构获推的网络纪录片类型来看，美食、文化艺术、社会现实这三种题材作品曝光机会较多，其中无论网页端还是移动端，腾讯视频几乎实现了全题材覆盖，获推题材较全面。此外，从获推作品具体来看，各平台的焦点图推荐不仅限于独播作品，还关照到了非独播作品，这也是与2021年的不同之处。如讲述平凡人物身边非凡十年的《这十年》登上了芒果TV、腾讯视频、优酷的焦点图推荐；又如聚焦中国历史上"现象级"的文化名人的《千古风流人物 第二季》、讲述全国各地最具特色和代表性面食的《一面之词》、通过四位个性迥异的家事律师的视角，讲述一个个真实、跌宕起伏的婚姻家庭故事的《亲爱的敌人》均在腾讯视频、优酷焦点图进行推荐。

（单位：部）

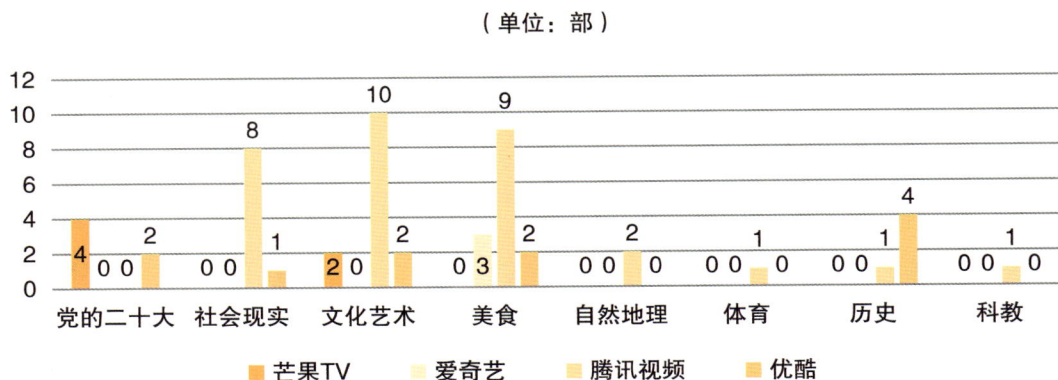

数据来源：监管中心统计数据2023.1　　　　　国家广播电视总局监管中心

图4.2.3.3（2）　2022年四家网络视听机构网页端首页焦点图网络纪录片类型统计

（单位：部）

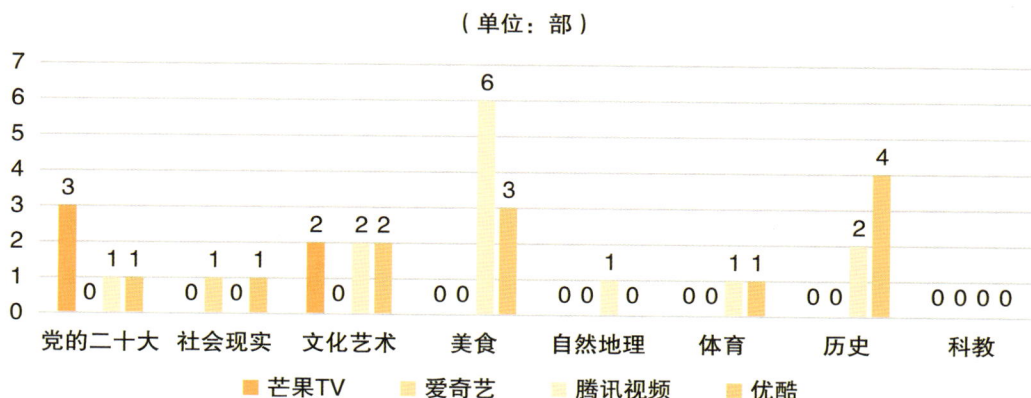

	党的二十大	社会现实	文化艺术	美食	自然地理	体育	历史	科教
芒果TV	3	0	2	0	0	0	0	0
爱奇艺	0	0	0	6	0	0	0	0
腾讯视频	1	1	2	3	1	1	2	0
优酷	1	1	2			1	4	0

■ 芒果TV　　■ 爱奇艺　　■ 腾讯视频　　■ 优酷

数据来源：监管中心统计数据2023.1

国家广播电视总局监管中心

图4.2.3.3（3）　2022年四家网络视听机构移动端首页焦点图推荐网络纪录片类型统计

表4.2.3.3　2022年四家网络视听机构首页焦点图推荐网络纪录片列表

序号	片名	平台	终端
1	与丝路打交道的人	芒果TV	网页端、移动端
2	党的女儿 第二季	芒果TV	网页端、移动端
3	湖湘文化入画来	芒果TV	网页端、移动端
4	十年家国十年心	芒果TV	网页端
5	这十年	芒果TV、腾讯视频、优酷	网页端、移动端
6	这十年·向未来	芒果TV	网页端、移动端
7	湘辣香辣	爱奇艺	网页端
8	都市美食图鉴	爱奇艺	网页端
9	下饭江湖 第二季	爱奇艺	网页端
10	守护解放西3	爱奇艺	移动端
11	《神探大战》独家纪录片	腾讯视频	网页端
12	《这个杀手不太冷静》独家纪录片	腾讯视频	网页端
13	边走边唱 第二季	腾讯视频	网页端
14	大象出没的地方	腾讯视频	网页端
15	飞越中原	腾讯视频	网页端
16	风味人间4·谷物星球	腾讯视频	网页端、移动端
17	风云战国之枭雄	腾讯视频	网页端、移动端
18	古墓遗珍	腾讯视频	移动端
19	谷爱凌：我，18	腾讯视频	网页端、移动端
20	好想去你的世界爱你·独家纪录片	腾讯视频	网页端
21	了不起的妈妈	腾讯视频	网页端、移动端
22	漫画一生	腾讯视频	网页端
23	拿一座城市下酒	腾讯视频	网页端、移动端
24	排队小吃 第二季	腾讯视频	网页端、移动端

续表

序号	片名	平台	终端
25	千古风流人物 第三季	腾讯视频	移动端
26	千古风流人物 第二季	腾讯视频、优酷	网页端、移动端
27	青年理工工作者生活研究所	腾讯视频	网页端
28	圈粉食刻	腾讯视频	网页端
29	燃点：创业不停下	腾讯视频	网页端
30	人间有味山河鲜	腾讯视频	网页端
31	山东味道	腾讯视频	移动端
32	《十年一品温如言》独家纪录片	腾讯视频	网页端、移动端
33	双城之战：天堑	腾讯视频	网页端
34	外太空的莫扎特	腾讯视频	网页端
35	王者之路：褚时健的传奇人生	腾讯视频	网页端
36	我到非洲去	腾讯视频	网页端
37	宵夜江湖 第二季	腾讯视频	网页端、移动端
38	寻味贵阳	腾讯视频	网页端
39	一次远行	腾讯视频	网页端、移动端
40	一面之词	腾讯视频、优酷	网页端
41	与象同行	腾讯视频	网页端、移动端
42	雨林之子	腾讯视频	网页端
43	早餐中国 第4季	腾讯视频	网页端、移动端
44	真实生长	腾讯视频	网页端
45	白骨黄金冠	优酷	移动端
46	古代战场	优酷	网页端、移动端
47	国医有方	优酷	网页端、移动端
48	击败张飞的三国墓主	优酷	网页端
49	江湖菜馆 第三季	优酷	网页端、移动端
50	街头味道	优酷	移动端
51	竞技星球	优酷	移动端
52	洛阳铲下的古国 第二季	优酷	网页端、移动端
53	亲爱的敌人	腾讯视频、优酷	网页端、移动端
54	闪耀吧！中华文明	优酷	网页端、移动端
55	上菜了！新年	优酷	移动端
56	这十年·幸福中国	优酷	网页端、移动端

数据来源：监管中心统计数据2023.1　　　　　　　　　　国家广播电视总局监管中心

4.2.3.4　更新节奏

2022年，网络纪录片（除单部集作品109部）的更新节奏持续以周更（99部）为主，占比31%，相较2021年（123部、51%）有明显下降。2022年，网络纪录片大部分在工作日期间上线，周末上线数量明显少于工作日。

（单位：部）

不定期, 24, 8%

半周更, 11, 3%

日更, 43, 14%

一次性上线, 141, 44%

周更, 99, 31%

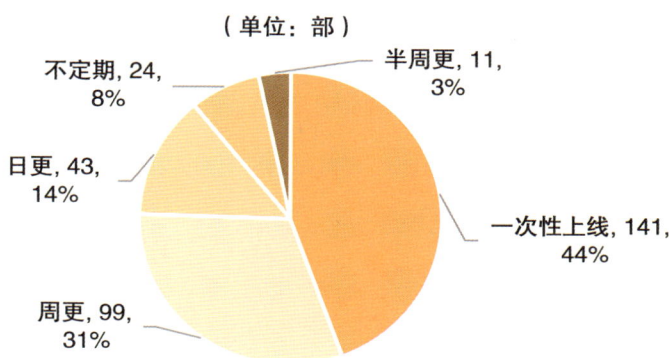

数据来源：监管中心统计数据2023.1　　　　　　　　　　　　国家广播电视总局监管中心

图4.2.3.4（1）　2022年网络纪录片更新节奏统计

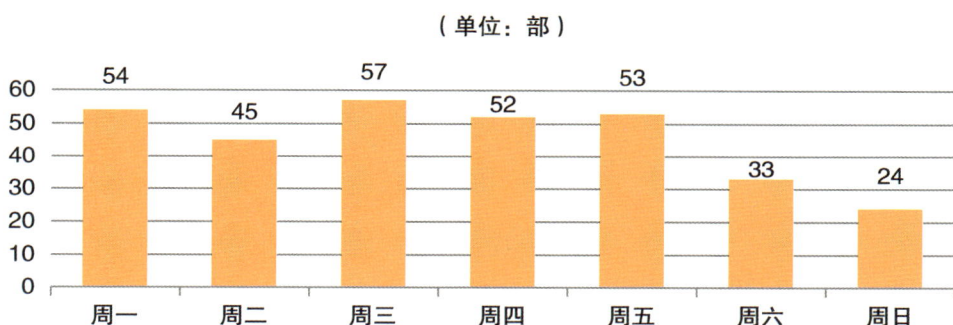

（单位：部）

	周一	周二	周三	周四	周五	周六	周日
	54	45	57	52	53	33	24

数据来源：监管中心统计数据2023.1　　　　　　　　　　　　国家广播电视总局监管中心

图4.2.3.4（2）　2022年网络纪录片每周更新统计

4.2.3.5　会员权益

2022年超过一半的网络纪录片可免费观看，其中需要付费的作品中，全集仅VIP可看的作品数量多达110部，成为主流的付费方式。

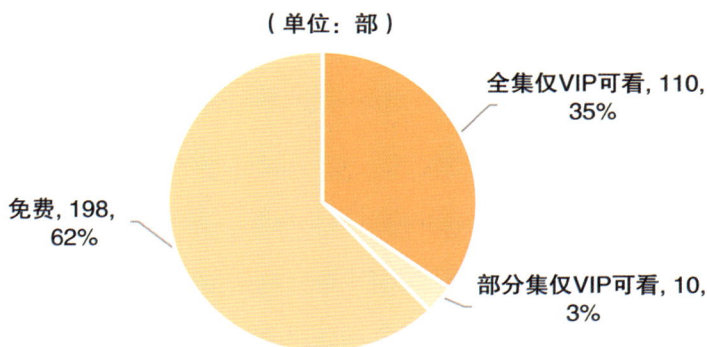

（单位：部）

全集仅VIP可看, 110, 35%

免费, 198, 62%

部分集仅VIP可看, 10, 3%

数据来源：监管中心统计数据2023.1　　　　　　　　　　　　国家广播电视总局监管中心

图4.2.3.5　2022年网络纪录片主要付费权益统计

4.3 网播电视纪录片

4.3.1 概貌

2022年，全网共上线播出网播电视纪录片297部，相比2021年（267部）、2020年（159部）连续3年呈增加趋势。

（单位：部）

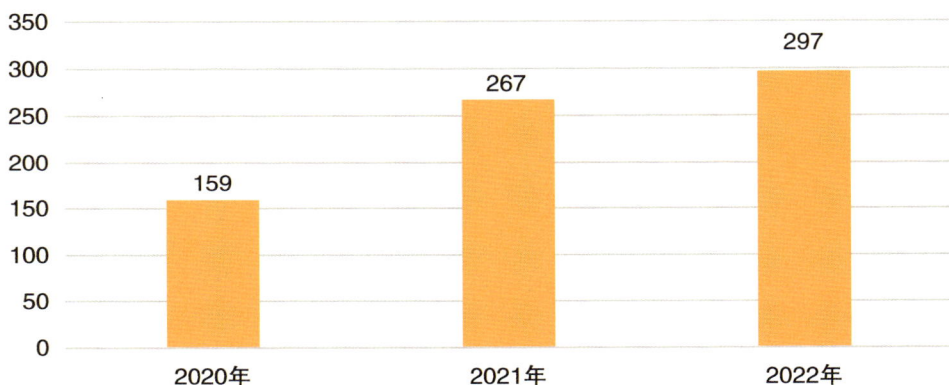

数据来源：监管中心统计数据2023.1　　国家广播电视总局监管中心

图4.3.1　2020年至2022年新上线网播电视纪录片数量统计

表4.3.1　2022年网播电视纪录片代表性作品列表

序号	片名	网络播出平台	电视频道	排播模式
1	追寻贺龙元帅	芒果TV、咪咕视频	湖南卫视	网台同步
2	中国 第二季	芒果TV、bilibili、咪咕视频	湖南卫视	网台同步
3	乐业中国2022	腾讯视频、bilibili	东方卫视	先台后网
4	如果国宝会说话 第四季	央视网、央视频、bilibili	CCTV-9	先台后网
5	唱片里的中国	爱奇艺、腾讯视频	CCTV-9	先台后网
6	我们的村庄	央视网、央视频	CCTV-1	先台后网

续表

序号	片名	网络播出平台	电视频道	排播模式
7	26县纪事	芒果TV、爱奇艺、优酷、bilibili、中国蓝APP、咪咕视频	浙江卫视	先台后网
8	领航	央视网、央视频、芒果TV、爱奇艺、腾讯视频、bilibili、西瓜视频、咪咕视频	CCTV-1	先台后网
9	大国基石	央视网、央视频、bilibili、咪咕视频	CCTV-1	先台后网
10	种子 种子	央视网、央视频、bilibili	CCTV-2	先台后网
11	战国大学堂之稷下学宫	央视频、bilibili	CCTV-9	先台后网
12	又见三星堆	央视频、腾讯视频、优酷、bilibili	CCTV-9、四川卫视	先台后网
13	中国想象力	央视网、央视频、优酷、bilibili、西瓜视频、咪咕视频	CCTV-9	先台后网
14	从北京到北京	央视网、央视频、bilibili、咪咕视频	CCTV-9	先台后网
15	走出荣耀 第一季	bilibili	东方卫视	先台后网
16	"字"从遇见你	央视网、央视频、bilibili、咪咕视频	CCTV-9	先台后网
17	盛世修典	芒果TV、爱奇艺、腾讯视频、bilibili、中国蓝APP	浙江卫视、CCTV-9	先台后网
18	画里有话	央视网、央视频、bilibili、咪咕视频	CCTV-9	先台后网
19	文学的日常 第二季	优酷	东南卫视、海峡卫视	先台后网
20	中国：野生动物家园	央视网、央视频、bilibili	CCTV-4K、CGTN	网台同步
21	良渚文明	央视网、央视频、bilibili	CCTV-9、浙江卫视	先台后网
22	自然的力量·大地生灵	央视网、央视频、bilibili、咪咕视频	CCTV-1、CCTV-9	先台后网

数据来源：监管中心统计数据2023.1

国家广播电视总局监管中心

4.3.2　内容

4.3.2.1　整体印象

2022年，以党的二十大为主题的作品占绝对比重，带领观众见证时代的各个层面，掷地有声奏响主旋律；文化艺术作品数量持续增长，以传播中华文明为己任，彰显文化自信；社会现实作品以充沛的正能量故事直抵人心，勾勒出敢闯敢干的中国青年奋斗者群像。总的来说，2022年网播电视纪录片立足新时代站位，捕捉最鲜活的事件，创作出了大批量思想精深、艺术精湛、制作精良的作品。

4.3.2.2　题材类型

（单位：部）

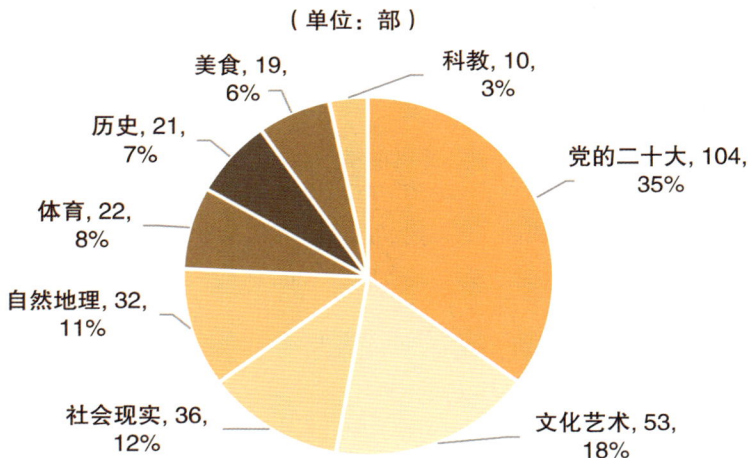

数据来源：监管中心统计数据2023.1　　　　　　　　　　　国家广播电视总局监管中心

图4.3.2.2　2022年网播电视纪录片各题材类型上线数量统计

　　2022年，与党的二十大题材相关的作品多达104部，占全年总上线作品的三成以上。与网络纪录片中党的二十大题材作品相比，它们有着共同的特点：以优质视听内容呈现国家新发展、社会新变化、人民新生活，从宏观到微观充分展现新时代奋发向上的精神风貌。不同的是，网播电视纪录片有较强的地域特点，各省级、地方卫视发挥地域特色优势，立足本土特点制作出以区域发展成就献礼党的二十大的精品力作。如《你好！新西藏》反映了西藏和平解放70年来的发展与成就，勾勒出西藏百姓与时代共同前行的轨迹；《我的奋斗我的城》《幸福的模样》分别将镜头对准石家庄和上海的城市建设者，展现劳动者的精神风貌与幸福模样；《26县纪事》《闽宁纪事2022》紧紧围绕乡村振兴的故事，深刻讲述了各地打赢脱贫攻坚战、共赴小康之路的奋斗征程。值得关注的是，党的二十大题材的网播电视纪录片中，共计有13部作品具有相关单位的指导背景，涉及指导单位20余家，在各单位的指导和帮助下，这些作品以较为权威、全面的资料反映中国十年来的发展成就。

　　文化艺术题材网播电视纪录片2022年共上线播出53部，相比2021年（50部）有小幅增长，是数量位居第二的题材类型，但相较2022年网络纪录片（74部）在数量上仍有一定差距。在内容上，这些作品侧重以历史为本，溯源中华文明，展示中华文明的精神标识和文化精髓，彰显文化自信。如《良渚文明》《滹沱文韵》《如果国宝会说话 第四季》等作品均以探究中华文明为主题，梳理中国古代文明发展脉络，带领观众重返历史现场，直观感受中国历史的广度和深度。此外，多部作品聚焦传统文化的传承与创新，展示中国人在文化传承中的担当与智慧。如《我在人艺学表演》讲述演员如何诞生的故事，是一部优秀的文化传承示范节目；《荣宝斋》通过生动表达详细描绘了荣宝斋的百年历史，展示了中华优秀传统文化的魅力与意义。《铜艺大师朱炳仁》将传统技艺与现代科技相结合，传承发展铜雕技艺，为"铜文化"在当代焕发光彩注入了生机与活力。

社会现实题材网播电视纪录片2022年共上线36部、占比12%，与2021年（50部）相比减少28%，也是2022年网播电视纪录片所有题材类型中唯一数量有所减少的类型，与同题材的网络纪录片（76部）差别较大。从内容上看，这些作品通过聚焦艺术人物、程序员、新兴优势产业链人才等不同领域的青年奋进故事，展现社会各行业青春奋斗者的昂扬状态和奋斗姿态，描绘出中国青年不负时代、不负韶华的群像。如《中国想象力》讲述了年轻一代运用创新实践与深度想象，在各自艺术领域热烈生长的故事；《码农的异想世界》趣味讲述年轻程序员工作生活状态和逐梦过程，展现出一个生机勃勃的码农世界；又如《我的梦想我的城 第二季》通过记录人才及其团队在长沙创新创业、成长成才的故事，反映个人梦想与城市理想的相互成就、交相辉映。

4.3.3 制作传播

4.3.3.1 制作主体

2022年，网台合作的网播电视纪录片共197部，同比增长39%，数量显著增加。网络视听平台参与制作的网播电视纪录片共11部，是2021年（5部）2倍。

（单位：部）

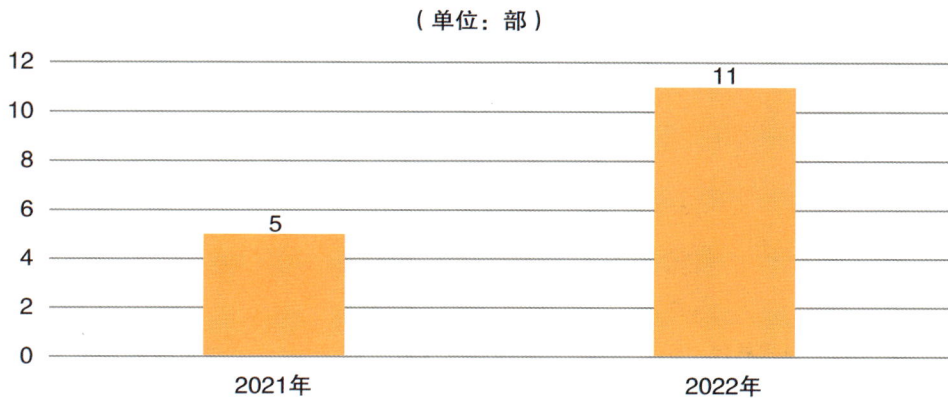

数据来源：监管中心统计数据2023.1　　国家广播电视总局监管中心

图4.3.3.1（1）　2021年至2022年网播电视纪录片网络视听平台参与制作数量统计

从各主要网络视听平台参与制作的网播电视纪录片数量来看，芒果TV、优酷、bilibili共参与制作3部，数量分布均衡，相对参与度较高，且相较2021年数量仍在逐渐增加。此外，其他网络视听机构也在积极参与，共参与制作3部，为网播电视纪录片的发展注入了新的活力。

（单位：部）

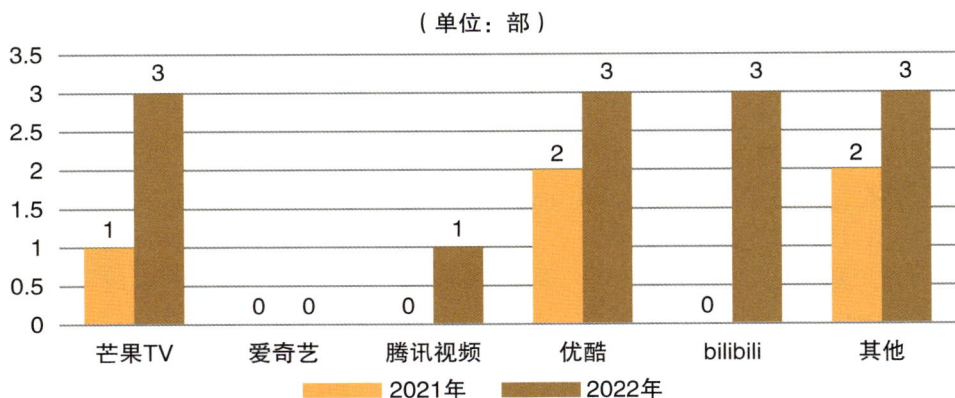

数据来源：监管中心统计数据2023.1　　　　　国家广播电视总局监管中心

图4.3.3.1（2）　2021年至2022年网播电视纪录片各主要网络视听平台参与制作数量统计

2022年，网播电视纪录片制作层面仍以各级电视台为主，这也是与网络纪录片在制作层面的不同之处。其中，央视参与了114部，相较2021年（63部）有超八成的增幅，参与形式以出品为主；省级电视台参与了78部，相较2021年（77部）数量波动不大，参与形式由制作转变为以出品为主；地级电视台参与了11部，同比增长83%，数量明显增加，对比2021年仍以制作为主要参与形式。此外，2022年，上线播出的网播电视纪录片中具有国际合作背景的共9部，相较2021年（8部）起伏不大。

（单位：部）

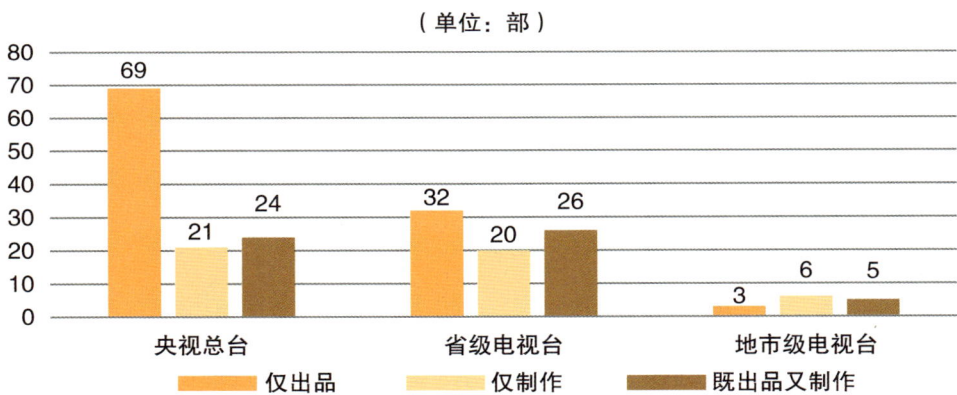

数据来源：监管中心统计数据2023.1　　　　　国家广播电视总局监管中心

图4.3.3.1（3）　2022年网播电视纪录片各级电视台参与形式统计

4.3.3.2　传播分析

2022年，网播电视纪录片的排播模式持续以先台后网（277部）为主、台网同播（20部）为辅，但先台后网作品占比（93%）相较2021年同比（96%）有小幅下降。

电视播出方面，央视各频道仍然是传播网播电视纪录片最重要的渠道，保持了六成的占比，既在央视也在省级卫视或地市级频道播出的作品占比下降，不足一成。网络传播方面，bilibili（205部）、央视频（187部）、央视网（181部）以绝对数量占领平台传播作品量前三甲，远超其他网络视听平台。值得一提的是，以抖音为例的短视频平台开始加入，丰富了网播电视纪录片传播渠道。此外，部分作品传播效果显著，获得较好口碑，如通过"以人如史、以人述史"的个性化叙事来回首历史辉煌,探寻未来复兴的《中国 第二季》，其微博相关话题阅读量超4亿，豆瓣评分8.8分。

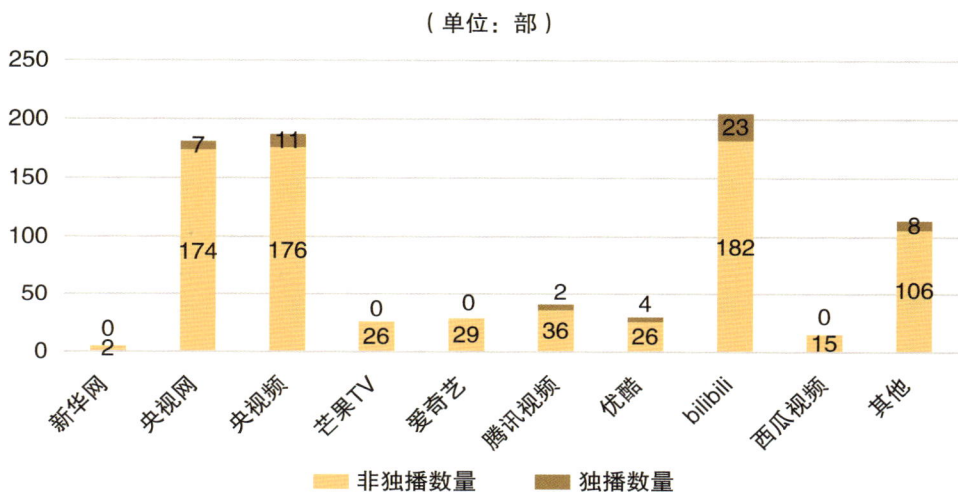

（单位：部）

数据来源：监管中心统计数据2023.1　　国家广播电视总局监管中心

图4.3.3.2　2022年网播电视纪录片各网络视听平台上线数量统计

4.3.3.3　焦点图推荐

芒果TV、爱奇艺、腾讯视频、优酷4家网络视听平台2022年通过网页端、移动端的首页焦点图推荐网播电视纪录片共计18部、占总量6%，相比2021年（19部，7%）有所下降，相比网络纪录片同期数据（56部，17%）仍然保持明显差距。4家网络视听平台均在两端进行了作品推荐，且分布较为平均。其中，芒果TV两端推荐作品数量为4家平台之首，这一情况与网络纪录片有所不同，且推荐作品大都为党的二十大题材；优酷推荐总量次之，继续成为涉及题材最为广泛的平台，且不再局限于移动端，开始在网页端进行推荐；腾讯视频推荐数量下降最为明显，主要聚焦在网络纪录片的推荐上；爱奇艺在推荐数量上仍为总量最少，却是唯一在焦点图推荐社会现实题材的平台。

（单位：部）

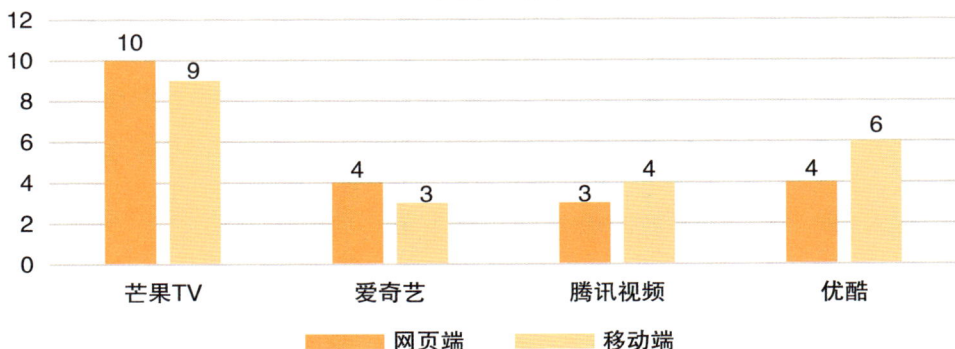

数据来源：监管中心统计数据2023.1　　　　　　国家广播电视总局监管中心

图4.3.3.3　2022年四家网络视听机构首页焦点图推荐网播电视纪录片作品数量统计

表4.3.3.3　2022年四家网络视听机构首页焦点图推荐网播电视纪录片列表

序号	片名	平台	终端
1	傲娇的湘菜 第二季	芒果TV	网页端、移动端
2	大地锦绣	芒果TV	网页端、移动端
3	零容忍	芒果TV、爱奇艺、腾讯视频	网页端、移动端
4	领航	芒果TV、爱奇艺、腾讯视频、优酷	网页端、移动端
5	思想的旅程	芒果TV	网页端、移动端
6	岁月	芒果TV	网页端
7	天下书院半湖湘	芒果TV	网页端、移动端
8	我和我的新时代	芒果TV、爱奇艺、腾讯视频、优酷	网页端、移动端
9	中国 第二季	芒果TV	网页端、移动端
10	追寻贺龙元帅	芒果TV	网页端、移动端
11	新三峡	爱奇艺	网页端
12	老广的味道 第七季	腾讯视频	移动端
13	老表们的新生活 第二季	腾讯视频	网页端
14	古蜀瑰宝	优酷	网页端、移动端
15	潮州味道	优酷	移动端
16	辣椒的征途	优酷	网页端
17	文学的日常 第二季	优酷	移动端
18	香港，我们的故事	优酷	网页端、移动端

数据来源：监管中心统计数据2023.1　　　　　　国家广播电视总局监管中心

4.4 网播纪录电影

2022年全网共新上线网播纪录电影5部，相比2021年（10部）减少50%，比2020年（13部）减幅超六成，连续3年数量下降。

（单位：部）

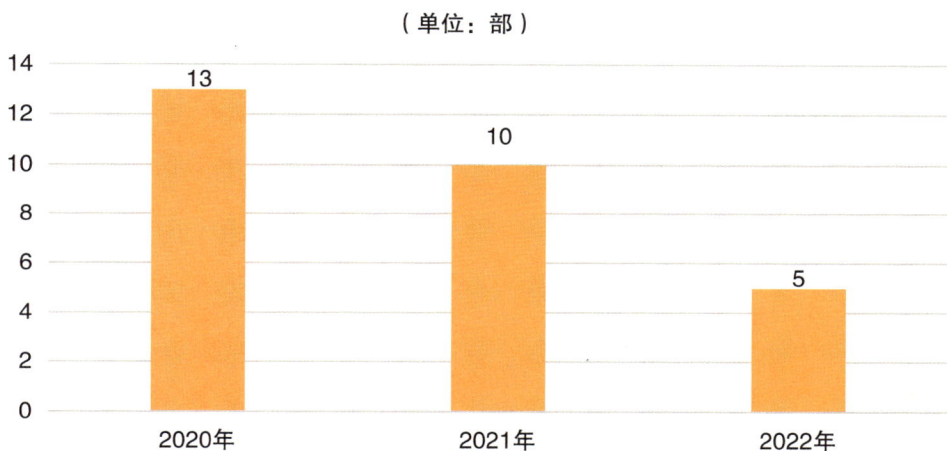

数据来源：监管中心统计数据2023.1 　　　　国家广播电视总局监管中心

图4.4（1）　2020年至2022年新上线网播纪录电影数量统计

表4.4　2022年上线播出的网播纪录电影列表

序号	片名	内容类型	网络播出平台
1	"炼"爱	社会现实	bilibili
2	珠峰队长	自然地理	bilibili、风行视频、乐视视频、咪咕视频
3	瞽师	文化艺术	乐视视频、咪咕视频
4	五埠岭过大年	文化艺术	乐视视频、咪咕视频
5	绝色春城	文化艺术	优酷、乐视视频、咪咕视频

数据来源：监管中心统计数据2023.1 　　　　国家广播电视总局监管中心

内容方面，2022年上线播出的网播纪录电影共涉及3种题材，相较2021年（5种）略有减少，但文化艺术（3部）仍是占比（60%）最多的题材，社会现实、自然地理分布均衡，皆为1部。其中，文化艺术题材作品《瞽师》讲述了粤曲大师教授视障学生粤曲演唱和演奏乐器，助力残障人士艺术创业的故事；《五埠岭过大年》通过讲述拥有600年历史村庄的春节习俗，展示了掸尘、祭灶、赶大集、候新客等系列民俗；《绝色春城》以第一人称视角，详细展示了昆明的城市风貌。自然地理题材作品《珠峰队长》记录了队员们朝着世界之巅一步步靠近的过程，传递出不服输、不畏难、不放弃的攀登精神。

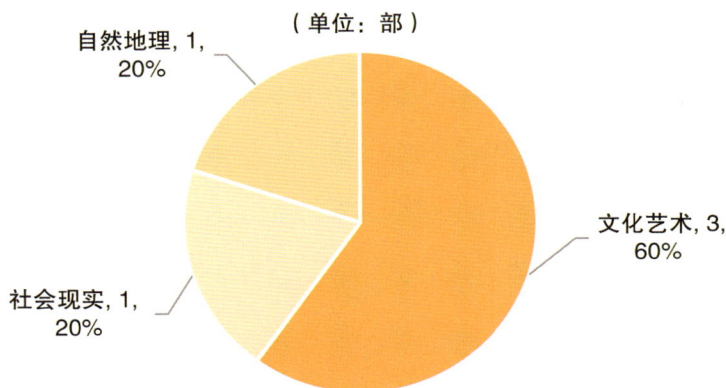

（单位：部）

自然地理, 1, 20%
文化艺术, 3, 60%
社会现实, 1, 20%

数据来源：监管中心统计数据2023.1

国家广播电视总局监管中心

图4.4（2） 2022年网播纪录电影各题材类型上线数量统计

制作方面，2022年全网共上线的网播纪录电影相较2021年有两处变化。其一，这些作品均没有网台合作和网络视听机构参与合作的制作背景。其二，有政府指导参与的作品为2部，占比40%。指导单位为网播纪录电影把准导向关、品质关。如《珠峰队长》由四川省电影局、中共成都市委宣传部、中共阿坝州委、阿坝州人民政府等22家单位共同指导完成。

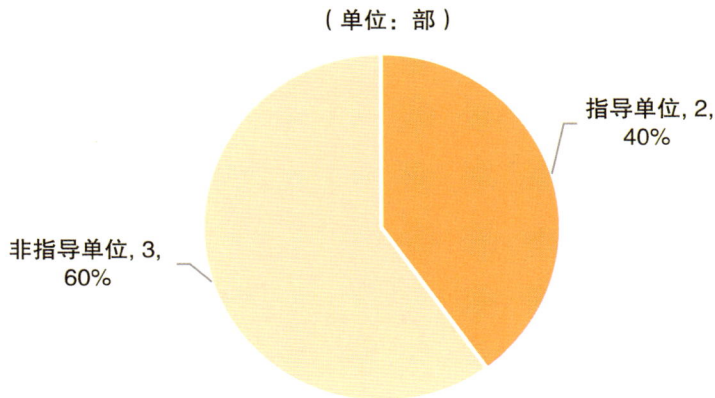

（单位：部）

指导单位, 2, 40%
非指导单位, 3, 60%

数据来源：监管中心统计数据2023.1

国家广播电视总局监管中心

图4.4（3） 2022年网播纪录电影具有指导单位制作背景的作品数量统计

　　传播方面，多平台播出作品共4部，独播作品仅1部；播出节奏以网院同播（4部）为主，先院后网的作品仅1部；共5家网络视听平台传播网播纪录电影，其中乐视视频与咪咕视频传播作品数量最多，均为4部。传播效果来看，部分作品获得较好效果，如《"炼"爱》《珠峰队长》微博相关话题阅读量超千万、均获得7分以上的豆瓣评分；《馨师》入选广东省广电系统"十四五"重点选题（第一批）目录。

（单位：部）

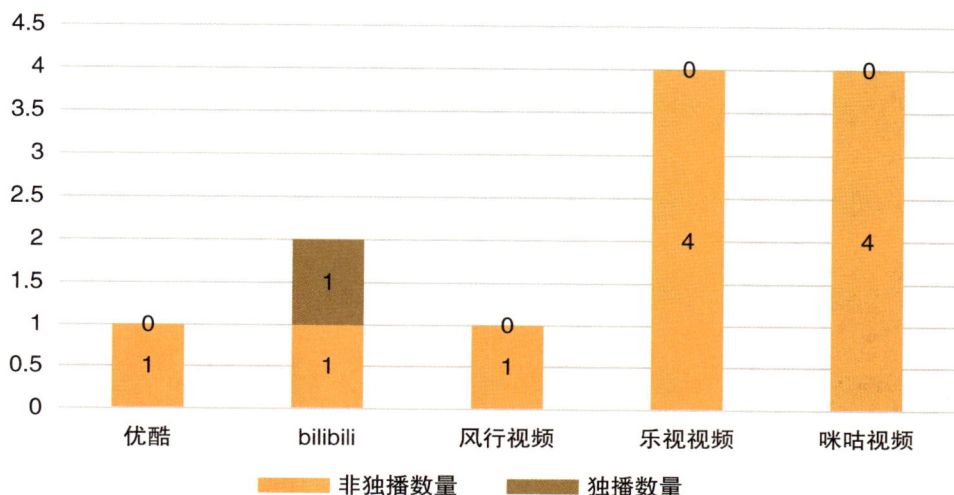

数据来源：监管中心统计数据2023.1　　　　　　　　　　国家广播电视总局监管中心

图4.4（4）　2022年网播纪录电影播出平台数量统计

4.5　年度代表性作品点评

《领航》

上线时间：2022年10月8日

类型：党的二十大

总导演：闫东

集数：16集

集均时长：30分钟

在线播出平台：央视网、央视频、芒果TV、爱奇艺、
腾讯视频、bilibili、西瓜视频、咪咕视频

　　网播电视纪录片《领航》由中宣部联合中央党史和文献研究院、国家发展改革委、国家广播电视总局、中央广播电视总台、中央军委政治工作部等单位共同制作，作品系统、全面、高度概括中国的十年进取、十年开拓、十年发展、十年巨变。

　　《领航》以历史的长镜头全面梳理非凡十年，讲述了以习近平新时代中国特色社会主义思想核心内容的"十个明确"，融入了新时代历史性成就和历史性变革的十三个方面内容，通过掌舵远航、科学指南、逐梦先锋、发展变革等十六个鲜活的主题，全方位展现全党全军全国各族人民在以党的领导下走过的非凡壮阔的历程，史诗般展示了中国共产党和中国人民团结奋斗赢得的历史性胜利，生动呈现了新时代人民群众的幸福美好生活和良好精神风貌。如《人民民主》一集中，内蒙古达拉特旗蒲圪卜村村支书李电波通过人民网"领导留言板"栏目提出"互助性养老"建议，来自基层的声音最终被正式纳入"十四五规划"中，政治制度的优越性在此刻体现的淋漓尽致；《改革攻坚》中，国家医保谈判加紧推进，让患有"脊髓性肌萎缩症"的儿童仔仔，通过医保用上了原本昂贵的救命药，人民的生活质量显著提升。

　　《领航》于10月8日在CCTV-1播出后，随即登录央视网、央视频、芒果TV、爱奇艺、腾讯视频、bilibili等各网络视听平台，引发广泛关注。各主流媒体不仅进行了转载、推介，网民在微博、微信等社交平台也纷纷点赞、留言。在二十大召开前夕上线，《领航》起到了良好的聚焦舆论热点、吸引舆论目光的作用，为二十大的胜利召开提前预热，烘托出了良好氛围。

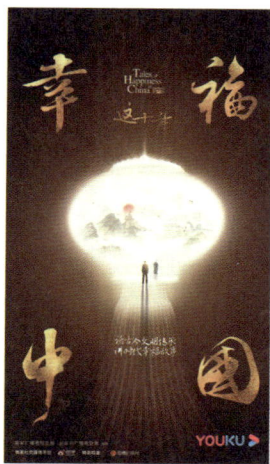

《这十年·幸福中国》

上线时间： 2022年10月12日
类型： 党的二十大
导演： 张伟
集数： 20集
集均时长： 28分钟
在线播出平台： 优酷

国家广播电视总局"迎接党的二十大精品网络视听节目"——《这十年·幸福中国》由国家广播电视总局网络视听节目管理司、北京市广播电视局指导，优酷出品。该片由中华传统文化引入，用先进技术赋能，以穿越式手法叙事，将历史演绎与真实记录相结合，通过小切口、小人物、小故事，展现这十年各领域发展的日新月异，真实呈现人民群众满满的获得感、幸福感、安全感。

该片以"演绎+纪实"的穿越式叙事手法贯通古今，用"时代之变"回应"古人之问"。片中，演员演绎的"农圣"贾思勰提出"可有特土，不分地域，皆有收获？"的疑问，镜头随即拉回千年后的今天，以中国农业的稻浪翻滚、沃野千里回应了贾思勰跨越千年的期盼。沉浸式剧情与纪实性故事为观众呈现出一场跨时空对话，古人们对幸福梦想的憧憬也在新时代的接力奋斗中成为现实。

该片以小见大，将镜头对准小人物、小故事，从个人奋斗、个体成长的小切口折射时代发展大主题。如务农25年的农民周德华，从躬身劳作到利用无人机管理稻田，农业科技现代化的发展不仅解放了农民的双手，更使"北大荒"变成了大国粮仓的"压舱石"。在这些普通人的不懈努力和艰辛探索下，"安天下、稳民生"的图景成为了现实。通过微观个体的真实经历和切身感受，透过工作、生活实实在在的变化发展，个人理想实现的获得感、人民安居乐业的幸福感、国家强盛稳定的安全感跃然屏幕、自然流淌。

此外，该片创新采用装置艺术等新兴技术，搭建沉浸式剧情舞台，让中华优秀传统文化"活起来"，为观众带来丰富视听体验。如第一集运用立体动画的方式，将《齐民要术》的文字描述与农耕的动态场景融合呈现，利用全景式舞台再现演绎贾思勰的农学智慧，"要在安民，富而教之"的理念变得生动可感，不仅拓宽了叙事场景，也延伸了时空表达。绝佳的视听体验更易激发年轻观众共情共鸣，同时也实现了中华优秀传统文化语境的延伸与扩展。

《这十年》

上线时间： 2022年8月1日
类型： 党的二十大
导演： 孙璐
集数： 50集
集均时长： 6分钟
在线播出平台： 芒果TV、爱奇艺、腾讯视频、优酷、
咪咕视频

网络纪录片《这十年》由总局网络视听节目管理司特别指导，由芒果TV、湖南卫视、湖南广播电视台出品，于2022年8月1日登录芒果TV、爱奇艺、腾讯视频、优酷、咪咕视频等多家平台。该片将镜头对准十八大以来十年间普通百姓生活仓桑巨变，以小人物为"十年见证人"，通过他们的真实经历和真情实感，展现十年来中国经济社会发展的伟大变革成就，彰显普通奋斗者与时代齐发展、与祖国共奋进的精神风貌，为迎接党的二十大营造浓厚氛围。

《这十年》以每集6分钟左右时长、简洁轻快的叙事风格贴近年轻观众的观赏习惯，由点及面折射非凡十年发展成就。作品开头让主人公以第一人称讲自己的故事，快速、直接、鲜明地点出人物特征，呈现故事内核。如第二集《塞罕坝上瞭望者》开篇便是主人公的自述，使观众迅速代入故事场景。同时，辅以历史资料与当下场景的今昔对比，以微观呈现国家图景，以区域变化折射全域风貌，通过身边人、身边事展现十年沧桑巨变与伟大成就。

《这十年》聚焦小人物的故事，以小见大展现奋斗者逐梦前行的精神风貌。该片结合人物自述、场景纪实、历史影像资料，捕捉普通群众真实生活感悟，放大普通人奋斗故事中的闪光点，描绘时代浪潮下不懈进取的奋斗者群像。片中，有在政府帮扶下靠着养蜂而摆脱苦出身、拥有美满家庭的龙先兰，有带动妇女就业将苗绣推向世界的石顺莲，一个个感人肺腑的小人物故展现着中国人民勤劳务实、百折不挠的品质，传递着人民对美好生活的向往。

《这十年》充分发挥矩阵传播优势，打造多样式、立体化传播格局。该片在芒果TV、爱奇艺、腾讯视频、优酷、咪咕视频等多家平台同步上线，通过全网传播之势凝聚传播合力，《人民日报》《中国青年报》、光明网等主流媒体积极转载文章对该节目给予积极评价，微博话题"纪录片这十年"阅读量超过2亿，网民纷纷留言点赞"十八洞村的十年巨变，大震撼了"。

《闪耀吧！中华文明》

上线时间： 2022年9月2日
类型： 历史
导演： 黎亚振
集数： 12集
集均时长： 37分钟
在线播出平台： 优酷

　　《闪耀吧！中华文明》由国家广播电视总局网络视听节目管理司、北京市广播电视局指导，河南卫视、优酷、东申未来联合出品，在河南卫视和优酷同步播出。作品以解开历史谜团为线索，在"追光伙伴"的带领下，深入三星堆古遗址、秦始皇帝陵、唐长安城遗址、南海I号、殷墟、敦煌六个有代表性的考古遗址和博物馆，结合一线考古专家和历史学家的深入解读，以年轻化的视角带领观众梳理历史脉络、融入丰富创新的表达形式、深层次展示文物背后的历史故事，以中华五千年历史文明为依托，展示了中华民族文化的精神内核。

　　该片打破常规纪录式的叙事手法，大胆采用了推理递进的形式，通过"追光伙伴"的视角探寻博物馆、遗址，用考古自带的神秘感引人入胜，近距离还原展示文物，重现历史事件的细节，在科普历史文化的同时，让节目鲜活起来，让观众切身领略中华文明的高光时刻。如在探讨关于何家村挖出的唐代秘宝究竟为何会一直掩藏在刘正家中等问题时，"追光伙伴"代替观众提出了种种疑问，并且进行了相互讨论让观众也能感同身受。随着专家的深入解读，通过历史、文物以及现存的依据和存在关系，历史的种种可能逐一摆在了观众的面前。该片引入真人秀的元素，嘉宾站在观众角度进行提问，既满足了观众对文物的好奇心，也降低了考古的门槛，而历史的真相也牵动着观众进行思考。

　　该片创新节目形式，用年轻化的表达展示历史厚度，引入CG技术还原气势恢宏的历史场景，借助国漫艺术风格迎合青年受众口味，成功实现破圈、扩圈的跨次元尝试，构建一座现代与历史交流的"时空"桥梁。如片中利用现代科技动画让文物"复活"，观众对神话故事的种种想象浮现在镜头中，无论是"青铜树"与"扶桑树"，还是"太阳轮""太阳鸟"与"后羿射日"等画面，在科技的表达下都栩栩如生出现在了眼前，这种大胆的尝试让原本生硬的考古更加年轻、更具风格。

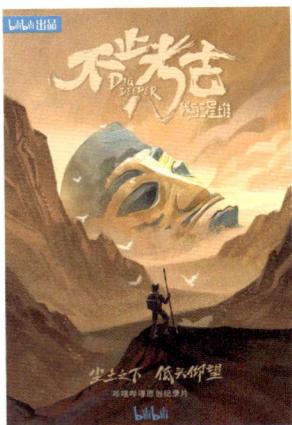

《不止考古·我与三星堆》

上线时间：2022年10月20日

类型：文化艺术

导演：范承祥、顾菡丹

集数：5集

集均时长：45分钟

在线播出平台：bilibili

《不止考古·我与三星堆》由bilibili出品制作。作品主要聚焦三星堆考古工作者，从三星堆文明的文物发掘、修复、保护和研究等方面展开，呈现考古人鲜活生动的工作与生活日常，用真实可感的真挚故事展现他们身上质朴可敬的匠人精神以及代代相承的考古精神，以幽默轻松的风格展示文物背后的别样考古世界。

该片并未将大量篇幅放在文物讲解上，而是将隐没在文物背后的考古工作者的日常置于镜头前，以人物为点带动故事推进，在几代考古人砥砺前行、不懈努力地奔赴在考古事业的故事背后，是他们"择一事，终一生"的执着与追求。从"十年如一日"修复碎陶罐的曾大爷，到跟随师傅学艺后继续带徒修复文物的郭汉中，再到一群"新生代"90后考古队员，无数考古人在尘土之下低头仰望，终其一生地奔赴，将三星堆的过去与未来联结起来，这种愚公移山般质朴可敬的精神真实具体、可观可感。

该片不强行为观众灌输专业的考古知识，而是采取轻松幽默的表述方式讲述考古这一严肃话题。在网感强烈且通俗易懂的旁白讲述下，无论是"在巴蜀之地痛饮了太多芳醴，一醉就是3000多年"的大口尊，还是"即将结束深居简出生活，去见全世界"的大面具，文物们仿佛都有了生命。田野发掘小分队队长王瑞怀疑4834坑可能是古蜀人留下的垃圾场时，旁白表示"即使是垃圾，也未来可期"，诸如此类的解说词让考古人日常枯燥的工作也变得有趣起来。此外，进度条图标设计成考古用的手铲形状、观看过程中发送相关弹幕掉落彩蛋、出现考古专业术语时不时出现的"懂了可能有用的考古小知识"等一些小细节更是增强了作品趣味性以及体验感，在互动中将知识进行趣味输出。

《不止考古·我与三星堆》从人出发，以轻松的方式记录着考古人的日常工作，是一部带有温度的文化艺术类网络纪录片。

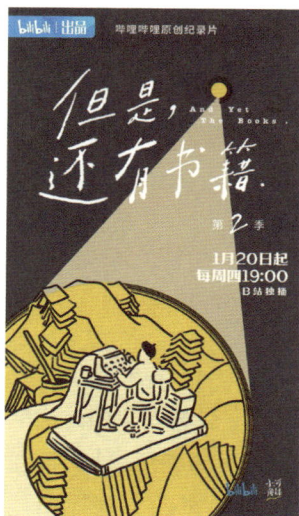

《但是还有书籍 第二季》

上线时间：2022年1月20日
类型：文化艺术
导演：罗颖鸾
集数：6集
集均时长：39分钟
在线播出平台：bilibili

　　《但是还有书籍 第二季》由bilibili、上海宽娱数码科技有限公司出品，北京小河文化传媒有限公司联合出品。该片以书为题，在延续了往季风格的基础上，挖掘人与书相关的精彩故事，通过"以影传文"的方式将优秀的文学作品传递至观众，将爱书之人对书籍的专注和纯粹传递给观众，展现出书籍的力量。

　　《但是还有书籍 第二季》分别以漫画家、译者、出版人、作家等为核心，捕捉人与书之间的美好故事，唤醒大众用阅读传递文明的火种。该片通过这些与书相关的人物，讲述他们的生活工作经历以及创作作品的背后故事，展示他们对待书籍的态度，传递书本的力量，激发阅读兴趣，从而引发观众思考、找寻人生价值和意义。片中，沈燮元耄耋之年依旧风雨无阻地去图书馆整理曹丕烈的题跋集，与他"过好每一天"的人生态度相呼应，引发了观众强烈共鸣；杨潇重走"湘黔滇旅行团"曾走过的路，在旅途中充分感受到了写作、重读历史的充实感；图书管理员顾晓军利用一切碎片化时间学习、钻研多门语言，用实际行动诠释了善读书。观众在这些人物身上看到了热爱、坚守与信仰，被人物经历所打动的同时，情不自禁地重新审视当前的生活，去翻阅片中所提及的书本。

　　从表达手法上看，《但是还有书籍 第二季》每集都采用了定格动画、实景结合动画、投影拼贴等多种动画形式，如片头动画制作的小鱼遨游于图书馆对应了片中沈燮元说的他和图书馆的关系就如鱼和水的关系；以动漫形式模拟漫画家赵佳和《镖人》中的刀马等角色进行灵魂对话，这些动画与作品中的人物故事相呼应，增强了作品的可看性和趣味性。此外，每集的片尾彩蛋和评论区的导演手记，补充了片中人物或有趣或引人思考的片段、分享导演对作品的想法，增进了观众对人物和背后故事的了解。

　　该片以书为线，聚焦人与书籍、人与文学的故事，把有思想深度又具生活气息的内容传递给观众，让观众在润物细无声中感受阅读带来的力量，筑牢"精神之基"。

《文学的日常 第二季》

上线时间： 2022年4月20日
类型： 文化艺术
导演： 王圣志
集数： 6集
集均时长： 50分钟
在线播出平台： 优酷

《文学的日常 第二季》由福建省广播影视集团、优酷信息技术（北京）有限公司联合出品，于2022年4月20日在海峡卫视上线播出，于4月21日在优酷、东南卫视播出。

该片跟随作家旅行、漫步，以旅程中的邂逅与即兴徐徐展开，通过对他们生活和作品的穿梭交织深入挖掘，给予观众具象的文学表达，表现他们对生活对时代的认知与解读。

《文学的日常 第二季》通过刘亮程、李修文等文人学者的人生经历以及创作作品的背后故事，在日常中洞见作家的哲思，走近文人学者富饶的精神世界。如刘亮程在新疆戈壁遇到牧羊犬、骆驼、蜥蜴等动物都会停下来打个招呼，分享自己的所思所感"如何与自然界相处"，刘亮程认为"蜘蛛网是蜘蛛的家，自然界的虫子都是安详的，虫子爬过手背是在赶路"；于坚和虎良灿登上建水古城撞响朝阳城楼上的大钟，钟声穿过大地，于坚认为"建水的声音是可以被听到的"。在天缘桥上看时间流淌，认为"不会起包浆的东西是因为不美，时间不会珍惜，在文明史上，丑总是速死，只有美留下来"。

该片从日常出发，以细节入手，从个体中去发现感悟，通过作家们与胡同大爷唠嗑、与打工人话家常，呈现他们"烟火气"十足的生活画面，进而引发观众情感共鸣思考，探索人生价值和意义。

《文学的日常 第二季》通过广袤丰美的风土人情，打开了层次更丰富的生活样貌，看似讲日常生活，实则在讲形形色色的人和他们的精神世界，深深扎根于泥土，为观众揭开了文学和作家背后的故事，观众在这些人物身上看到了热爱、坚守与信仰，被人物经历所打动的同时，不禁重新审视当下的生活。

《人生第二次》

上线时间： 2022年5月19日

类型： 社会现实

导演： 秦博

集数： 8集

集均时长： 68分钟

在线播出平台： 央视网、bilibili

《人生第二次》由央视网、上海广播电视台、bilibili联合出品。该片以"推开生活之门"为主题，深入生活、扎根人民，记录讲述几名普通中国人面对重大人生挫折，不屈抗争、坚韧奋斗开启新人生的故事，角度多元创新，故事富有感染力，向观众传达了积极向上的生活信念。

作为"人生三部曲"的第二部，该片延续对普通人现实生活深切关照的核心命题，以"人生重启"为切口，通过普通人与命运抗争的故事，折射出平凡中国人坚忍不拔、努力向上的精神风貌。如《拒》一集中，17岁女孩冯婷因先天面部畸形而深感自卑，在家人坚定不移的支持与鼓励下，终于接受面部手术，重拾面对未来的信心。观众对人物命运唏嘘的同时，也被他们与命运共舞的故事所打动，为他们挣脱桎梏的不屈精神所鼓舞。此外，该片多角度挖掘社会议题，深层次启迪人生思考，通过"圆""缺""纳""拒""是""非""破""立"八个既对立又互补的主题，深刻探讨公众普遍关注的话题，启迪观众对人生目标和人生意义的深度思考。

该片艺术感染力强，叙事富有张力，全片根据故事内容选用了多视角的艺术表现手法诠释内涵，巧妙的艺术呈现让故事十分具有感染力，炽热的情感温度引发观众共情、共悟。如《圆》一集让观众的情绪跟着不同的人物视角起伏：观众一面为被拐孩子家庭的亲人找回孩子感到欣喜，一面为孩子对当下面临的艰难抉择感到纠结，一面又为警方坚持打拐的力量感到振奋。出彩的镜头语言亦让故事的呈现更触动人心，如第二集《缺》中，一边是刚出生便被家人包围的新生儿，一边是一群从小缺爱在黑夜中为梦奔跑的孩子们，这种一明一暗的强烈对比意味深长，以无声胜有声的镜头语言直击人心。

该片上线后收获了良好的口碑与话题度，叫好又叫座，微博相关话题阅读量累积超14亿次，观众发表积极评价，纷纷表示"太好哭了""充满希望""给人满满的力量感"。

《众神之地》

上线时间：2022年7月11日

类型：自然地理

导演：曾海若

集数：4集

集均时长：51分钟

在线播出平台：bilibili

　　《众神之地》由bilibili出品制作，北京五星传奇文化传媒股份有限公司联合制作，通过跨越中国四种不同的生态系统，探寻亚洲象、白海豚、野牦牛、东北虎这四种被称为中华神兽且令人敬畏的动物，讲述他们与自然生存、人类生活的故事，探讨人、动物、自然三者的和谐共生之道，展现了中国在生态保护中的智慧与成果。

　　《众神之地》区别于众多以野生动物为切入口的自然地理类题材作品，主要侧重以人为核心去探究人与自然和谐共生的关系，从而引发网民对人与自然的深度思考，并凸显出较强的人文生态关怀。首先，该片中野生动物与人类亲密相处的点滴故事，无不呈现出一幅天人合一、万物和谐的诗意画卷。如第一集《荒野上的轮回》中，被救助的落单小牦牛把保护站当家，与无人区巡护员一起晨跑、午后散步，充满温馨。其次，该片还注重修复人与自然关系，改善自然生态系统，帮助野生动物回归家园，重建人与自然共存共处的良性生态循环模式。如第四集《山神归来》中，人类经过多年持续努力，主动参与去维护生态系统的平衡与和谐，最终让东北虎重回森林繁衍生息。

　　该片采用第三人称叙事，赋予动物们独特的个体名字，如牦牛昆仑、断角，海豚老白，亚洲象武则天等，无形中消弭了人与动物的界限。此外，该片有趣、有内涵的文案解说，再配以宛如壁纸的镜头画面，给观众带来了一场绝美的视听体验，一上线便引发了网民的广泛好评"文案和画面都好棒啊""每一帧都是壁纸呀""画面太美了，点赞"。

　　《众神之地》跨越山海，用壮美的镜头语言给予了观众一个独特的视角去感受自然、窥视自然，从而体会到人与自然的休戚与共，号召人类积极参与生态文明建设，是一部受到网民广泛好评的网络纪录片。

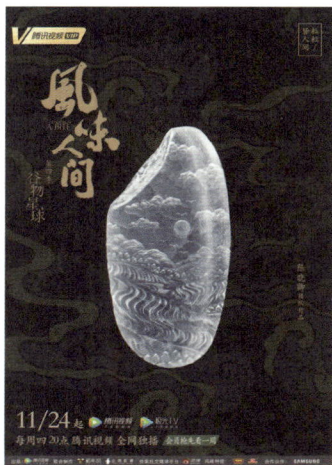

《风味人间4·谷物星球》

上线时间： 2022年11月24日
类型： 美食
导演： 陈磊、张文娟、张一哲、王佳茵、邓洁、陈源源
集数： 6集
集均时长： 57分钟
在线播出平台： 腾讯视频

《风味人间4·谷物星球》由腾讯视频出品，北京稻来传媒有限公司和上海腾讯企鹅影视文化传播有限公司联合制作。该片选用全球视角探访世界各地，以人类最基础的食物——谷物为主题，通过展现谷物的种植、采收、加工、烹饪、品尝，以及与多种美食的相互碰撞，探寻谷物与人类共生的故事。全片内容充实、制作精良、感情丰沛，用人间烟火和文化律动，让观众在诗意般的视听盛宴中，感受食物美学中的生活哲学，收获心灵慰藉和情感共鸣。

《风味人间4·谷物星球》聚焦谷物的发展历程，从纵深的历史视野及宽广的全球视野两个维度讲述谷物与人类共生的故事。作品通过在历史长河中寻找人类食物之基，解读谷物背后的历史文化，窥见农业诞生至今的上万年中人类与食物之间的故事，从谷物演绎与流变的发展历程中看到一部人类烹饪史。比如在《麦浪涌万年》一集中，着重讲述了"麦"的发展历程，而在《稻香阡陌里》则探寻了"稻"的前世今生。作品以同一谷类作物作为切入点，串联起不同国家和地区之间人与谷物的故事，探寻和建构中外不同饮食文化之间的共同点，发掘到不同民族、不同饮食文化背景下共通的人类情感。

该片制作精良，拍摄技术持续升级，通过技术赋能丰富视听体验，用细腻的镜头语言解读多层面的谷物美食，展示谷物最本质、最纯粹的美。通过微观摄影、电脑建模、移动延时等方式，结合实拍和后期CG技术展示小小麦芽在湿润环境中冲出种皮，拼命向上生长的过程以及一粒种子神奇的细节爆炸，简短的镜头却带给观众一种直观且全新的观看感受。此外，该片还适时采用了植物纪录片的拍摄手法，充分展示了谷物在变成食物前真实的植物状态，交代了全球谷物的生存环境，展现它们历经蛰伏后破土而出向上生长的细节，最大限度地表现出谷物主体性，体现出大自然对谷物赋予的极大尊重。

《风味人间4·谷物星球》聚焦谷物，但不限于谷物，而是用广阔的视野展现谷物与人的关系，以精心的制作带给观众优质的视听体验，呈现了风味里的别样星球。

5

网络动画片、网播电视动画片

5.1 主要数据一览和研究发现

表5.1 2022年网络动画片、网播电视动画片主要数据表

类型	项目			数量
网络动画片	全年上线数量（广义）			776
	网络动画片（狭义）	全年上线数量		220
		作品来源	原创动画片	43
			改编动画片	177
		制作方式	3D动画片	145
			2D动画片	75
		播出频率	周播动画片	214
			日播动画片	6
		播出平台	独播动画片	195
			多平台动画片	25
		动画时长	单集时长3分钟以内的动画片（含3分钟）	23
			单集时长3分钟以上的动画片	197
		续作动画片		114
		付费动画片		189
	动态漫画	全年上线数量		267
	少儿网络动画片	全年上线数量		289
网播电视动画片	全年上线数量			197
	类别	制作方式	3D动画片	124
			2D动画片	73
		播出平台	独播动画片	44
			多平台动画片	153

数据来源：监管中心统计数据2023.1
国家广播电视总局监管中心

节目体量小幅增长。2022年全网上线220部网络动画片，总时长41505分钟。总部数与总时长同比分别增加17%和9%。

（单位：部）

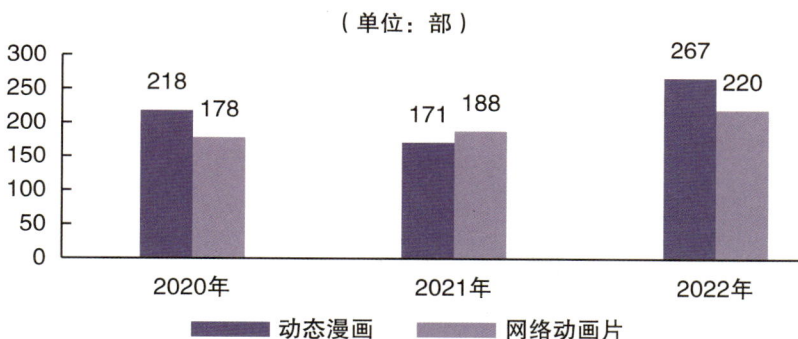

图5.1（1）　2020年至2022年网络动画片（广义）数量对比

暑期上线节目数量显著增长。2022年7月、8月上线的网络动画片共58部，占上线总数的26%，比2021年增加19部，增长49个百分点。

（单位：部）

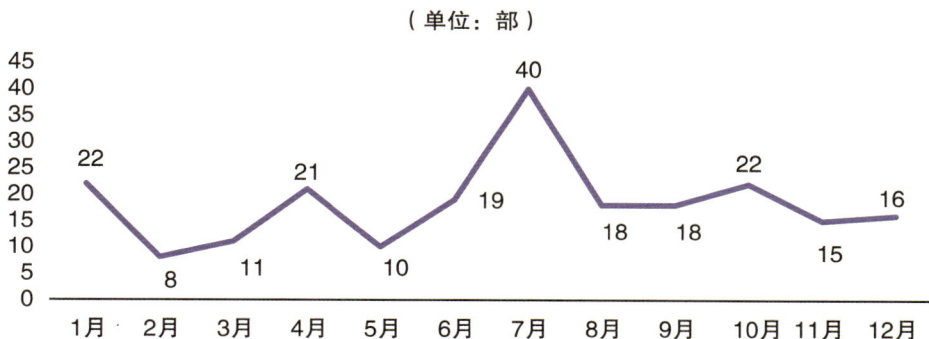

图5.1（2）　2022年网络动画片上线时间统计

独播比例进一步提高。2022年独播网络动画片共195部，占上线总数的89%，同比增加10个百分点。

优质佳作频出，精品化发展态势鲜明。网络动画片行业发展稳中有升，内容创作总体持续稳步向好，创作水平、品质内涵进一步提升，涌现出一批有情怀、有热度、有口碑、有影响力的优质佳作，精品化发展态势鲜明。

主旋律作品创意十足，微切口呈现宏大主题。围绕建党百年、疫情防控、北京冬奥会等重大事件和主题，涌现出多部以动画语言讲述国家发展进步、描绘时代故事、讲述个人奋斗的作品。这些作品通过以小见大的表现形式和贴近史实的叙事方法，在内容创意和故事讲述方面有较大突破。

取材传统文化，打造中式审美作品。一批具有中式审美、中国情怀、时代特点的

（单位：部）

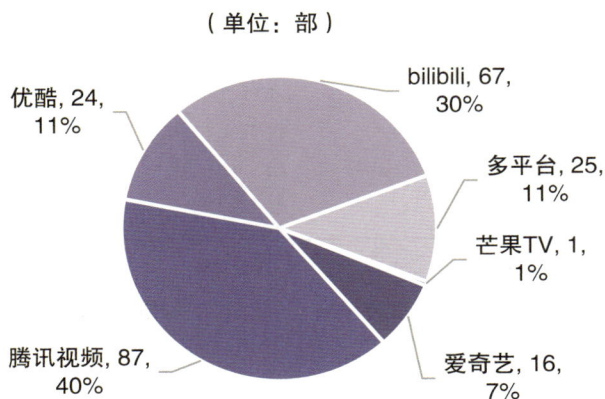

优酷, 24, 11%

bilibili, 67, 30%

多平台, 25, 11%

芒果TV, 1, 1%

腾讯视频, 87, 40%

爱奇艺, 16, 7%

数据来源：监管中心统计数据2023.1　　　　　　国家广播电视总局监管中心

图5.1（3）　2022年网络动画片播出平台统计

动画片在2022年推陈出新，从中国神话故事、民间文学等领域广泛取材，采用年轻语态和新兴传播方式，融合动画视听语言和中华文化价值，结合中华美学精神和当代审美追求，传承、弘扬中华优秀传统文化，彰显时代价值。

内容品类细分，题材类型丰富多元。2022年，网络动画片故事来源呈现多元化特征，呈现出改编为主、原创为辅的格局，改编类作品的占比有所提升。其中，改编自小说的作品增幅较大，不仅数量大幅增加，故事来源也愈加丰富，囊括国内外小说、漫画等作品，既有网络作品，还涉及文学名著等。

3D动画成为主流，表现亮眼。2022年上线的网络动画片，以3D动画为主，2D动画略有减少。当前网络动画片市场已经形成3D动画片为主流的趋势，且不难看出3D动画片正迅速发展并占据越来越大的比重。

平台深度开发IP，自制、参与出品数量增加。2022年上线的网络动画片中，平台自制、参与出品的作品达172部，占全年网络动画片上线总量的78%，较上年增长16个百分点。平台自制、参与出品的作品以IP改编作品、续集作品、需要付费观看的独播作品为主。

主要网络视听平台巩固内容特色，差异化传播。为彰显平台特色，吸引目标用户，2022年各大平台均设置了剧场模式，集中精力主攻不同赛道，探索优质内容的差异化传播，凸显内容辨识度和平台特色。

5.2 节目内容

5.2.1 概貌

2022年，网络动画片仍处于稳步发展期。全网共上线网络动画片220部，与2021年相比，总部数增长17%。同时，2022年独播网络动画片占上线总数的89%，同比增长10个百分点，和2020年的72%相比增长17个百分点，独播网络动画片的占比呈逐年小幅增高趋势。

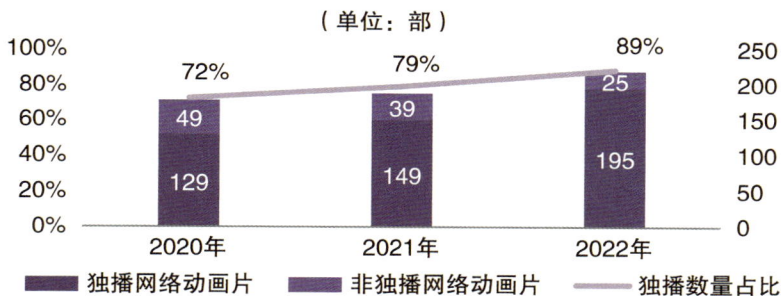

数据来源：监管中心统计数据2023.1　　　　　　　　　　　　　　国家广播电视总局监管中心

图5.2.1　2020—2022年网络动画片数量对比

表5.2.1　2022年部分关注度较高、影响力较大的网络动画片列表

序号	片名	题材	上线时间	播出平台
1	诸天纪	玄幻、热血	2022.01.28	优酷
2	神印王座	奇幻、冒险	2022.04.28	腾讯视频
3	武动乾坤 第三季	玄幻、冒险	2022.05.01	腾讯视频
4	神级龙卫	玄幻、穿越、热血	2022.06.26	优酷
5	苍兰诀	玄幻、情感、搞笑	2022.07.15	爱奇艺
6	神澜奇域无双珠	奇幻、冒险	2022.07.23	爱奇艺
7	百妖谱·京师篇	奇幻、古风	2022.07.25	bilibili
8	少年白马醉春风	武侠、热血	2022.07.27	芒果TV、优酷、咪咕视频
9	斗破苍穹年番	玄幻	2022.07.31	腾讯视频
10	仙王的日常生活 第三季	奇幻、搞笑、日常	2022.10.02	bilibili
11	两不疑 第二季	情感、古风、搞笑	2022.10.26	bilibili
12	大理寺日志 第二季	奇幻、悬疑	2022.11.26	腾讯视频
13	一人之下 第五季	玄幻、搞笑	2022.12.09	腾讯视频

序号	片名	题材	上线时间	播出平台
14	三体	科幻	2022.12.10	bilibili
15	赤焰锦衣卫	武侠、悬疑	2022.12.31	爱奇艺

数据来源：监管中心统计数据2023.1　　　　　　　　　　　　　　　　　ⅢⅢ 国家广播电视总局监管中心

5.2.1.1　精品佳作不断涌现 影响力稳步提升

网络动画片行业发展稳中有升，内容创作总体持续稳步向好，创作水平、品质内涵进一步提升，在国家广播电视总局"网络视听节目精品创作传播工程"、网络视听节目推优等一系列项目的推动下，一批有情怀、有热度、有口碑、有影响力的优质佳作上线，行业精品化发展态势鲜明。

这些作品在题材、内容、手法上不断创新，有效提升作品的立意表达、文化内涵和审美价值，将动画制作技术和动画视听语言有效融合，呈现具有鲜明中国特色的国产网络动画作品。如《大理寺日志 第二季》选择明朝作为故事背景，描绘大理寺少卿李饼"居庙堂之高而忧其民"的家国情怀，考据和还原唐代建筑服装等形制，把极具中式本土美学和文化要素融入动画视听语言，情节扣人心弦，场景美术精美，细节考究生动。该片在第一季的基础上保持着较高的制作水准，品质与口碑均佳。《百妖谱·京师篇》讲述桃夭在医治别人的过程中体验世间冷暖、洞察人性温暖的故事。与前几季相比在画质和人物塑造上均有不同程度的提升，叙事结构和立意表达更多样，叙事节奏更合理，故事情节更丰满。口碑相比前两季也有所上升。

2022年，数部精品佳作获得较好传播效果，豆瓣评分8.0以上的网络动画片有16部，不仅在社交平台引起热议，也在短视频平台掀起讨论和观看热潮，大量网民自发讨论、转载和推荐。《明日方舟：黎明前奏》《一人之下 第五季》等超13部作品的微博相关话题阅读量超1亿，其中7部阅读量超2亿，如《明日方舟：黎明前奏》的微博相关话题"明日方舟：黎明前奏"阅读量超5.8亿。不少作品除了在长视频网站上线播出，也在短视频平台引起大量观看和二次创作。超5部作品在抖音、快手等短视频平台的话题播放量突破10亿次，其中《一人之下 第五季》相关话题播放量突破17亿次。

5.2.1.2　主题创作重点突出 创作空间不断拓展

2022年，主旋律作品尝试跳出选题和表现形式的惯常路径，通过以小见大的表现形式和贴近史实的叙事方法，在内容创意和故事讲述方面有较大突破。围绕建党百年、疫情防控、北京冬奥会等重大事件和主题，涌现出数部描绘时代故事、讲述个人奋斗的作品。

部分优秀作品摒弃了鸿篇巨制的"大"躯壳，转而从小切口、真经历入手，以真人真事、真情实感让故事更加生动感人。《血与心》呼应中日邦交正常化50周年的时间节点，聚焦"日籍解放军战士"这一特殊群体，改编真人真事，讲述抗日战争、解放战争、抗美援朝等时代巨变，以相对平和、润物细无声的形式向观众铺陈历史，通过战士砂原惠的传奇经历高扬共产主义理想信念。

部分优秀作品将主题叙事融入生动有趣的情节中，以奇幻、幽默的表达手法，让主题叙事引人入胜、灵动有趣。《梦幻书院之国家安全篇》以真实案例为脚本，通过梦幻世界主角们的趣味日常，向观众科普国家安全相关知识，鼓励公民积极投入维护国家安全的行列中，为守护国家安全贡献力量。《三三的冰雪世界》以冬奥会为契机，讲述了小羊驼三三和它的朋友们离开了四季如春的羊驼村，来到布满新奇事物的冰雪世界的故事。片中它们在白雪皑皑中体验冬日生活与冰雪运动，用温暖逗趣的方式科普花样滑冰等冬奥知识。

5.2.1.3　传统文化题材亮眼 凸显国风独特审美

在国家广播电视总局"中国经典民间故事动漫创作工程"等项目的推动下，一批具有中式审美、中国情怀、时代特点的动画片在2022年推陈出新，从中国神话故事、民间文学、民俗传统中广泛取材，采用年轻态语态和新兴传播方式，融合动画视听语言和中华文化价值，结合中华美学精神和当代审美追求，激活中华文化生命力，深入挖掘传统文化精髓，在传承、弘扬中华优秀传统文化和彰显时代价值方面发挥着重要作用。

国风动画作品植根于中华民族悠久历史，脱胎于中华经典传说故事，融合了中式美学精神和当代动画审美，表现持续亮眼。以作品中生动鲜活的角色、凝练隽永的情节、朴实厚重的内涵，传递天下为公、自强不息、讲信修睦等具有中国特色的处世智慧。如动画《茶婆婆渔婆婆蚕婆婆》以合集形式，借太湖茶神茶婆婆、渔神渔婆婆和蚕花神蚕婆婆给太湖少年阿太讲故事的方式，讲述36个生动有趣的江南民间故事。每集都对应一处江南景点、一道江南美食、一个江南美物或一个远古传说。既传播了中华民间故事，也弘扬了当代价值观，在寓教于乐方面进行了大胆尝试。

此外，大量国风动画借中国古代服饰、歌舞、曲艺等展现传统文化韵味，营造雕梁画栋、水墨剪纸等中式视觉、听觉效果，与国人日用而不觉的共同价值观念和审美趣向同根同源、同频共振。如《幻梦山海谣》以《山海经》传说为基础，描绘了现代人在瑰丽梦幻的山海世界中的奇遇。在融合了高质感国风造型、场景、音乐等综合表现形式的基础上，无论人物造型、场景设计、背景音乐等均以较高制作水准展现了诗意的中国古典美。《万古剑神》的片尾部分将非物质文化遗产剪纸艺术与视听语言相结合，呈现山水桃花、剑雨蝴蝶等画面。《诛仙》将评书融入片尾动画小剧场，丰富作品中的传统文化色彩。

5.2.1.4　聚焦现实主义题材 探索动画多样创作

一直以来，网络动画片以玄幻、奇幻类题材为主，立足于现实主义题材的作品极少出现。2022年上线数部关注当下、关注现实，将视角聚焦普通人群的动画作品，讲述具体而真实的普通人在工作和生活中逐渐成长、享受生活的励志故事，串联起职场发展、时代传承等多重现实议题。这些作品讴歌普通人在奋斗中创造美好生活的精神，体现深刻的人文关怀，充满真实且温情的向上力量。

现实主义题材的网络动画片，或以奋斗故事诠释大时代背景下个人的价值意义，或以温情故事表达对青少年的人文关怀。沪语动画《上海故事》描绘了在上海广告公司工作的上海白领韩菲菲琐碎而温馨的家庭日常，以"两代人、一座城"为叙事主线，真实还原了20世纪90年代弄堂里的老上海人生活和当代"社畜"颇有些令人抓狂的职场经历，治愈系的画风和平实化叙事，投射出家庭的温暖和时代的变迁。《阳光咖啡厅之新友纪》讲述了被上家公司开除的真纪，去居民区楼下的阳光咖啡厅工作的故事。片中融入动漫的"年代梗"，在眼泪与欢笑并存、感动且温暖人心的日常故事之中，融入了对工作、友情、成长的思考。

5.2.1.5 地方特色作品频出 突出浓厚地域风情

随着各地发展动画片产业的规划落地以及政策和项目推进，一批颇具地方特色、反映现实生活的优质动画作品在2022年陆续上线。这些作品地域特色和时代特色浓郁，融合乡土风情和当代现实生活气息，与当地人"求同"，和全体观众"交心"，引发了网民的关注好评。

地方特色动画在现有的地域文化基础上进行再创造，创作出带有独特性、地域性与民族性的作品。如《上海故事》对上海城市景象和风貌变化细致构建，呈现出上海地理格局和空间规划，也重点刻画出上海的市井人情和文化气质。大壶春生煎、红宝石蛋糕、力波啤酒等一系列经典上海元素，成功地唤醒几代上海人的集体记忆。《赤焰锦衣卫》以古泉州多元文化和宗教文化为背景，将故事发生地设定在海上丝绸之路的起点"鲤城"泉州，片中背景参考泉州当地的建筑风貌，大量使用双翘燕尾脊屋顶建筑等，还原了泉州的开元寺、安平桥等地标性建筑，将泉州最具江湖市井意韵的地域特色搬到了动漫场景中，给予观众视觉上的真实感和震撼感。片中角色在街边"嗦土笋冻"等情节，真实再现了沿海居民的生活场景。此外，《汉化日记 第三季》《一人之下 第五季》等动画均用特色方言为角色配音，让动画中的角色走进真实场景中，增强真实感和贴近性。

5.2.1.6 女性题材作品增多 内容创作更加丰富

2022年上线的以女性题材为主的网络动画片与2021年相比数量有所增加，这些作品更多从女性角色的视角出发，搭建更为多元的叙事结构，在一定程度上满足了女性观众对动画观看的需求，也让网络动画片的内容创作更加丰富。

部分动画为续集作品，改编自女性题材漫画、文学作品等，以情感元素为主，融合美食、古风等女性观众喜爱的元素，如《萌妻食神 第三季》《两不疑 第二季》等。《萌妻食神 第三季》讲述穿越到古代的女主角与身居高位的男主角之间兜兜转转的爱情故事。动画对原著剧情进行调整，主基调更加欢乐轻松。《两不疑 第二季》以庙堂之争作为主线，呈现大大咧咧的皇后与心思缜密的皇帝悄然发生的爱恋。动画相比原著来看，加入大量以Q版形式呈现的"沙雕"剧情，弱化了原著的套路感，增加了更多喜剧元素。

部分动画为首季作品，在玄幻、都市风格等类型化作品中加入情感、搞笑等女性观众喜爱的元素，如《苍兰诀》《谎颜》等。《苍兰诀》讲述不可一世的"魔尊"与天真烂漫的"小兰花"阴差阳错互换身体的故事，动画在剧情上比较接近原著，在表现方式上则放大原著中的打斗场面，增加更多夸张搞笑的情节，与原著和同名网剧相比呈现出完全不同的观感。《谎颜》中独自在大城市打拼的女孩韩予曦善良又有才华，却因容貌遭受恶意。在经历情感与生活上的多重打击后，她最终选择与自我和解，勇敢做自己。片中不回避生活的艰辛，同时也呈现出现代女性的坚强与自信。

5.2.2 题材类型

随着网络动画进入精品化竞争，垂直类内容的重要性逐渐提高，内容创作在原有内容基础上不断创新，挖掘不同圈层题材。2022年，网络动画片的题材表现出垂直细分、多样融合的特征。其中，玄幻、搞笑元素为主的作品占比最大；奇幻、冒险、科幻游戏元素为主的作品均占比较多，折射出观众对此类题材元素的喜爱；科幻、冒险、悬疑类题材与2021年相比，发展格外迅猛；武侠题材在动画领域崭露头角，深受年轻群体的青睐。

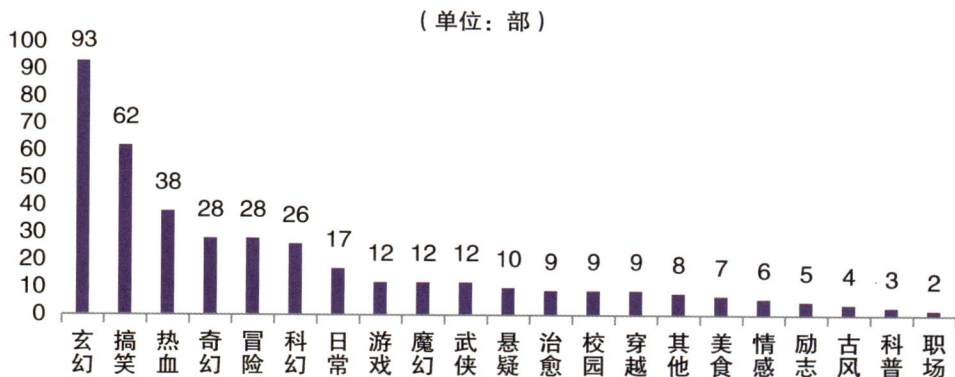

（单位：部）

图5.2.2 2022年网络动画片元素题材统计

数据来源：监管中心统计数据2023.1

国家广播电视总局监管中心

5.2.2.1 玄幻·成为绝对主流

2022年上线的网络动画中，含玄幻元素的作品是绝对主流，共93部，占全年上线总数的42%，与2021年相比占比增加15个百分点，并呈现逐年上升的趋势。

从作品内容来看，此类作品通俗易懂，通常呈现"套路化"叙事的特点，主角通常天赋异禀或者中途"开挂"，一路平步青云，用户黏性高。但随着垂直赛道竞争越来越激烈，玄幻题材作品从内容到形式不断创新与升级。以《凡人修仙传 再别天南篇》为例，动画在原著的基础上进行适度改编，将原著中的配角塑造成有血有肉的人物，让故事结构更加完整，故事表达更加生动丰满。此外，在前几季的基础上建模全面优化，场景和光影效果也有明显提升。

从作品来源来看，这些作品基本都为IP改编作品，共91部，只有2部为原创作品。由于IP改编来源基本为拥有受众基础、基本完结或已经大量产出的小说，以《凡人修仙传》《完美世界》《七界第一仙》等为代表的的玄幻类动画作品持续系列化开发，续集作品占比超六成。

从作品制作来看，含玄幻元素的作品基本为3D形式，共87部，占比超九成。作品单集时长在10—20分钟的作品有61部，占比超六成，与2021年超七成的作品单集时长在15分钟以上的情况相比，2022年玄幻题材作品的体量有所缩小。

5.2.2.2 搞笑·多元融合 占比下降

搞笑元素一直是网络动画中不可或缺的成分。2022年上线的以搞笑元素为主的作品62部，占全年上线总数的28%，与2021年相比占比减少6个百分点，并呈现逐年下降的趋势。

从作品内容来看，通常将日常、玄幻、游戏等元素与搞笑元素相融合，运用青年群体喜闻乐见的"抛梗"方式，或在节目中直接"吐槽"或者调侃、夸张地演绎现实生活。如《猫先动的手！》《菜菜子职场大作战》《万圣街 第三季》等动画选取网络流行的吸猫族、月光族等人群，夸张演绎他们的日常生活，搞笑中带有丝丝温情。《一念永恒 传承篇》《一人之下 第五季》等动画则是在玄幻题材中加入"网络梗""内部梗"，借人物吐槽节目自身的问题或者纯粹对某种现象进行讽刺、调侃，使玄幻作品在紧张刺激的节奏中有片刻的舒缓，让整体节奏有张有弛。

从作品来源来看，这些作品大部分是IP改编作品，共43部，故事来源以小说和漫画为主，19部为原创作品。以搞笑元素为主的作品过半数为首季作品，此类作品对观众来说可接受度较高，无需大IP加持也能获得一定的传播效果。

从作品制作来看，搞笑元素为主的作品多为2D形式，共43部，占比近七成。从节目体量来看，平均单集时长9分钟。单集时长在5分钟以内的作品18部，占比近三成，与2021年占比超六成的情况相比，2022年以搞笑元素为主的作品体量有所增长。

5.2.2.3 科幻·打造中式科幻作品

在玄幻题材作品保持市场主体地位的基础上，科幻题材作品异军突起，发挥其独有的优势，为用户提供更丰富的观看选择和更极致的观看体验，国产科幻动画逐渐摸索出一条独具特色的"中式科幻"之路。2022年上线的科幻题材作品26部，占全年上线总数的12%，虽然占比不高，但与2021年相比数量增加18部，增幅明显。

科幻类作品在2022年获得了较大关注，拥有一批稳定的用户群体，在世界观建构、故事情节设置、类型化探索、制作水平提升等方面都有一定的进步，但也引发不少争议。如《黑门》，该片聚焦脑科学这一小众领域，其核心理论基于美国物理学家罗杰·彭罗斯提出的"微管量子目标还原调谐"理论，糅合了凯文·凯利笔下"蜂群思维"的蜂群症。有别于"外科幻内玄幻"的软科幻作品，这一硬核科幻动画豆瓣评分达到8.2，但也有网民认为其故事设定晦涩难懂。动画版《三体》则引发了较大关注讨论热潮，在同名小说获得超高人气、大量拥趸的情况下，如何将原著合理改编成适合当代互联网语境的动画作品，值得长期探索。综合而言，科幻类作品的后续发展空间较大，创作者更需要思考如何更好平衡"硬核科幻"特质和大众传播需求之间的关系、也亟须探索如何将中国美学、中国思考融入全球视角，从而尽早走向世界舞台。

从作品来源来看，由于剧本创作难度等原因，科幻题材作品多为IP改编，共20部，故事来源以小说为主，仅6部为原创作品。因为科幻题材作品原著通常篇幅不大，改编后节目体量也不会有大的改变，且科幻作品制作周期偏长，因此过半数的节目为首季作品。

从作品制作来看，科幻题材作品基本为3D形式，共21部，占比超八成。从节目体量来看，科幻题材作品平均单集时长19分钟，单集时长在15分钟以上的作品18部，占比近七成，科幻题材作品整体体量仍偏大。

5.2.2.4 游戏·特有叙事结构

近几年，游戏与动画的联结愈来愈深。2022年，以游戏元素为主的作品12部，占全年上线总数的5%，虽然占比不高，但呈现出游戏元素带给动画的独特叙事与核心价值。

此类作品大致可分为两种：一种是动画的剧情设定为主角在游戏里或类似游戏设定的世界中过关斩将，最终赢得胜利或者获得成长，如《暂停！让我查攻略》中30岁的"社畜"刘依诺意外被召唤到游戏世界中，协助18岁的"勇者"田恩雅拯救世界。《我靠充值当武帝》系列动画则将故事背景设定为地球能源枯竭后，主角林一为改变命运，参加《灵神大陆》游戏内测，却因系统故障受困游戏中，并踏上修炼路。另一种是动画沿用游戏中的情节及人物设定，为游戏"量身打造"一部动画节目，如《是王者啊？》是由天美工作室《王者荣耀》项目团队出品、奇影动漫制作的《王者荣耀》衍生动画，以长城守卫军的英雄为主角，属于泡面番[①]，着重于强化角色特点，丰满人物形象。

从作品来源来看，以游戏元素为主的作品大部分是IP改编，故事来源以游戏为

---

① 指一集时间很短的动画，通常在3分钟到6分钟不等，相当于泡一碗方便面的时间。

主，仅2部为原创作品。这类作品通常情节设定比较简单，受众较固定，制作周期较短，且连续性不强，因此通常为2D形式的首季作品。从节目体量来看，此类作品体量偏小，平均单集时长6分钟。

5.2.2.5 武侠·良品迭出

近两年来，武侠题材动画作品发展势头迅猛，得益于中国武侠文化中侠肝义胆的精神内核，与日渐受到重视的中华优秀传统文化。2022年，以武侠元素为主的作品13部，占全年上线总数的6%，《新秦时明月》《画江湖之不良人》等动画成为经典武侠动画的代表，也让"Z世代"受众看到兼顾"武"与"侠"的优秀作品。

一方面，武侠题材动画用年轻人喜欢的方式重述经典，在角色设计上增加鲜明的个性，使人物更丰满，故事结构更完整，还原热血沸腾、刀光剑影的武林江湖；另一方面，动画中精美且充满故事性的画面，将原本存在于想象中的经典武侠场景落地成为现实。如有着庞大粉丝基础的古龙小说《绝代双骄》2022年改编成同名动画上线，借助先进的动画技术展现出小说里的"奇观""奇景"，呈现生动有趣的人物形象，不仅让"原著粉"认可，也让动画观众感受到中国武侠作品的魅力。

从作品来源来看，武侠题材动画大部分是IP改编作品，故事来源以小说为主，仅3部为原创作品。从作品制作来看，武侠题材动画以3D形式为主，3D 作品10部，占比超七成。从节目体量来看，此类作品平均单集时长18分钟，2022年单集时长在15分钟以上的作品10部，占比超七成。武侠题材动画与其他题材动画相比，体量偏大。

5.2.3 故事来源

2022年，网络动画片故事来源仍呈现多元化特征，改编为主、原创为辅，改编类作品的占比有所提升。全年177部IP改编作品，占80%；43部原创作品，占20%，IP来源覆盖小说、漫画、游戏等多种类型。

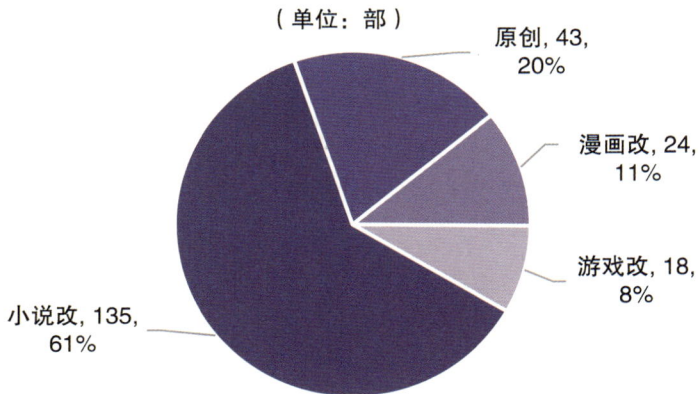

（单位：部）

原创, 43, 20%

漫画改, 24, 11%

游戏改, 18, 8%

小说改, 135, 61%

数据来源：监管中心统计数据2023.1

国家广播电视总局监管中心

图5.2.3 2022年网络动画片故事来源统计

5.2.3.1　原创作品·占比下降

2022年原创作品共43部，占20%，与2021年相比原创动画片占比下降16个百分点，呈现出逐渐下降的趋势。虽然原创动画的占比越来越低，但仍偶有佳作，各平台、制作公司从IP源头入手，不断挖掘原创作品潜能，开发出不同题材、不同风格的原创动画。

从题材类型来看，2022年的原创作品以搞笑、科幻、奇幻类作品为主。以日常生活为主线的《猫先动的手！》将二十多岁的"宅女"与几只猫的日常生活以幽默的小故事呈现出来，生动呈现"猫奴"的特点；科幻题材动画《黑门》以一场普通的公交事故揭开多个势力的拉锯，呈现人类在探索自身极限的过程中引发的种种危险与对自身的思考，探讨人类进化的方向与可能性。

从作品制作来看，原创动画虽然仍以首季作品为主，但是续集作品的占比有所增加，43部原创动画片中33部为首季作品，占比77%，与2021年相比下降10%。原创作品的主流形式虽然仍是2D作品，但更多的原创动画制作方式已经向3D的方式倾斜，43部原创动画片中2D作品共26部，占比约60%，与2021年相比下降约10%。

5.2.3.2　IP改编·故事来源更丰富

依托于大IP的群众基础与高关注度，更容易把作品做出圈或者做成优质内容，因此网络动画愈来愈倾向于改编大IP。2022年IP改编作品共177部，占80%，与2021年相比增加57部，在全年上线作品中占比提高16个百分点，并呈现逐年上升的趋势。

改编自小说的作品增幅较大，不仅数量大幅增加，故事来源也愈加丰富。《开局一座山》《武动乾坤 第三季》等改编自小说的作品135部，与2021年相比增加68部，呈逐年上升趋势。故事来源除网文、轻小说之外，类型及来源更加丰富，有国内作品，也有国外小说，不仅有网络小说，也有文学名著，如《食草老龙被冠以恶龙之名》改编自日本轻小说[①]，《绝代双骄》改编自古龙的武侠小说。

改编自漫画的作品占比下降，《两不疑》《肥志百科 第二季》等改编自漫画的作品24部，与2021年相比减少11部。值得注意的是，漫画来源除了国内作品，也有国外漫画作品，如《谎颜》改编自韩国漫画。

改编自游戏的作品与2021年相比数量基本持平，《明日方舟：黎明前奏》等改编自游戏的作品18部。与小说改编作品、漫画改编作品不同的是，游戏改编作品中好几部作品可改编自同一款游戏，如《梦幻书院之国家安全篇》《梦幻书院 第七季》均改编自梦幻西游，《是王者啊？》《无限王者小队》均改编自王者荣耀。

---

① 指能轻松阅读的小说，以十多岁的中学生，以及动漫爱好者为主要读者群，多使用动漫风格绘图作为插画。

5.2.3.3 系列作品·规模扩大

2022年，网络动画片"系列IP"不断延续，内容IP全链路开发成效显著。网络动画系列作品，内容矩阵不断完善。

网络动画片在2022年加大力度开发续集作品。2022年上线的续集作品114部，占全年上线作品的52%，比2021年提高16个百分点，并呈现逐年上升的趋势。平台越来越倾向于选择首季或前几季质量较高，反响较好的作品进行持续开发制作，《画江湖不良人 第五季》《仙王的日常生活 第三季》等"长寿"续集作品将会越来越多。

除了续集作品，网络动画持续产出大量衍生作品与多版本节目，呈现以IP为核心进行再创作、产生多个番外篇或特别版本的衍生模式。番外篇、特别篇、衍生节目等为原IP增加新内容，也满足不同受众的审美需求，提供多样观看体验。这些作品有的在原作基础上进行科普，如《梦幻书院之国家安全篇》为原IP的番外篇，通过梦幻世界主角们的趣味日常，向观众科普国家安全相关知识；有的是在原作基础上拓宽受众，如《叶罗丽X光浮尘·光影泪》为少儿动画《精灵梦叶罗丽》的番外，其内容更加偏向全年龄段受众；有的为原作做补充，增加新的视角和背景故事，如《少年歌行番外篇之少年事》《少年歌行风花雪月 特别篇》等；有的是在平台开发新功能的基础上，为原作打开新视角，如《雄兵连3雷霆万钧》有隐藏着的先导集，《暂停！让我查攻略》依托平台移动客户端的更新，在内容中埋入新功能，观众能自由为主角选择自己喜欢的配音版本。这些新功能、新内容在一定程度上丰富原作，并提升趣味性。

此外，各制作机构纷纷依托于《诸天纪》《炼气练了三千年》《西行纪》等同一IP，推出动态漫画、3D动画、2D动画等多版本节目。如根据原作《斗破苍穹》，2022年上线动态漫画《斗破苍穹 动态漫 第四季》、3D作品《斗破苍穹缘起》、3D作品《斗破苍穹年番》等多版本节目，以不同形式、不同角度完整、多面、立体地呈现同一IP故事。

（单位：部）

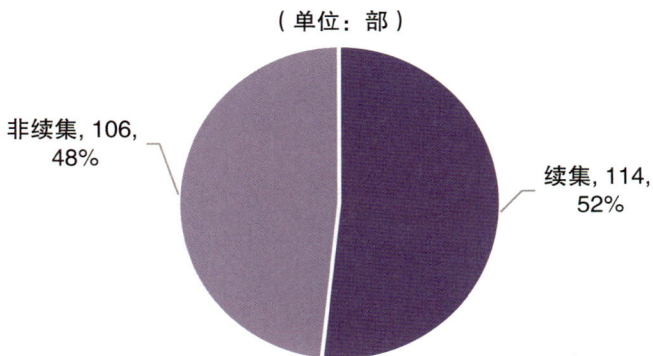

非续集，106，48%
续集，114，52%

数据来源：监管中心统计数据2023.1

国家广播电视总局监管中心

图5.2.3.3 2022年网络动画片统计（续集/非续集）

5.2.4   作品形式

从作品形式来看，2022年上线的网络动画片形成以3D动画为主、2D动画略有减少的发展趋势。其中3D动画片145部，占比66%；2D动画片75部，占比34%。

（单位：部）

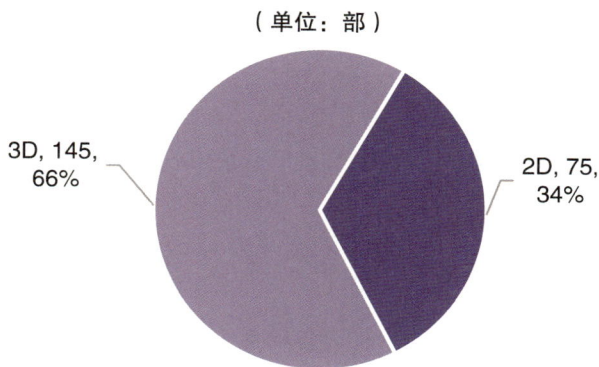

3D, 145, 66%

2D, 75, 34%

数据来源：监管中心统计数据2023.1　　　　　国家广播电视总局监管中心

图5.2.4   2022年网络动画片作品形式统计

5.2.4.1   2D动画·占比下降

2022年，2D网络动画片75部，占全年上线总数的34%，与2021年相比下降24个百分点。2D动画不再成为网络动画片的主流，并呈现占比逐年下降的趋势。

从作品题材来看，2D动画片中，搞笑、奇幻、玄幻题材数量与2021年基本持平，仍是2D动画片的主体。这些作品以奇幻、玄幻为题材，加入搞笑、日常等元素，整体风格轻松、自然，如《獭獭突然想到 第二季》《小魔头暴露啦》等。

从故事来源看，2D动画中的改编作品逐渐占据主流，且占比越来越大。2022年超半数2D动画为改编作品，共49部，占2D动画片总数的65%，与2021年相比提升9个百分点。与2021年主要改编自漫画与小说不同，2022年主要改编自漫画与游戏。从作品体量来看，2D动画的篇幅与上年相比变化不大，平均单集时长10分钟，与2021年相同。

5.2.4.2   3D动画·成为主流

3D动画通过画面、音乐、镜头语言等表现形式，借用CG制作等技术优势更好地呈现故事，发挥动画的魅力。2022年网络动画片中3D动画片145部，占全年上线总数的66%，与2021年相比提升25个百分点。当前网络动画片市场已经形成3D动画片为主流的趋势，不难看出3D动画片正迅速发展并占据越来越大的比重。

从作品题材来看，3D动画片以玄幻、科幻、武侠题材为主，科幻题材的占比加大，但玄幻题材仍是3D动画片的主体。这些作品以3D技术打造精美景致，还原历史风貌，让观众产生身临其境之感。如以西游题材改编而成的《西行纪 第四季》、热血玄幻小说《仙墓》等。

2022年的3D动画片基本都选择IP改编作品。从故事来源看，IP改编作品为128部，占3D动画总数的88%，比2021年提高11个百分点。主要故事来源为小说，共124部，如《少年白马醉春风》《三寸人间》等。

从作品体量来看，3D动画整体篇幅变动不大。2022年3D动画作品平均单集时长为16分钟，与2021年相比减少1分钟。其中单集时长在10分钟以上的作品共120部，占3D作品总数83%，比2021年提高1个百分点。

5.2.5　作品体量

2022年，全网上线220部网络动画片，总时长41505分钟，总部数、总时长较2021年都略有增长，总部数增长17%、总时长增长9%。

其中11—20分钟的动画片数量最多，共94部，占上线总数的43%，与上年相比占比提高4个百分点；20分钟以上的动画片次之，共52部；1—5分钟的动画片共38部；6—10分钟的动画片36部。

（单位：部）

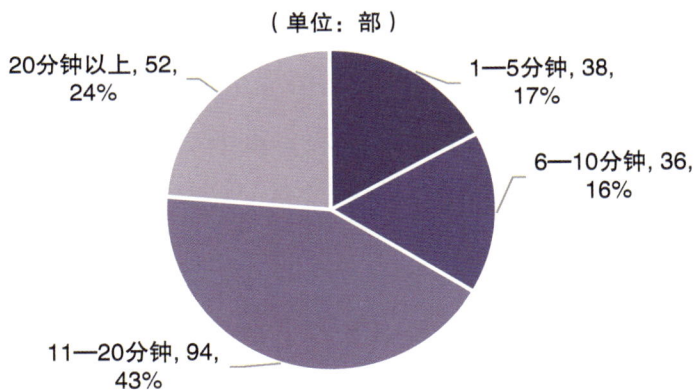

20分钟以上, 52, 24%
1—5分钟, 38, 17%
6—10分钟, 36, 16%
11—20分钟, 94, 43%

数据来源：监管中心统计数据2023.1

国家广播电视总局监管中心

图5.2.5　2022年网络动画片单集时长统计

5.3　制作传播

5.3.1　播出平台

　　芒果TV、爱奇艺、腾讯视频、优酷、bilibili等头部平台持续发力，打造更多重点作品与独播作品。2022年的独播动画片共195部，占上线总数的89%，比2021年增加10个百分点。其中，芒果TV的独播动画片1部，爱奇艺16部，腾讯视频87部，优酷24部，bilibili67部。

　　平台的独播动画作品更倾向于选择品质好、人气高、平台自制、自有版权的内容。2022年独播作品的题材与2021年基本一致，集中在搞笑、奇幻、玄幻、科幻等类型，科幻作品加入独播大军。从故事来源看，独播作品以小说改编作品和原创作品为主，其中小说改编类作品132部。从出品情况来看，166部为平台自制或参与出品，占独播动画片总数的85%，比2021年占比增加12个百分点。

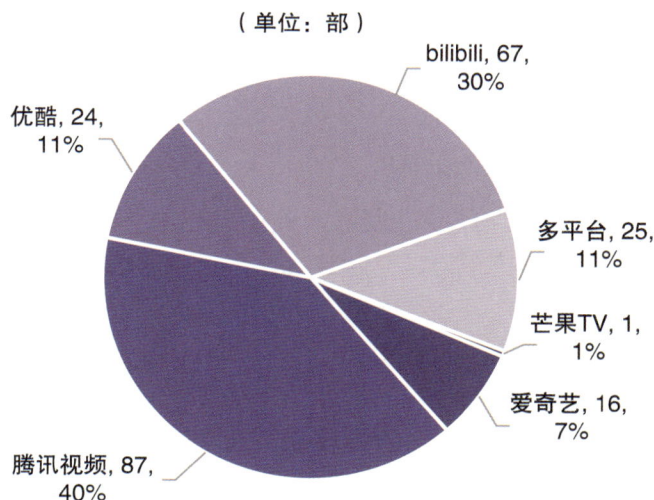

（单位：部）

bilibili, 67, 30%

优酷, 24, 11%

多平台, 25, 11%

芒果TV, 1, 1%

爱奇艺, 16, 7%

腾讯视频, 87, 40%

数据来源：监管中心统计数据2023.1　　　　　国家广播电视总局监管中心

图5.3.1　2022年网络动画片播出平台统计

5.3.2 开发情况

5.3.2.1 平台加大引领力度

2022年，头部平台从内容生产、等方面入手，不断加大对网络动画片的扶持力度，鼓励优质内容创作。

首先，腾讯、bilibili等头部平台继续加大对动画、漫画等二次元内容生产公司的投资力度。如腾讯投资了《枕刀歌》等动画的制作方更三动画、《一人之下》系列的制作方之一动漫堂以及《三体》等动画的制作方艺画开天；bilibili投资了IP源头SF轻小说[①]与《爸妈来自二次元》等动画的制作方白纸动画。

其次，平台通过设置各类人才培养计划，在往年成功经验的基础上，持续加大对内容创作团队和个人的扶持力度，从内容创作到资金、技术等多方面进行资源扶持。腾讯推出以"国风复兴"为主题的第二届中国青年动画导演扶持计划。bilibili推出年度"小宇宙计划"，开展扶持动画爱好者的"原石计划"，新设置国创动画人扶持计划"胶囊计划"，以情绪为主题创作动画短片。优酷则继续推出"一千零一夜"青年动画导演助推计划等，不仅对动画制作者、原创作品进行扶持，也针对院校学生、独立动画导演、动画企业等群体征集创意，提供各类支持。

再次，各平台重制经典，让好内容再次回到观众视野，为制作时间久远、原画质较低的经典动画进行超清修复。如bilibili启动动画4K修复计划，首批修复完成的作品共计25部，包括《十万个冷笑话》等。优酷也推出"六一"儿童节超清修复片单，包括动画片《黑猫警长》《哪吒闹海》《宝莲灯》等。

5.3.2.2 平台自制、参与出品增多

头部平台加入IP开发过程，不仅能够从源头开发出更多优秀作品，也能把握开发方向，提供技术和资金支持，与其他内容生产平台、制作机构共同打造重点作品。2022年上线的网络动画片中，平台自制、参与出品的作品达172部，占全年网络动画片上线总量的78%，较上年增长16个百分点。

从开发模式来看，以联合开发IP为主，平台与制作公司、内容平台等机构联合出品的作品达119部，占平台参与作品的69%。如玄幻作品《仙武苍穹》《万界之尊》等由爱奇艺、若鸿文化联合出品，历史题材作品《血与心》由上海宽娱数码科技有限公司、人民中国杂志社、新星出版社联合出品。平台独立出品的作品有53部，占平台参与作品的31%，如腾讯出品的动画片《诛仙》《快把我哥带走 第五季》、爱奇艺出品的动画片《石少侠感觉好孤单》《赤焰锦衣卫》等。

---

① 一家轻小说阅读和写作平台，以原创轻小说为主。

从作品类型来看，平台自制、参与出品的作品以IP改编作品、续集作品和需付费观看的独播作品为主。其中，151部为IP改编作品，占平台参与作品的88%；100部为续集作品，占平台参与作品的58%；166部为独播作品，占平台参与作品的97%；165部为付费作品，占平台参与作品的96%。

（单位：部）

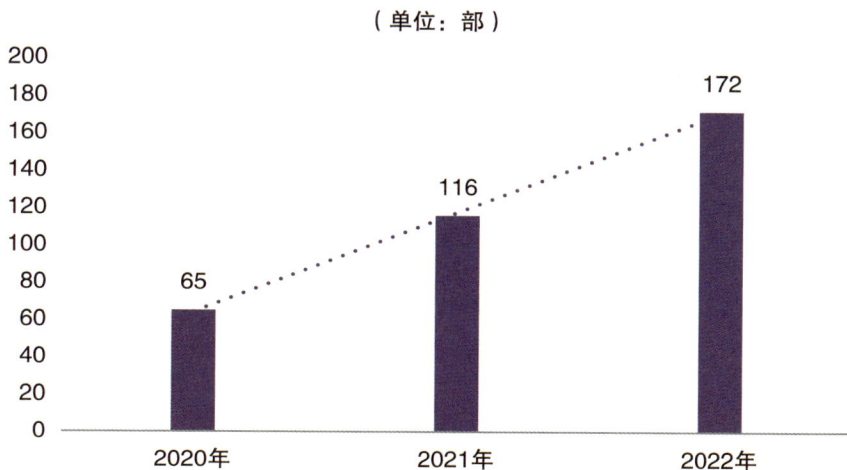

数据来源：监管中心统计数据2023.1　　　　　　　　　　　国家广播电视总局监管中心

图5.3.2.2　2020—2022年平台参与出品数量统计

5.3.2.3　差异化开发

近年来，主要网络视听平台内容竞争日趋激烈，用户对优质细分内容的需求持续旺盛。在现有用户基础上巩固平台内容特色，充分吸引对细分内容有好感的忠实用户，成为各家平台精细化运营、差异化传播的突破点。为打造平台特色，吸引目标用户，2022年各大平台均设置了剧场模式，集中精力主攻细分赛道，探索优质内容的差异化传播。

"剧场模式"，即在细分类型或小众题材探索上，将类型相近的题材进行细分归类，精准推送给目标受众。不同题材、风格的网络动画在不同版块上线播出，促进作品整体声量的最大化和IP价值的多元化。

优酷设置"开挂+国风+创新·热血少年"立体化剧场运营模式，集中播映国风、玄幻类动画。其中"开挂剧场"主推《神墓》等玄幻作品，打造"热血""爽感"风格；"国风剧场"则主打国风江湖，讲述《少年白马醉春风》等热血高颜值的少年故事，打造似真似幻、豪情万丈的东方武侠作品。爱奇艺则持续巩固"奇燃""崛战""桃漫"三大剧场，在热血、恋爱、搞笑、科幻等题材上分散用力，巩固圈层用户。bilibili推出"国创，再来点！"企划，衍生出"再来点动心"和"再来点冒险"两个系列，分别主打《谎颜》等现代都市和《暂停！让我查攻略》等幻想冒险内容。

腾讯视频推出侠义江湖、神秘冒险、闪光青春、热血英雄、欢乐解压、科幻星途六大品类，让内容匹配更精准的用户，也帮助创作者构建起更通畅的内容变现渠道。

表5.3.2.3　2022年部分平台设置的剧场及代表作列表

播出平台	剧场名称	2022年代表作
爱奇艺	奇燃剧场	《万域之王》《剑仙在此》《苍兰诀》《神澜奇域无双珠》《赤焰锦衣卫》
	崛战剧场	《驭灵师》
优酷	开挂剧场	《晶翠仙尊》《诸天纪》《寻剑》《极道龙神》《我在仙界挣积分》
	国风剧场	《新秦时明月之夜尽天明》《少年白马醉春风》《万古剑神》《与君行》《医妃天下》
bilibili	国创, 再来点!	《暂停！让我查攻略》《食草老龙被冠以恶龙之名》《谎颜》

数据来源：监管中心统计数据2023.1　　　　　　　　　　　国家广播电视总局监管中心

5.3.2.4　打造IP矩阵

2022年，各平台持续布局动漫内容矩阵，从立项开始，涵盖动画、漫画等多种形式，形成同一IP多方联动，呈现多元化内容。如爱奇艺建立集爱奇艺动漫频道、叭嗒App、爱奇艺漫画App等一体的动漫内容平台矩阵，涵盖动画、漫画、动态漫画等多种内容形式。

部分IP还建立游戏、影视剧、纪录片等联动，形成动、影、漫、游多方联动内容。如《苍兰诀》漫画、动画以及剧集先后上线，形成了"文学—漫画—动画—剧集"的四联开发。网络动画《枕刀歌》上映后，动画大电影《枕刀歌之尘世行》随即上线播出。《诸天纪》动画开播初期，便推虚拟偶像秋月华出道，紧跟元宇宙风口，实现从小众到大众的聚焦。

5.3.3　更新情况

5.3.3.1　上线时间·呈现规律性

2022年，网络动画片在暑期（6—8月）新上线77部，约占全年总量的三分之一，比上年增加27部。根据季度时段划分，每个季度的第一个月上线数量为当季最多，如1月、4月、7月、10月新上线动画片数量最多，均超过20部，尤其是7月，上新数量达到40部。2月新上线动画片数量最少，仅8部。

（单位：部）

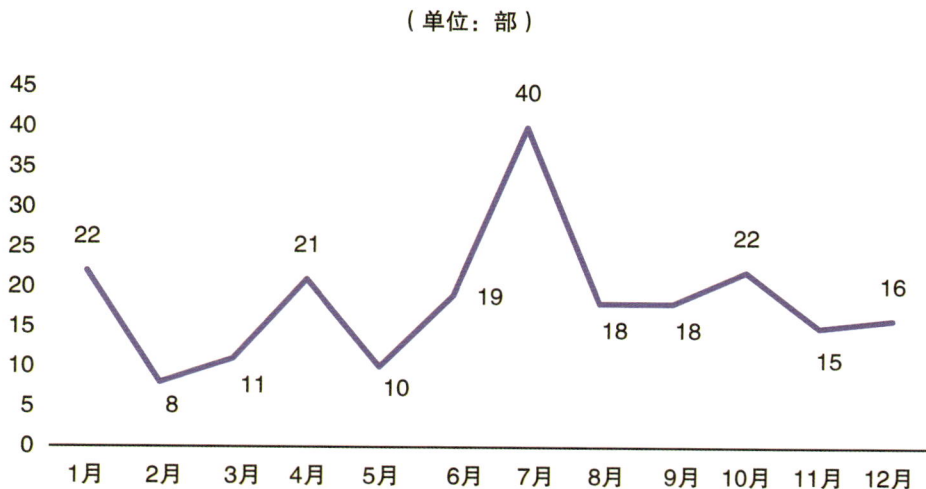

数据来源：监管中心统计数据2023.1

国家广播电视总局监管中心

图5.3.3.1　2022年网络动画片月上线节目数量统计

5.3.3.2　更新节奏·周播为主

2022年，网络动画片的更新节奏基本为周更，全年新上线动画片中有214部为周更，6部为日更。

每周更新4天以上的日更动画片6部，占3%，与2021年占比一致。这些日播动画片以首季播出的原创作品为主，单集时长均在5分钟以内，总集数均在10集以上，体现出短动画片优秀的内容生产、更新能力。

季播动画仍是网络动画片的主流。以《一人之下》《画江湖》为代表的季播动画，将故事分割为相对独立完整的若干剧集，以多季的模式进行播出，给动画的后续制作、故事调整留出空档期，制作和叙事得以不断精进。在长篇季番里，高度凝练的剧情、人物的刻画、情节的渲染场面更多。与前两年相比，网络动画技术和效率均有所提升，部分作品空窗期可缩短至几个月，同一年可以上线两季，甚至三季作品。

部分网络动画片能够实现周更且连续一年持续更新，成为为数不多的年番作品。年番的制作以稳定的内容更新为基础，通过高效且优质的内容制作、张弛有度的情节安排，收获大批稳定的观众。2022年年番作品仍旧很多，如《冰火魔厨》系列、《一念永恒》系列篇、《吞噬星空》系列篇等。这类作品需要制作方在策划和制作等环节提供更强的支撑力，年番作品数量多，显示出动画制作技术的进步、产能的提升，也侧面反映出观众对网络动画片的观看需求不断增加。

值得注意的是，2022年有《西行纪》等部分作品从季播动画转为年番动画，显示出网络动画行业制作工艺的提升与行业生产链的成熟。

5.3.4 经营情况

5.3.4.1 分账模式·上线新功能

2022年，各平台付费模式及项目合作模式不断升级变化，为网络动画片内容创作生产提供了全新样态，并可通过增强优质内容的变现能力反推作品内容质量升级。部分主要平台不断调整具体规则，逐步形成符合自身发展需求和规划的合作模式，合作项目题材内容日渐丰富，合作形式越发多元化。

其中，爱奇艺付费模式升级。2022年10月1日起，取消定级。爱奇艺动漫、儿童等领域将正式应用全新分账合作模式。新模式在原会员观看时长分账基础上，增加会员拉新分账。同时，取消平台对内容的预测定级，并将手机、电视、电脑、平板、智能家居、车联网、虚拟现实（VR）七个终端的会员观看和收入数据与片方共享，供其了解内容在爱奇艺平台各终端上的消费表现。优酷则加大对动画项目分账模式的推广力度。优酷动漫开放平台也在不断革新动画项目合作模式，加大对动画项目分账模式的推广力度。

表5.3.4.1　爱奇艺作品分账收入说明表

合作方总收入（元）=会员基础（时长）分账收入（元）+会员奖励分账收入（元）+广告分账收入（元）				
分账收入	说明		分账周期	结算周期
会员基础（时长）分账	会员分账周期内观看授权作品的分端有效时长 × 分端单价 × 分账比例		全周期分账	月度结算
会员奖励分账	授权作品带来奖励会员净收益 × 50% × 分账比例			
广告分账	授权作品带来的广告净收益 × 70% × 分账比例			
其他说明				
分端单价（元）：手机（PH）1.3、电视（TV）0.7、电脑（PC）0.8、平板（TB）0.9、智能家居（HM）0.7、车联网（IV）1.7、虚拟现实（VR）2.0				
分账比例：独家100%、非独家50%				

数据来源：监管中心统计数据2023.1　　　　　　　　　　　　　国家广播电视总局监管中心

5.3.4.2 广告投放·合作方式丰富

2022年，网络动画片广告以贴片广告、中插广告为主，小剧场作为一种特殊形式，将广告内容与节目内容深度结合，广告内容融入正片故事情节和场景正逐渐成为主流，在热门IP的作品内进行广告投放并传达品牌信息，实现广泛触达。

贴片广告多出现在片尾或片中，通过贴图、扫码互动等方式提供商品信息，增加互动性和参与性，用户可扫描二维码进入品牌互动页面。2022年，这些广告多为推送相关制作机构或其他动画作品、同IP的漫画、广播剧、相关作品的衍生产品等，如《请吃红小豆吧！第0.5季》片尾的广告宣传节目相关手办。

口播类广告一般在片头或片尾，多为宣传同IP的漫画、游戏、相关作品的衍生产品等，如《三体》等作品均在片头设置商业广告，《绝代双骄》系列动画片在片尾以口播形式宣传相关平台。

中插广告主要集中在片头或片尾，个别出现在中间时段，以广告小剧场为主要形式。其中，小剧场独立于正片，以剧中人物为主角原创广告情节，为广告产品量身打造专属剧情。以《三体》《龙族》为例，针对所宣传产品量身定制广告，将商品特性与动画内容相结合，由片中人物出演商品相关故事。

场景植入类广告一般在正片中，将商品变为剧中人物所用，将产品介绍自然融入动画情节中。如动画《三体》中人物背后的街道上印有某银行的广告标语。

表5.3.4.2　部分代表性广告统计表

序号	广告类型	时段	节目名称
1	贴片	片尾、片中	《请吃红小豆吧！第0.5季》《西行纪 第四季》
2	口播	片头、片尾	《苍兰诀》《神澜奇域无双珠》
3	小剧场	片头	《龙族》
4	场景植入	片中	《三体》
5	中插	片尾、片头	《万域之王》《石少侠感觉好孤单》《两不疑 第二季》

数据来源：监管中心统计数据2023.1

国家广播电视总局监管中心

5.3.4.3　国产动画出海频繁 展现国际传播潜力

网络动画片在2022年积极探索新渠道，通过生动的动画语言讲好中国故事、传播好中国声音，通过动画形象特有的国际传播优势，展现可信、可爱、可敬的中国形象，为增强中华文化传播力影响力作出了自己的贡献。

超5部网络动画片在海外电视台及网络平台上线播出，取得较好的传播效果，部分动画已被平台续订。1月，《时光代理人》在日本电视台TOKYO MX·BS11播出，随后在Netflix上线。8月，《请吃红小豆吧！》在日本富士电视台播出。10月，《明日方舟：黎明前奏》在日本东京电视台、美国网络平台 Crunchyroll、韩国网络平台Laftel等多平台、多渠道播出。11月，《万圣街》在日本多家电视台播出。12月，《汉化日记 第三季》登陆Netflix。

一批网络动画片通过上线海外视频平台或开设专属账号的方式，积累了大量海外观众。2022年，优酷动漫在YouTube等海外渠道积累超15亿曝光量、超50万人次的海外订阅用户，有效覆盖全球193个国家和地区。尤其是《少年白马醉春风》《百炼成神》《星河至尊》等作品，总共收获超1600万次播放量，深受海外观众好评。腾讯视频打造的海外传播平台WeTV，也已实现节目规模化常态化出海。《斗罗大陆》《魔道祖师》《快把我哥带走》等国内高人气动画片均在WeTV实现播出。

5.3.5 制作机构

2022年新上线的220部网络动画片，由超110家制作机构制作完成，其中大部分为动画制作公司，另有部分个人工作室。大部分制作机构在2022年的上线作品为1—2部，个别机构产出势头迅猛，有8家机构全年上线作品达到5部及以上，16家机构全年上线作品为3部及以上。

从作品题材来看，大部分制作机构在题材的选择上各有侧重，同一公司多个作品往往风格较统一。如玄机科技、索以文化、杭州若鸿文化等机构作品以玄幻类型为主，震雷文化、艾尔平方等机构作品以奇幻类型为主，大呈印象、初色文化等机构作品则以科幻类型为主。

从作品的形式来看，制作机构各有所长，作品多有独特气质，并延续一贯制作风格。福煦影视、玄机科技、索以文化等机构作品基本为3D作品，如福煦影视制作的《完美世界》系列、玄机科技制作的《吞噬星空》系列、索以文化制作的《晶翠仙尊》。视美影业、娃娃鱼动画、绘梦想动漫等机构作品基本为2D作品，如视美影业制作的《一念永恒》系列、娃娃鱼动画制作的《小魔头暴露啦！》、绘梦想动漫制作的《梦幻书院 第七季》。

从作品的延续性来看，同一系列的作品基本由相同制作机构持续制作，保障作品的连续性与持久性。如若森数字的"画江湖"系列、中影年年的"少年歌行"系列等，若森数字制作完成的《画江湖之不良人 第四季》2021年上线，《画江湖之不良人 第五季》2022年上线；中影年年制作完成的《少年歌行 风花雪月篇 上篇》2021年上线，《少年歌行 风花雪月篇 下部》2022年上线。

5.3.6 配音团队

动画配音作为动漫产业链中的关键一环，越来越多的专业配音团队参与到动画制作中，尤其是大IP的配音工作中，他们的专业性将角色刻画塑造得更为丰富和生动。2022年，网络动画片的配音流程体系化、成熟化，仍以专业的配音团队为主力。较为知名的配音工作室主要有729声工场、北斗企鹅、边江工作室、音熊联盟。知名的配音工作室和配音演员们也是受众选择观看一部作品的考量之一，热度较高、知名的工作室和配音演员会给作品带来一定人气和关注。

值得关注的是，2022年不少作品的配音工作除了有专业的配音演员，也有演员、歌手的加入，让动画声音更丰富，也吸引更多观众的观看。如动画《苍兰诀》邀请摩登兄弟刘宇宁参与配音，动画《上海故事》特邀滑稽名角毛猛达、张小玲夫妇为片中韩栋梁、赵雪夫妇配音，韩栋梁的好兄弟张百里则由滑稽名角钱程配音。《菜菜子职场大作战》以蔡明的虚拟人物"菜菜子"为原型进行创作，蔡明也为"菜菜子"配音。

表5.3.6 2022年知名配音团队及代表作品统计表

序号	知名配音团队	主要配音演员	2022年主要配音作品
1	729声工场	阿杰（张杰）、苏尚卿、紫堂宿、李诗萌、杨天翔	《苍兰诀》《一念永恒 传承篇》《仙王的日常生活 第三季》《两不疑 第二季》《今天少主不在家》
2	北斗企鹅文化传播有限公司	皇贞季、山新（王宥霂）、叶知秋	《千从狩》《暂停！让我查攻略》《快把我哥带走 第五季》《百妖谱·京师篇》《汉化日记 第三季》《大理寺日志 第二季》
3	边江工作室	边江、张思王之、DK（卢力峰）、刘思岑	《诸天纪》《完美世界》《幻梦山海谣》《神墓》《龙族》
4	音熊联萌工作室	夏磊、沈达威、杨鸥、冯骏骅、谢添天	《星辰变 第四季》《你真是个天才》《武动乾坤 第三季》《西行纪 第四季》《萌妻食神 第三季》
5	藤韵文化	沈念如、藤新、阎么么、郝祥海、图特哈蒙	《开局一座山》《剑网3·侠肝义胆沈剑心 第三季》《三寸人间》《一人之下 第五季》
6	北京森中人文化传媒有限公司	赵爽、钱文青、柳真颜、冯岚	《谎颜》《凹凸世界 第四季》
7	光合积木工作室	姜广涛、宝木中阳（宋明）、张凯、马正阳	《星际一游》《万古剑神》
8	上海领声文化传媒有限公司	吴磊、狄菲菲、赵乾景	《吞噬星空》系列
9	浙江龙游雷霆配音工作室	徐翔、柳知萧、Akria明	《星武神诀 第二季》

数据来源：监管中心统计数据2023.1

国家广播电视总局监管中心

5.4　动态漫画

5.4.1　概貌

　　2022年，全网上线动态漫画作品267部，比2021年增加96部，占上线网络动画片（广义）总数的55%，比2020年增加7个百分点。动态漫画作品以其制作门槛低、开发周期短、成本低的优势，高效高质持续发力，热度、播放量和市场份额均表现活跃。

（单位：部）

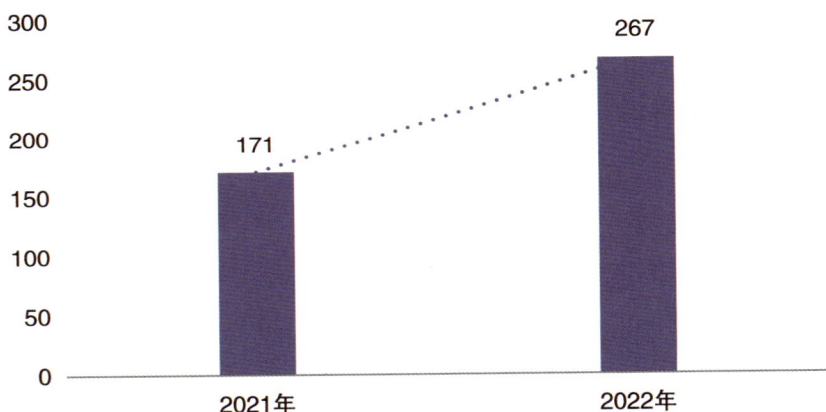

数据来源：监管中心统计数据2023.1　　　　国家广播电视总局监管中心

图5.4.1　2021年与2022年网络动态漫画数量对比

表5.4.1　2022年部分关注度较高、影响力较大的网络动态漫画列表

序号	片名	题材	上线时间	播出平台
1	混沌丹神	玄幻、冒险	2022.01.13	爱奇艺、腾讯视频、优酷
2	斗破苍穹 动态漫 第四季	玄幻、热血	2022.01.28	爱奇艺、腾讯视频、优酷
3	如果历史是一群喵 第八季	历史	2022.04.24	爱奇艺、腾讯视频、优酷、bilibili
4	斗罗大陆2绝世唐门 第四季	玄幻、热血	2022.04.28	爱奇艺、腾讯视频、优酷、乐视视频
5	阿衰 第八季	搞笑、日常、校园	2022.06.03	爱奇艺、优酷、腾讯视频、bilibili、咪咕视频

续表

序号	片名	题材	上线时间	播出平台
6	一剑独尊	玄幻、热血	2022.07.01	爱奇艺、腾讯视频、优酷
7	绝世武神 第五季	玄幻、穿越	2022.07.16	爱奇艺、腾讯视频、优酷
8	斗罗大陆4终极斗罗	奇幻、玄幻	2022.08.08	爱奇艺、优酷
9	光子英雄传：超神灵主	玄幻、热血	2022.09.29	爱奇艺、腾讯视频、优酷、bilibili、AcFun
10	超能立方	奇幻	2022.11.25	爱奇艺、腾讯视频、优酷

数据来源：监管中心统计数据2023.1　　　　　　　国家广播电视总局监管中心

5.4.2　节目内容

5.4.2.1　题材类型

2022年，网络动态漫画的题材以情感、玄幻、搞笑为主，多为爽文或甜宠风格，差异化程度不高。作品元素更丰富，穿越、都市、热血、奇幻相比上年增幅明显。

（单位：部）

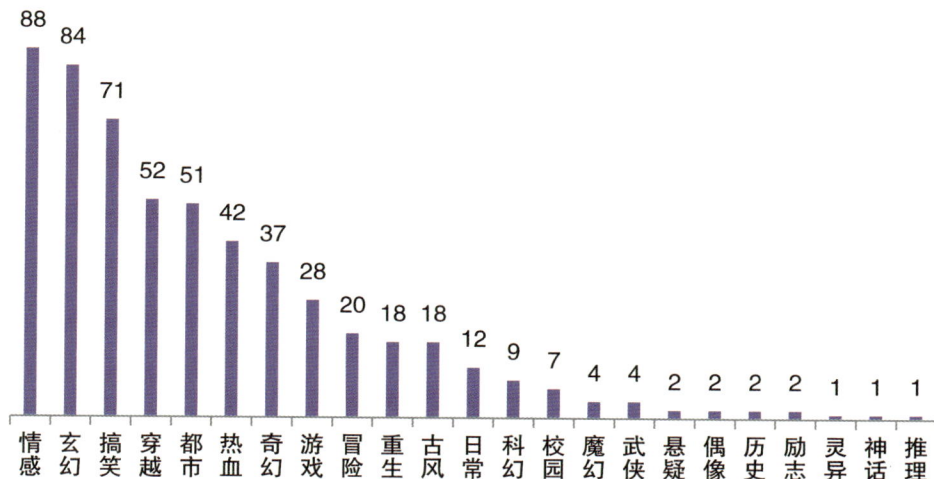

数据来源：监管中心统计数据2023.1　　　　　　　国家广播电视总局监管中心

图5.4.2.1　2022年网络动态漫画元素统计

2022年含情感元素的动态漫画作品88部，与2021年相比大幅增多，但比例与2021年持平。近四成含情感元素的动态漫画融入"穿越""重生"等元素，大多讲述都市爱情故事。含情感元素的动态漫画作品中，有45部为"上海阿柯文化传媒有限公司"出品。

2022年含玄幻元素的动态漫画作品84部，与2021年的35部比，增加49部，增幅达140%。含玄幻元素的动态漫画多为热血作品，内容基本改编自漫画、小说，如《斗罗大陆2绝世唐门 第四季》《逆天战神》。

2022年含搞笑元素的动态漫画作品71部，多加入"游戏""玄幻""穿越"等元素，如《迷你世界》系列、《迷你小洞》系列，讲述游戏世界的主人公的搞笑故事，《凌天神帝》讲述神帝之师凌剑辰转世重生于凡人之身，从此开启专治各种不服的开挂人生的故事。

5.4.2.2　故事来源

2022年网络动态漫画改编作品质量提升，故事来源呈现以改编为主、原创为辅的特点。2022年原创网络动态漫画34部，占动态漫画上线总数的13%，较上年降低9个百分点；漫画改编作品最多，共154部，占比58%。

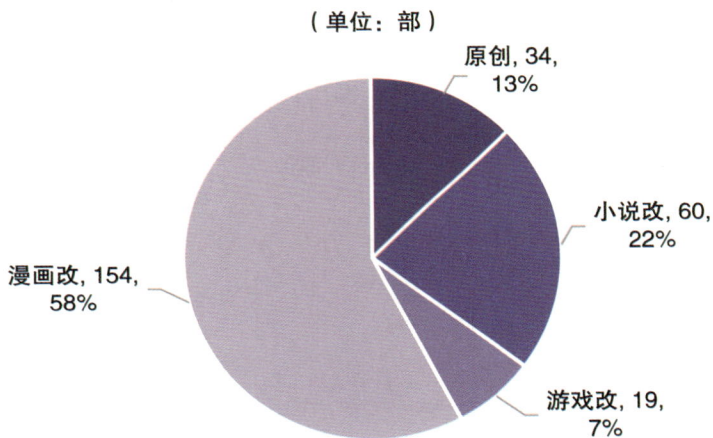

（单位：部）

数据来源：监管中心统计数据2023.1　　　　　　　　　　　　　国家广播电视总局监管中心

图5.4.2.2　2022年网络动态漫画故事来源统计

5.4.3　制作分析

5.4.3.1　作品体量

从单集时长看，网络动态漫画体量较小，仅两部超过15分钟。2022年新上线的网络动态漫画作品时长集中在10分钟以下。其中，6—10分钟的动态漫画数量最多，共135部，占动态漫画上线总数的50%；1—5分钟的动态漫画数量次之，共114部，占动态漫画上线总数的43%；11—20分钟的动态漫画18部，占动态漫画上线总数的7%。

（单位：部）

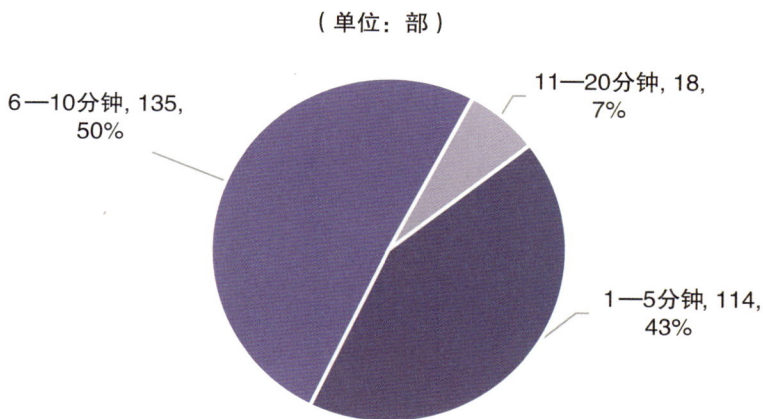

数据来源：监管中心统计数据2023.1
国家广播电视总局监管中心

图5.4.3.1（1） 2022年网络动态漫画单集时长统计

从单部作品的总集数看，2022年新上线的网络动态漫画以40集以下作品为主，其中总集数为1—20集的作品较2021年增幅较大，增加41部。总集数为21—40集的作品数量最多，共91部，占上线总数的34%；总集数为1—20集的作品数量次之，共78部，占上线总数的29%。

（单位：部）

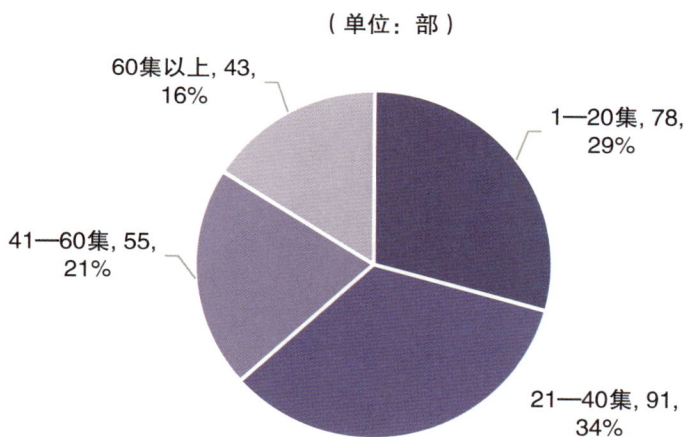

数据来源：监管中心统计数据2023.1
国家广播电视总局监管中心

图5.4.3.1（2） 2022年网络动态漫画单部集数统计

5.4.4 传播分析

2022年网络动态漫画以多平台联动为主，独播作品较少。多平台播放作品195部，占全年上线总数的73%，较2021年占比增长28个百分点；独播作品72部，其中优酷上线作品最多，为48部，占全年上线总数的16%；腾讯视频次之，共16部，占全年上线总数的6%。

（单位：部）

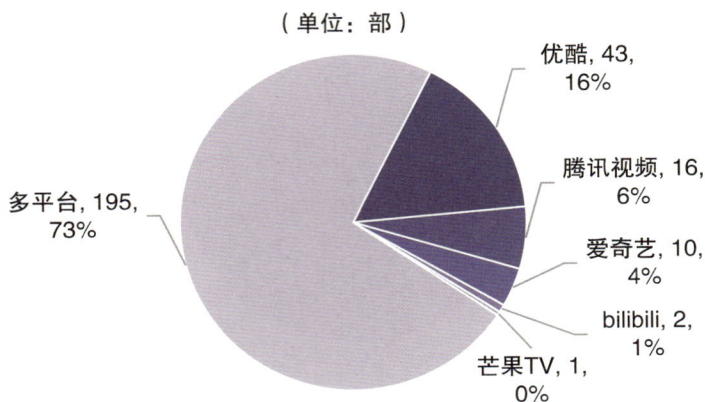

优酷, 43, 16%

腾讯视频, 16, 6%

爱奇艺, 10, 4%

bilibili, 2, 1%

芒果TV, 1, 0%

多平台, 195, 73%

数据来源：监管中心统计数据2023.1

国家广播电视总局监管中心

图5.4.4.1　2022年网络动态漫画播出平台统计

从用户权益看，2022年新上线的网络动态漫画中有228部需付费观看，占网络动态漫画上线总数的85%，较2021年占比提升22个百分点。这些需付费观看的作品中152部为首季作品，76部为续集作品。

从更新频率看，2022年网络动态漫画的更新频率以周播为主，其中248部作品为周播，占网络动态漫画上线总数的93%，比2021年提升5个百分点；日播作品5部，占网络动态漫画上线总数的2%；一次性上线2部，不定时更新作品12部。

（单位：部）

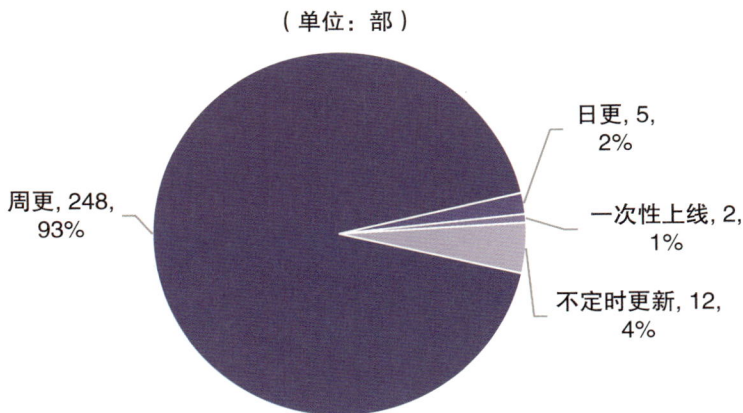

日更, 5, 2%

一次性上线, 2, 1%

不定时更新, 12, 4%

周更, 248, 93%

数据来源：监管中心统计数据2023.1

国家广播电视总局监管中心

图5.4.4.2　2022年网络动态漫画更新节奏统计

5.5　网播电视动画片分析

5.5.1　作品概览

2022年，全网上线网播电视动画片197部，比2021年增加31部。网播电视动画质量普遍较高、传播效果好。如《动物王国的故事》上线两周的播放量已达1.1亿，并实现了动画片、短视频平台衍生活动、艺人资源联动的融合传播，入选国家广播电视总局年度优秀国产电视动画片及创作人才扶持项目评审优秀节目。《辫子姑娘》以渡江战役中为解放军撑船渡江的平民英雄为原型，通过"辫子姑娘"的人生经历把新中国成立以来的重要历史篇章巧妙融汇在一起，摒弃了鸿篇巨制的"大"躯壳，通过以小见大的表现形式和贴近史实的叙事方法，让观众切身感受党领导中国人民从站起来、富起来到强起来的奋斗历程。《狐桃桃和老神仙》和《新围棋少年》和分别融入中国传统神话、非物质文化遗产、围棋等中式特色元素，形成独特的中国美术风格和东方艺术故事。

（单位：部）

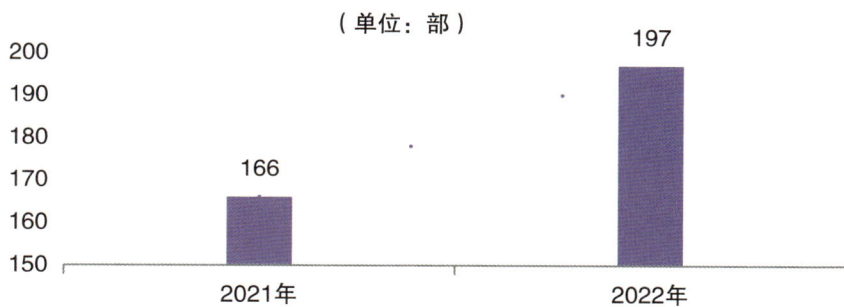

数据来源：监管中心统计数据2023.1　　　　　国家广播电视总局监管中心

图5.5.1　2021年与2022年网播电视动画数量对比

5.5.2　节目内容

2022年，网播电视动画片题材类型主要在冒险、益智，含有这两个元素的动画片达120部，占网播电视动画片上线总数的61%，热血、科普等多种元素也有发展。

（单位：部）

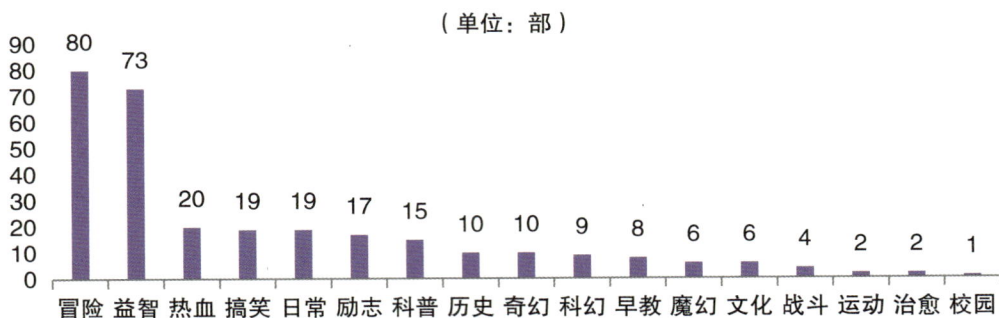

数据来源：监管中心统计数据2023.1　　国家广播电视总局监管中心

图5.5.2　2022年网播电视动画元素题材分类

含益智元素的作品80部，占网播电视动画片上线总数的41%，含冒险元素的作品73部，占网播电视动画片上线总数的37%，这两个元素或同时出现、或加入"搞笑""热血"等元素。如《无敌鹿战队 第二季》《海底小纵队 第七季》，在讲述小动物们帮助他人的冒险旅程中设置雪山、太空、海洋生物等场景，提升儿童的知识和思考能力，培养他们互相协作友善真诚的团队精神。

"科普""历史""励志""文化"等元素在网播电视动画片也是重要的存在，以动画片的形式向青少年传达科学、文化等多个领域的知识。如《焦裕禄》《你好，辫子姑娘》《下姜村的共同富裕梦》《长征先锋 第二季》等一大批作品以生动的表达语言讲述革命先烈或历史事件。《狐桃桃和老神仙》将中国传统文化、儿童成长与非遗三大要素自然地融入到故事情节中，让小朋友们在活泼有趣的故事中认识到人与人之间的多样性并学会包容和尊重他人，同时也建立起他们与传统文化之间的链接。《瑞克和扣扣 古诗里的小百科·动物篇》学习《小池》《乌衣巷》等20首经典古诗词和古诗里所涉及的所有动物，小朋友们跟着扣扣观察各类动物的习性和特点，不仅认识了各类的动物，也更深入理解了古诗里所描述的内容和诗人所要抒发的情感。《科学家故事：呦呦有蒿》《天眼之父南仁东》讲述科学家屠呦呦和南仁东的故事，弘扬新时代的科学家精神，鼓励更多的小朋友爱上科学，增强少年儿童的民族自信心。

5.5.3　制作分析

5.5.3.1　作品体量

从单集时长看，2022年网播电视动画片集中在6—15分钟，共147部，占上线作品总数的75%；与2021年比11—15分钟的作品比例减少7个百分点，1—5分钟分钟的作品比例增加6个百分点，网播电视动画片也逐步向短平快发展。

（单位：部）

15分钟以上, 17, 8%

1—5分钟, 33, 17%

11—15分钟, 94, 48%

6—10分钟, 53, 27%

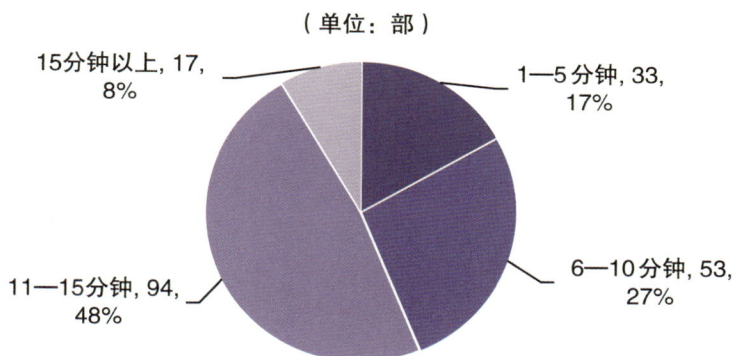

数据来源：监管中心统计数据2023.1　　　　　国家广播电视总局监管中心

图5.5.3.1（1）　2022年网播电视动画单集时长统计

从单部作品的总集数看，网播电视动画片的总集数集中在21—30集，占网播电视动画片上线总数的48%。与2021年相比，1—10集的数量和比例增幅明显，分别增加9部和4个百分点。

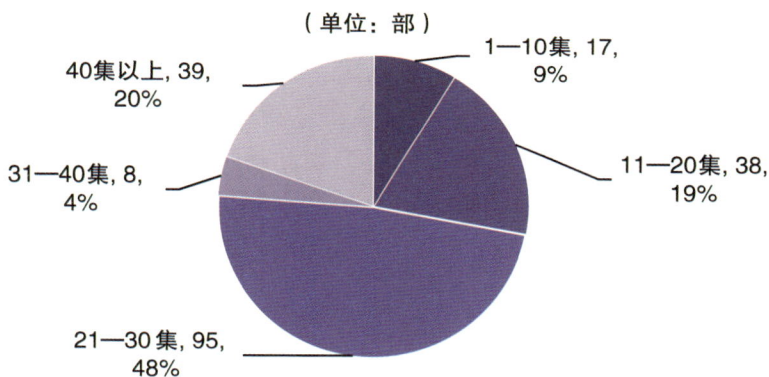

（单位：部）

40集以上, 39, 20%

1—10集, 17, 9%

31—40集, 8, 4%

11—20集, 38, 19%

21—30集, 95, 48%

数据来源：监管中心统计数据2023.1　　　　　国家广播电视总局监管中心

图5.5.3.1（2）　2022年网播电视动画总集数统计

2022年网播电视动画片长线深度实现"系列IP"价值，比如《百变校巴》《超级飞侠》等已上线超10季。2022年续集作品98部，占网播电视动画片上线总数的50%，较2021年增加33部，比例增长11个百分点。

（单位：部）

图5.5.3.1（3）　2021年和2022年网播电视动画续集情况统计

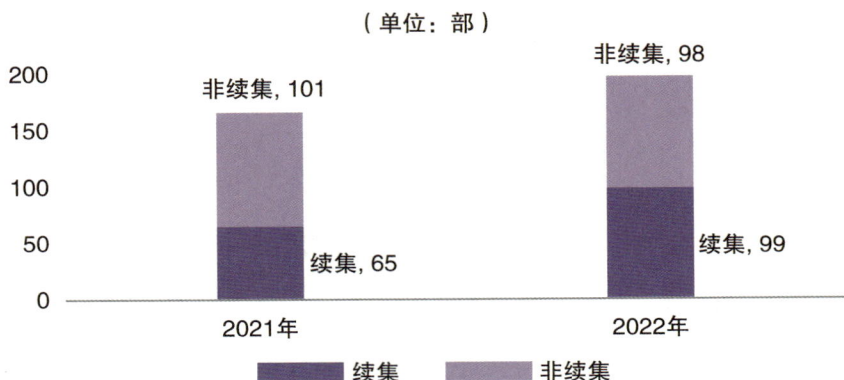

数据来源：监管中心统计数据2023.1　　　　国家广播电视总局监管中心

5.5.3.2　作品形式

2022年上线的网播电视动画片以3D作品为主，上线124部，占比63%；2D动画片73部，占比37%。3D动画是网播电视动画片的主流作品形式，制作水平也普遍较高，其中71部单集时长在11—15分钟，占比3D作品总数的57%，74部总集数在21—30集，占比3D作品总数的60%，如《猪猪侠之恐龙日记 第五季》《海底小纵队 第七季》《绿绿星球之绿绿奇缘》《舒克和贝塔 第四季》等。相比3D动画，2D动画占比较少，且在单集时长和总集数分布较散，但因2D表达自由和画面张力的优势，也涌现出表达力和传播效果较好的作品，如《冰球旋风》《下姜村的共同富裕梦》《星星梦 第三季》《故事奶奶 第二季》《墨墨奇游记》等多个作品均入选"国家广播电视总局2022年推荐优秀国产电视动画片"。

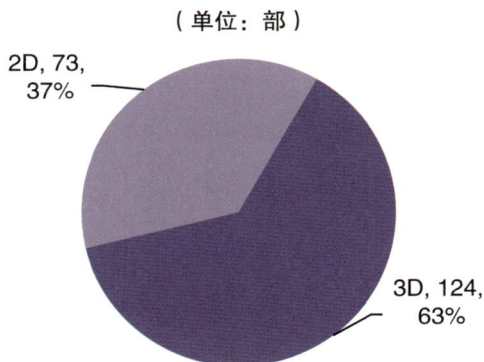

（单位：部）

数据来源：监管中心统计数据2023.1　　　　国家广播电视总局监管中心

图5.5.3.2　2022年网播电视动画作品形式统计

5.5.4 传播分析

网播电视动画片以多平台播出为主，大多数会选择3至6个平台上线播出。在2022年的197部作品中，153部为多平台播出，占比78%；44部为平台独播，占比22%。独播作品中，优酷和爱奇艺上线的作品数量较多，分别为17部和23部，分别占独播作品总数的39%和32%；独播作品以3D作品为主，共35部，占独播作品总数的80%。

（单位：部）

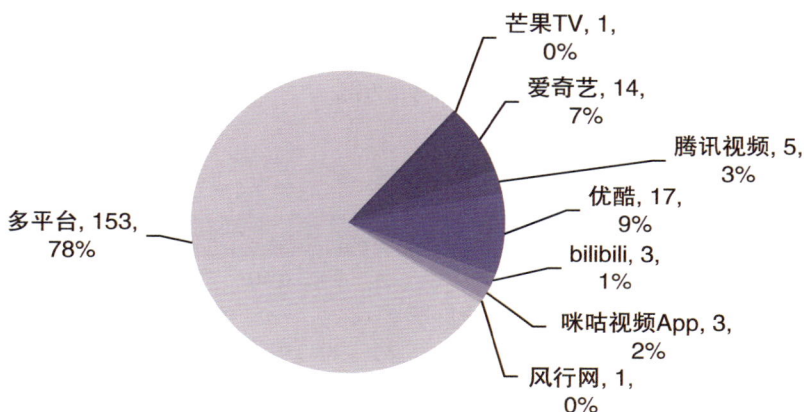

数据来源：监管中心统计数据2023.1

国家广播电视总局监管中心

图5.5.4.1（1） 2022年网播电视动画播出平台统计

2022年网播电视动画片上线作品集中在国家法定节假日，比如"五·一""十·一""春节"，在一月、五月、九月、十月、十二月上线数量较多，均在20部以上；二月和三月上线数据最少，均在10部以内。

（单位：部）

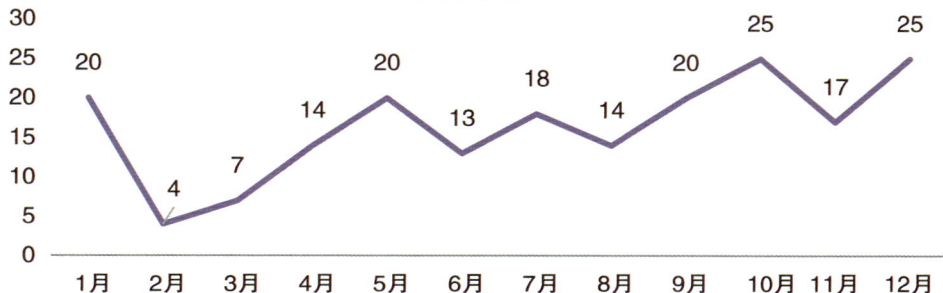

数据来源：监管中心统计数据2023.1

国家广播电视总局监管中心

图5.5.4.1（2） 2022年网播电视动画月上线节目数量统计

5.6 少儿网络动画片分析

5.6.1 作品概览

2022年，全网上线少儿网络动画片289部。

表5.6.1 2022年部分关注度较高、影响力较大的少儿网络动画片列表

序号	片名	题材	上线时间	播出平台
1	小车神	励志、运动	2022.01.01	爱奇艺、腾讯视频、优酷
2	飞狗MOCO之星球计划	冒险、科幻	2022.01.20	芒果TV、爱奇艺、腾讯视频、优酷、bilibili、西瓜视频、华数TV、风行网
3	杰力豆 第四季	冒险	2022.02.09	优酷
4	新鲜动物园	日常、搞笑	2022.02.28	爱奇艺、优酷
5	米小圈的成语故事 第二部	文化	2022.03.01	腾讯视频
6	超级薇薇猫	日常	2022.04.12	腾讯视频
7	迷你联萌	日常	2022.07.15	爱奇艺、腾讯视频、优酷、西瓜视频
8	贝乐虎之超级汽车 第三季	益智	2022.11.16	爱奇艺、优酷、咪咕视频
9	工程车护卫队	益智	2022.11.18	腾讯视频
10	安全警长啦咘啦哆	冒险	2022.12.28	爱奇艺、腾讯视频、优酷

数据来源：监管中心统计数据2023.1 　　　　　　　　国家广播电视总局监管中心

5.6.2 节目内容

少儿网络动画片主要面向少年儿童，2022年题材类型相对简单，主要以益智为主，日常、搞笑、冒险、科普等共同发展。相对于网络动画片，少儿网络动画片中科普、科幻、童话类元素相对较多。

（单位：部）

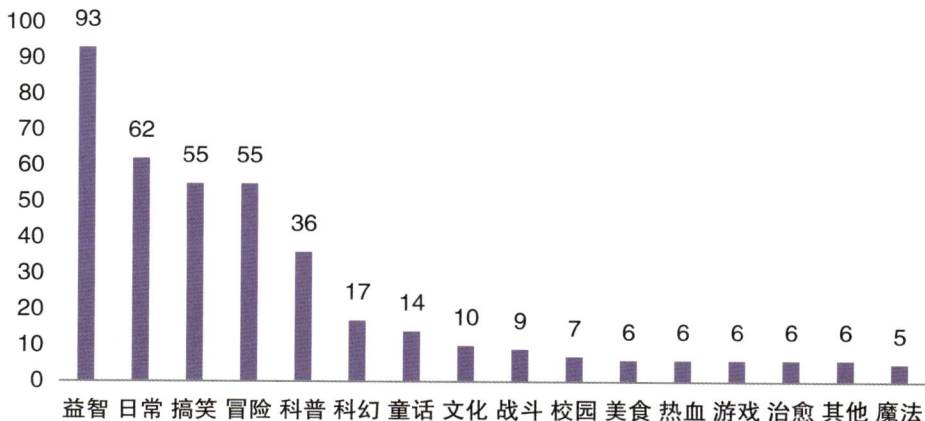

数据来源：监管中心统计数据2023.1　　　　国家广播电视总局监管中心

图5.6.2　2022年少儿网络动画片元素题材分类

含益智元素的作品92部，占少儿网络动画片上线总数的32%，这类作品主要是工程车、动物和日常生活等事物的认知，帮助少年儿童更快的对世界建立认知。如《工程车乐园》系列、《didi工程车》系列都是以工程车为主角，通过解决问题、与坏人战斗等情节，在介绍不同车辆特性的同时，培养孩子团结合作、友爱互助的品质；《十二生肖 郑渊洁写给孩子的好习惯》以十二生肖动物宝宝们为主角，用童趣生动的风格对儿童行为与性格养成进行了积极引导，内容易于理解，利于家长陪伴孩子进行学习；《早呀，爱尼鸭》是贴近生活的启蒙动画，指导儿童学习情绪管理的核心法则，锻炼超越困难的信心和忍耐力，培养礼貌、诚信等优质品质。

含科普元素的作品36部，占少儿网络动画片上线总数的12%，这类作品重点普及科学、宇宙、海洋等相关的科学知识，寓教于乐。如《小纵队探索冰河世纪》跟随海底小纵队一起了解冰川动物的种类、特点、生活的习性还有冰川动物留存至今或者灭亡的原因，培养孩子对自然的保护意识，激发孩子对自然的探索之心；《宇宙护卫队十万问》包含了自然现象、人体奥秘、神奇动物、科技生活等多元问题，引导小朋友探索思考，鼓励他们观察生活，积极提问。

5.6.3　制作分析

5.6.3.1　作品体量

从单集时长看，2022年少儿网络动画片单集时长较短，主要集中在1—5分钟，共247部，占上线作品总数的86%；10分钟以上的仅6部，占比2%。

（单位：部）

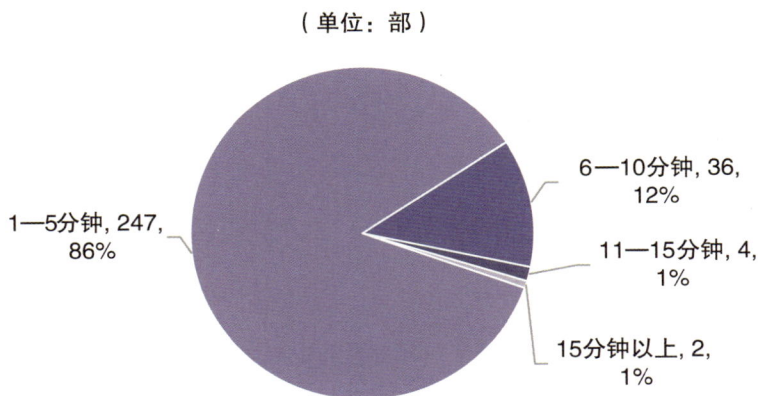

6—10分钟, 36, 12%

11—15分钟, 4, 1%

1—5分钟, 247, 86%

15分钟以上, 2, 1%

数据来源：监管中心统计数据2023.1　　　　　　　　　国家广播电视总局监管中心

图5.6.3.1（1）　2022年网播电视动画单集时长统计

从单部作品的总集数看，少儿网络动画片的总集数集中在40集以上，共135部，占少儿网络动画片上线总数的47%，其余集数分布较为分散。

（单位：部）

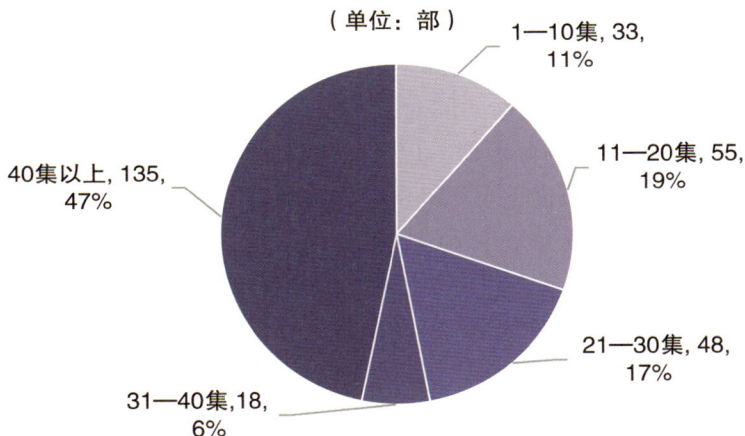

1—10集, 33, 11%

11—20集, 55, 19%

40集以上, 135, 47%

21—30集, 48, 17%

31—40集,18, 6%

数据来源：监管中心统计数据2023.1　　　　　　　　　国家广播电视总局监管中心

图5.6.3.1（2）　2022年网播电视动画总集数统计

5.6.3.2　作品形式

少儿网络动画片整体制作简单，质量普遍一般。2022年上线的少儿网络动画片以2D作品为主，上线177部，占比61%；3D动画片85部，占比30%；定格动画片27部，占比9%。

（单位：部）

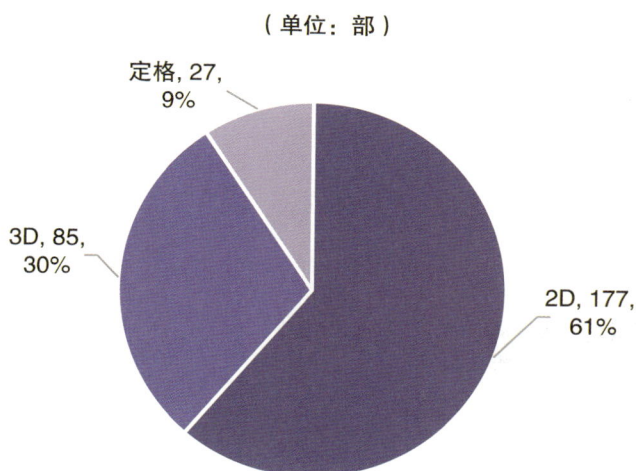

数据来源：监管中心统计数据2023.1

国家广播电视总局监管中心

图5.6.3.2 2022年网播电视动画作品形式统计

5.6.4 传播分析

2022年上线的少儿网络动画片有202部为独播作品，占全年上线总数的70%；87部为多平台播出，占比30%。独播作品中，优酷上线的作品数量最多，为140部，占上线总数的48%，占独播作品数量的69%。2022年少儿网络动画片主要以免费观看为主，上线的298部作品中有197部为免费观看。

（单位：部）

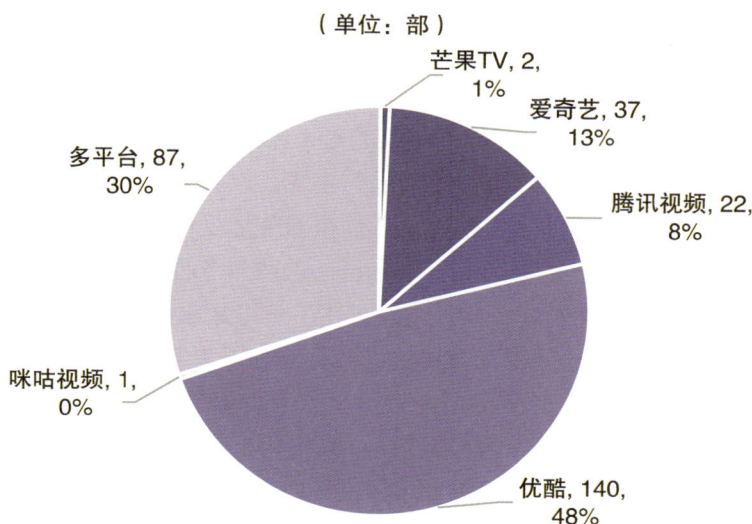

数据来源：监管中心统计数据2023.1

国家广播电视总局监管中心

图5.6.4 2022年网播电视动画播出平台统计

5.7　年度代表性作品点评

《焦裕禄》

片名： 焦裕禄

上线时间： 2022年10月14日

导演： 张国晓

主要配音演员： 方培忠、李家俊、张鑫磊

集数： 26集

集均时长： 5分钟

节目类型： 教育、励志

在线播放平台： 腾讯视频、咪咕视频

　　网播电视动画片《焦裕禄》改编自《焦裕禄漫画读本》，由河南小樱桃动漫集团有限公司出品，郑州漫高娱乐股份有限公司制作，河南省漫画家协会、河南省动漫产业协会、郑州文化产业投资基金管理有限公司、国家动漫产业发展基地（河南基地）管委会联合出品。该片以真实事件为依据，以"亲民爱民、艰苦奋斗、科学求实、迎难而上、无私奉献"的焦裕禄精神为内核，再现了焦裕禄同志一心为民、甘于奉献的光辉形象，带观众重温当年焦裕禄同志带领兰考人民治理"三害"的感人故事。

　　从故事结构来看，该片以真实历史事件为主线，以家风、家规为视角，讲述干部楷模焦裕禄一生成长与奋斗的人生轨迹。从焦裕禄临危受命、怀着改变灾区面貌的雄心壮志赴任兰考展开，以焦裕禄同志要求将自己送回兰考收尾。从1962年隆冬的临危受命，到1964年新春的溘然长逝，该片细致讲述了焦裕禄在兰考县的400多个日夜里，探访了120多个生产大队，走了5000余里路，亲自绘制了兰考地区的"三害"分布图，最终找到治理方法完成了自己使命的全过程。

　　从动画立意来看，2022年是焦裕禄诞辰100周年，焦裕禄精神穿越时空、历久弥新，一直教育和激励着广大干部群众为社会主义伟大事业而奋斗。该片回答了焦裕禄如何成为人民群众心中永不磨灭的丰碑，他的精神为何成为鼓舞群众艰苦奋斗、开拓进取的宝贵精神财富。如焦裕禄为了治理"三害"专程到老百姓家里蹲点调研，深入群众集思广益寻找办法，很快就找到了治理内涝、风沙、盐碱的方法，他无愧于"人民的好公仆、干部的好榜样"。

从表达方式上来看，该动画以独特的视角、新颖的手法、活泼的形式，贴近少年儿童生活和审美，具有较强的思想性、艺术性、观赏性，为弘扬焦裕禄精神提供生动教材。该片以动画视听语言，让观众身临其境般感受到那个年代的真实和不易，使焦裕禄的事迹更加生动和亲切，也让焦裕禄精神在广大青少年群体中动起来、活起来。

《焦裕禄》电视动画片收视率较高，是首次登上全国电视动画片收视冠军宝座的主旋律题材动画片，为中国共产党人精神谱系的现代化表达、多元化传播趟出一条新路。该动画被国家广播电视总局纳入庆祝建党100周年重点剧目，是国家广播电视总局"弘扬社会主义核心价值观，共筑中国梦"主题优秀网络视听节目展映作品、纳入2022年第一季度推荐优秀国产动画片名录。

《狐桃桃和老神仙》

片名：狐桃桃和老神仙
上线时间：2022年1月24日
导演：殷尧
主要配音演员：魏茹晨、伤洛、四喜、赵双
集数：52集
集均时长：13分钟
节目类型：文化
在线播放平台：爱奇艺、腾讯视频、优酷、华数TV、咪咕视频

《狐桃桃和老神仙》为原创作品，由山西梓楠文化艺术有限公司、企鹅影视联合出品，山西灌木文化传媒有限公司制作。动画从数个中国传统神话故事展开视角，讲述了梦想成为大神仙的狐桃桃到桃花村修行、学习法术的故事。该片以传统文化为内核、关注儿童成长，巧妙将非遗元素等融入故事情节中。

传统文化是该片故事内核，相关元素始终贯穿全片。片中不仅有传统的民俗文化，还将视听语言与非物质文化遗产项目创新组合，形成独特的中国美术风格和东方艺术故事。片中，桃桃和朋友们每天都会在桃花村里探索发现，在土地爷爷的引导下发现真相解决问题。桃桃和朋友们还会热心地帮助前来求助的大神仙们，例如帮二郎神照顾哮天犬，帮太上老君炼丹，帮财神找钱袋等。每当他们解决一个问题，大茶铺旁的大桃树上就会开出一朵美丽的大桃花。这些富含民族文化价值观的中国故事，传承与发扬了我国优秀传统文化。

除了文化内核，该片关注儿童成长，通过一个个短小精悍的故事传递真善美等积极向上的价值导向。一心想要学法术的小狐狸狐桃桃像所有普通小朋友一样，有着自己的梦想和追求，希望成为像父母一样厉害的神仙。然而不可避免的，生活中会遇到很多波折，在神仙和小朋友们的共同帮助下，狐桃桃认识到勇敢、正直、善良等种种品质的重要性。也收获了很多好朋友。少年儿童在观看的过程中，能够跟随狐桃桃和朋友们一起经历一段段新奇有趣的旅程，获得精神上的成长。

在美术风格上，该片取材传统文化，加入中国元素，形成独特的美学风格。如参考和借鉴了很多中国传统的绘画元素，比如芥子园画谱、石涛、王希孟等中国传统绘画大师的作品。同时借鉴当代美术大师的艺术风格，将传统与当代元素进行了融合。在很多场景的设计上，也参考了中国传统建筑。比如喜欢种花的小孔雀花花的家参考苏州园林的建筑风格，小药神的家参考福建土楼的造型风格，太上老君的住所则借鉴了老君山的建筑风格和布局。

《狐桃桃和老神仙》以中国经典民间故事为骨架、以现代审美理念为血肉，将中国传统文化精华巧妙融入网络动画新颖奇崛的视听表达中。该片以富有内涵的文化内核和独特的中式美术风格，不仅入选国家广播电视总局2022年"弘扬社会主义核心价值观 共筑中国梦"主题原创网络视听节目征集推选和展播活动优秀节目，还入选了国家广播电视总局网络视听节目管理司发布的"2022网络视听精品节目集锦"。

《茶婆婆渔婆婆蚕婆婆》

片名：茶婆婆渔婆婆蚕婆婆
上线时间：2022年12月8日
导演：陈峰、寇丹
主要配音演员：姜薇、简爱、周铭娟
集数：36集
集均时长：5分钟
节目类型：神话、治愈
在线播放平台：芒果TV、bilibili

《茶婆婆渔婆婆蚕婆婆》由无锡热线传媒网络有限公司出品、制作播出。该片是由江南民间故事原创的系列动画片，以茶神茶婆婆、渔神渔婆婆、蚕花神蚕婆婆为载体，讲述有关江南地区的神话传说、人文风俗。

从作品风格来看，动画情节紧凑、幽默风趣，人物造型清新可爱，画面色调清爽明亮、沁人心脾，温柔中透着活力。《茶婆婆渔婆婆蚕婆婆》通过动画的形式深度解析江南本土文化，展现江南的风土人情及江南人民的勤劳智慧，可以说是一部新时代极具江南韵味的系列童话。在讲述江南传统民间故事的过程中，该片还融入当下流行的网络梗，赋予人物更生动鲜活一面的同时，更贴合当代表达，如《金芋头》中总是考核CPI的玉皇大帝。

从作品立意来看，该片以江南民间故事为蓝本，展现中华优秀传统文化，厚植民族精神，使用小体量凝结故事精华。将茶、渔、蚕三种江南民俗文化具象化为三位神仙婆婆，快速拉近受众与作品的距离感，建立起受众与传统文化的深厚链接。该片共36个故事，每个故事均对应一处江南的景点、美食抑或是民间故事，故事短小精悍、生动有趣。故事来源悠久，涉及范围极广，既有千年历史的灶神上天的故事，又有江南特产的故事和历史、江南地名的释义和解读，还有对江南蚕桑文化的创新思考。

《茶婆婆渔婆婆蚕婆婆》是一部系统讲述江南民间故事的动画片，立足时代传承经典，拉近少年儿童与传统文化的距离，以小而美的民间故事传递正能量，更好地传承中华民族精神内涵。该片被列入国家广播电视总局中国经典民间故事动漫创作工程重点项目，并入选无锡市文化艺术项目精品创作项目。

《上海故事》

片名：上海故事
上线时间：2022年7月10日
导演：韩晓菲、郦黎明、郑珊珊
主要配音演员：徐慧、毛猛达、李正翔
集数：8集
集均时长：20分钟
节目类型：都市、励志
在线播放平台：bilibili

《上海故事》由上海宽娱数码科技有限公司出品，上海幻马文化传媒有限公司制作，共8集，入选国家广播电视总局2022年第三季度优秀网络视听作品。该片讲述了上海年轻白领韩菲菲的家庭日常生活故事，同时深情回望90年代上海的历史风貌和生活往事，是一部聚焦上海普通人生活的现实主义题材原创作品。

从作品立意来看，《上海故事》着眼上海普通家庭琐碎平淡的日常生活，深耕上海的城市故事，真实展现上海文化风貌和时代精神。女儿韩菲菲在广告公司面临职业危机、逼婚相亲等困窘，父亲韩栋梁一直给女儿鼓励，姐姐和弟弟尽管日常拌嘴却依然相互扶持，通过这些贴近老百姓生活的细节，映射出了新时代背景下年轻人平凡真实的人生故事。片中充满陆家嘴"三件套"、武康大楼、老式弄堂、大壶春生煎、红宝石蛋糕等一系列经典的上海元素，展现出这座城市的历史风貌和人文特色，唤醒了几代上海人的集体记忆。沪语配音使得故事更接地气，上海味道更加浓郁，普通话、上海味道的普通话、上海话切换自如，让上海观众倍感亲切，也满足了外地观众的好奇心。

从作品表达来看，该片使用颠倒式蒙太奇的手法穿插叙事，光感和绘画感十足的水彩风格，年轻化的叙事语言，展现着平淡家庭日常生活背后波澜壮阔的城市变迁。《上海故事》以"一座城，两代人，白驹过隙，忽然而已"为理念进行叙事，将90后韩菲菲的成长历程和父辈的青春记忆，以"备胎般的职场命运"等共同点作为交错点相互交织，展现两代人价值观的传承与碰撞，记录城市的发展变迁，以小人物体现大情怀，折射出对应的社会情绪和时代精神。《上海故事》采用"三渲二"的表现方式，加入动作捕捉技术，细腻的呈现出光感和绘画感十足的水彩风格。在充分利用动漫的夸张表现，同时融入强烈的写实主义风格，将上海的摩登都市感和弄堂里交织的烟火气和人情味有机地结合起来，兼具新潮表达和文化内核。

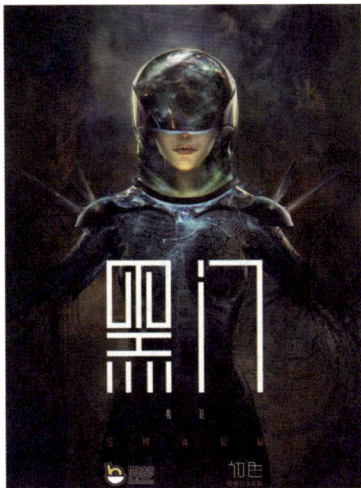

《黑门》

片名：黑门
上线时间：2022年7月29日
导演：徐一超
主要配音演员：张东、陈张太康、李诗萌
集数：12集
集均时长：21分钟
节目类型：科幻
在线播放平台：bilibili

原创网络动画片《黑门》由上海宽娱数码科技有限公司出品，哆啦哔梦文化传播有限公司、初色文化传播有限公司联合出品，初色文化传播有限公司制作。动画以一场蹊跷的交通事故为开端，以小人物图毅进入绿洲公司实习为主故事线，展望一个科技发达的科幻世界。

从动画立意上看，该片以脑科学为题材，引入爱因斯坦等科学家研究过的"波粒二象性"及"观察者效应"等量子物理理论，描绘出一幅人与科技在发展中此消彼长的众生世相。不仅引发观众对探索人类大脑及脑机系统这类科学技术发展的憧憬与深思，也引发观众对脑科学等学科的兴趣与遐想。该片在情感表达上融合现实生活中的时代价值，不仅展现了母爱的伟大无畏，也描绘了阿曼等科学家勇于承担责任、为了研究科学而穷尽一生、勇于探索的无私无畏事迹，呈现了几代科研人的坚守与传承。

从叙事结构上看，《黑门》与其他硬科幻注重的太空战舰宇宙文明不同，以三条支线展开叙事，从微观角度出发，通过前后紧密联系的故事情节，展现一个神秘瑰丽、毫不逊色于深邃星空的"脑宇宙"。该片以悬疑为基调，将硬科幻与悬疑元素相结合，用丰富的想象力构建出一个生动的科学幻想世界，以出色的叙事完成一次引人入胜的科幻推理游戏。

从动画制作上看，《黑门》利用倒叙、长镜头等方式，增加递进的悬疑感的同时，制造出电影般的视觉体验。片中不仅呈现瑰丽雄伟的科幻奇景，也展示贴近于现实的人物建模风格，使一部"脑洞大开"的科幻作品有了"落地感"和"现实感"。片中还巧妙融入传统文化元素，如中国古代的宝剑、落地花瓶上的花鸟纹饰，以及"绿洲"科技集团老板墙上挂着的老子箴言等。此外，为力求动画架构的严谨，该片制作团队邀请科学领域颇有声誉的戴文招、姜森原等博士作为动画剧集的科学顾问，准确使用动画中一些近未来世界观架构里的人造名词，如"计算神经学"等。

《黑门》通过真实考究的科学背景、引人入胜的故事剧情、充满巧思的中国特色元素，以及温情动人的故事内核，打动网民并收获支持与喜爱，入选国家广播电视总局评选的2022年第三季度优秀网络视听作品。

《苍兰诀》

片名： 苍兰诀
上线时间： 2022年7月15日
导演： 王昕
主要配音演员： 阿杰、聂曦映
集数： 24集
时长： 15分钟
节目类型： 玄幻、情感、搞笑
在线播放平台： 爱奇艺

《苍兰诀》由北京爱奇艺科技有限公司出品，上海恒星引力影视传媒有限公司、上海花原文化传播有限公司联合制作，入选国家广播电视总局2022年第三季度优秀网络视听作品。该片改编自九鹭非香的同名小说《苍兰诀》，讲述了傲娇魔尊东方青苍和软萌花仙小兰花因意外互换身体，逐渐萌生情愫，在东方奇幻世界上演爆笑情缘的故事。

《苍兰诀》深植传统文化，剧情丰富饱满，夸张搞笑的同时又兼具流畅的战斗场景。该片大量引用中国神话传说、民间传说故事等，如后羿射日、沉香劈山救母等，画面整体风格色彩明亮丰富，部分画面使用水墨画的风格去呈现。《苍兰诀》剧情紧凑，人物夸张有趣，笑点密集。除了丰富细腻的感情刻画，该片的打斗场面顺滑连贯、激烈宏大，具象化效果十分突出。

《苍兰诀》成功实现了小说、漫画、动画、剧集的多维联动，在不同内容形式中持续延续热度，延续IP的生命力。相对于剧集的甜宠恋爱剧情，动画更侧重夸张搞笑，在平台的提前布局下，不同形式的内容可以作为一个IP平行时空的补充叙事。如音乐的联动，《失忆》既是动画的片尾曲又是剧集的插曲，且由剧集主演虞书欣演唱，场景设定共同使用水云天、云梦泽、苍盐海等专有名词。《苍兰诀》打破传统漫画、动画、剧集之间用户的次元壁垒，给优质的内容更多被看到的机会。

《血与心》

片名：血与心
上线时间：2022年11月2日
导演：杨硕
主要配音演员：侯露森、崇光渊献、kinsen
集数：12集
集均时长：20分钟
节目类型：历史、励志
在线播放平台：bilibili

《血与心》由上海宽娱数码科技有限公司、人民中国杂志社、新星出版社联合出品，长春知行合一动漫有限公司制作，改编自李昀所创作的真人漫画，为建党100周年献礼作品，共12集。《血与心》讲述了日籍解放军战士砂原惠由一个日本少年成长为中国革命军人的传奇人生，展现了日籍解放军这一鲜为人知的特殊群体的真实历史。

从作品立意来看，《血与心》是正面反映中日关系史题材的动画作品，取材于真实人物和真实事件，以一个日籍解放军为主角，用其个人价值观的转变作为线索，讲述抗日战争、解放战争、抗美援朝等历史事件。该片基于历史事实，尽量还原历史，让艺术形式有真实可查的人物情感动机，更具感染力。《血与心》是一部基于史实，基于当下大环境，适应中国人的情感和价值观的主旋律动画片。

从作品表达来看，《血与心》同时使用动画、纪录片、史实资料等表达形式，既有艺术渲染手法，又有史实依据，以年轻人喜闻乐见的形式，尝试国产动画的形态创新。该片以平实、冷静的真实历史人物视角，采用详略得当的叙事手法，以相对平和，润物细无声的形式来向观众铺陈历史，让更多年轻人了解历史，收获"血与心"的精神。《血与心》通过成长、理想主义、人生的意义和价值、自我的实现等关切人类普遍命运的主题，深刻诠释了中国共产党的初心和使命，就是为中国人民谋幸福，为中华民族谋复兴。

《诗游记　第一季》

片名：诗游记 第一季
上线时间：2022年12月27日
导演：吕俊
主要配音演员：叶芳、王亚琳、张志强、俞文庆
集数：10集
集均时长：9分钟
节目类型：益智、教育
在线播放平台：爱奇艺、优酷

　　　　　　　　《诗游记》由杭州微承传媒有限公司出品制作，该片以丧失才华与记忆的承承寻找自己失去的记忆为契机，讲述了承承在机缘巧合之下进入《唐诗三百首》的世界，一次次领略古诗词的魅力、探索传统文化内涵的故事。

从作品立意来看，该片将古诗词以一个个具体的故事来呈现，巧妙融入8分钟的叙事，挖掘和发扬数个流传至今的古诗词中蕴含的时代背景和深厚意义，弘扬中华优秀传统文化。如承承和小狗豆苗通过神秘的时空穿梭机来到汉朝的江南，悄悄跟随采集民间歌谣的官员，在美丽的荷花池中欣赏汉乐府诗中的《江南》，身临其境感受江南劳动人民采莲时的愉快情景。

从作品表达来看，该片以寓教于乐的方式一集介绍一首唐诗，与普通的教学动画不同，采用集合人物出处、介绍历史背景、带来情感抒发、诠释理解延伸等方式，通过感同身受的场景重现让少年儿童快速掌握古诗词，并且能够活学活用掌握其意义。此外，该片充分遵循少年儿童的认知规律，通过诙谐有趣的场景及剧情设计，将古诗词和其相关背景知识巧妙融合，深入浅出地呈现田园山水画般的画面和意境，让少年儿童在观看故事的同时，还能够有兴趣学好古诗词。

从作品制作来看，该片整体风格简洁明快，色彩明亮，画风兼顾色感、美感。在简洁之余，展示浓厚的中国特色美术风格，如充满江南特色的小桥流水人家、广袤无垠的田园风光等。在人物造型设计上，承承和豆苗等生动鲜明的IP人物线条简单柔和，颜色区分明显，容易被少年儿童所接受，也能激发少年儿童的观看兴趣。

《诗游记》将传统文化以少年儿童喜闻乐见的形式呈现，立意深厚，创意十足，妙趣横生，是少儿动画中不多见的国产佳作。

《幻梦山海谣》

片名： 幻梦山海谣
上线时间： 2022年7月4日
导演： 燕子
主要配音演员： 贺文潇、陈张太康
集数： 15集
时长： 20分钟
节目类型： 奇幻、冒险
在线播放平台： 腾讯视频

《幻梦山海谣》由上海腾讯企鹅影视文化传播有限公司、广州云图动漫设计有限公司联合出品。该片主要讲述一个叫楚瑶的女孩和其好友被莫名的力量拉入奇幻的山海神话世界，开启一系列冒险旅程的故事。

《幻梦山海谣》基于中国传统文学《山海经》及其相关神话故事，构建一个极具东方神韵的梦幻山海世界，实现世代、次元交互融通。该片使用场景渲染构建了神秘而梦幻的上海世界，完美融合了国风和奇幻元素，美轮美奂，一帧一镜尽显国风之美，场景也与故事体系和风格特点相映成趣，实现完美契合。该片充分利用"三渲二"的镜头，合理使用镜头平移、大幅度推进或拉远等方式利用空间感激发观众的想象力，传递剧情信息。如初入异世界时，使用平移镜头展示如诗如画的山海世界。在人物塑造上也颇为用心，每个角色都较有辨识度，且人物的造型也融入了国风潮流元素，如活泼的楚瑶，造型多选用热烈的红色，且服装融合中式校服、唐装、旗袍等中式元素，另外，每个山海界妖兽的脸上还设计了独特的印记。该片也尝试了将山海世界与现代潮元素相结合，主角三人利用山海学院的剧场做直播，举办"虚拟演唱会"，将当下的"网络直播"融入片中，打破次元壁为观众营造身临其境的感觉，用

"名字太长办不了身份证"等网络热梗丰富剧情，实现二次元与现实世界的碰撞，使动画整体轻松幽默，增强吸引力。

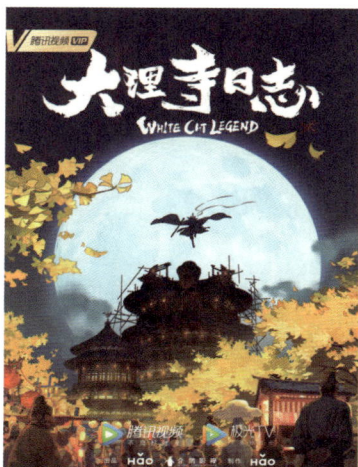

《大理寺日志 第二季》

片名： 大理寺日志 第二季

上线时间： 2022年11月26日

导演： 槐佳佳

主要配音演员： 郭盛、高增志、叮当

集数： 12集

集均时长： 26分钟

节目类型： 奇幻、悬疑

在线播放平台： 腾讯视频

《大理寺日志 第二季》改编自R·C创作的同名漫画，由上海腾讯企鹅影视文化传播有限公司、天津市好传文化传播有限公司联合出品，天津市好传文化传播有限公司制作。该片讲述了意外变成猫的李饼在暗中探查丘神纪是否意图谋反的过程中，始终坚守内心正义，维护大理寺少卿职责的故事。

从立意上看，该片循序渐进地揭露不同群体之间的权谋斗争，从而侧面引发对法治、公道与正义的思考。第二季将故事重心从第一季的大理寺日常工作转移到暗流涌动的朝堂之上，矛盾汇集到了丘神纪等人的身上，各方势力为了自己坚持的信念和利益，在皇宫、京城、博州等地展开明争暗斗，斡旋之间尽显人性本色。

从表达上看，第二季采用群像叙述模式，让整部动画的人物形象更生动饱满，塑造出一个个有血有肉、有棱有角的人物形象。无论是背负着家族荣耀与负担、在战场与朝堂之上奋力拼杀的战神丘神纪，还是病态残忍之下隐藏着自卑和孤独的来俊辰，亦或是面对特权阶级和曾经的挚友依旧坚守本心的李饼，每个角色都极具个人特色，使人印象深刻。

第二季与第一季相比，在细节刻画、动作设计、美术风格上都有所进步。在细节刻画上，人物造型、背景设计、建筑模型均细致考究，如主角李饼身着女装出城，身上的衣服参考了历史上周武时期的服装特点。在动作设计上，人物打戏酣畅淋漓，动作设计精巧顺滑，如李饼的动作设计与第一季相比更为严谨，抖耳朵、瞳孔变化、炸毛等动作深度契合猫的特性。在美术风格上，采用水墨风格搭建场景，画面精美，细节生动，渲染悠远空灵的意境，具有身临其境的画面感和美感。

《大理寺日志 第二季》在播放量和口碑上都取得较好的成绩，该片豆瓣评分

8.4，微博话题"大理寺日志第二季动画"阅读量破亿。在抖音、快手等短视频平台，"大理寺日志第二季"等话题播放量超9亿次。该片在第一季的基础上保持着较高的制作水准，品质与口碑俱佳。

《百妖谱·京师篇》

片名：百妖谱·京师篇
上线时间：2022年07月25日
导演：徐庆绿
主要配音演员：赵双、曹云图、常蓉珊、皇贞季、
　　　　　　　藤新
集数：12集
集均时长：25分钟
节目类型：奇幻、古风
在线播放平台：bilibili

《百妖谱·京师篇》改编自裟椤双树的小说《百妖谱》，由bilibili出品，CMC MEDIA制作。该片以人与妖的感情牵绊为主题，讲述桃夭带着小和尚磨牙一起云游四方，顺道给各路妖怪治病的故事。新一季相比前两季，在叙事、制作上均有不小的提升，通过细致精良的制作水准和精细打磨的细节，营造自然动人的情感和氛围。

在叙事方面，《百妖谱·京师篇》以一个个"催泪"小故事来描绘"百态众生"，情感过渡自然流畅，气氛烘托恰到好处。新的一季故事和立意更多样，故事讲述角度更多变，每一个故事都饱含丰富的内涵和哲理，发人深思。叙事节奏不拖沓，故事篇幅拉长，使得主线故事更加丰满。动画从日常搞笑内容，到引出主线，之后铺垫剧情，最后让感动加倍，整个过程一气呵成。在人物成长方面，无论是桃夭与丁三四的互动，还是老张带给柳公子跨越人生和厨艺的指点，亦或是磨牙面对伺囊时的左右为难，都让一行人各自获得新的成长。而同时，封无乐、陈白水等人也获得各自的救赎。

从作品风格来看，《百妖谱·京师篇》不仅有中国风的风格，还有神话历史故事的内在融合，使中国风凸显出其独有的魅力和色彩。从人物服装设计、自然环境与建筑的构造、再到意境的营造等诸多的视觉呈现，中国元素格外亮眼。如片中苍茫云海、阡陌交通、松涛竹海等中国特色的自然景观，还有大红灯笼、油纸伞、莲花灯等传统人文元素，充满了浓郁中国风采，在静若处子、动似脱兔的镜头节奏中，讲述具有中国风的温暖，营造独特的带有中华传统文化元素的美学意境。

从制作上来看，本季在画质和人物塑造上也有不小的进步。比如得益于绘画技法呈现出来的美感，所有的人物形象在"颜值"上有了一定的提升，加强了脸型轮廓线美感，人物的发丝也更清晰可辨。此外，本季动画在不同情感上的不同转场，以及气氛渲染方面也做得较好，如第一集的片尾极具印象派的转场，随即衔接片尾音乐，有着极强的代入感。主题曲中前奏的古筝弹奏，加上演唱者独特的唱腔，表现出东方神话、东方美学的神秘感和独特魅力。

《百妖谱·京师篇》以绝美的画风和细腻温暖治愈的故事，经过三季的沉淀，形成了自己独特的风格。该片获得观众一致好评，豆瓣评分8.6分。

附　　表

附表1　2022年上线的网络剧信息列表

序号	剧名	题材类型	播出平台	上线时间
1	喵不可言	奇幻、情感	爱奇艺	2022.01.07
2	眼里余光都是你	都市、情感	爱奇艺	2022.01.10
3	开端	科幻、都市、悬疑	腾讯视频	2022.01.11
4	加油呀！茉莉	都市、情感	爱奇艺、腾讯视频	2022.01.12
5	潇洒佳人淡淡妆	穿越、古装、奇幻	爱奇艺	2022.01.14
6	淘金	悬疑	爱奇艺	2022.01.18
7	乡村爱情14	喜剧	优酷	2022.01.24
8	我的霸道学长	都市、情感	优酷	2022.01.24
9	玲珑掌柜俏厨王	古装、喜剧、美食	腾讯视频	2022.01.25
10	狄仁杰之不死修罗	古装、悬疑	搜狐视频	2022.01.26
11	一闪一闪亮星星	穿越、情感、青春校园	爱奇艺	2022.01.26
12	江照黎明	都市、悬疑	芒果TV	2022.01.27
13	我要和你做兄弟	青春校园	芒果TV	2022.01.29
14	冰球少年	青春、体育	咪咕视频、芒果TV	2022.01.30
15	瓦舍江湖	古装、喜剧	爱奇艺	2022.02.03
16	嫣语赋	古装、情感	腾讯视频	2022.02.05
17	不会恋爱的我们	都市、情感	优酷	2022.02.08
18	惹不起的千岁大人	古装、情感	爱奇艺	2022.02.14
19	天王助理	都市、情感	优酷	2022.02.14
20	骨语 第二季	悬疑、刑侦	腾讯视频	2022.02.22
21	平行恋爱时差	穿越、奇幻、情感	爱奇艺、腾讯视频	2022.02.28
22	姻缘大人请留步	古装、玄幻	优酷	2022.02.28
23	我的爱与星辰	都市、情感	芒果TV	2022.03.01
24	猎罪图鉴	悬疑、刑侦	爱奇艺、腾讯视频	2022.03.06
25	大约是爱 第二季	青春、情感	爱奇艺、腾讯视频	2022.03.06
26	蕨草少女的白日梦	奇幻、都市、情感	优酷	2022.03.08
27	影帝的公主	都市、情感	爱奇艺、芒果TV	2022.03.16
28	与君初相识	古装、玄幻	优酷	2022.03.17

序号	剧名	题材类型	播出平台	上线时间
29	了不起的D小姐	悬疑、年代剧	爱奇艺	2022.03.18
30	医是医二是二	古装、喜剧、武侠	爱奇艺	2022.03.18
31	亲子鉴定师手记	都市、情感、职业剧	爱奇艺	2022.03.25
32	再见沈律师	悬疑、情感	优酷	2022.03.28
33	青春38度	都市、情感	腾讯视频	2022.03.30
34	东北夜市英雄传	都市、喜剧、美食	优酷	2022.03.30
35	千金难逃	古装、喜剧、情感	爱奇艺	2022.03.31
36	我叫赵甲第	都市	优酷	2022.03.31
37	恰似故人归	古装、玄幻	优酷	2022.04.04
38	珍馐记	古装、喜剧、美食	bilibili	2022.04.07
39	仙琦小姐许愿吧	奇幻、喜剧、情感	爱奇艺、腾讯视频、优酷	2022.04.07
40	明天也想见到你	都市、情感	爱奇艺	2022.04.14
41	异物志	奇幻、悬疑	腾讯视频	2022.04.14
42	祝卿好	古装、情感	爱奇艺	2022.04.16
43	且试天下	古装、情感、武侠	腾讯视频	2022.04.18
44	心动不可耻还很可爱	奇幻、都市、情感	爱奇艺	2022.04.19
45	共饮一江水	都市、防疫	腾讯视频	2022.04.26
46	重生之门	悬疑、刑侦	优酷	2022.04.27
47	超时空大玩家	奇幻、都市、情感	爱奇艺	2022.04.30
48	救了一万次的你	科幻、喜剧、情感	爱奇艺、腾讯视频	2022.05.01
49	拆案 第二季	悬疑	爱奇艺	2022.05.02
50	追梦青年	都市、喜剧	优酷、搜狐视频	2022.05.04
51	反转人生	奇幻、青春、都市	腾讯视频、芒果TV	2022.05.05
52	侬好，我的东北女友	青春校园	爱奇艺	2022.05.10
53	对决	悬疑、刑侦	爱奇艺、腾讯视频	2022.05.10
54	单亲辣妈	都市、情感	腾讯视频	2022.05.14
55	二十四味暖浮生	古装、喜剧	爱奇艺	2022.05.17
56	爱上你的日和月	都市、情感	腾讯视频	2022.05.18
57	你好呀，我的橘子恋人	都市、喜剧、情感	优酷	2022.05.20
58	一夜新娘 第二季	古装、情感	芒果TV	2022.05.20
59	法医秦明之读心者	悬疑、刑侦	优酷	2022.05.21
60	暗夜行者	悬疑、刑侦	爱奇艺	2022.05.22
61	说英雄谁是英雄	古装、武侠	腾讯视频	2022.05.23
62	花间新娘	古装、情感	优酷	2022.05.25
63	二进制恋爱	青春、情感	爱奇艺、腾讯视频	2022.05.27
64	从零到一的爱情	都市、情感	优酷	2022.06.06
65	终于轮到我恋爱了	青春、都市	爱奇艺	2022.06.10
66	回廊亭	悬疑	优酷	2022.06.15

序号	剧名	题材类型	播出平台	上线时间
67	何加加的桃花源记	都市、情感	爱奇艺	2022.06.15
68	花朝秋月夜	穿越、古装、情感	芒果TV	2022.06.15
69	破事精英	都市、喜剧	爱奇艺	2022.06.18
70	夜莺	悬疑、年代剧	爱奇艺	2022.06.20
71	通天塔	悬疑、刑侦	腾讯视频	2022.06.22
72	星河璀璨的我们	青春、情感	腾讯视频	2022.06.24
73	我叫刘金凤	古装、喜剧、情感	优酷	2022.06.24
74	开学吧，博仁少年	青春、校园	腾讯视频	2022.06.26
75	齐丑无艳之破镜重圆	古装、喜剧	爱奇艺	2022.06.27
76	爱上你是命中注定	都市、情感	腾讯视频、搜狐视频	2022.06.30
77	星汉灿烂	古装、情感	腾讯视频	2022.07.05
78	一起同过窗 第三季	情感、青春校园	腾讯视频	2022.07.08
79	暗刃觉醒	悬疑、刑侦	爱奇艺	2022.07.11
80	龙一，你要怎样	都市、情感	腾讯视频	2022.07.14
81	庭外·盲区	悬疑、刑侦	优酷	2022.07.14
82	族长的赘婿	都市、喜剧、情感	芒果TV	2022.07.15
83	家有神兽	都市	腾讯视频	2022.07.15
84	庭外·落水者	悬疑、刑侦	优酷	2022.07.19
85	瞄准你的未来	青春、情感	爱奇艺	2022.07.21
86	月升沧海	古装、情感	腾讯视频	2022.07.27
87	迷航昆仑墟	悬疑、年代剧	爱奇艺、腾讯视频	2022.07.27
88	被遗忘的时光	奇幻、都市	芒果TV	2022.07.29
89	瞄准靶心！蔡金叶	青春、情感	腾讯视频	2022.08.02
90	苍兰诀	古装、情感、玄幻	爱奇艺	2022.08.07
91	亲爱的小美人鱼	青春、情感	爱奇艺、腾讯视频	2022.08.08
92	胆小鬼	悬疑、情感、刑侦	优酷	2022.08.08
93	民国大侦探	悬疑、年代剧	爱奇艺	2022.08.10
94	闻香榭	古装、情感、玄幻	搜狐视频	2022.08.11
95	民间怪谈录	悬疑、刑侦	腾讯视频	2022.08.11
96	我家隔壁的校草男友	情感、青春校园	爱奇艺	2022.08.12
97	一起同过窗 第三季 番外篇	情感、青春校园	腾讯视频	2022.08.12
98	追着彩虹的我们	青春校园	腾讯视频、芒果TV	2022.08.16
99	沉香重华	古装、玄幻	优酷	2022.08.18
100	罚罪	悬疑、刑侦	爱奇艺	2022.08.25
101	小小县太爷	古装	搜狐视频	2022.08.26
102	恋爱的夏天	都市、情感	腾讯视频	2022.08.28
103	飞狐外传	古装、武侠	腾讯视频	2022.08.31

序号	剧名	题材类型	播出平台	上线时间
104	覆流年	古装、情感	芒果TV	2022.08.31
105	奇葩住客	喜剧、情感	腾讯视频	2022.09.05
106	超时空罗曼史	奇幻、情感	爱奇艺	2022.09.05
107	见面吧就现在	都市、喜剧、情感	爱奇艺	2022.09.09
108	你安全吗？	都市、悬疑、刑侦	爱奇艺、腾讯视频	2022.09.11
109	当你年少时	青春校园	优酷	2022.09.13
110	开心合伙人	青春、喜剧	爱奇艺	2022.09.14
111	请君	奇幻、情感	爱奇艺	2022.09.15
112	外星女生柴小七 第二季	科幻、情感	腾讯视频	2022.09.16
113	我奇怪的17岁³	青春、校园	爱奇艺	2022.09.20
114	昆仑神宫	悬疑、探险	腾讯视频	2022.09.20
115	东北插班生 第一季	青春校园	爱奇艺	2022.09.21
116	三悦有了新工作	青春、都市、情感	bilibili	2022.09.21
117	乱世芳华	悬疑、情感	爱奇艺、腾讯视频、优酷	2022.09.26
118	我的卡路里男孩	青春校园	爱奇艺、腾讯视频	2022.09.26
119	唐朝诡事录	古装、奇幻、悬疑	爱奇艺	2022.09.27
120	物美价廉的摄影棚	喜剧、情感	腾讯视频	2022.09.28
121	亲爱的她不是孙大圣	青春校园	优酷、爱奇艺	2022.09.29
122	炽道	青春、情感、体育	优酷	2022.09.29
123	我的反派男友	奇幻、喜剧	爱奇艺	2022.09.30
124	一二三，木头人	都市、情感	优酷	2022.09.30
125	乌云遇皎月	奇幻、悬疑、情感	腾讯视频	2022.10.01
126	执念如影	悬疑、刑侦	优酷	2022.10.07
127	冰糖一夏	青春、情感	腾讯视频	2022.10.10
128	摇滚狂花	都市、情感、职业剧	爱奇艺	2022.10.11
129	听见我的声音	奇幻、青春	爱奇艺	2022.10.12
130	我的秘密室友	都市、情感	爱奇艺	2022.10.13
131	那小子不可爱	都市、情感	爱奇艺、腾讯视频	2022.10.14
132	冰糖一夏 第二季	青春、情感	腾讯视频	2022.10.17
133	邻里一家人 第一季	都市、情感	爱奇艺、优酷	2022.10.25
134	芳心荡漾	都市、情感	爱奇艺	2022.10.26
135	血战松毛岭	战争、年代剧	优酷	2022.10.27
136	遇见你之后	喜剧、情感	爱奇艺	2022.10.28
137	回到明天	奇幻、喜剧、情感	优酷	2022.10.29
138	在你的冬夜里闪耀	奇幻、情感	腾讯视频	2022.10.31
139	汤山驿站	都市、喜剧	爱奇艺	2022.10.31
140	不期而至	都市、悬疑、情感	优酷	2022.11.02
141	你是我的美味	都市、情感	爱奇艺	2022.11.02

续表

序号	剧名	题材类型	播出平台	上线时间
142	世界上另一个你	都市、情感	爱奇艺	2022.11.07
143	卿卿日常	古装、喜剧、情感	爱奇艺	2022.11.10
144	同学今天很和睦	情感、青春校园	腾讯视频	2022.11.15
145	你是人间理想	奇幻、情感	爱奇艺	2022.11.17
146	被风吹过的夏天	奇幻、情感	爱奇艺、优酷、腾讯视频、搜狐视频、乐视视频	2022.11.18
147	暖暖遇见你	都市、情感	芒果TV	2022.11.19
148	贺顿的小可乐	都市、悬疑、情感	优酷	2022.11.23
149	千金莫嚣张	奇幻、都市、情感	爱奇艺	2022.11.25
150	刘老根 第五季	喜剧	优酷	2022.11.28
151	沧月绘	古装、情感	爱奇艺	2022.11.30
152	拜托了！8小时	奇幻、情感	爱奇艺	2022.12.09
153	危险爱人	都市、悬疑	爱奇艺	2022.12.09
154	墨白	都市、情感	爱奇艺	2022.12.10
155	云中谁寄锦书来	古装、喜剧	芒果TV	2022.12.11
156	新少年包拯	古装、悬疑	优酷	2022.12.14
157	月歌行	穿越、情感、玄幻	爱奇艺	2022.12.15
158	老友餐厅	都市、喜剧	爱奇艺、优酷、搜狐视频	2022.12.15
159	我可能遇到了救星	都市、喜剧、情感	优酷	2022.12.16
160	唱首时光给你听	青春校园	爱奇艺、优酷、腾讯视频	2022.12.16
161	一不小心喵上你	都市、情感	爱奇艺、腾讯视频	2022.12.20
162	回来的女儿	都市、悬疑	爱奇艺	2022.12.21
163	青春正好	青春、情感	优酷	2022.12.22
164	孤独的野兽	悬疑、情感	爱奇艺	2022.12.23
165	时光与他，恰是正好	情感、青春校园	腾讯视频	2022.12.25
166	原来是你	情感、青春校园	芒果TV	2022.12.25
167	少年歌行	古装、武侠	优酷	2022.12.26
168	你好，昨天	青春、情感	优酷	2022.12.26
169	浮图缘	古装、情感	爱奇艺	2022.12.27
170	玫瑰骑士	都市、情感	优酷	2022.12.30
171	我迟到了那么多年	都市、情感	芒果TV	2022.12.30

数据来源：监管中心统计数据2023.1

国家广播电视总局监管中心

附表2　2022年上线的网络首播电视剧信息列表

序号	剧名	题材类型	排播方式	卫视播出平台	网络播出平台	网络上线时间
1	镜·双城	古装、奇幻、情感	只在互联网播出	/	优酷、腾讯视频	2022.01.16
2	今生有你	都市、情感	网台同步	中央电视台电视剧频道	优酷、中国网络电视台	2022.01.18
3	特战行动	军旅	网台同步	中央电视台电视剧频道	爱奇艺、腾讯视频、中国网络电视	2022.01.18
4	流光之城	年代、传奇	只在互联网播出	/	腾讯视频	2022.01.20
5	六尺巷新故事	农村	只在互联网播出	/	爱奇艺、搜狐视频、乐视视频、聚力网、咪咕视频	2022.01.20
6	新大头儿子和小头爸爸 第二季	少儿	网台同步	中央电视台少儿频道	爱奇艺、腾讯视频、优酷	2022.01.22
7	冬奥一家人	都市、喜剧	先网后台	江西卫视河北卫视	咪咕视频	2022.01.24
8	昔有琉璃瓦	青春、情感	只在互联网播出	/	优酷	2022.01.26
9	你好，神枪手	青春、情感	只在互联网播出	/	腾讯视频	2022.02.02
10	假日暖洋洋 第二季	都市、情感	只在互联网播出	/	爱奇艺、腾讯视频	2022.02.07
11	陪你一起好好吃饭	都市、情感	网台同步	湖南卫视	芒果TV	2022.02.14
12	光阴里的故事	年代、情感	网台同步	中央电视台电视剧频道	爱奇艺、腾讯视频	2022.02.20
13	尚食	古装、情感	只在互联网播出		芒果TV	2022.02.22
14	我们的婚姻	都市、情感	网台同步	北京卫视	腾讯视频	2022.02.23
15	才不要和老板谈恋爱	都市、奇幻、情感	只在互联网播出		腾讯视频	2022.03.10
16	心居	都市、情感	网台同步	浙江卫视、东方卫视	爱奇艺	2022.03.17
17	烽烟尽处	抗战	只在互联网播出	/	爱奇艺、腾讯视频	2022.03.24
18	追爱家族	都市、喜剧	网台同步	江苏卫视	爱奇艺、腾讯视频	2022.03.27
19	玉面桃花总相逢	古装、情感	网台同步	湖南卫视	芒果TV	2022.04.01
20	原来是老师啊！	都市、情感	只在互联网播出	/	爱奇艺	2022.04.01
21	亲爱的小孩	都市、生活	网台同步	中央电视台电视剧频道	爱奇艺	2022.04.10

序号	剧名	题材类型	排播方式	卫视播出平台	网络播出平台	网络上线时间
22	没有工作的一年	都市、生活	网台同步	湖南卫视	芒果TV	2022.04.11
23	江南思雨	都市、情感	只在互联网播出	/	腾讯视频	2022.04.11
24	好好说话	都市、情感	网台同步	湖南卫视	芒果TV	2022.04.25
25	风起陇西	古装、悬疑	网台同步	中央电视台电视剧频道	爱奇艺	2022.04.27
26	请叫我总监	都市、情感	网台同步	东方卫视	优酷	2022.04.29
27	女士的法则	都市、女性、情感	网台同步	中央电视台电视剧频道	腾讯视频	2022.05.09
28	凭栏一片风云起	年代、情感	网台同步	湖南卫视	芒果TV、腾讯视频	2022.05.19
29	传家	年代、情感	只在互联网播出	/	优酷	2022.05.19
30	警察荣誉	都市、生活	网台同步	中央电视台电视剧频道	爱奇艺	2022.05.28
31	安娜的爱人	都市、情感	只在互联网播出	/	腾讯视频	2022.05.28
32	梦华录	古装、情感	先网后台	北京卫视	腾讯视频	2022.06.02
33	买定离手我爱你	都市、情感	只在互联网播出	/	爱奇艺、腾讯视频	2022.06.02
34	加油！妈妈	都市、女性、情感	网台同步	中央电视台电视剧频道	腾讯视频	2022.06.05
35	妻子的选择	都市、情感	网台同步	湖南卫视	芒果TV	2022.06.06
36	林深见鹿	都市、情感	网台同步	东方卫视、北京卫视	腾讯视频	2022.06.07
37	敢问芳名	都市、情感	只在互联网播出	/	优酷	2022.06.13
38	遇见璀璨的你	都市、情感	网台同步	湖南卫视	腾讯视频、芒果TV	2022.06.15
39	从爱情到幸福	都市、情感	只在互联网播出	/	搜狐视频、咪咕视频	2022.06.16
40	爱情应该有的样子	都市、情感	只在互联网播出	/	爱奇艺	2022.06.17
41	奔跑吧爱人	都市、情感	只在互联网播出	/	芒果TV、爱奇艺、优酷、搜狐视频、西瓜视频、风行网、乐视视频	2022.06.17
42	关于唐医生的一切	都市、职业剧	网台同步	中央电视台电视剧频道	爱奇艺	2022.06.25
43	美丽的笨女人	都市、情感	只在互联网播出	/	搜狐视频	2022.07.07

续表

序号	剧名	题材类型	排播方式	卫视播出平台	网络播出平台	网络上线时间
44	致勇敢的你	都市、情感	只在互联网播出	/	优酷	2022.07.08
45	张卫国的夏	都市、生活	网台同步	湖南卫视	芒果TV	2022.07.18
46	沉香如屑	古装、玄幻、情感	只在互联网播出	/	优酷	2022.07.20
47	少年派 第二季	都市、生活	网台同步	湖南卫视	芒果TV	2022.07.21
48	天才基本法	青春、悬疑、情感	网台同步	中央电视台电视剧频道	爱奇艺	2022.07.22
49	告别薇安	都市、情感	只在互联网播出	/	腾讯视频	2022.07.25
50	第二次拥抱	都市、生活	网台同步	浙江卫视	爱奇艺	2022.08.01
51	玫瑰之战	都市、女性、情感	网台同步	中央电视台电视剧频道	爱奇艺、腾讯视频	2022.08.08
52	冰雨火	刑侦、悬疑	只在互联网播出	/	优酷	2022.08.11
53	欢乐颂 第三季	都市、女性、情感	网台同步	东方卫视	腾讯视频、咪咕视频	2022.08.11
54	二十不惑 第二季	青春、情感	网台同步	湖南卫视	芒果TV、爱奇艺	2022.08.17
55	消失的孩子	都市、悬疑	网台同步	湖南卫视	芒果TV	2022.08.29
56	东八区的先生们（9·26下架）	都市、喜剧	先网后台	湖北卫视	芒果TV、腾讯视频	2022.08.31
57	亲爱的生命	都市、职业剧	网台同步	中央电视台电视剧频道	爱奇艺、腾讯视频	2022.09.07
58	两个人的小森林	都市、情感	只在互联网播出	/	优酷	2022.09.15
59	底线	都市、职业剧	网台同步	湖南卫视	芒果TV、爱奇艺	2022.09.19
60	大考	都市、生活	网台同步	中央电视台综合频道、东方卫视、浙江卫视	芒果TV、爱奇艺、腾讯视频、优酷	2022.09.21
61	胡同	年代、生活	网台同步	中央电视台电视剧频道	芒果TV、腾讯视频	2022.09.25
62	追光者	都市、情感	只在互联网播出	/	芒果TV、腾讯视频	2022.10.14
63	谁都知道我爱你	都市、情感	只在互联网播出	/	爱奇艺、腾讯视频	2022.10.26
64	促醒者	都市、悬疑	网台同步	北京卫视	爱奇艺、腾讯视频	2022.11.02
65	点燃我，温暖你	青春、情感	只在互联网播出	/	优酷	2022.11.03
66	谢谢你医生	都市、职业剧	网台同步	中央电视台电视剧频道	爱奇艺、腾讯视频	2022.11.04

序号	剧名	题材类型	排播方式	卫视播出平台	网络播出平台	网络上线时间
67	天下长河	古装、历史	网台同步	湖南卫视	芒果TV	2022.11.11
68	爱的二八定律	都市、情感	只在互联网播出	/	腾讯视频	2022.11.14
69	我们的当打之年	都市、女性、情感	只在互联网播出	/	爱奇艺、腾讯视频	2022.11.25
70	风吹半夏	年代、商业	网台同步	浙江卫视、江苏卫视	爱奇艺	2022.11.27
71	星河长明	古装、情感、奇幻	只在互联网播出	/	优酷	2022.11.30
72	月里青山淡如画	都市、情感	只在互联网播出	/	优酷	2022.12.08
73	初次爱你	青春校园、情感	只在互联网播出	/	爱奇艺	2022.12.12
74	勇敢的翅膀	军旅	网台同步	湖南卫视	芒果TV、腾讯视频	2022.12.13
75	爱情筑梦师	都市、情感	只在互联网播出	/	搜狐视频	2022.12.22
76	向风而行	都市、情感	网台同步	中央电视台电视剧频道	爱奇艺、腾讯视频	2022.12.26
77	米小圈上学记	少儿	网台同步	中央电视台电视剧频道	腾讯视频	2022.12.31

数据来源：监管中心统计数据2023.1

国家广播电视总局监管中心

附表3　2022年上线的重点网络微短剧信息列表

序号	剧名	题材类型	播出平台	上线时间
1	拜托了！别宠我	穿越、古装、情感	腾讯视频	2022.01.07
2	联盟大作战	都市	腾讯视频	2022.01.08
3	致命主妇	都市、情感	优酷	2022.01.11
4	仙尊，今天洗白了吗	古装	百视TV	2022.01.12
5	我的怪力女友	都市、情感	优酷	2022.01.17
6	拜托了！别宠我 第二季	穿越、古装、情感	腾讯视频	2022.01.24
7	爱上美人鱼先生	奇幻	优酷	2022.01.24
8	不二女县令	古装、悬疑	优酷	2022.01.29
9	人鱼公主三千岁	奇幻、都市、情感	优酷	2022.01.30
10	我最亲爱的柳予安	都市、情感	腾讯视频	2022.02.08
11	替身继承人	都市、情感	百视TV	2022.02.09
12	乐天小酒窝之小酒窝的尬	都市、喜剧	优酷	2022.02.10
13	拜托了！别宠我 第三季	穿越、古装、情感	腾讯视频	2022.02.11
14	我的兄弟不可能这么萌	奇幻、都市、情感	腾讯视频	2022.02.14
15	乡村爱情之象牙山行善记	喜剧	腾讯视频	2022.02.17
16	这个杀手不改需求	古装、喜剧	优酷、bilibili	2022.02.17
17	一不小心又爱了	青春、喜剧、情感	芒果TV	2022.02.18
18	恋爱角色请指定	奇幻、都市、情感	腾讯视频	2022.02.21
19	公子独宠瓦匠妻	古装、情感	优酷	2022.02.25
20	吃货皇后	古装、喜剧	芒果TV	2022.02.25
21	星降爱恋	奇幻、情感	腾讯视频	2022.03.01
22	谢公子的酒	古装、奇幻、情感	腾讯视频	2022.03.03
23	亲爱的锦鲤女孩	情感、青春校园	优酷	2022.03.07
24	贵公子的甜爱秘方	都市、情感	优酷	2022.03.13
25	拜托了！大侠	古装、情感	优酷	2022.03.14
26	王牌校草	情感、青春校园	腾讯视频	2022.03.18
27	Boss爱上鸟	奇幻、情感	优酷	2022.03.21
28	双世美姬	奇幻、年代剧	腾讯视频	2022.03.21
29	听心侠女与不问居士	古装、喜剧、情感	芒果TV	2022.03.25
30	总裁虐我千百遍	都市、情感	腾讯视频	2022.03.28
31	迷雾之境	奇幻、悬疑	腾讯视频	2022.04.01
32	好好聊天	都市	优酷	2022.04.01
33	13路末班车	恐怖、悬疑	快手	2022.04.03
34	林夏许星河	都市、情感	优酷	2022.04.07
35	同居男友是人鱼	奇幻、情感	腾讯视频	2022.04.07
36	于田亚克西	都市	腾讯视频	2022.04.08
37	这里禁止恋爱	都市、情感	优酷	2022.04.11
38	闺蜜的品格	奇幻、都市、情感	腾讯视频	2022.04.12

序号	剧名	题材类型	播出平台	上线时间
39	冷少的小甜妻	都市、情感	优酷、抖音	2022.04.12
40	只是未婚妻的关系	都市、情感	腾讯视频	2022.04.15
41	瓦舍之素舞遥	古装	腾讯视频	2022.04.16
42	独女君未见 第一季	古装、情感	优酷	2022.04.22
43	独女君未见 第二季	古装、情感	优酷	2022.04.28
44	四平警事之英城惊雷	刑侦（警匪探案）、犯罪（黑帮）	腾讯视频	2022.04.30
45	吃货皇后 第二季	古装、喜剧	芒果TV	2022.05.02
46	真探	悬疑、刑侦（警匪探案）	优酷	2022.05.03
47	小白狐追夫记	古装、情感、玄幻	腾讯视频	2022.05.10
48	洛阳四千金	古装	腾讯视频	2022.05.11
49	别跟姐姐撒野	都市、情感	优酷	2022.05.13
50	跨越时光只爱你	都市、情感	腾讯视频	2022.05.13
51	系统之皇后养成记	穿越、古装	腾讯视频	2022.05.17
52	海神殿下超宠我	奇幻、情感	腾讯视频	2022.05.20
53	青蛇情缘再起	古装、奇幻、情感	腾讯视频	2022.05.22
54	我的反派夫君	古装、情感	百视TV	2022.05.23
55	双面赘婿	古装、悬疑、情感	腾讯视频	2022.05.30
56	亲爱的试用期女友	都市、情感	腾讯视频	2022.06.08
57	我的掌门女友	奇幻、情感	腾讯视频	2022.06.11
58	老爸相亲记	都市、喜剧	搜狐视频	2022.06.11
59	夏小姐的先婚后爱	情感	腾讯视频	2022.06.17
60	特工老爸	动作	腾讯视频	2022.06.21
61	我的开挂人生	奇幻、都市	腾讯视频	2022.06.27
62	拜托了！姐姐	都市、情感	腾讯视频	2022.06.29
63	人设外卖店	奇幻、情感	优酷	2022.06.30
64	夜色倾心	奇幻、情感	腾讯视频	2022.07.02
65	对方正在输入中	都市、情感	芒果TV	2022.07.04
66	女神酒店 第一季	奇幻、悬疑、年代剧	抖音	2022.07.05
67	穿书女配恋爱了	奇幻、情感	腾讯视频	2022.07.07
68	我的队长不对劲	青春校园	腾讯视频	2022.07.13
69	精武饭庄	古装	优酷、搜狐视频	2022.07.13
70	新济公笑传	古装、玄幻	腾讯视频、优酷	2022.07.15
71	致命香气	都市、情感	腾讯视频	2022.07.17
72	我的掌门女友 第二季	奇幻、情感	腾讯视频	2022.07.19
73	抱歉我们没可能	都市、情感	优酷	2022.07.21
74	亲爱的柠檬精先生2	都市、情感	优酷	2022.07.22
75	定时之恋	奇幻、情感	腾讯视频	2022.07.22

序号	剧名	题材类型	播出平台	上线时间
76	奋斗吧，龙顶天	喜剧	bilibili	2022.07.23
77	奈何少帅要娶我	情感	腾讯视频	2022.07.24
78	邢少，小助理又搞事情了	情感	腾讯视频	2022.07.27
79	太子殿下的公主缘	古装、情感	优酷、搜狐视频	2022.07.27
80	神医大人别撩我	奇幻、情感	腾讯视频	2022.07.29
81	我的二分之一男友	青春、情感	腾讯视频	2022.08.02
82	千金小娘子	古装	百视TV	2022.08.02
83	梦境碎片	悬疑	优酷	2022.08.02
84	给你我的独家宠爱 第二季	情感	腾讯视频	2022.08.03
85	姻缘驾到	奇幻、情感	芒果TV、优酷	2022.08.05
86	御赐小侍卫	奇幻、情感	腾讯视频	2022.08.11
87	我才不要和人类恋爱呢	都市、情感	腾讯视频	2022.08.14
88	双面宠妃闯关记	古装、奇幻、情感	腾讯视频	2022.08.15
89	竹马又绿江南岸	情感、青春校园	百视TV	2022.08.17
90	我的萌宝是僚机	都市、喜剧	腾讯视频	2022.08.18
91	异能星君	都市、喜剧	搜狐视频	2022.08.18
92	双面赘婿 第二季	古装、悬疑、情感	腾讯视频	2022.08.20
93	跨越星河来爱你	科幻、喜剧	腾讯视频	2022.08.23
94	戏精女主桃花多	奇幻	腾讯视频	2022.08.23
95	今天你想吃什么	都市	腾讯视频	2022.08.25
96	女神酒店 第二季	奇幻、悬疑、年代剧	抖音	2022.08.25
97	未来商店	奇幻、情感	腾讯视频	2022.08.26
98	别惹前女友	都市	腾讯视频	2022.08.29
99	神探驸马请接嫁	古装、悬疑、情感	腾讯视频	2022.08.31
100	浮生印	古装、情感、玄幻	腾讯视频	2022.09.01
101	狐狸小姐不好惹	都市、情感	腾讯视频	2022.09.04
102	这小子真帅	古装、悬疑、情感	腾讯视频	2022.09.05
103	千金丫环	情感、年代剧	优酷	2022.09.08
104	妖皇大人的小红娘	古装、情感、玄幻	腾讯视频	2022.09.09
105	从前慢·白首要相离	都市、情感	芒果TV	2022.09.09
106	与你的暖暖时光	情感	腾讯视频	2022.09.11
107	总是搞砸的单身女人迪亚！	都市、情感	腾讯视频	2022.09.17
108	时光不及你温柔	奇幻、情感	腾讯视频	2022.09.20
109	非典型大学男子图鉴	青春校园	咪咕视频	2022.09.21
110	忘川序	古装、情感	腾讯视频	2022.09.22
111	虚颜	古装、悬疑、情感	芒果TV	2022.09.23
112	府上娶了个锦鲤新娘	古装、情感	优酷	2022.09.23
113	媒运当头	情感	腾讯视频	2022.09.24

续表

序号	剧名	题材类型	播出平台	上线时间
114	反派女友超戏精	情感	腾讯视频	2022.09.26
115	即将开始的恋爱	都市、情感	搜狐视频	2022.09.26
116	将军府来了个小厨娘	古装、奇幻、情感	腾讯视频	2022.09.27
117	无非是恋爱而已	穿越、喜剧、情感	抖音	2022.09.28
118	浮生之异想世界	悬疑	抖音	2022.09.29
119	夫君请自重	穿越、古装	腾讯视频	2022.09.30
120	没有案件的派出所	职业剧	腾讯视频	2022.10.13
121	姐姐恋爱吧	都市、情感	腾讯视频	2022.10.22
122	白秘书每天都想辞职	都市、情感	腾讯视频	2022.10.25
123	瓦舍之玉姬书	古装、奇幻	腾讯视频	2022.10.26
124	进击的沐小姐	都市、情感	腾讯视频	2022.10.29
125	双世萌妻	奇幻、情感	腾讯视频	2022.10.31
126	时光之恋	都市、情感	百视TV	2022.11.02
127	替身小甜妻	古装、奇幻、情感	腾讯视频	2022.11.03
128	朝九晚六的热恋	都市、情感	芒果TV	2022.11.04
129	我家娇妻不好惹	古装、奇幻	腾讯视频	2022.11.06
130	我的超能力没有存在感	都市、喜剧、情感	芒果TV	2022.11.07
131	老孟说媒	喜剧、情感	腾讯视频	2022.11.08
132	明月祭君心	古装、情感	芒果TV	2022.11.09
133	我的危险夫君	古装、情感	腾讯视频	2022.11.11
134	撑抖先生	喜剧	快手	2022.11.13
135	重返1993	穿越、都市、情感	腾讯视频	2022.11.14
136	悬崖下的妻子	都市、情感	腾讯视频	2022.11.17
137	开挖掘机怎么啦	喜剧	芒果TV	2022.11.17
138	爱上来自星星的你	奇幻、都市	百视TV	2022.11.18
139	初恋是榴莲先生	都市、情感	腾讯视频	2022.11.19
140	休想行刺本王小姐	穿越、古装、情感	腾讯视频	2022.11.22
141	长公主不可以	古装、情感	腾讯视频	2022.11.23
142	女战神来临	奇幻、情感	优酷	2022.11.25
143	心动的颜执	青春、情感	腾讯视频	2022.11.26
144	时限三天爱上我	都市、情感	腾讯视频	2022.11.27
145	女神酒店 第三季	奇幻、悬疑、年代剧	抖音	2022.11.27
146	长安秘闻录	古装、悬疑	腾讯视频	2022.11.30
147	画江湖之不良人 第一季	古装、情感、武侠	芒果TV	2022.12.08
148	禁忌的妻子	奇幻、情感	腾讯视频	2022.12.08
149	后宫开挂人生	穿越、古装	百视TV	2022.12.08
150	是谁偷吻我	都市、情感	腾讯视频	2022.12.10
151	反诈精英	都市、职业剧	快手	2022.12.10

序号	剧名	题材类型	播出平台	上线时间
152	限时恋人	都市、情感	优酷	2022.12.11
153	刑侦档案·谜凶	悬疑、刑侦（警匪探案）	腾讯视频	2022.12.14
154	妻子的秘密世界	悬疑、情感	芒果TV	2022.12.15
155	在下一炷香	古装、喜剧	腾讯视频	2022.12.16
156	大码皇后要翻天	古装、情感	腾讯视频	2022.12.18
157	孤军十二时	战争	优酷、乐视视频	2022.12.18
158	一双绣花鞋	悬疑、年代剧	优酷	2022.12.19
159	去你的世界再爱我一次	科幻、都市、情感	爱奇艺	2022.12.20
160	闻香识心	年代剧	腾讯视频	2022.12.20
161	爱恋告急	都市、情感	芒果TV	2022.12.22
162	长生秘闻	都市	腾讯视频	2022.12.22
163	侍酒令	古装、奇幻	腾讯视频	2022.12.23
164	谷远山上有书院	古装、奇幻	腾讯视频	2022.12.26
165	公子何时休 第二季	古装、奇幻、喜剧	爱奇艺	2022.12.26
166	剑网3：万花小医仙	古装、情感	腾讯视频	2022.12.28
167	反派太爱我了怎么办	穿越、古装、情感	优酷	2022.12.28
168	一不小心顺走了将军	古装、喜剧、情感	爱奇艺	2022.12.29
169	画江湖之不良人 第二季	古装、情感、武侠	芒果TV	2022.12.29
170	致命女人	都市、情感	优酷	2022.12.30
171	三生缘起是清欢	古装、奇幻	腾讯视频	2022.12.30
172	寒枝折不断	古装、情感	芒果TV	2022.12.31

数据来源：监管中心统计数据2023.1

国家广播电视总局监管中心

附表4 2022年主要视频网站对网络剧分账模式

爱奇艺

1. 分账政策

分账类别	分账基数	分账金额说明	分账周期	授权要求
会员基础分成	分账有效时长（小时）	分七端定价	跟播期 +6个月	授权期限： 5年及以上 授权范围： 独家：全球 非独：大陆
会员奖励分成	奖励会员订单收益 ·渠道费用	50%比例		
广告分成	广告净收益	70%比例 （运营成本）		

*取消平台定级

*跟播期：跟播期不超过6周。自授权作品首次上线至首次全部转为免费剧集为止的期间。

*分账周期：跟播期+6个月。除首次上线时约定的免费剧集外，授权作品首次最后一集转免后36小时转为付费点播。分账收益计算规则同跟播期。

*权利定价：若授权作品为非独家或非首播，分成金额按70%计算。

2. 计算方式

项目合作方分账金额计算方式:

总分成=会员基础分成+会员奖励分成+广告分成

会员基础分成=分账有效时长(分端) ×分端单价

会员奖励分账成=奖励会员订单收益×(1−渠道费用比例) ×会员奖励分成比例

广告分账=CPM广告净收益×(1−运营成本比例) ×广告收入分成比例

分端单价(元/小时):手机(PH)0.8+补贴0.1(补贴有效期自2022年10月1日起至2023年3月31日止) 、电视(TV)0.5、电脑(PC)0.6、平板(TB)0.7、智能家居(HM)0.5、车联网(IV)1.3、虚拟现实(VR)2.0。

3. 播出规则

以双方协商的跟播规则为准，全网播出方式一致，跟播规则一经确定不可更改。

4. 推广规则

①上线即获得基础资源推广；

②当3000≤热度<4000，4000≤热度<5000，5000≤热度<5500，热度≥5500时，分别获得该区间加推资源；

③推广周期不长于跟播期，加推资源周期以最后一天达标计算最终加推周期；

④其他加推情况。

5. 资源扶持

爱奇艺将会对有潜力的优质项目给予更多扶持，包括但不限于

①站内顶导航资源

②联合爱奇艺矩阵，增加资源曝光

③包括但不限于站外营销联盟，加磅营销支持

6. 内容准入要求

① 单部/季网剧正片时长（除去片头片尾）不少于240分钟

② 总集数不少于3集，单集时长不少于20分钟

③ 完整成片

④ 剧情完整连贯，不得每集无关联独立故事合并发行

⑤ 符合国家法律法规

腾讯视频

1. 分账剧分账收入(含税)的计算公式

总分账收入(含税)=会员分账收入+广告分账收入+补贴+保底

①会员分账收入=会员用户累计观看时长（小时）×分账单价×合作方分账比例

*会员用户累计观看时长（小时）：针对任一合作剧集，在分账周期内，会员用户在腾讯视频观看该剧集正片的总计时长，以小时为单位计算。

②广告分账收入=可分成广告收入×（1-运营成本比例）×合作方分账比例

③合作方分账比例：独家合作：100%，非独家合作：60%

*分账周期：单部分账剧分账周期为自腾讯视频首次上线日起不低于6个月授权期限；授权期限不低于5年。

分账周期和授权期限具体由合作方与腾讯视频协商确定。

*单部剧集的时长、集数要求：时长：单集正片时长（除去片头片尾）不少于10分钟；腾讯视频不建议为了盲目追求剧集长集数而刻意将单集时长剪短，降低剧集可看性；集数：暂不做要求。

2. 补贴与保底规则

①补贴

X=会员分账收入+广告分账收入（不含补贴、保底）（人民币万元，含税）	级别补贴比例
X≤200的部分	无
200＜X≤500的部分	60%
500＜X≤1000的部分	80%
1000＜X≤1500的部分	90%
X＞1500的部分	100%

*补贴采用超额累进计算方式，每个结算周期内结算一次。

②保底

保底等级	保底金额（人民币万元，含税）
一级	1000
二级	800
三级	500

*针对具体合作剧集，腾讯视频将根据合作剧集情况确定是否适用保底政策以及具体的保底等级，同时腾讯视频可能根据实际情况补充其他等级，具体以实际洽谈为准。

3. 推广资源配置

基础推广资源位：

若腾讯视频页面或客户端改版，推广资源位可能会相应进行调整，具体以实际展示为准。

若合作剧集播出表现优秀，最高可追加以下腾讯系亿级曝光的优质资源：

①朋友圈广告资源曝光；②微信插件影视热闻申请；③腾讯视频精选首张大图；④腾讯视频闪屏资源；⑤腾讯视频全量push；⑥腾讯视频电视剧焦点图多次。

*是否可追加以上腾讯系亿级曝光的优质资源，将由平台根据合作剧集情况确定并另行通知合作方。

4. 收益结算周期

保底金额前置支付：若经腾讯视频评估合作剧集适用保底政策，保底金额在该剧集上线后的首次收益结算时一次性支付给合作方。

月结：合作剧集自腾讯视频首次上线后，合作方可从下一个月起每个自然月的1.5日结算一次。（如遇周末和节假日，收益结算时间统一顺延）

优酷

级别	分账模式	是否独家	分账公式	单价	分账期
S级	会员TS+广告CPM分账	独家	合作方收入=会员分账收入+广告分账收入 （1）会员分账收入=有效会员观看时长/正片时长×内容定级单价×集数系数 （2）广告分账收入=（广告收益–平台运营成本）×分账比例 分账比例：独家80%，非独家50%	25元	会员分账：热播期+30天（热播期：剧集上线至全集转免日期）
A级				20元	
播后定级				25元	
				20元	
				10元	广告分账：整个授权期
				3元	
广告CPM	广告CPM分账	非独家	广告分账收入=广告收益×分账比例 分账比例：独家80%，非独家50%		整个授权期

　*2022年1月优酷播后定级上线，播后定级指在剧集上线至全集首次转免费之日起第七日，即T（剧集上线至全集首次转免日期）+7确定剧集播放数据的最终级别，并基于最终级别进行结算。

合作模式	播后定级指数	单价	是否独家	分账公式	分账期
播后定级	播后定级指数≤50万	3元	独家	合作方收入=有效会员观看时长分账收入+广告分账收益 有效会员观看时长分账收入=（有效会员正片观看总时长/剧集总时长）×播后定级单价×集数系数 广告分账收益=（广告收益–平台运营成本）×80%	会员分账：T+30 广告分账：以合同约定期限为准
	50万＜播后定级指数≤100万	10元			
	100万＜播后定级指数≤150万	20元			
	播后定级指数＞150万	25元			

*播后定级指数=有效会员正片观看总时长/剧集总时长。

数据来源：监管中心统计数据2023.1　　　　　　　　　　　　国家广播电视总局监管中心

附表5　2022年主要视频网站对网络微短剧分账模式

芒果TV

分账公式：

合作方最终收益＝核心用户分账＋奖励＋自招商分成

a．核心用户分账＝核心用户（会员）观看时长（h）×评级单价

b．奖励＝用户主动购买会员收入×60%

c．自招商分成＝（合作方自招商收入－渠道成本）×（最高90% 具体比例实际洽谈为准）

级别	单价（元）	类型	单集时长	版权	分账周期	授权期
S+	2.5（保底金额以实际洽谈为准）	横屏	8—15分钟	独家	项目更新期+90天	三年
S	2.5	不限	2—5分钟			
A	2					
B	1					
C	0.5			非独家		

PS：联合投资项目，播出后按分账公式计算金额。

合作方收益＝分账金额×（1－芒果TV投资比例）

准入资格

1．题材新颖，有创新特色优先；

2．单集时长2—15分钟，总集数≥12集，鼓励横屏；

3．项目符合国家相关政策法规及审核标准。

合作方资质

1．合作方对作品拥有合法的知识产权，对授权项目拥有完整的版权链证明材料；

2．营业执照副本、广播电视节目制作经营许可证。

项目资料投递

成片

1．项目方案（包含项目信息、项目亮点、出品方信息、故事大纲、人物小传等）；

2．完整成片（至少前6集）；

3．项目对接人联系电话及微信。

平台联合投资

1．项目方案（包含项目亮点、故事大纲，人物小传、项目预算等）；

2．分集剧本（至少前三集）；

3．团队介绍及过往案例；

4．项目对接人联系电话及微信。

爱奇艺

1. 适用范围：所有网络微短剧（横屏为主）分账剧集
2. 分账模式

模式一：会员付费分账
a. 纯分账
b. 保底+分账
保底：保底仅针对部分独家合作精品剧集，保底金额以实际洽谈为准。
模式二：CPM广告分账

3. 计算方式

会员付费分账合作方分账金额计算方式：
  总分成=会员基础分成＋会员奖励分成＋广告分成
  会员基础分成=分账有效时长（分端）×分端单价
  会员奖励分成=奖励会员订单收益×（1−渠道费用比例）×会员奖励分成比例
  广告分成= CPM广告净收益×（1−运营成本比例）×广告收入分成比例
＊保底项目如分账所产生的收入小于保底金额，则直接获得保底金额。
CPM广告分账合作方分账金额计算方式：
  总分成= CPM广告净收益×（1−运营成本比例）×广告收入分成比例

4. 分账政策

	类型	准入标准	分账基数	分账金额说明	分账周期	授权要求
会员付费分账	会员基础分成	10—15分钟/集（含片头尾）总时长≥120分钟	分账有效时长（小时）	分七端定价	6个月	5年及以上
	会员奖励分成		奖励会员订单收益-渠道费用	50%比例		
	广告分成		广告净收益	70%比例（运营成本）		

CPM广告分账	10—15分钟/集（含片头尾）总时长≥60分钟	广告净收益	70%比例（运营成本）	2年	2年
	2—10分钟/集（含片头尾）总时长≥30分钟	广告净收益	40%—50%比例（运营成本）	2年	

 ＊分端单价（元／小时）：手机（PH）0.8、电视（TV）0.5、电脑（PC）0.6、平板（TB）0.7、智能家居（HM）0.5、车联网（IV）1.3、虚拟现实（VR）2.0。

 ＊权利定价：若授权作品为非独家或非首播，分成金额按70%计算。

 ＊2—10分钟／集的精品短剧：除CPM广告分账外，爱奇艺随刻将整合各端分发资源、拓展更多合作模式，期待与合作伙伴共建短剧内容新生态。

5. 播出规则
以双方协商的跟播规则为准，全网播出方式一致，跟播规则一经确定不可更改。

6. 资源扶持
爱奇艺将会对有潜力的优质项目给予更多扶持，包括但不限于：

①站内顶导航资源；

②联合爱奇艺矩阵，增加资源曝光；

③包括但不限于站外营销联盟，加磅营销支持。

7．内容准入要求

①完整成片（横屏为主）；介质规格1080P以上；

②剧情完整连贯，不得每集无关联独立故事合并发行；

③符合国家法律法规。

8．合作方资质

①三证合一营业执照副本扫描件；

②广播电视节目制作经营许可证；

③合作方对授权作品拥有合法的知识产权。

腾讯视频

腾讯视频微短剧分账收益计算公式：

总分账收入＝会员分账收入＋广告分账收入＋自招商分账收入　　［如有］其中：

会员分账收入：

会员分账收入＝会员用户有效观看时长×会员用户有效观看时长单价

会员用户有效观看时长：就任一微短剧而言，分账周期内会员用户在腾讯视频观看该剧集会员集的总计时长，以小时为单位计算，均记为一次会员用户有效观看时长。

级别	会员用户有效观看时长单价
S级	2元/小时
A级	1.5元/小时
B级	1元/小时

具体级别、价格等标准以届时双方签署的书面合作协议内容为准。

广告分账收入：

广告分账收入＝贴片广告收入×［1－广告运营成本比例］

自招商分账收入：

自招商分账收入＝［招商收入－硬广收入］×［1－招商渠道成本比例－招商运营成本比例］

自招商定义：片方针对本项目自行招商的行为，叫做自招商。

硬广收入：如腾讯视频平台闪屏、前后贴片、焦点图等广告资源。

渠道成本比例：主要来源为腾讯广告投放时扣除的渠道费用。具体比例以平台通知为准。

注：招商内容需通过平台审核，且招商资源包以双方邮件确认为准。

收益结算周期：

分账周期： 单部微短剧分账周期一般为6个月［自合作内容首次上线之日起计算］，授权期限不少于5年，具体由合作方与腾讯视频协商确定。

分账结算周期： 月结，即微短剧上线后，合作方可从下一个月起每个自然月的1—5日结算一次。如无另行说明，以上所有分账收入都含税。

新分账规则备注： 上述新分账规则适用于以新分账规则签约合作的微短剧。如遇节假日，收益结算时间统一顺延。通知为准。

注：本分账规则仅为一般性规则，若合作内容质量高、内容稀缺、播出效果好，平台还将就该合作内容提供额外的收益，具体以届时双方沟通确认的合作方案为准。

内容合作要求：

1. 符合国家法律法规以及相关政策规定、制作水准专业精良；

2. 版权归属清晰；同一作品不得出现多个发行版本，如经删改应保持全平台一致；

3. 建议单集作品时长3—15分钟；

4. 建议作品采用横屏呈现；

5. 本规则仅针对与腾讯视频达成独家合作的合作方。

价值观说明：

腾讯视频微短剧诚邀合作方共同努力打造精品力作，对以下内容予以禁止：

1. 损害国家形象、国家制度和方针政策，宣扬法律和行政法规禁止内容；

2. 损害人民军队、武装警察、国安、公安、司法人员等特定职业、群体，以及社会组织、团体的公众形象；

3. 有损民族团结；

4. 渲染淫秽色情和庸俗的低级趣味；

5. 涉黑、赌博题材，渲染恐怖暴力，展现人物错误价值观，情节血腥暴力；

6. 宣扬封建迷信，违背科学精神；

7. 反映农村落后愚昧，歪曲农民形象；

8. 展现和宣扬不健康的婚恋观、金钱观等；

9. 价值观导向偏差，宣扬消极三观，夸大社会问题，过度展示社会和人性阴暗面；

10. 危害社会公德，对未成年人造成不良影响；

11. 恶搞或篡改名著，歪曲名著的精神实质，违背基本史实［尤其涉及穿越题材］；

12. 侮辱或诽谤他人；

13. 歪曲民族宗教，扭曲宗教人物、英烈、国家功勋人物等人士的正面形象，贬低民族优秀文化传统；

14. 其他违反法律法规或行业监管政策，或违背社会公德或公序良俗，或侵犯他人合法权益的内容。

优酷

会员＋广告CPM分账

合作方收入＝会员分账期收入＋广告CPM分账期收入

会员分账期收入＝会员有效观看总时长／固定时长（3小时）×单价

广告CPM分账期收入＝（节目所产生的广告收益－平台运营成本）×分成比例

分账模式	级别	是否独家	单价（元）	分账期
会员＋广告CPM分账	S	独家	6	会员分账：运营期＋60天；
会员＋广告CPM分账	A		4	广告CPM分账：1年

★运营期：自剧集上线之日起至首轮播出该片所有正片首次全部转免。

流量分账

合作方收入＝（节目的有效播放量／1000）×级别单价

分账模式	是否独家	单价（元）	分账期
流量分账	独家	10	1年

广告CPM分账

广告CPM分账期收入＝（节目所产生的广告收益 - 平台运营成本）×分成比例

＊分成比例：100%

分账模式	是否独家	分账期
广告CPM分账	非独家	1年

备注：

1. 新分账规则适用于2022年12月9日起签约的项目，在此之前签约的项目沿用原分账规则；
2. 分账方式针对内容，不针对合作机构；
3. 具体结算金额将扣除相关费用，具体细则以双方合同为准。

抖音

DOU＋赛道

参与短剧创作 DOU＋激励拿不停！

只要你投身短剧创作（单元／连续剧不限）

DOU＋激励助力爆款孵化！

短剧更新期间 单部最高可获20万 DoU+

短剧完结后集均有效播放≥1000w 加码上不封顶DOU＋激励

不限账号粉丝量，不限短剧形式，单元剧＆连续短剧皆可

单部短剧不少于12集，单集时长1—5分钟

分账赛道

创作连续短剧最高可获150万现金

如果你投身连续短剧创作我们将额外投入20亿流量精准扶持优质作品

分账门槛下调	分账单价上调	分账上限上调
集均有效播放从500W 下调至200W	从千次有效播放5元 上调至6元	从单部封顶100万 上调至150万元

题材不设限，需符合国家法律法规、相关政策规定及抖音社区自律公约

横竖屏皆可，单部短剧12—24集，单集1—5分钟

发布账号粉丝量≥50万或有单部播放大于5000万的影视作品证明

分账周期：数据统计至最后1集正片发布后第14天23:59:59秒（每部短剧均需在60天之内完结）

本规则仅适用抖音独播短剧，如需报名，可在抖音搜索"剧有引力"了解更多

续表

剧星赛道

不辜负每一个好故事最高可获300万现金！

如果你热爱故事，请把创意剧本砸给我们，我们努力让每个好故事发光发热！

单部短剧 30万保底略表寸心

分账门槛集均有效播放300W

分账单价每千次有效播放8元

分账上限单部封顶300万元

题材不限，推陈出新有红利。剧本通过，放飞想象冲爆款。

横屏竖屏皆可，单部短剧16—24集，单集3—10分钟

发布账号粉丝量≥100万

分账周期：数据统计至最后1集正片发布后第30天23:59:59秒（每部短剧均需在90天之内完结）

本规则仅适用抖音独播短剧，且符合国家法律法规以及相关政策规定。需提供完整项目资料，评估通过后即可参与。详细规则可以在抖音App搜索"剧有引力"了解更多。

上述商业化收益，扶持期内创作者分账比例最高80%!!!

上述商业化加持适用于可以参与分账赛道、剧星赛道的短剧作品。

快手

分账赛道

新增分账赛道

征集情景剧，项目有完整的人物故事／感情线。举例：老友记、名侦探柯南

参与门槛：粉丝100W＋

权益：最高保底20万元，CPM8元，150万元封顶

快手电商＆磁力聚星：有机会获得百亿视频流量＋千万磁力金牛资源扶持

项目规范：单集1—5分钟，12—20集，鼓励竖屏

题材方向：鼓励青春校园、家庭情感、都市故事、古风剧情奖励规则

剧星计划	级别	激励金额	门槛	收益	
分账赛道	S	保底20万元cpm=8元 150万元封顶	粉丝100W+	集均播放≤100W	20万元
				集均播放＞100W	（总自然流量-100万×集数）/1000×8
	A	保底10万元CPM=6元 150万元封顶		集均播放≤100W	10万元
				集均播放＞100W	（总自然流量-100万×集数）/1000×6

流量赛道

深耕流量赛道

最高可得1500万元曝光奖励＋3万元奖金

内容形式：单元／连续短剧项目

单集时长：1—5分钟、集数：12—20集、更新要求：一周至少1更

无参与门槛

剧星计划	激励金额	门槛	奖励规则	收益
流量赛道	最高：1500万曝光＋3万现金	无	集均10万—100万	最高200万曝光
			集均100万—400万	最高800万曝光
			集均40万—1000万	最高1500万曝光+2万现金
			集均1000万+	最高1500万曝光+3万现金

数据来源：监管中心统计数据2023.1

国家广播电视总局监管中心

附表6　2022年上线的网络电影信息列表

序号	节目名称	题材	播出平台	上线时间
1	刺客学苑 电影版	动作、喜剧、古装、武侠	芒果TV	2022.01.03
2	尖峰对决之古墓神兵	动作、剧情、奇幻、喜剧	腾讯视频	2022.01.04
3	南宋诡事之鬼樊楼	奇幻、动作、古装	腾讯视频	2022.01.06
4	曾经错过的爱情	情感	搜狐视频	2022.01.06
5	新洗冤录（普通话、粤语版）	古装、悬疑	爱奇艺	2022.01.06
6	阴阳镇怪谈	惊悚、恐怖、奇幻、悬疑	爱奇艺、腾讯视频	2022.01.08
7	千里不留行	武侠、动作、古装、情感	腾讯视频	2022.01.10
8	猎毒者	公安、枪战、犯罪、动作	爱奇艺	2022.01.12
9	澡堂也疯狂	喜剧	腾讯视频	2022.01.12
10	绽放2020	剧情	搜狐视频	2022.01.12
11	镇魔司：灵源秘术	古装、玄幻、动作	爱奇艺、腾讯视频	2022.01.14
12	狄仁杰之骷髅将军	动作、古装、玄幻、悬疑	腾讯视频	2022.01.17
13	降魔天师	古装、动作、玄幻	爱奇艺	2022.01.18
14	伪行者	剧情、悬疑	搜狐视频	2022.01.18
15	阴阳打更人	玄幻、悬疑、犯罪、恐怖	腾讯视频	2022.01.19
16	龙云镇怪谈	动作、玄幻	爱奇艺	2022.01.20
17	钟馗降魔	古装、奇幻、动作	腾讯视频	2022.01.20
18	通天古盒	悬疑、犯罪、情感	搜狐视频	2022.01.20
19	危机营救	动作、犯罪	咪咕视频	2022.01.20
20	心田	剧情、情感	爱奇艺	2022.01.21
21	张三丰	古装、动作、武侠	爱奇艺	2022.01.22
22	大蛇3龙蛇之战	惊悚、怪兽、动作	优酷	2022.01.22
23	宋慈之草人案	古装、悬疑、奇幻	腾讯视频	2022.01.22
24	中华英雄之风云再起	动作、武侠、玄幻	爱奇艺	2022.01.24
25	新龙堂养老院	喜剧、黑帮	腾讯视频	2022.01.24
26	武神苏乞儿之红莲虫蛊	动作、喜剧、古装	腾讯视频	2022.01.25
27	我的表演班同学	校园、青春、情感	搜狐视频	2022.01.25
28	威龙行动	犯罪、动作、情感	搜狐视频	2022.01.25
29	风起洛阳之阴阳界	古装、悬疑、动作、奇幻	爱奇艺、腾讯视频	2022.01.26
30	麻辣女神厨	古装、动作、悬疑	搜狐视频	2022.01.26
31	狄仁杰之冥神契约	古装、悬疑、奇幻	腾讯视频	2022.01.26
32	缩小人特攻队	喜剧、科幻	腾讯视频	2022.01.28
33	代码危机	动作、情感	腾讯视频、搜狐视频	2022.01.28
34	我不是酒神	喜剧	优酷、爱奇艺	2022.01.29
35	极地追击	动作、犯罪	腾讯视频	2022.02.01
36	蟒山	怪兽、奇幻、恐怖	腾讯视频	2022.02.03
37	狄小肆之幽冥飞狼	古装、动作、悬疑	腾讯视频	2022.02.04
38	暴走财神3	奇幻、喜剧、情感	爱奇艺、腾讯视频	2022.02.05

续表

序号	节目名称	题材	播出平台	上线时间
39	外星人事件2	喜剧、科幻	爱奇艺	2022.02.06
40	致命玩家	科幻、情感	腾讯视频	2022.02.06
41	欢迎来到瑜伽村	喜剧、情感、剧情	腾讯视频	2022.02.07
42	奇侠义士	穿越、古装、奇幻、动作	爱奇艺	2022.02.08
43	老九门之青山海棠	动作、悬疑、奇幻	爱奇艺	2022.02.10
44	梦幻影制社	科幻、校园、青春、剧情	搜狐视频	2022.02.10
45	新夜色惊魂	惊悚、悬疑	咪咕视频	2022.02.10
46	父爱无言	情感	咪咕视频	2022.02
47	大话西游之缘起	喜剧、情感、古装、奇幻	腾讯视频	2022.02.11
48	飞吧，冰上之光	体育、青春、情感	爱奇艺	2022.02.12
49	枪手男友请束手就擒	喜剧、情感、古装	芒果TV、咪咕视频	2022.02.13
50	昆仑劫之鲛人泪	古装、动作、奇幻、情感	腾讯视频	2022.02.14
51	快递爱情	剧情、情感	搜狐视频	2022.02.15
52	最美丽	情感、剧情	爱奇艺	2022.02.16
53	我就叫肖大成	喜剧、情感	腾讯视频	2022.02.16
54	山那边的女孩	剧情、情感	搜狐视频	2022.02.16
55	陈翔六点半之拳王妈妈	动作、喜剧、体育、情感	爱奇艺、优酷、腾讯视频	2022.02.18
56	战斗吧！夫君	喜剧、情感、古装	芒果TV、咪咕视频	2022.02.19
57	罗布泊神秘事件	惊悚、悬疑、奇幻	爱奇艺、腾讯视频	2022.02.23
58	爱的世界拥有你	情感、校园	搜狐视频	2022.02.23
59	美术！少年	校园、青春、情感	搜狐视频	2022.02.23
60	方程式恋爱	青春、情感	爱奇艺	2022.02.24
61	蛇岛狂蟒	怪兽、惊悚、情感	优酷	2022.02.24
62	沸点	犯罪	爱奇艺	2022.02.25
63	地底怪物	怪兽、奇幻	腾讯视频	2022.02.25
64	记忆迷宫	犯罪、剧情、惊悚	腾讯视频	2022.02.26
65	你好，老叔	喜剧、情感	腾讯视频	2022.02.27
66	红纸鹤	犯罪、悬疑、剧情	腾讯视频	2022.03.01
67	亮剑：决战鬼哭谷	战争、动作、历史、枪战	爱奇艺、优酷	2022.03.03
68	我是大主播	剧情、情感	搜狐视频	2022.03.03
69	私人女教练续集	喜剧、体育	搜狐视频	2022.03.03
70	理发之王	青春、喜剧、情感、科幻	爱奇艺	2022.03.04
71	朱雀战纪	科幻、动作	腾讯视频	2022.03.04
72	遵命！我的老板娘	喜剧、情感、古装	芒果TV、咪咕视频	2022.03.05
73	大话西游上 至尊宝	奇幻、情感、古装	腾讯视频	2022.03.06
74	摇滚皮影	剧情、情感	爱奇艺	2022.03.08
75	十年恋人	剧情、情感	搜狐视频	2022.03.08

序号	节目名称	题材	播出平台	上线时间
76	九华山论剑	古装、动作、武侠	咪咕视频	2022.03
77	屠魔战神	古装、魔幻、动作	爱奇艺、腾讯视频	2022.03.09
78	渚北谜案	悬疑、刑侦、犯罪、公安	爱奇艺、搜狐视频	2022.03.10
79	浩哥爱情故事	喜剧、情感、犯罪、公安	爱奇艺、优酷、腾讯视频	2022.03.11
80	九爷伏魔	玄幻、惊悚、动作	腾讯视频	2022.03.12
81	冰雪狙击	战争、动作、历史、枪战	爱奇艺	2022.03.13
82	不老山异事	惊悚、悬疑、玄幻	腾讯视频	2022.03.13
83	深海异变	古装、惊悚、悬疑、动作	爱奇艺	2022.03.14
84	逆时救援	科幻、枪战、动作、穿越、犯罪	腾讯视频、搜狐视频	2022.03.14
85	独孤天下之异瞳	古装、玄幻、悬疑、怪兽	腾讯视频	2022.03.15
86	神农野人	怪兽、动作	优酷	2022.03.16
87	破局锦衣卫	古装、动作、悬疑、武侠	腾讯视频	2022.03.16
88	大哥，别闹了	喜剧、都市、动作、情感	爱奇艺、腾讯视频	2022.03.17
89	两个世界	情感、剧情、校园	搜狐视频	2022.03.17
90	上海夜行2危险游戏	枪战、动作、黑帮	爱奇艺	2022.03.18
91	发丘天官：昆仑墟	惊悚、动作、玄幻、怪兽	爱奇艺、腾讯视频	2022.03.20
92	致暗处的你	情感、剧情	搜狐视频	2022.03.22
93	异变暴龙	惊悚、怪兽、科幻	爱奇艺、优酷	2022.03.22
94	哮天神犬勇闯龙宫	古装、奇幻、动作	爱奇艺	2022.03.23
95	八仙桌	剧情、情感	腾讯视频	2022.03.23
96	东北往事我叫黄中华	动作、情感、黑帮、喜剧	爱奇艺、腾讯视频	2022.03.24
97	怪咖岩少	喜剧、情感	搜狐视频	2022.03.24
98	洗冤录之西夏铁棺	古装、悬疑	爱奇艺	2022.03.25
99	药王天棺·重启	动作、玄幻、怪兽	爱奇艺	2022.03.28
100	巨兽来袭3	怪兽、剧情	腾讯视频	2022.03.29
101	青蛇：前缘	古装、奇幻、情感、怪兽	爱奇艺	2022.04.01
102	咱村好大雪	剧情	腾讯视频	2022.04.02
103	奇葩侦探	喜剧、剧情、悬疑	腾讯视频	2022.04.03
104	大侦探马修	古装、动作、悬疑	爱奇艺	2022.04.06
105	暖冬日记	情感、剧情	搜狐视频	2022.04.06
106	东游传	古装、奇幻、情感、怪兽	爱奇艺、腾讯视频	2022.04.07
107	烽火地雷战	动作、战争、历史、枪战	爱奇艺、优酷	2022.04.08
108	军火大劫案	动作、战争、犯罪、枪战	腾讯视频	2022.04.09
109	哥俩儿好	喜剧、情感	爱奇艺	2022.04.10
110	茅山天师	古装、惊悚、玄幻、动作	爱奇艺	2022.04.12
111	重燃的蜜月	情感、剧情	搜狐视频	2022.04.12

序号	节目名称	题材	播出平台	上线时间
112	置换青春	青春、都市、情感、剧情	爱奇艺	2022.04.15
113	画皮	古装、情感、玄幻、惊悚	爱奇艺、优酷、腾讯视频	2022.04.16
114	陛下在左，老板在右 电影版	剧情、情感、奇幻	芒果TV	2022.04.17
115	英叔之古墓狂魔	动作、悬疑、玄幻、恐怖	腾讯视频	2022.04.18
116	环线（普通话版、粤语版）	怪兽、惊悚	爱奇艺、优酷、腾讯视频	2022.04.20
117	蜀山传：万剑归宗	古装、动作、武侠、喜剧	爱奇艺	2022.04.21
118	东北告别天团	喜剧、情感	腾讯视频	2022.04.22
119	狂鳄	怪兽、惊悚、动作	腾讯视频	2022.04.23
120	夺命寄生	惊悚、悬疑、怪兽	腾讯视频	2022.04.25
121	后悔药	情感、喜剧	搜狐视频	2022.04.26
122	秦岭密窟	悬疑、动作、怪兽	爱奇艺	2022.04.26
123	依兰爱情故事	情感、喜剧、穿越	腾讯视频	2022.04.27
124	百年初心	战争、历史、情感	搜狐视频	2022.04.27
125	爸爸不是爸爸	青春、都市、情感、剧情	爱奇艺	2022.04.28
126	盲战	动作、犯罪	爱奇艺	2022.05.01
127	开棺	犯罪、悬疑、恐怖、公安	优酷、腾讯视频	2022.05.02
128	龙岭虫谷	悬疑、惊悚、动作、怪兽	爱奇艺	2022.05.03
129	别惹白鸽之她的秘密	情感、悬疑	芒果TV	2022.05.03
130	桃花缘起	古装、情感、玄幻	腾讯视频	2022.05.05
131	入魂：津门玄案	悬疑、动作、玄幻	爱奇艺	2022.05.06
132	齐天大圣	古装、动作、奇幻	爱奇艺、腾讯视频	2022.05.07
133	夜色暗涌时 速看版	情感	芒果TV	2022.05.07
134	悟空之小圣传	古装、动作、奇幻、喜剧	腾讯视频	2022.05.09
135	九龙笔之神兵觉醒	古装、动作、玄幻、悬疑	爱奇艺	2022.05.10
136	梦想的成长	情感、职场	搜狐视频	2022.05.10
137	大蛇王	怪兽	腾讯视频	2022.05.11
138	灯下不黑之铜山往事	喜剧、剧情、动作	爱奇艺	2022.05.12
139	神犬出击	情感、都市	搜狐视频	2022.05.12
140	青面修罗	古装、动作、悬疑、武侠	爱奇艺、优酷、腾讯视频、芒果TV、乐视视频	2022.05.13
141	东北狙王决战虎牙山	战争、动作、枪战	爱奇艺、优酷	2022.05.15
142	独孤天下之预言	古装、动作、悬疑	腾讯视频	2022.05.17
143	抗日奇侠之张二嫂	战争、动作	搜狐视频	2022.05.17
144	金山上的树叶	情感、喜剧	爱奇艺、优酷、腾讯视频	2022.05.18
145	锋火中的少年	战争、情感	搜狐视频	2022.05.18

续表

序号	节目名称	题材	播出平台	上线时间
146	废柴联盟：起源	情感、科幻	搜狐视频	2022.05.18
147	海怪来袭	惊悚、科幻、怪兽	芒果TV	2022.05.18
148	人蛇大战	怪兽、惊悚	爱奇艺	2022.05.19
149	九叔归来3：魁蛊婴	玄幻、动作、喜剧	腾讯视频	2022.05.19
150	筑梦乐队	情感、都市	搜狐视频	2022.05.20
151	黄金蜘蛛城	怪兽、玄幻、动作、科幻	爱奇艺、优酷、腾讯视频	2022.05.21
152	狄仁杰之夺命奇香	古装、悬疑、动作、惊悚	爱奇艺	2022.05.22
153	恐怖森林	情感、惊悚	搜狐视频	2022.05.23
154	怪谈	怪兽、惊悚、悬疑、玄幻	爱奇艺、优酷	2022.05.24
155	致命少女姬	科幻、情感、悬疑	爱奇艺、腾讯视频	2022.05.25
156	智能表妹	科幻、情感	搜狐视频	2022.05.25
157	天使降临	奇幻、情感	搜狐视频	2022.05.25
158	以青春之名	剧情、青春	爱奇艺、优酷、腾讯视频	2022.05.26
159	摸金之诡棺伏军	古装、玄幻、动作、怪兽	爱奇艺、腾讯视频	2022.05.27
160	狄仁杰之通天神教	古装、动作、悬疑	腾讯视频	2022.05.28
161	复活侏罗纪	科幻、怪兽、情感	优酷、腾讯视频	2022.05.29
162	东北青年之冒牌富豪	喜剧、情感	腾讯视频	2022.05.31
163	玉面蛟龙	情感、古装、武侠	搜狐视频	2022.06.01
164	山村狐妻	惊悚、悬疑、玄幻	爱奇艺、优酷、腾讯视频	2022.06.02
165	住在我隔壁的甲方 速看版	情感、剧情	芒果TV	2022.06.02
166	目中无人	古装、武侠、动作、悬疑	爱奇艺	2022.06.03
167	剑侠情缘之刀剑决	古装、武侠、动作、情感	腾讯视频	2022.06.05
168	大唐狄公案之狐影迷案	悬疑、动作、古装	腾讯视频	2022.06.07
169	青春动力源	青春	爱奇艺	2022.06.07
170	古村风云	情感、悬疑	搜狐视频	2022.06.08
171	巨蛇闯女校	惊悚、怪兽	爱奇艺、优酷	2022.06.09
172	冒牌财神爷	奇幻、喜剧、情感	腾讯视频	2022.06.09
173	白垩纪世界	科幻、动作、怪兽	腾讯视频	2022.06.10
174	男狐聊斋3	古装、奇幻	腾讯视频	2022.06.11
175	绝地防线	战争、历史、动作、枪战	爱奇艺	2022.06.12
176	民间怪谈：水猴子	悬疑、剧情	爱奇艺、腾讯视频	2022.06.14
177	静音的爱·有香气	情感	搜狐视频	2022.06.15
178	赤脚大仙	古装、动作、奇幻、喜剧	爱奇艺	2022.06.16
179	别逼我动手	喜剧、动作、情感	爱奇艺、腾讯视频	2022.06.16
180	绿茵女将	情感、动作	搜狐视频	2022.06.16
181	暗格里的秘密 速看版	情感、青春	芒果TV	2022.06.17

序号	节目名称	题材	播出平台	上线时间
182	黑狐之绝地营救	动作、战争、枪战、谍战	爱奇艺、优酷	2022.06.19
183	恋爱专家	喜剧、情感	腾讯视频	2022.06.19
184	笑闹无底洞	古装、喜剧、动作、奇幻	爱奇艺	2022.06.20
185	失恋急救所	科幻、情感、剧情	搜狐视频	2022.06.21
186	吹吧，徒弟	剧情	搜狐视频	2022.06.21
187	封神杨戬	古装、玄幻、情感	爱奇艺、腾讯视频	2022.06.22
188	异兽之捕龙令	悬疑、怪兽	爱奇艺	2022.06.22
189	母亲的天空	剧情、犯罪	腾讯视频、搜狐视频	2022.06.23
190	复生局	剧情、悬疑、惊悚	搜狐视频	2022.06.23
191	偷龙转猫	喜剧、动作	爱奇艺	2022.06.24
192	驱魔天师	古装、情感、奇幻	爱奇艺、优酷、腾讯视频	2022.06.24
193	双面神探 速看版	犯罪、悬疑、喜剧	芒果TV	2022.06.25
194	林清风，再也不见了吧	情感、剧情	搜狐视频	2022.06.27
195	对立面	情感、犯罪、剧情	爱奇艺	2022.06.29
196	五行秘术	古装、武侠、动作	爱奇艺	2022.06.29
197	狙击英雄	战争、枪战、动作	爱奇艺、优酷	2022.06.30
198	楼兰古卷之沙海魔窟	惊悚、玄幻、动作	爱奇艺	2022.06.30
199	加油！田大志	喜剧、情感	腾讯视频	2022.06.30
200	特警使命：狙击风暴	公安、动作、枪战、犯罪	腾讯视频	2022.07.01
201	蛇灾：蛇岛惊魂	怪兽、情感、惊悚	爱奇艺、腾讯视频	2022.07.05
202	看不见的新颜	情感	搜狐视频	2022.07.05
203	浪子降魔	古装、奇幻、动作	爱奇艺、腾讯视频	2022.07.07
204	烈探（普通话版、粤语版）	动作、犯罪	优酷	2022.07.08
205	狄仁杰之九层妖楼	古装、动作、悬疑、玄幻	腾讯视频	2022.07.08
206	狄仁杰之借尸还魂	古装、玄幻、悬疑、动作	爱奇艺	2022.07.09
207	超时空富豪	喜剧、情感、奇幻、穿越	腾讯视频	2022.07.10
208	大脚怪2	怪兽、情感	爱奇艺、腾讯视频	2022.07.11
209	振华英雄	情感、动作	搜狐视频	2022.07.12
210	狂暴巨狼	怪兽、惊悚、科幻、动作	爱奇艺、优酷	2022.07.13
211	猛龙过沟	喜剧	爱奇艺	2022.07.13
212	鲁班奇术	情感、古装、动作	腾讯视频	2022.07.13
213	一车口罩	情感、剧情	腾讯视频	2022.07.15
214	霍家拳之铁臂娇娃3	动作、情感、武侠	爱奇艺、腾讯视频	2022.07.17
215	寻画情	情感	搜狐视频	2022.07.18
216	刽子手·怪谈	古装、惊悚、悬疑、玄幻	爱奇艺、优酷、腾讯视频	2022.07.20
217	特殊保镖5·无限街区	情感、动作、科幻、怪兽	爱奇艺	2022.07.20
218	惊险之旅	情感、动作	搜狐视频	2022.07.20

续表

序号	节目名称	题材	播出平台	上线时间
219	威龙记	情感	搜狐视频	2022.07.22
220	狄仁杰之浴火麒麟	古装、悬疑、动作、玄幻	爱奇艺	2022.07.23
221	超时空房客	喜剧、情感、奇幻、穿越	腾讯视频	2022.07.23
222	双面太子妃	古装、奇幻	芒果TV	2022.07.23
223	刀剑封魔	古装、动作、奇幻	爱奇艺、腾讯视频	2022.07.24
224	仙剑风云	古装、玄幻、动作	爱奇艺	2022.07.26
225	猎枭生死线	犯罪、公安、动作、枪战	优酷	2022.07.26
226	机械玩家	科幻、情感	腾讯视频	2022.07.26
227	铁血抗联之血战松山涧	战争、历史、枪战	爱奇艺	2022.07.27
228	不良人之幽冥蛊王	古装、玄幻、动作、怪兽	爱奇艺	2022.07.27
229	寻龙摸金	犯罪、悬疑、公安	搜狐视频	2022.07.27
230	恶到必除	犯罪、公安、动作、枪战	爱奇艺、优酷、腾讯视频	2022.07.28
231	蓬莱龙棺之徐福宝藏	玄幻、动作	爱奇艺	2022.07.28
232	嫦娥奔月（2022）	古装、奇幻、情感	搜狐视频	2022.07.29
233	我的百变皇后	古装、情感、奇幻	芒果TV	2022.07.29
234	排爆手	警匪、犯罪、动作	爱奇艺、优酷、腾讯视频	2022.07.30
235	狄仁杰之九龙玄棺	古装、玄幻、动作、悬疑	爱奇艺	2022.07.30
236	金小气家族：花城热恋 电影版	古装、情感	芒果TV	2022.07.31
237	中华英雄之浴火修罗	武侠、动作	爱奇艺	2022.08.02
238	暴走的貔貅	喜剧、情感	搜狐视频	2022.08.02
239	隐形侠	喜剧、科幻	腾讯视频	2022.08.03
240	黄金大逃狱（普通话版、粤语版）	动作、犯罪、喜剧	爱奇艺、优酷	2022.08.05
241	民间怪谈录之走阴人	惊悚、悬疑	腾讯视频	2022.08.05
242	毒刺入喉	公安、犯罪、动作、枪战	爱奇艺、腾讯视频	2022.08.06
243	冒险大赏金	情感	搜狐视频	2022.08.08
244	曼殊沙华	古装、玄幻、情感、动作	爱奇艺、腾讯视频	2022.08.09
245	老板娘2之无间潜行（普通话版、粤语版）	枪战、动作、情感	爱奇艺、腾讯视频	2022.08.11
246	九龙镇天棺	动作、惊悚、悬疑、怪兽	优酷、腾讯视频	2022.08.13
247	攻略陛下100次	古装、情感、喜剧	芒果TV	2022.08.13
248	七剑一步	古装、武侠、动作	爱奇艺	2022.08.14
249	我和我的村	喜剧、情感、剧情	腾讯视频	2022.08.14
250	宝劈龙	喜剧、情感	腾讯视频	2022.08.16
251	猎毒之闪电突击	动作、公安、枪战、犯罪	爱奇艺、腾讯视频	2022.08.17
252	梦里杜鹃花	情感、科幻	搜狐视频	2022.08.18
253	广东十虎：铁拳无敌	武侠、动作、情感	爱奇艺	2022.08.18

序号	节目名称	题材	播出平台	上线时间
254	西行纪之穷奇地洞	动画、奇幻、动作、古装	腾讯视频	2022.08.19
255	大幻术师2	惊悚、喜剧、悬疑、动作	爱奇艺、腾讯视频	2022.08.20
256	扫毒行动1	公安、枪战、犯罪、动作	爱奇艺	2022.08.22
257	欲望迷宫	情感、都市、剧情	腾讯视频	2022.08.22
258	东北情圣	喜剧、情感、奇幻	爱奇艺、腾讯视频	2022.08.25
259	五鼠闹东京	古装、武侠、动作、悬疑	爱奇艺	2022.08.25
260	街狼	情感、犯罪	搜狐视频	2022.08.25
261	喜剧王中王·前任归来	情感、喜剧	搜狐视频	2022.08.25
262	赶尸人	恐怖、悬疑	腾讯视频	2022.08.26
263	深海蛇难	动作、惊悚、怪兽	优酷、腾讯视频	2022.08.27
264	怒火	枪战、犯罪、动作	爱奇艺	2022.08.28
265	念念无明 电影版	古装、武侠、剧情	芒果TV	2022.08.29
266	重装机甲4巨兽来袭	怪兽、科幻、动作	腾讯视频	2022.08.30
267	鬼吹灯之精绝古城	奇幻、动作、惊悚、怪兽	腾讯视频、芒果TV、乐视视频	2022.09.01
268	野人谷	情感、动作	搜狐视频	2022.09.01
269	迟到的旅程	情感、剧情	搜狐视频	2022.09.01
270	奉天白事铺	悬疑、惊悚、玄幻	爱奇艺、优酷	2022.09.02
271	侏罗纪崛起	怪兽、科幻、动作	腾讯视频	2022.09.02
272	大虫灾	动作、惊悚、怪兽、悬疑	爱奇艺	2022.09.04
273	奇门暗刃	古装、动作、悬疑、奇幻	爱奇艺、腾讯视频	2022.09.06
274	大唐天下之揭竿而起	古装、历史	搜狐视频	2022.09.06
275	防线——秘密护送	公安、动作、犯罪、枪战	爱奇艺、优酷	2022.09.07
276	战地：异种浩劫	科幻、怪兽、动作、枪战	爱奇艺、优酷、腾讯视频	2022.09.09
277	无负今日	情感、剧情、校园	爱奇艺、优酷、腾讯视频、芒果TV	2022.09.10
278	暖暖的微笑	情感、剧情、校园	腾讯视频	2022.09.10
279	老师来了！	青春、校园、情感	爱奇艺、腾讯视频	2022.09.11
280	猎海日志	怪兽、动作、悬疑	爱奇艺、腾讯视频	2022.09.13
281	奇妙能力哥	情感、犯罪、喜剧	优酷、腾讯视频、芒果TV、乐视视频	2022.09.14
282	狂虎危城	古装、动作、武侠	优酷、腾讯视频	2022.09.15
283	聂隐娘之绝命刺杀	古装、动作、玄幻、怪兽	爱奇艺	2022.09.15
284	小山的童年	剧情、情感	搜狐视频	2022.09.15
285	大台风	动作、惊悚、情感	爱奇艺	2022.09.16
286	哪吒之灵珠重生	古装、奇幻、情感、动作	腾讯视频	2022.09.16
287	人鱼	怪兽、动作、惊悚	爱奇艺、腾讯视频	2022.09.17
288	九色鹿王·前尘	古装、动作、奇幻	爱奇艺	2022.09.17

序号	节目名称	题材	播出平台	上线时间
289	小龙女	古装、情感、动作、奇幻	爱奇艺、腾讯视频	2022.09.20
290	御龙宝典之瓷律	剧情、悬疑、古装	搜狐视频	2022.09.20
291	新画皮	古装、奇幻、情感	爱奇艺、腾讯视频	2022.09.21
292	为你千千万万遍 电影版	情感、剧情	芒果TV	2022.09.22
293	大梦西游之五行山	古装、奇幻、情感、动作	爱奇艺、腾讯视频	2022.09.23
294	密室探案之剪纸馆	剧情、悬疑	搜狐视频	2022.09.23
295	勇士连	战争、历史、动作、枪战	爱奇艺、优酷、腾讯视频	2022.09.24
296	王牌继承者	情感、喜剧	腾讯视频	2022.09.24
297	扫毒行动	公安、犯罪、动作、枪战	爱奇艺	2022.09.25
298	变种人：幽灵战姬	科幻、动作、犯罪、怪兽	爱奇艺、腾讯视频	2022.09.26
299	乌龙院	古装、喜剧、动作、玄幻	爱奇艺、腾讯视频	2022.09.28
300	苏乞儿之武功盖世	动作、武侠、古装	搜狐视频	2022.09.28
301	七剑降魔传	奇幻、古装、动作、武侠	腾讯视频	2022.09.29
302	特级英雄黄继光	战争、历史、动作、枪战	爱奇艺、优酷、腾讯视频	2022.10.01
303	猎狼行动1	公安、枪战、犯罪、动作	爱奇艺	2022.10.03
304	一盘大棋	喜剧、情感、犯罪	爱奇艺	2022.10.04
305	生死排爆	公安、犯罪、动作	爱奇艺	2022.10.05
306	黑鹰少年	体育、儿童、情感	爱奇艺、优酷、腾讯视频	2022.10.11
307	落魄保镖之危机疑云	悬疑、动作、犯罪	爱奇艺、腾讯视频	2022.10.12
308	排山倒海	科幻、剧情	搜狐视频	2022.10.12
309	画不投机	喜剧、情感	腾讯视频	2022.10.15
310	向北方	情感	优酷	2022.10.17
311	梁祝：化蝶	情感、古装、剧情	优酷	2022.10.17
312	三十而丽	情感、剧情	搜狐视频	2022.10.18
313	剿匪女侠樊梨花	古装、情感、奇幻、动作	爱奇艺	2022.10.23
314	我是女特警	公安、动作、犯罪、枪战	爱奇艺、腾讯视频	2022.10.25
315	丛林历险记	情感、剧情	搜狐视频	2022.10.25
316	百慕大·星际流浪者	情感、剧情、科幻	搜狐视频	2022.10.27
317	尘缘不神山	古装、情感、玄幻、喜剧	爱奇艺	2022.10.30
318	三更·骨头镇奇谭	惊悚、悬疑、剧情	星辰影院、星空影院、彩云影视、新视觉影院	2022.11.02
319	东北往事：我叫赵红兵	公安、动作、情感、犯罪	爱奇艺	2022.11.03
320	山那边的风景	剧情	搜狐视频	2022.11.03
321	重启之深渊疑冢	动作、惊悚、怪兽、玄幻	优酷、腾讯视频	2022.11.04
322	云机录·天关戏法图	动作、玄幻	爱奇艺	2022.11.06

序号	节目名称	题材	播出平台	上线时间
323	狐墓迷影	动作、玄幻	爱奇艺	2022.11.06
324	东北迪斯科	喜剧、情感	爱奇艺、腾讯视频	2022.11.10
325	挚爱若有声	情感	搜狐视频	2022.11.10
326	棺山古墓	惊悚、动作、玄幻	爱奇艺、腾讯视频	2022.11.12
327	野蛮女友	喜剧、情感	爱奇艺	2022.11.13
328	生死爆破	公安、枪战、犯罪、动作	爱奇艺	2022.11.13
329	梁小霞	剧情、纪实	好看视频、微博视频号、爱奇艺、优酷、腾讯视频、哔哩哔哩	2022.11.13
330	大话女儿国	古装、喜剧、穿越、奇幻	爱奇艺、优酷、腾讯视频、芒果TV、咪咕视频、风行网	2022.11.16
331	阴阳画皮	古装、玄幻、情感、动作	爱奇艺、腾讯视频	2022.11.18
332	我们最好的时光（2022）	情感、剧情	搜狐视频	2022.11.18
333	寄生怪	科幻、犯罪、怪兽	腾讯视频	2022.11.19
334	沙海怪兽	动作、惊悚、怪兽	爱奇艺	2022.11.20
335	西行客栈	古装、动作、武侠	爱奇艺	2022.11.20
336	夺命双娇	动作、犯罪	腾讯视频	2022.11.21
337	亮剑之英雄虎胆	战争、动作、枪战、历史	爱奇艺	2022.11.22
338	小巷拳击手	情感、动作、体育	搜狐视频	2022.11.22
339	巨鳄2	惊悚、动作、怪兽	爱奇艺、腾讯视频	2022.11.23
340	郡主万福 电影版	古装、情感	芒果TV	2022.11.24
341	命运裁缝师	奇幻、情感	聚力	2022.11.24
342	极限特攻1	剧情、动作	搜狐视频	2022.11.25
343	牧野诡事之卸岭力士	玄幻、动作	优酷、腾讯视频	2022.11.26
344	非道缉恶	公安、犯罪、动作、悬疑	爱奇艺	2022.11.27
345	深海逃生	怪兽、惊悚、动作	爱奇艺	2022.11.27
346	丹心燃情	战争、历史、枪战、动作	搜狐视频	2022.11.28
347	疾速逃生	动作、剧情	爱奇艺、腾讯视频	2022.11.29
348	四平青年往事	喜剧、动作、犯罪、公安	爱奇艺、腾讯视频	2022.11.30
349	密林之双峰山遗案	情感、悬疑、犯罪	搜狐视频	2022.12.01
350	轩辕战纪	古装、动作、玄幻、喜剧	爱奇艺	2022.12.04
351	极限特攻2	剧情、动作	搜狐视频	2022.12.06
352	过去日子	喜剧、情感	搜狐视频	2022.12.08
353	迷城之正义对决	悬疑、犯罪、情感、公安	爱奇艺	2022.12.11
354	真心遇上大冒险	喜剧、情感	爱奇艺、腾讯视频	2022.12.11
355	局中劫	警匪、犯罪、动作	爱奇艺、腾讯视频	2022.12.10
356	谎言使用法则 电影版	剧情、情感、悬疑	芒果TV	2022.12.11

续表

序号	节目名称	题材	播出平台	上线时间
357	大法医宋慈系列之偷梁换柱	古装、悬疑、动作	爱奇艺	2022.12.13
358	道师爷2	动作、玄幻、惊悚	爱奇艺、腾讯视频	2022.12.14
359	逃学神探	悬疑、动作、喜剧	爱奇艺、腾讯视频	2022.12.15
360	今夏有风吹过2	喜剧、情感	搜狐视频	2022.12.15
361	枪神赵子龙	古装、动作、历史	腾讯视频	2022.12.16
362	牧野诡事之赤丹珠	动作、玄幻、惊悚	爱奇艺、腾讯视频	2022.12.17
363	讲究人	喜剧、情感	爱奇艺、腾讯视频	2022.12.18
364	魅影狂花	动作、枪战	爱奇艺、腾讯视频	2022.12.20
365	我的演员梦	情感、剧情	搜狐视频	2022.12.21
366	黑石岭怪谈	惊悚、悬疑	爱奇艺	2022.12.21
367	僵尸山雀	惊悚、动作	爱奇艺	2022.12.22
368	斗士	枪战、动作	爱奇艺	2022.12.23
369	最佳时机	情感、都市、剧情	搜狐视频	2022.12.23
370	火锅之王	喜剧、剧情	爱奇艺	2022.12.24
371	狩猎	惊悚、科幻、怪兽、动作	爱奇艺、腾讯视频	2022.12.25
372	不语奇谭之青鱼传说	动作、奇幻、古装	爱奇艺	2022.12.25
373	特战行动队	动作、犯罪	腾讯视频	2022.12.26
374	遗嘱囧事	喜剧、情感、悬疑	爱奇艺、腾讯视频、芒果TV	2022.12.27
375	白龙马之逆天之龙	奇幻、古装、动作	爱奇艺、腾讯视频	2022.12.28
376	无法攻略的女人 电影版	情感	芒果TV	2022.12.28
377	鬼吹灯之南海归墟	动作、奇幻、惊悚	爱奇艺、腾讯视频、优酷	2022.12.30
378	兄长大人，解约吧！电影版	情感、古装	芒果TV	2022.12.30
379	爱恋告急 电影版	情感、穿越	芒果TV	2022.12.30
380	寒枝折不断 电影版	情感、古装	芒果TV	2022.12.31

数据来源：监管中心统计数据2023.1

国家广播电视总局监管中心

　　题材分类上根据影片展现的内容，选取占据主导地位的1-4个题材元素。

附表7　取得《电影片公映许可证》并于2022年首先在互联网上线的电影一览表

序号	节目名称	题材	播出平台	上线时间
1	爱情面对大海：不速食客	情感	1905电影网	2022.01.06
2	张三丰传奇之道法自然	古装、武侠、动作	1905电影网、咪咕视频	2022.01.06
3	生死危途	犯罪、动作、黑帮	搜狐视频	2022.01.19
4	断金	动作、犯罪	腾讯视频	2022.01.21
5	黄金森林	刑侦、悬疑	1905电影网、咪咕视频	2022.01.27
6	少北宗师	动作	1905电影网	2022.01.27
7	聊斋新传之画皮人	古装、情感、奇幻	爱奇艺	2022.01.28
8	倚天屠龙记之九阳神功（普通话、粤语版）	动作、古装、武侠	优酷、爱奇艺、腾讯视频、咪咕视频、1905电影网	2022.01.31
9	倚天屠龙记之圣火雄风（普通话、粤语版）	动作、古装、武侠	优酷、爱奇艺、腾讯视频、咪咕视频、1905电影网	2022.02.03
10	九幽寻宝录（字幕中文、英文版）	悬疑、奇幻	优酷	2022.02.11
11	爷们信条	悬疑、动作、犯罪、情感	爱奇艺、腾讯视频	2022.02.16
12	谜案缉凶	古装、悬疑、动作	1905电影网	2022.03.17
13	三生三世花之殇	情感、古装、玄幻	腾讯视频	2022.03.22
14	雪鹰领主	古装、动作、奇幻、情感	腾讯视频	2022.03.27
15	长江妖姬	古装、动作、情感、玄幻	爱奇艺	2022.03.31
16	幸运贩卖机	情感、奇幻、喜剧、都市	腾讯视频	2022.04.12
17	头屯河谷	情感、剧情	搜狐视频	2022.04.15
18	祥福川	剧情、情感	1905电影网	2022.04.17
19	烈马争锋上海滩	枪战、动作	爱奇艺	2022.04.18
20	延平王郑成功传奇	古装、动、历史	爱奇艺	2022.05.18
21	兄弟同体	奇幻、情感	优酷、腾讯视频、芒果TV、乐视视频	2022.05.24
22	骏马之乡	剧情	乐视视频	2022
23	九州青荇纪	古装、玄幻、悬疑、动作	爱奇艺	2022.06.10
24	龙岭迷窟	奇幻、动作、惊悚	爱奇艺、优酷、腾讯视频	2022.06.17
25	远山淡影	悬疑、犯罪、警匪	爱奇艺	2022.06.18
26	六扇门之血虫谜案	古装、动作、悬疑	腾讯视频	2022.06.20

序号	节目名称	题材	播出平台	上线时间
27	你是我的春天	情感、剧情	优酷、芒果TV、乐视视频	2022.07.01
28	纸画皮	情感、奇幻、古装	腾讯视频	2022.07.02
29	太极之异兽冢	古装、怪兽、动作、惊悚	爱奇艺、腾讯视频	2022.07.09
30	雪山飞狐之塞北宝藏	古装、动作、武侠	爱奇艺、优酷、腾讯视频	2022.07.15
31	东北合伙人	喜剧、情感	腾讯视频	2022.07.22
32	北游记之仙魂下凡	玄幻、动作、古装	腾讯视频	2022.07.29
33	唐门之神弩双雄	玄幻、武侠、动作、古装	腾讯视频	2022.08.01
34	聊斋新编之渡情	古装、情感、动作、玄幻	爱奇艺、优酷	2022.08.10
35	鱼妖志	古装、悬疑、动作	爱奇艺	2022.08.26
36	龙生九子	古装、奇幻、动作、喜剧	爱奇艺、腾讯视频	2022.08.29
37	我是条咸鱼	剧情	乐视视频	2022.09.07
38	草帽	情感、儿童	1905电影网	2022.09.15
39	藏地奇兵	动作、惊悚	爱奇艺、腾讯视频	2022.10.13
40	南游记之闹三界	古装、奇幻、情感	腾讯视频	2022.10.28
41	非凡守护	公安	爱奇艺	2022.11.04
42	爸爸来了	喜剧、情感、奇幻、校园	爱奇艺、腾讯视频	2022.11.07
43	五束阳光	剧情、喜剧	搜狐视频	2022.11.08
44	最后的镖师	动作、剧情	1905电影网	2022.11.10
45	浴火牡丹	古装、情感、玄幻、动作	爱奇艺、腾讯视频	2022.12.08
46	秋蝉	战争、谍战	爱奇艺	2022.12.13
47	大汉军魂	战争、动作、历史	爱奇艺	2022.12.20

数据来源：监管中心统计数据2023.1　　　　　　　国家广播电视总局监管中心

题材分类上根据影片展现的内容，选取占据主导地位的1-4个题材元素。

附表8　2022年主要播出平台合作及分成模式

爱奇艺

表（1）　2022年爱奇艺网络电影合作模式列表

播出平台	最新分账模式更新时间	合作模式	商业模式	级别	分账周期	分账金额说明	授权期限	授权范围	细则说明
爱奇艺	2022年4月1日	会员首播	会员分账	不分级	180天	·分账单价：1.5元/小时（独家）1.05元/小时（非独家）·会员分账期分账金额计算方式：会员分账有效时长（小时）×分账单价（元/小时）	10年及以上	全球	会员分账有效时长：会员用户在影片会员分账周期内观看授权作品的累积有效总时长，以小时为单位计算。平台推广资源：在新的分账模式下，取消原以定级为基础匹配的推广资源，改为根据播放表现（播放时长、转化率、评分等）来匹配推广资源。对用户选择意愿更高、播放时长更长、口碑更好的内容提供更多的推广资源，包括但不限于全平台个性化推荐、更长线的流量曝光及运营资源。

数据来源：视频网站公开发布数据

国家广播电视总局监管中心

表（2）　2022年爱奇艺云影院首映合作模式升级

合作模式	窗口期	级别	分账周期	分账金额说明	片方总分账金额说明	授权期限	授权范围	备注
云影院首映	点播分账期	不分级	35天	·单片票价 片方自主，灵活定价 独家：18/24/30元三档，会员享受折扣 非独家：12/18/24/30元四档，会员享受折扣 ·点播分账期分账金额计算方式：点播分账期总金额扣除渠道费后，片方按90%比例分账 注：最终定价、会员折扣以商务具体洽谈结果为准。	片方总分账金额＝点播分账期分账金额+会员分账期分账金额	10年及以上	全球	定义： 达成合作的影片以单片付费模式先在爱奇艺云影院首映上线，一定周期后转入会员观看模式。 升级说明： 2022年9月1日起，点播分账期的片方分账比例从60%提升至90%，独家合作项目点播分账期的单片票价提高至最低18元，会员享受折扣。 点播分账期总金额：平台以单片点播分账模式提供授权作品供会员与非会员观看，点播分账期内产生的会员与非会员点播收入合计为点播分账期总金额。 注：最终合作方式，以与商务洽谈及签订合同条款为准。
	会员分账期	不分级	180天	·分账单价 独家：1.5元／小时 非独家：1.05元／小时 ·会员分账期分账金额计算方式： 会员分账有效时长（小时）×分账单价（元／小时）				

数据来源：视频网站公开发布数据　　　　国家广播电视总局监管中心

腾讯视频

表（1）　2022年腾讯视频网络电影分账模式

播出平台	最新分账模式更新时间	最新分账模式	细则说明
腾讯视频	2021年12月31日	分账收益=内容定级单价×有效观影人次	1．有效观影人次：分账周期内每付费用户连续观看单一付费授权作品超过5分钟的一次或一次以上的观影行为，均计为一次有效观影人次。 2．分账单价：平台将根据片方提供的成片内容和制作质量综合评定出影片级别，该级别对应的单价即为分账单价。 3．收益结算周期：月结，即影片上线后，合作方可从下一个月起每个自然月的1—5日结算一次。

数据来源：视频网站公开发布数据　　　　　　　　国家广播电视总局监管中心

表（2）　2022年腾讯视频网络电影内容定级及单价列表

内容级别	合作方式	分账单价（元）	分账周期
S+	独家	4	自上线之日起6个月
S	独家	3.5	自上线之日起6个月
A	独家	2.5	自上线之日起6个月
B	独家	1.5	自上线之日起6个月
C	非独家	1	自上线之日起3个月

数据来源：视频网站公开发布数据　　　　　　　　国家广播电视总局监管中心

注：上述新分账规则适用于以新分账规则签约合作的影片

优酷

表（1）　2022年优酷网络电影分账模式

播出平台	最新分账模式更新时间	最新分账模式	细则说明
优酷	2022年8月15日	分账票房=有效观影人次×内容定级单价	1．有效观影人次：许可作品付费周期内，每付费用户连续观看单一付费授权作品超过6分钟的一次或多次观影行为，计为一次有效观影人次。 2．内容定级单价：定级单价由内容评估作为标准。

数据来源：视频网站公开发布数据　　　　　　　　国家广播电视总局监管中心

表（2）　2022年优酷内容定级及单价列表

级别	合作方式	单价（元）	分账期	备注
S	独家	4.5	180天	1. 评审为A级以上影片可开放拼播模式，最终以商务洽谈结果为准。 2. 评审为A级以上影片必须提供营销方案，并通过平台审核。
A+	独家	4	180天	
A	独家	3	180天	

数据来源：视频网站公开发布数据　　　　　　　　　　国家广播电视总局监管中心

搜狐视频

表（1）　2022年搜狐视频网络电影分账模式

播出平台	最新分账模式更新时间	最新分账模式	细则说明
搜狐视频	2020年4月15日	1. 独家合作 2. 非独家合作 3. 补贴（仅限独家合作）	1. 独家合作：分成=有效观看分成+开通分成（有效观看分成=有效观看数×2元起）。有效观看数按当天连续观看本片6分钟及以上的用户数计算；开通分成即拉新分成，在因本片而带来的会员消费中，可获得一定的分成，额度根据具体项目确定。数量规划：一年100部。 2. 非独家合作：分成标准：开通分成+观看分成（有效观看分成=有效观看数×0.5元起）。有效观看数按当天连续观看本片6分钟及以上的用户数计算；开通分成即拉新分成，在因本片而带来的会员消费中，可获得一定的分成，额度根据具体项目确定。 3. 补贴：品质较高的影片，可以在分成外，获得一定的扶持。如全案宣传营销：0.5元—1元/有效观看数；广告支持（提供硬广位、视频贴片等广告支持，具体情况要根据具体影片来谈）。

数据来源：视频网站公开发布数据　　　　　　　　　　国家广播电视总局监管中心

表（2）　2022年搜狐视频网络电影合作模式列表

合作模式	独家合作分成	非独家合作分成
有效观看分成单价	2元	0.5元起
营销补贴	0.5-1元	无
分成期	6个月	要求跟全网统一
付费期	3年	要求跟全网统一

数据来源：视频网站公开发布数据　　　　　　　　　　国家广播电视总局监管中心

附表9　2022年上线的网络综艺（狭义）列表

序号	节目名称	节目类型	播出平台	上线时间
1	唱响2022佳能感动时刻冰雪之夜	单项艺术类	优酷	2022.01.02
2	一起哈哈哈	互动娱乐类	腾讯视频	2022.01.04
3	2022XFun吃货俱乐部	生活体验真人秀类	爱奇艺	2022.01.05
4	星月对话2022	谈话讨论类	优酷、芒果TV	2022.01.06
5	麻花特开心	游戏生存真人秀类	优酷	2022.01.09
6	晚安吧朋友	谈话讨论类	优酷	2022.01.13
7	超有趣滑雪大会	游戏生存真人秀类	爱奇艺	2022.01.14
8	闪亮的日子	生活体验真人秀类	腾讯视频	2022.01.17
9	观复嘟嘟2022	文化科技类	优酷	2022.01.18
10	闪闪发光的少年	谈话讨论类	bilibili、其他	2022.01.20
11	燃后的我们	生活体验真人秀类	腾讯视频	2022.01.20
12	失意者联盟	谈话讨论类	bilibili	2022.01.22
13	家族年年年夜FAN2022	综艺晚会类	腾讯视频	2022.01.25
14	朋友请听好　第二季	谈话讨论类	芒果TV	2022.01.25
15	年味盛宴	谈话讨论类	腾讯视频	2022.01.26
16	热雪浪	生活体验真人秀类	腾讯视频	2022.01.26
17	我们的村晚	综艺晚会类	爱奇艺、其他	2022.01.27
18	圆桌新春派	谈话讨论类	优酷	2022.01.27
19	甜蜜的任务2022	互动娱乐类	芒果TV	2022.01.30
20	经典二人转翻拍计划　第四季	单项艺术类	腾讯视频、其他	2022.02.01
21	跨代答题王	互动娱乐类	芒果TV	2022.02.01
22	追雪人	生活体验真人秀类	腾讯视频	2022.02.01
23	冰雪队队碰	游戏生存真人秀类	其他	2022.02.01
24	外国人侃冬奥	谈话讨论类	咪咕视频	2022.02.01
25	中国梦·我的梦 ——2022中国网络视听年度盛典	综艺晚会类	爱奇艺、优酷、腾讯视频、芒果TV、bilibili、咪咕视频、其他	2022.02.02
26	快乐站你这边	生活体验真人秀类	bilibili	2022.02.03
27	Yes or No　第二季	游戏生存真人秀类	芒果TV	2022.02.04
28	送一百位女孩回家　第五季	互动交流真人秀类	搜狐视频	2022.02.09
29	大侦探　第七季	游戏生存真人秀类	芒果TV	2022.02.10
30	吾兄所言极是	文化科技类	芒果TV	2022.02.14
31	健谈大会	脱口秀类	西瓜视频、其他	2022.02.14
32	时间的礼物之盛宴唐潮	文化科技类	腾讯视频	2022.02.15
33	上元千灯会	综艺晚会类	bilibili	2022.02.15
34	好运梦想之墙	互动娱乐类	爱奇艺	2022.02.15
35	杨澜访谈录逐风者　第二季	谈话讨论类	腾讯视频	2022.02.17

序号	节目名称	节目类型	播出平台	上线时间
36	一往无前的蓝	生活体验真人秀类	腾讯视频	2022.02.19
37	独一吴二棒	文化科技类	腾讯视频	2022.02.23
38	春日迟迟再出发	生活体验真人秀类	芒果TV	2022.02.23
39	11点睡吧	生活服务类	其他	2022.02.24
40	出发吧！老孟	生活体验真人秀类	优酷	2022.03.01
41	没谈过恋爱的我	生活体验真人秀类	优酷	2022.03.02
42	来一局吧！康永哥	互动娱乐类	优酷	2022.03.03
43	静静吧！恋人	谈话讨论类	优酷	2022.03.04
44	DV计划	谈话讨论类	bilibili	2022.03.04
45	Super嘎嘎man	互动交流真人秀类	腾讯视频	2022.03.10
46	去野吧！毛孩子	生活体验真人秀类	芒果TV	2022.03.15
47	上车吧！冠军 冰雪季	游戏生存真人秀类	优酷	2022.03.24
48	初入职场的我们 法医季	生活体验真人秀类	芒果TV	2022.03.26
49	云裳晓芒之夜·暨2022小芒汉服节	其他类	芒果TV	2022.04.02
50	喜欢你我也是 第三季	生活体验真人秀类	爱奇艺	2022.04.06
51	清华·访谈录	谈话讨论类	西瓜视频、其他	2022.04.11
52	非正式会谈 第七季	谈话讨论类	bilibili	2022.04.15
53	新游记	生活体验真人秀类	腾讯视频	2022.04.16
54	了不起！舞社	竞技选拔类	优酷	2022.04.16
55	侣行十年	生活体验真人秀类	优酷	2022.04.18
56	掌心演唱会	综艺晚会类	其他	2022.04.23
57	莫言的奇妙故事会	谈话讨论类	其他	2022.04.23
58	声生不息	竞技选拔类	芒果TV	2022.04.24
59	一起露营吧	娱乐报道类	爱奇艺	2022.04.28
60	上班啦！妈妈 第二季	生活体验真人秀类	爱奇艺	2022.04.29
61	她的双重奏	谈话讨论类	西瓜视频、其他	2022.04.29
62	信念有光 用声音传递爱 群星百人百首五一公益直播演唱会	单项艺术类	爱奇艺、优酷、腾讯视频、bilibili、咪咕视频、其他	2022.05.01
63	灿烂的前行	生活体验真人秀类	腾讯视频	2022.05.04
64	爸爸当家	生活体验真人秀类	芒果TV	2022.05.10
65	人生半场 第二季	谈话讨论类	西瓜视频、其他	2022.05.11
66	她·乡——风一样的女子	生活体验真人秀类	芒果TV	2022.05.13
67	90婚介所2022	婚恋交友类	bilibili	2022.05.14
68	巅峰王者修炼手册	互动娱乐类	腾讯视频	2022.05.14
69	圆桌什锦派	谈话讨论类	优酷	2022.05.16
70	万籁	其他类	bilibili	2022.05.16
71	骞航记	生活体验真人秀类	腾讯视频	2022.05.18
72	暖男俱乐部	其他类	其他	2022.05.20

序号	节目名称	节目类型	播出平台	上线时间
73	乘风破浪　第三季	竞技选拔类	芒果TV、咪咕视频	2022.05.20
74	科学少年团	文化科技类	爱奇艺、优酷	2022.05.20
75	不止于她　第二季	谈话讨论类	腾讯视频	2022.05.24
76	萌探探探案　第二季	游戏生存真人秀类	爱奇艺	2022.05.27
77	闪亮的日子　第二季	生活体验真人秀类	芒果TV、腾讯视频	2022.05.30
78	是很熟的味道呀	生活体验真人秀类	腾讯视频	2022.05.31
79	宠物医生	生活体验真人秀类	西瓜视频	2022.05.31
80	密逃星球	游戏生存真人秀类	芒果TV	2022.06.02
81	开始推理吧	游戏生存真人秀类	腾讯视频	2022.06.03
82	迟到的恋人	生活体验真人秀类	咪咕视频	2022.06.05
83	怎么办！脱口秀专场	生活体验真人秀类	腾讯视频	2022.06.07
84	硬糖少女303告别季·夏日特别企划	互动交流真人秀类	腾讯视频	2022.06.08
85	小仙女的美食魔盒	生活体验真人秀类	优酷	2022.06.10
86	战至巅峰	游戏生存真人秀类	腾讯视频	2022.06.11
87	主播请就位	生活服务类	其他	2022.06.12
88	燃烧吧！天才程序员　第二季	竞技选拔类	bilibili	2022.06.13
89	夏日音乐会	单项艺术类	爱奇艺	2022.06.14
90	悬疑有新番	游戏生存真人秀类	优酷	2022.06.16
91	bilibili夏日毕业歌会	单项艺术类	bilibili	2022.06.16
92	孩子说	谈话讨论类	西瓜视频	2022.06.16
93	周末出片大会	其他类	芒果TV	2022.06.19
94	五十公里桃花坞　第二季	生活体验真人秀类	腾讯视频	2022.06.19
95	中国说唱巅峰对决	竞技选拔类	爱奇艺	2022.06.25
96	bilibili13周年庆	综艺晚会类	bilibili	2022.06.26
97	爱情这件小事	生活体验真人秀类	腾讯视频	2022.06.29
98	登录圆鱼洲	游戏生存真人秀类	腾讯视频	2022.06.30
99	去野吧！餐桌	生活体验真人秀类	爱奇艺、优酷、bilibili	2022.06.30
100	读她	谈话讨论类	咪咕视频	2022.06.30
101	周震南21-22	生活体验真人秀类	腾讯视频	2022.07.06
102	Lucky 7 baby　第六季	其他类	bilibili	2022.07.08
103	密室大逃脱　第四季	游戏生存真人秀类	芒果TV	2022.07.08
104	戏腔戏调	文化科技类	其他	2022.07.09
105	上车吧！冠军：盛夏季	游戏生存真人秀类	优酷	2022.07.11
106	海苔超有料	谈话讨论类	腾讯视频	2022.07.13
107	荟玩大杭家	生活体验真人秀类	腾讯视频	2022.07.15
108	我们的理由	婚恋交友类	优酷	2022.07.19
109	赤热城市	生活体验真人秀类	西瓜视频、其他	2022.07.19

序号	节目名称	节目类型	播出平台	上线时间
110	我的星辰大海	文化科技类	西瓜视频	2022.07.20
111	遇见馆藏·太空季	文化科技类	芒果TV	2022.07.20
112	抖音生活者说	谈话讨论类	西瓜视频、其他	2022.07.21
113	熊猫出没请注意	生活体验真人秀类	腾讯视频	2022.07.21
114	硬糖少女303"别怕，未来会来"演唱会暨告别典礼	综艺晚会类	腾讯视频	2022.07.24
115	2022B站校园十佳歌手大赛	竞技选拔类	bilibili	2022.07.30
116	七夕奇妙游2022	文化科技类	优酷	2022.08.03
117	少年出游记	生活体验真人秀类	芒果TV、咪咕视频	2022.08.03
118	这十年·追光者	谈话讨论类	芒果TV	2022.08.03
119	她的心动周末	生活体验真人秀类	腾讯视频	2022.08.05
120	抖音夏日歌会	单项艺术类	其他	2022.08.06
121	出发吧！老妈	生活体验真人秀类	其他	2022.08.06
122	长在笑点上的他	单项艺术类	腾讯视频	2022.08.06
123	哔哩哔哩向前冲	游戏生存真人秀类	bilibili	2022.08.07
124	美丽俏佳人	谈话讨论类	其他	2022.08.08
125	星空万里	生活体验真人秀类	腾讯视频	2022.08.09
126	你好，小孩	游戏生存真人秀类	芒果TV	2022.08.09
127	与世界说 第二季	文化科技类	腾讯视频	2022.08.11
128	做家务的男人 第四季	生活体验真人秀类	爱奇艺	2022.08.12
129	令人心跳的舞台	互动娱乐类	腾讯视频	2022.08.12
130	这！就是街舞 第五季	竞技选拔类	优酷	2022.08.13
131	叽叽扎扎的生活	互动交流真人秀类	其他	2022.08.16
132	我的青铜时代 第二季	脱口秀类	腾讯视频	2022.08.17
133	跃上高阶职场	生活体验真人秀类	腾讯视频	2022.08.18
134	圆桌派 第六季	谈话讨论类	优酷	2022.08.18
135	披荆斩棘 第二季	竞技选拔类	芒果TV、咪咕视频	2022.08.19
136	声声如夏花	竞技选拔类	咪咕视频、其他	2022.08.19
137	想唱就唱的夏天	生活体验真人秀类	芒果TV	2022.08.23
138	纯真梦歌	综艺晚会类	bilibili	2022.08.27
139	沸腾校园	竞技选拔类	腾讯视频	2022.08.28
140	心动的信号 第五季	生活体验真人秀类	腾讯视频	2022.08.30
141	脱口秀大会 第五季	脱口秀类	腾讯视频	2022.08.30
142	漂亮的推理	游戏生存真人秀类	芒果TV	2022.08.30
143	相遇的夏天	生活体验真人秀类	优酷	2022.09.01
144	中秋奇妙游2022	文化科技类	优酷	2022.09.09
145	桃花坞开放中	生活体验真人秀类	腾讯视频	2022.09.10
146	我是特优声 剧团季	竞技选拔类	bilibili	2022.09.10

续表

序号	节目名称	节目类型	播出平台	上线时间
147	暑与我们的夏天	生活体验真人秀类	搜狐视频	2022.09.14
148	打工不如打电话	谈话讨论类	腾讯视频	2022.09.16
149	翻篇吧职场人	谈话讨论类	优酷	2022.09.16
150	曾经心动的offer	谈话讨论类	腾讯视频	2022.09.19
151	天猫好房厂牌之夜 第二季	脱口秀类	爱奇艺	2022.09.19
152	高能育儿团 第二季	谈话讨论类	西瓜视频、其他	2022.09.21
153	一年一度喜剧大赛 第二季	竞技选拔类	爱奇艺	2022.09.23
154	品牌请指教	竞技选拔类	西瓜视频	2022.09.27
155	星同事打歌Live秀	其他真人秀类	搜狐视频	2022.09.28
156	沸腾吧！解说员	竞技选拔类	咪咕视频	2022.09.30
157	重阳奇妙游2022	文化科技类	优酷	2022.10.03
158	永远跟党走 奋进新征程 ——中国电视艺术家协会喜迎 党的二十大电视文艺节目	综艺晚会类	爱奇艺	2022.10.10
159	邻家诗话 第四季	文化科技类	腾讯视频	2022.10.24
160	一人客栈	生活体验真人秀类	搜狐视频	2022.10.27
161	快乐回来啦	生活体验真人秀类	芒果TV	2022.10.28
162	Hi！足球少年	竞技选拔类	其他	2022.10.28
163	海尔智趣新潮夜	生活服务类	芒果TV	2022.10.31
164	与少年同行	互动交流真人秀类	西瓜视频、其他	2022.10.31
165	再见爱人 第二季	生活体验真人秀类	芒果TV、咪咕视频	2022.11.01
166	下班！去约会	生活体验真人秀类	腾讯视频	2022.11.02
167	闪亮的日子 第三番	互动娱乐类	腾讯视频	2022.11.07
168	乐队的海边	生活体验真人秀类	芒果TV	2022.11.11
169	可爱的中国——新西游研学旅行记 之了不起的青岛	文化科技类	优酷、bilibili	2022.11.12
170	朝阳打歌中心	竞技选拔类	优酷	2022.11.18
171	来看我们的演唱会	单项艺术类	腾讯视频	2022.11.19
172	米卢会客厅	谈话讨论类	爱奇艺	2022.11.20
173	DOU来世界杯	谈话讨论类	西瓜视频	2022.11.20
174	开麦总冠军	脱口秀类	爱奇艺、其他	2022.11.21
175	宏哥侃球	谈话讨论类	西瓜视频	2022.11.21
176	我不恋爱的理由	生活体验真人秀类	腾讯视频	2022.11.24
177	黄家足球班	谈话讨论类	其他	2022.11.24
178	妻子的浪漫旅行 第六季	生活体验真人秀类	芒果TV	2022.11.24
179	依然范志毅	谈话讨论类	西瓜视频、其他	2022.11.25
180	前进吧！现代足球少年	生活体验真人秀类	腾讯视频	2022.11.25
181	令人心动的offer 第四季	生活体验真人秀类	腾讯视频	2022.11.26
182	濛主来了之我的眼睛就是尺	谈话讨论类	咪咕视频	2022.11.26

序号	节目名称	节目类型	播出平台	上线时间
183	大咖侃球	谈话讨论类	西瓜视频	2022.11.27
184	寻找路人"假"	游戏生存真人秀类	芒果TV	2022.11.28
185	2022年少儿京剧展演	单项艺术类	优酷	2022.11.28
186	2022微博视界大会·微光盛典	综艺晚会类	腾讯视频、芒果TV	2022.11.29
187	红毯背后Last Ticket	竞技选拔类	bilibili	2022.11.30
188	元音大冒险	游戏生存真人秀类	爱奇艺	2022.11.30
189	2022音律联觉·灯下定影	综艺晚会类	bilibili	2022.12.10
190	宝藏美妆师	竞技选拔类	腾讯视频	2022.12.11
191	哎呀好身材 第四季/伴侣季	生活体验真人秀类	芒果TV、咪咕视频	2022.12.11
192	名侦探学院 第六季	游戏生存真人秀类	芒果TV	2022.12.14
193	摇滚足球茵乐现场	谈话讨论类	咪咕视频	2022.12.15
194	去炫吧！乐派	生活体验真人秀类	芒果TV、咪咕视频	2022.12.16
195	开场白 第二季	谈话讨论类	西瓜视频	2022.12.22
196	我们民谣2022	竞技选拔类	爱奇艺	2022.12.23
197	元宇宙虚拟跨年演唱会	综艺晚会类	优酷、咪咕视频、腾讯视频、爱奇艺、其他	2022.12.31
198	2022最美的夜 bilibili晚会	综艺晚会类	bilibili	2022.12.31

数据来源：监管中心统计数据2023.1

国家广播电视总局监管中心

附表10　2022年上线的网络综艺（多版本、衍生）列表

序号	节目名称	节目类型	播出平台	上线时间	备注
1	我们的滚烫人生 全集直通版	生活体验 真人秀类	芒果TV	2022.01.01	网络综艺《我们的滚烫 人生》多版本节目
2	湖南卫视2021—2022 跨年晚会 全景声 臻享版	单项艺术类	芒果TV	2022.01.01	电视综艺《湖南卫视 2021—2022跨年晚会》 多版本节目
3	哎呀好身材 第三季/ 海浪季 加更篇	生活体验 真人秀类	芒果TV、 咪咕视频	2022.01.05	网络综艺《哎呀好身 材 第三季/海浪季》 多版本节目
4	欢乐饭米粒儿精编版	单项艺术类	腾讯视频	2022.01.07	电视综艺《欢乐 饭米粒儿》多版本节目
5	冰雪正当燃 加更/ 会员版	其他真人秀类	爱奇艺、 腾讯视频	2022.01.09	电视综艺《冰雪正当燃》 多版本节目
6	麻花探班记	游戏生存 真人秀类	优酷	2022.01.09	网络综艺《麻花特开心》 衍生节目
7	毛雪汪 歇番特辑	生活体验 真人秀类	腾讯视频	2022.01.10	网络综艺《毛雪汪》 衍生节目
8	麻花局中局	生活体验 真人秀类	优酷	2022.01.11	网络综艺《麻花特开心》 衍生节目
9	我们的滚烫人生 超前彩蛋	生活体验 真人秀类	芒果TV	2022.01.13	网络综艺《我们的滚烫 人生》衍生节目
10	这个冬天超有趣	游戏生存 真人秀类	爱奇艺	2022.01.15	网络综艺《超有趣滑雪 大会》衍生节目
11	最强大脑 第九季 悠享版/会员版	竞技选拔类	爱奇艺、优酷、 腾讯视频	2022.01.15	电视综艺《最强大脑 第九季》多版本节目
12	勇往直前的我们 特辑	生活体验 真人秀类	芒果TV	2022.01.15	电视综艺《勇往直前的 我们》多版本节目
13	冰雪正当燃 悠享版	其他真人秀类	腾讯视频	2022.01.16	电视综艺《冰雪正当燃》 多版本节目
14	回家过年·吉林卫视 春节联欢晚会2022 精编版	单项艺术类	优酷	2022.01.25	电视综艺《回家过年· 吉林卫视春节联欢晚会 2022》多版本节目
15	2022湖南卫视春节 联欢晚会 全景声 舞台纯享版	综艺晚会类	芒果TV	2022.01.27	电视综艺《2022湖南 卫视春节联欢晚会》 多版本节目
16	朋友请听好 第二季 会员加更篇	互动交流 真人秀类	芒果TV	2022.01.27	网络综艺《朋友请听好 第二季》多版本节目
17	热雪小浪	生活体验 真人秀类	腾讯视频	2022.01.27	网络综艺《热雪浪》 多版本节目
18	热雪日志	其他真人秀类	腾讯视频	2022.01.27	网络综艺《热雪浪》 衍生节目
19	半熟之后	生活体验 真人秀类	腾讯视频	2022.01.28	网络综艺《半熟恋人》 衍生节目

序号	节目名称	节目类型	播出平台	上线时间	备注
20	大湾仔的夜 个人篇	生活体验真人秀类	芒果TV	2022.01.28	网络综艺《大湾仔的夜》衍生节目
21	大侦探 第七季 超前聚会之小黑屋完整版	游戏生存真人秀类	芒果TV	2022.01.28	网络综艺《大侦探第七季》衍生节目
22	朋友的小美好	互动交流真人秀类	芒果TV	2022.01.31	网络综艺《朋友请听好第二季》衍生节目
23	王牌对王牌名场面	互动娱乐类	爱奇艺	2022.02.01	电视综艺《王牌对王牌》衍生节目
24	侦心侦意新春演唱会	综艺晚会类	芒果TV	2022.02.02	网络综艺《大侦探第七季》衍生节目
25	侦心侦意新春演唱会限定企划	综艺晚会类	芒果TV	2022.02.02	网络综艺《侦心侦意新春演唱会》多版本节目
26	王牌对王牌 精编版	互动娱乐类	腾讯视频	2022.02.05	电视综艺《王牌对王牌》多版本节目
27	大侦探 第七季超前彩蛋	游戏生存真人秀类	芒果TV	2022.02.09	网络综艺《大侦探第七季》衍生节目
28	运动者联濛 会员版	生活体验真人秀类	其他、咪咕视频	2022.02.12	电视综艺《运动者联濛》多版本节目
29	名侦探俱乐部第七季	游戏生存真人秀类	芒果TV	2022.02.13	网络综艺《大侦探第七季》衍生节目
30	脱口秀高光时刻	脱口秀类	腾讯视频	2022.02.18	网络综艺《吐槽大会》衍生节目
31	一往无前的蓝 加更版	生活体验真人秀类	腾讯视频	2022.02.20	网络综艺《一往无前的蓝》多版本节目
32	青春环游记 游戏版	其他真人秀类	腾讯视频	2022.02.20	电视综艺《青春环游记》多版本节目
33	春日迟迟再出发加更版	生活体验真人秀类	芒果TV	2022.02.23	网络综艺《春日迟迟再出发》多版本节目
34	春日迟迟再出发沉浸版	生活体验真人秀类	芒果TV	2022.02.25	网络综艺《春日迟迟再出发》多版本节目
35	大侦探 第七季第一视角版	游戏生存真人秀类	芒果TV	2022.02.25	网络综艺《大侦探第七季》多版本节目
36	朋友请听好 第二季朋友的悄悄话	互动交流真人秀类	芒果TV	2022.02.25	网络综艺《朋友请听好第二季》衍生节目
37	王牌少年加载中第二季	互动交流真人秀类	优酷、腾讯视频、爱奇艺	2022.02.27	电视综艺《王牌对王牌第七季》衍生节目
38	春日迟迟再出发超前彩蛋	生活体验真人秀类	芒果TV	2022.03.01	网络综艺《春日迟迟再出发》衍生节目
39	大侦探 第七季案件速看版	游戏生存真人秀类	芒果TV	2022.03.03	网络综艺《大侦探第七季》多版本节目

序号	节目名称	节目类型	播出平台	上线时间	备注
40	异口同声 精编版	互动娱乐类	腾讯视频	2022.03.04	电视综艺《异口同声》多版本节目
41	青春环游记名场面	生活体验真人秀类	爱奇艺	2022.03.05	电视综艺《青春环游记》衍生节目
42	现在就告白 告白集锦	生活服务类	腾讯视频	2022.03.05	网络综艺《现在就告白》衍生节目
43	天赐的声音 第三季 会员版	竞技选拔类	腾讯视频、优酷、爱奇艺	2022.03.13	电视综艺《天赐的声音第三季》多版本节目
44	爱乐之都 纯享版	单项艺术类	bilibili	2022.03.14	电视综艺《爱乐之都》多版本节目
45	爱乐之都 加更	生活体验真人秀类	腾讯视频、bilibili	2022.03.15	电视综艺《爱乐之城》多版本节目
46	初入职场的我们 法医实录	生活体验真人秀类	芒果TV	2022.03.23	网络综艺《初入职场的我们 法医季》衍生节目
47	奔跑吧名场面	游戏生存真人秀类	爱奇艺	2022.03.25	电视综艺《奔跑吧》衍生节目
48	天赐的声音歌手名场面	谈话讨论类	爱奇艺	2022.03.29	电视综艺《天赐的声音》衍生节目
49	法医一千零一夜	生活体验真人秀类	芒果TV	2022.03.31	网络综艺《初入职场的我们 法医季》衍生节目
50	初入职场的我们 法医季 案件前夜	游戏生存真人秀类	芒果TV	2022.04.01	网络综艺《初入职场的我们 法医季》衍生节目
51	喜欢你唤醒我	生活体验真人秀类	爱奇艺	2022.04.07	网络综艺《喜欢你我也是 第三季》衍生节目
52	欢迎来到蘑菇屋	生活体验真人秀类	芒果TV	2022.04.08	电视综艺《向往的生活第五季》衍生节目
53	喜欢你我也是 第三季 纯享	生活体验真人秀类	爱奇艺	2022.04.08	网络综艺《喜欢你我也是 第三季》多版本节目
54	德云斗笑社相声集	单项艺术类	腾讯视频	2022.04.10	网络综艺《德云斗笑社》衍生节目
55	开会啦 了不起！舞社	竞技选拔类	优酷	2022.04.16	网络综艺《了不起！舞社》衍生节目
56	了不起的下午茶	互动娱乐类	优酷	2022.04.17	网络综艺《了不起！舞社》衍生节目
57	舞社里的酷女孩	互动娱乐类	优酷	2022.04.17	网络综艺《了不起！舞社》衍生节目
58	新游外传	生活体验真人秀类	腾讯视频	2022.04.18	网络综艺《新游记》衍生节目
59	追星星的人 第二季 会员版/加长版	生活体验真人秀类	爱奇艺、腾讯视频	2022.04.18	电视综艺《追星星的人第二季》多版本节目

序号	节目名称	节目类型	播出平台	上线时间	备注
60	中国婚礼 婚礼实录	生活服务类	芒果TV	2022.04.19	电视综艺《中国婚礼 我的女儿出嫁了》衍生节目
61	新游记里的新职场学	谈话讨论类	腾讯视频	2022.04.20	网络综艺《新游记》衍生节目
62	向往的生活 第六季 超前企划	其他真人秀类	芒果TV	2022.04.22	电视综艺《向往的生活 第六季》衍生节目
63	声生不息 舞台纯享版	单项艺术类	芒果TV	2022.04.24	网络综艺《声生不息》多版本节目
64	超前营业的港乐	互动交流真人秀类	芒果TV	2022.04.24	网络综艺《声生不息》衍生节目
65	声生不息 加更版	互动交流真人秀类	芒果TV	2022.04.25	网络综艺《声生不息》多版本节目
66	我们的歌 经典再唱	单项艺术类	腾讯视频	2022.04.25	电视综艺《我们的歌》衍生节目
67	向往动物园 第二季	互动娱乐类	芒果TV	2022.04.29	电视综艺《向往的生活 第六季》衍生节目
68	向往的生活 第六季 会员Plus版	生活体验真人秀类	芒果TV	2022.04.30	电视综艺《向往的生活 第六季》多版本节目
69	向往的生活 第六季 慢直播	互动交流真人秀类	芒果TV	2022.05.01	电视综艺《向往的生活 第六季》多版本节目
70	一起探恋爱 会员版	生活体验真人秀类	优酷	2022.05.01	电视综艺《一起探恋爱》多版本节目
71	向往的生活 第六季 VIP加长版	生活体验真人秀类	芒果TV	2022.05.03	电视综艺《向往的生活 第六季》多版本节目
72	灿烂的前行 加更版	生活体验真人秀类	腾讯视频	2022.05.06	网络综艺《灿烂的前行》多版本节目
73	非正式卧谈2022	谈话讨论类	bilibili	2022.05.06	网络综艺《非正式会谈 第七季》衍生节目
74	一起探恋爱 研究所	其他类	优酷	2022.05.08	电视综艺《一起探恋爱》衍生节目
75	爸爸当家 加更版	生活体验真人秀类	芒果TV	2022.05.11	网络综艺《爸爸当家》多版本节目
76	萌娃当家	生活体验真人秀类	芒果TV	2022.05.12	网络综艺《爸爸当家》衍生节目
77	奔跑吧 第六季 加料版	互动娱乐类	优酷	2022.05.14	电视综艺《奔跑吧 第六季》多版本节目
78	跑男来了	生活体验真人秀类	爱奇艺、优酷、腾讯视频	2022.05.15	电视综艺《奔跑吧 第六季》衍生节目
79	加班加点加点甜	谈话讨论类	bilibili	2022.05.15	网络综艺《90婚介所 2022》衍生节目

序号	节目名称	节目类型	播出平台	上线时间	备注
80	爸爸当家 超前彩蛋	生活体验真人秀类	芒果TV	2022.05.16	网络综艺《爸爸当家》衍生节目
81	奔跑吧 第六季爆笑精编版	游戏生存真人秀类	优酷	2022.05.18	电视综艺《奔跑吧第六季》多版本节目
82	声生不息 后台营业中	互动交流真人秀类	芒果TV	2022.05.20	网络综艺《声生不息》衍生节目
83	乘风破浪 第三季舞台纯享版	单项艺术类	芒果TV、咪咕视频	2022.05.20	网络综艺《乘风破浪第三季》多版本节目
84	平行时空的灿烂	生活体验真人秀类	腾讯视频	2022.05.20	网络综艺《灿烂的前行》衍生节目
85	乘风破浪 第三季加更版	互动交流真人秀类	芒果TV、咪咕视频	2022.05.21	网络综艺《乘风破浪第三季》多版本节目
86	突袭训练室	互动交流真人秀类	芒果TV	2022.05.22	网络综艺《乘风破浪第三季》衍生节目
87	开播！情景喜剧加更/精彩未播	其他真人秀类	优酷、腾讯视频	2022.05.23	电视综艺《开播！情景喜剧》多版本节目
88	开播！情景喜剧会员版	竞技选拔类	优酷	2022.05.23	电视综艺《开播！情景喜剧》多版本节目
89	向往的生活 第六季老友记	生活体验真人秀类	芒果TV	2022.05.23	电视综艺《向往的生活第六季》衍生节目
90	突袭训练室 加练版	互动娱乐类	芒果TV	2022.05.24	网络综艺《乘风破浪第三季》衍生节目
91	乐队的夏天3周年特辑	单项艺术类	爱奇艺	2022.05.25	网络综艺《乐队的夏天》衍生节目
92	探头探脑来探案第二季	游戏生存真人秀类	爱奇艺	2022.05.28	网络综艺《萌探探探案第二季》衍生节目
93	很熟加点料	生活体验真人秀类	腾讯视频	2022.06.01	网络综艺《是很熟的味道呀》多版本节目
94	很熟的小厨房	生活服务类	腾讯视频	2022.06.02	网络综艺《是很熟的味道呀》衍生节目
95	声生不息 纳凉特辑	互动交流真人秀类	芒果TV	2022.06.02	网络综艺《声生不息》衍生节目
96	乘风破浪 第三季加时营业	互动交流真人秀类	芒果TV、咪咕视频	2022.06.02	网络综艺《乘风破浪第三季》衍生节目
97	非正式会谈 精编版	谈话讨论类	bilibili	2022.06.03	网络综艺《非正式会谈》多版本节目
98	11号公寓入住日记	生活体验真人秀类	腾讯视频	2022.06.04	网络综艺《开始推理吧》衍生节目
99	开始推理吧案件追踪	谈话讨论类	腾讯视频	2022.06.05	网络综艺《开始推理吧》衍生节目
100	迟到的恋人 会员版	生活体验真人秀类	咪咕视频	2022.06.07	网络综艺《迟到的恋人》多版本节目

序号	节目名称	节目类型	播出平台	上线时间	备注
101	下班了！编剧部	谈话讨论类	腾讯视频	2022.06.09	网络综艺《怎么办！脱口秀专场》衍生节目
102	轻宇强编剧部的故事	生活体验真人秀类	腾讯视频	2022.06.10	网络综艺《怎么办！脱口秀专场》多版本节目
103	战至巅峰 王者第一视角	游戏生存真人秀类	腾讯视频	2022.06.11	网络综艺《战至巅峰》多版本节目
104	战至巅峰 赛事纯享全局看	游戏生存真人秀类	腾讯视频	2022.06.11	网络综艺《战至巅峰》多版本节目
105	战至巅峰 不服峡谷见水友赛	其他类	腾讯视频	2022.06.11	网络综艺《战至巅峰》衍生节目
106	战至巅峰 训练日记	游戏生存真人秀类	腾讯视频	2022.06.12	网络综艺《战至巅峰》多版本节目
107	设计理想家618特辑	生活服务类	芒果TV	2022.06.14	电视综艺《设计理想家》衍生节目
108	花少团里有什么	娱乐报道类	芒果TV	2022.06.14	电视综艺《花儿与少年第四季》衍生节目
109	入职后的我们	生活体验真人秀类	芒果TV	2022.06.15	网络综艺《初入职场的我们 法医季》衍生节目
110	怦然心动20岁第二季 会员版	生活体验真人秀类	优酷	2022.06.15	电视综艺《怦然心动20岁第二季》多版本节目
111	花儿与少年 第四季会员彩蛋	生活体验真人秀类	芒果TV	2022.06.17	电视综艺《花儿与少年第四季》多版本节目
112	嘴强大神看片记之战至巅峰	其他类	腾讯视频	2022.06.17	网络综艺《战至巅峰》衍生节目
113	花儿与少年 第四季会员Plus版	生活体验真人秀类	芒果TV、咪咕视频	2022.06.18	电视综艺《花儿与少年第四季》多版本节目
114	桃花坞今日不营业	生活体验真人秀类	腾讯视频	2022.06.20	网络综艺《五十公里桃花坞 第二季》多版本节目
115	战至巅峰 Gemini陪看	其他类	腾讯视频	2022.06.20	网络综艺《战至巅峰》衍生节目
116	五十公里桃花坞第二季 加更	生活体验真人秀类	腾讯视频	2022.06.20	网络综艺《五十公里桃花坞 第二季》多版本节目
117	桃花坞社交笔记	谈话讨论类	腾讯视频	2022.06.22	网络综艺《五十公里桃花坞》衍生节目
118	怦然心动20岁第二季 放课后	生活体验真人秀类	优酷	2022.06.24	电视综艺《怦然心动20岁 第二季》衍生节目
119	中国说唱巅峰饭局	谈话讨论类	爱奇艺	2022.06.26	网络综艺《中国说唱巅峰对决》衍生节目
120	极限挑战 第八季加更/会员版	生活体验真人秀类	优酷、爱奇艺、腾讯视频	2022.06.28	电视综艺《极限挑战第八季》多版本节目

序号	节目名称	节目类型	播出平台	上线时间	备注
121	爱情这件小事 加更	生活体验真人秀类	腾讯视频	2022.06.29	网络综艺《爱情这件小事》多版本节目
122	少年圆鱼洲	游戏生存真人秀类	腾讯视频	2022.07.01	网络综艺《登录圆鱼洲》衍生节目
123	战至巅峰 张角陪看	其他类	腾讯视频	2022.07.01	网络综艺《战至巅峰》衍生节目
124	喜剧人专场	单项艺术类	爱奇艺	2022.07.01	电视综艺《欢乐喜剧人等》衍生节目
125	登录圆鱼洲 洲内日常	游戏生存真人秀类	腾讯视频	2022.07.02	网路综艺《登录圆鱼洲》多版本节目
126	爸爸当家 肖杰带娃记	生活体验真人秀类	芒果TV	2022.07.05	网络综艺《爸爸当家》衍生节目
127	密室大逃脱 第四季 大神版	游戏生存真人秀类	芒果TV	2022.07.08	网络综艺《密室大逃脱 第四季》衍生节目
128	爸爸当家 沉浸版	生活体验真人秀类	芒果TV	2022.07.08	网络综艺《爸爸当家》多版本节目
129	快乐再出发 加更版	互动交流真人秀类	芒果TV	2022.07.08	电视综艺《快乐再出发》多版本节目
130	王牌对王牌 夏日限定	互动娱乐类	优酷	2022.07.12	电视综艺《王牌对王牌》衍生节目
131	密室大逃脱 第四季 超前彩蛋	游戏生存真人秀类	芒果TV	2022.07.13	网络综艺《密室大逃脱 第四季》衍生节目
132	密室大逃脱 第四季 会员Plus版	游戏生存真人秀类	芒果TV	2022.07.15	网络综艺《密室大逃脱 第四季》多版本节目
133	超敢电音心	互动交流真人秀类	优酷	2022.07.15	电视综艺《超感星电音》多版本节目
134	有料电音社	互动交流真人秀类	优酷	2022.07.15	电视综艺《超感星电音》衍生节目
135	超感星电音 纯享版	单项艺术类	优酷	2022.07.15	电视综艺《超感星电音》多版本节目
136	牧野家族 会员Plus版	互动交流真人秀类	芒果TV	2022.07.16	电视综艺《牧野家族》多版本节目
137	怦然心动20岁 第二季 加料纯享版	生活体验真人秀类	优酷	2022.07.27	电视综艺《怦然心动20岁 第二季》多版本节目
138	100道光芒 会员彩蛋	生活体验真人秀类	芒果TV	2022.07.31	电视综艺《100道光芒》多版本节目
139	100道光芒 会员Plus版	生活体验真人秀类	芒果TV	2022.08.01	电视综艺《100道光芒》多版本节目
140	打卡吧！吃货团 第二季 会员加更版	生活体验真人秀类	咪咕视频	2022.08.02	电视综艺《打卡吧！吃货团 第二季》多版本节目

序号	节目名称	节目类型	播出平台	上线时间	备注
141	中餐厅 第六季 超前企划	生活体验 真人秀类	芒果TV	2022.08.05	电视综艺《中餐厅 第六季》衍生节目
142	我相信 会员版	文化科技类	咪咕视频	2022.08.06	电视综艺《我相信》 多版本节目
143	美好年华研习社 会员彩蛋	互动交流 真人秀类	芒果TV	2022.08.07	电视综艺《美好年华 研习社》多版本节目
144	嗨放派 第二季 加更/会员版	生活体验 真人秀类	爱奇艺、 优酷、 腾讯视频	2022.08.08	电视综艺《嗨放派 第二季》多版本节目
145	"食"万八千里 加长版	生活体验 真人秀类	爱奇艺	2022.08.08	电视综艺《"食" 万八千里》多版本节目
146	美好年华研习社 会员Plus版	互动交流 真人秀类	芒果TV	2022.08.08	电视综艺《美好年华 研习社》多版本节目
147	密室大逃脱 第四季 大神版之大神聊天室	谈话讨论类	芒果TV	2022.08.09	网络综艺《密室大逃脱 第四季》衍生节目
148	冲吧！下一位	生活体验 真人秀类	bilibili	2022.08.10	网络综艺《哔哩哔哩 向前冲》衍生节目
149	这！就是街舞 第五季 全纪录	竞技选拔类	优酷	2022.08.13	网络综艺《这！就是街舞 第五季》衍生节目
150	这！就是街舞 第五季 翻转宇宙	互动娱乐类	优酷	2022.08.13	网络综艺《这！就是街舞 第五季》衍生节目
151	这！就是街舞 第五季 纯享版	单项艺术类	优酷	2022.08.13	网络综艺《这！就是街舞 第五季》多版本节目
152	中餐厅 第六季 会员Plus版	生活体验 真人秀类	芒果TV	2022.08.13	电视综艺《中餐厅 第六季》多版本节目
153	家务班会课	生活体验 真人秀类	爱奇艺	2022.08.13	网络综艺《做家务的男 人 第四季》衍生节目
154	披荆斩棘的滚烫夏天	互动交流 真人秀类	芒果TV	2022.08.17	网络综艺《披荆斩棘的 哥哥》衍生节目
155	披荆斩棘 第二季 舞台纯享版	单项艺术类	芒果TV、 咪咕视频	2022.08.19	网络综艺《披荆斩棘 第二季》多版本节目
156	披荆斩棘的滚烫夏天 超长完整版	互动交流 真人秀类	芒果TV	2022.08.20	网络综艺《披荆斩棘的 哥哥》衍生节目
157	披荆斩棘 第二季 加更版	互动交流 真人秀类	芒果TV、 咪咕视频	2022.08.20	网络综艺《披荆斩棘 第二季》多版本节目
158	跃上高阶职场 加更版	生活体验 真人秀类	腾讯视频	2022.08.20	网络综艺《跃上高阶 职场》多版本节目
159	中餐厅 第六季 独家直拍	互动交流 真人秀类	芒果TV	2022.08.21	电视综艺《中餐厅 第六季》多版本节目
160	打卡练歌房	游戏生存 真人秀类	芒果TV	2022.08.21	网络综艺《披荆斩棘 第二季》衍生节目
161	一起火锅吧 第三季	互动娱乐类	优酷	2022.08.21	网络综艺《这！就是街舞 第五季》衍生节目

序号	节目名称	节目类型	播出平台	上线时间	备注
162	Reaction! 街舞情报局	谈话讨论类	优酷	2022.08.22	网络综艺《这！就是街舞 第五季》衍生节目
163	我的职场跃升计划	谈话讨论类	腾讯视频	2022.08.22	网络综艺《跃上高阶 职场》衍生节目
164	想唱就唱的夏天 加更版	生活体验 真人秀类	芒果TV	2022.08.24	网络综艺《想唱就唱的 夏天》多版本节目
165	披荆斩棘 第二季 滚烫营业	互动交流 真人秀类	芒果TV、 咪咕视频	2022.08.25	网络综艺《披荆斩棘 第二季》衍生节目
166	欢迎来到沸腾教研组	其他真人秀类	腾讯视频	2022.08.28	网络综艺《沸腾校园》 多版本节目
167	沸腾校园舞林秘籍	其他类	腾讯视频	2022.08.28	网络综艺《沸腾校园》 衍生节目
168	相遇的夏天 纯享加料版	生活体验 真人秀类	优酷	2022.09.01	网络综艺《相遇的夏天》 多版本节目
169	海岛小事录	生活体验 真人秀类	优酷	2022.09.01	网络综艺《相遇的夏天》 多版本节目
170	心动的信号 第五季 加更版	生活体验 真人秀类	搜狐视频	2022.09.01	网络综艺《心动的信号 第五季》多版本节目
171	我和我们的夏天	生活体验 真人秀类	优酷	2022.09.02	网络综艺《相遇的夏天》 衍生节目
172	脱口秀小会 第三季	谈话讨论类	腾讯视频	2022.09.10	网络综艺《脱口秀大会 第五季》衍生节目
173	特优声下一个是谁	互动娱乐类	bilibili	2022.09.10	网络综艺《我是特优声 剧团季》衍生节目
174	2022湖南卫视 中秋之夜 全景声臻享版	单项艺术类	芒果TV	2022.09.11	电视综艺《2022湖南卫 视中秋之夜》 多版本节目
175	限定师徒	谈话讨论类	bilibili	2022.09.12	网络综艺《我是特优声 剧团季》衍生节目
176	打工不如打电话 加更版	谈话讨论类	腾讯视频	2022.09.17	网络综艺《打工不如 打电话》多版本节目
177	星星的约定 加更版	生活体验 真人秀类	芒果TV	2022.09.17	电视综艺《星星的约定》 多版本节目
178	梦想改造家 第九季 加长版	生活服务类	爱奇艺、 bilibili	2022.09.22	电视综艺《梦想改造家 第九季》多版本节目
179	一年一度喜剧大赛 第二季 纯享版	单项艺术类	爱奇艺	2022.09.24	网络综艺《一年一度喜 剧大赛 第二季》 多版本节目
180	我们的歌 第四季 纯享版/会员版	单项艺术类	爱奇艺、优酷	2022.09.25	电视综艺《我们的歌 第四季》多版本节目
181	极限挑战 精编版2	游戏生存 真人秀类	bilibili	2022.10.02	电视综艺《极限挑战》 多版本节目

序号	节目名称	节目类型	播出平台	上线时间	备注
182	王牌对王牌 精编版2	互动娱乐类	bilibili	2022.10.02	电视综艺《王牌对王牌》多版本节目
183	重阳奇妙游2022 纯享版	文化科技类	优酷	2022.10.03	网络综艺《重阳奇妙游2022》多版本节目
184	重阳奇妙游2022 会员版	文化科技类	优酷	2022.10.03	网络综艺《重阳奇妙游2022》多版本节目
185	密室大逃脱 第四季 0713体验版	游戏生存真人秀类	芒果TV	2022.10.27	网络综艺《密室大逃脱第四季》衍生节目
186	我们的滚烫人生骑行季 直拍彩蛋	其他真人秀类	芒果TV	2022.10.29	电视综艺《我们的滚烫人生 骑行季》多版本节目
187	南波万的聚会	互动交流真人秀类	芒果TV	2022.10.30	网络综艺《名侦探学院》衍生节目
188	我们的滚烫人生骑行季 会员加更版	生活体验真人秀类	芒果TV	2022.10.30	电视综艺《我们的滚烫人生 骑行季》多版本节目
189	再见爱人 第二季 沉浸版	互动交流真人秀类	芒果TV、咪咕视频	2022.11.01	网络综艺《再见爱人第二季》多版本节目
190	沈马特开心	单项艺术类	优酷	2022.11.01	电视综艺《春节联欢晚会等》衍生节目
191	我们的歌畅听版	单项艺术类	爱奇艺	2022.11.02	电视综艺《我们的歌》多版本节目
192	再见爱人 第二季 会员加更版	互动交流真人秀类	芒果TV、咪咕视频	2022.11.02	网络综艺《再见爱人第二季》多版本节目
193	法医探案团	游戏生存真人秀类	芒果TV	2022.11.03	网络综艺《初入职场的我们 法医季》衍生节目
194	我们的滚烫人生骑行季 滚烫企划	其他真人秀类	芒果TV	2022.11.05	电视综艺《我们的滚烫人生 骑行季》衍生节目
195	奔跑吧·共同富裕篇被窝绝配版	其他真人秀类	优酷	2022.11.06	电视综艺《奔跑吧·共同富裕篇》衍生节目
196	乐队的海边 PDvlog	生活体验真人秀类	芒果TV	2022.11.10	网络综艺《乐队的海边》多版本节目
197	法医探案团 加更版	游戏生存真人秀类	芒果TV	2022.11.11	网络综艺《法医探案团》多版本节目
198	乐队的海边 会员加更版	生活体验真人秀类	芒果TV	2022.11.12	网络综艺《乐队的海边》多版本节目
199	我在你的未来吗超前彩蛋	互动交流真人秀类	芒果TV	2022.11.13	电视综艺《我在你的未来吗》衍生节目
200	我在你的未来吗加更版	互动交流真人秀类	芒果TV	2022.11.15	电视综艺《我在你的未来吗》多版本节目
201	大湾仔的夜 第二季超前彩蛋	生活体验真人秀类	芒果TV、咪咕视频	2022.11.15	电视综艺《大湾仔的夜第二季》衍生节目

序号	节目名称	节目类型	播出平台	上线时间	备注
202	乐队的海边 加时营业	生活体验真人秀类	芒果TV	2022.11.17	网络综艺《乐队的海边》衍生节目
203	大湾仔的夜 第二季加更版	生活体验真人秀类	咪咕视频、芒果TV	2022.11.17	电视综艺《大湾仔的夜第二季》多版本节目
204	朝阳打歌中心 纯享版	单项艺术类	优酷	2022.11.18	网络综艺《朝阳打歌中心》多版本节目
205	乐队的海边 LIVE纯享版	单项艺术类	芒果TV	2022.11.19	网络综艺《乐队的海边》衍生节目
206	达鸽说打歌	竞技选拔类	优酷	2022.11.19	网络综艺《朝阳打歌中心》衍生节目
207	来看我们的演唱会庆功宴	其他真人秀类	腾讯视频	2022.11.20	网络综艺《来看我们的演唱会》衍生节目
208	我们的乐坛	谈话讨论类	腾讯视频	2022.11.21	网络综艺《来看我们的演唱会》衍生节目
209	妻子的浪漫旅行第六季 会员加更版	生活体验真人秀类	芒果TV	2022.11.24	网络综艺《妻子的浪漫旅行 第六季》多版本节目
210	会画少年的天空 Plus版	谈话讨论类	芒果TV	2022.11.26	电视综艺《会画少年的天空》多版本节目
211	小芒种花夜·可爱冠军的诞生 舞台纯享版	单项艺术类	芒果TV	2022.11.27	电视节目《小芒种花夜·可爱冠军的诞生》多版本节目
212	时光音乐会 第二季超前企划	单项艺术类	芒果TV	2022.11.30	电视综艺《时光音乐会第二季》衍生节目
213	会画少年营业中	互动娱乐类	芒果TV	2022.12.08	电视综艺《会画少年的天空》衍生节目
214	妻子的浪漫旅行第六季 PDvlog	生活体验真人秀类	芒果TV	2022.12.08	网络综艺《妻子的浪漫旅行 第六季》多版本节目
215	摇滚足球·濛友局（特别期）	谈话讨论类	咪咕视频	2022.12.09	网络综艺《摇滚足球茵乐现场》衍生节目
216	时光音乐会 第二季深夜食堂	互动娱乐类	芒果TV	2022.12.09	电视综艺《时光音乐会第二季》衍生节目
217	时光音乐会 第二季纯享版	单项艺术类	芒果TV	2022.12.09	电视综艺《时光音乐会第二季》多版本节目
218	时光音乐会 第二季Plus版	互动娱乐类	芒果TV	2022.12.10	电视综艺《时光音乐会第二季》多版本节目
219	奔跑吧兄弟 精编版	游戏生存真人秀类	bilibili	2022.12.11	电视综艺《奔跑吧兄弟》多版本节目
220	少年画室	文化科技类	芒果TV	2022.12.11	电视综艺《会画少年的天空》衍生节目

续表

序号	节目名称	节目类型	播出平台	上线时间	备注
221	哎呀好身材 第四季/伴侣季 会员加更版	生活体验真人秀类	芒果TV、咪咕视频	2022.12.12	网络综艺《哎呀好身材第四季/伴侣季》多版本节目
222	名侦探学院 第六季学院小屋日记	游戏生存真人秀类	芒果TV	2022.12.13	网络综艺《名侦探学院第六季》衍生节目
223	青春环游记冬日篇	互动娱乐类	优酷	2022.12.14	电视综艺《青春环游记》衍生节目
224	名侦探学院 第六季学院普拉斯	游戏生存真人秀类	芒果TV	2022.12.15	网络综艺《名侦探学院第六季》多版本节目
225	春晚团圆季	单项艺术类	优酷	2022.12.15	电视综艺《春节联欢晚会》衍生节目
226	快乐再出发 第二季加更版	生活体验真人秀类	芒果TV	2022.12.16	电视综艺《快乐再出发第二季》多版本节目
227	去炫吧！乐派 Plus版	生活体验真人秀类	芒果TV、咪咕视频	2022.12.18	网络综艺《去炫吧！乐派》多版本节目
228	说唱新世代 精编版	竞技选拔类	bilibili	2022.12.23	网络综艺《说唱新世代》多版本节目
229	我们民谣2022 纯享版	单项艺术类	爱奇艺	2022.12.24	网络综艺《我们民谣2022》多版本节目
230	我们民谣2022 加更版	互动交流真人秀类	爱奇艺	2022.12.25	网络综艺《我们民谣2022》多版本节目
231	法医探案团案件速看版	游戏生存真人秀类	芒果TV	2022.12.27	网络综艺《法医探案团》多版本节目
232	芒果会员年度大赏	其他类	芒果TV	2022.12.31	电视综艺《湖南卫视2022—2023跨年晚会》衍生节目

数据来源：监管中心统计数据2023.1

国家广播电视总局监管中心

附表11 2022年上线的网播电视综艺列表

序号	节目名称	节目类型	播出频道	网络播出平台	播出时间
1	花开天下・国韵 （四川卫视跨年）	综艺晚会类	四川卫视	爱奇艺、腾讯视频	2022.01.01
2	安徽卫视2021国剧盛典	综艺晚会类	安徽卫视	爱奇艺	2022.01.01
3	你好星期六	互动娱乐类	湖南卫视	芒果TV	2022.01.01
4	斯文江南	文化科技类	东方卫视	bilibili、爱奇艺、 优酷	2022.01.06
5	你好！大女生	谈话讨论类	江苏卫视	芒果TV	2022.01.06
6	冰雪正当燃	竞技选拔类	浙江卫视	腾讯视频、爱奇艺	2022.01.07
7	最强大脑 第九季	竞技选拔类	江苏卫视	爱奇艺、优酷	2022.01.07
8	跟着冠军去滑雪	生活体验 真人秀类	东南卫视	芒果TV、 咪咕视频	2022.01.12
9	勇往直前的我们	其他真人秀类	湖南卫视	芒果TV	2022.01.12
10	家宴 第三季	生活体验 真人秀类	安徽卫视	爱奇艺	2022.01.16
11	有喜啦	生活服务类	江西卫视	爱奇艺	2022.01.18
12	飘雪的日子来看你	生活体验 真人秀类	北京卫视	优酷	2022.01.22
13	中央广播电视总台 2022网络春晚	综艺晚会类	CCTV-1	央视网、优酷、 西瓜视频、bilibili	2022.01.25
14	新民乐国风夜	综艺晚会类	河南卫视	优酷	2022.01.25
15	回家过年——2022吉林卫视 春节联欢晚会	综艺晚会类	吉林卫视	爱奇艺、腾讯视频、 优酷	2022.01.25
16	2022湖南卫视小年夜春晚	综艺晚会类	湖南卫视	芒果TV	2022.01.26
17	我爱古诗词 第三季	文化科技类	安徽卫视	腾讯视频	2022.01.27
18	2022安徽卫视春节联欢晚会	综艺晚会类	安徽卫视	腾讯视频、 爱奇艺、优酷	2022.01.29
19	虎虎生风中国潮 ——2022年河南春节晚会	综艺晚会类	河南卫视	优酷	2022.01.30
20	辽宁卫视春节联欢晚会2022	综艺晚会类	辽宁卫视	优酷	2022.01.30
21	天津卫视相声春晚2022	单项艺术类	天津卫视	优酷	2022.01.30
22	虎跃齐鲁万象新・山东春节 联欢晚会2022	综艺晚会类	山东卫视	腾讯视频、爱奇艺、 优酷、bilibili、 搜狐视频	2022.01.30
23	2022川渝春节联欢晚会	综艺晚会类	四川卫视 重庆卫视	爱奇艺、腾讯视频、 优酷、bilibili	2022.01.30
24	2022福建新春欢喜夜	综艺晚会类	东南卫视	优酷、搜狐视频	2022.01.30
25	欢乐喜剧人・老友季	单项艺术类	东方卫视	优酷、腾讯视频	2022.01.30
26	2022知乎答案奇遇夜	综艺晚会类	湖南卫视	芒果TV	2022.01.30
27	2021我们的年度总结大会	综艺晚会类	北京卫视	西瓜视频	2022.01.30

序号	节目名称	节目类型	播出频道	网络播出平台	播出时间
28	2022中央广播电视总台春节联欢晚会	综艺晚会类	CCTV-1	爱奇艺、腾讯视频、优酷、央视网	2022.01.31
29	幸福合家欢·2022江苏卫视春节联欢晚会	综艺晚会类	江苏卫视	腾讯视频	2022.02.01
30	北京卫视2022春节联欢晚会	综艺晚会类	北京卫视	腾讯视频、优酷、爱奇艺	2022.02.01
31	唱响这一年·虎年新春美好夜	综艺晚会类	浙江卫视	腾讯视频、优酷、爱奇艺	2022.02.01
32	"四海同春"2022全球华侨华人春节大联欢	综艺晚会类	湖南卫视	芒果TV	2022.02.01
33	2022龙腾虎跃大湾区春节晚会	综艺晚会类	广东卫视	腾讯视频、西瓜视频、优酷、爱奇艺、bilibili、其他	2022.02.01
34	丝路筑梦·和美与共 2022丝路嘉年华暨丝路春晚	综艺晚会类	陕西卫视、深圳卫视、海南卫视、凤凰卫视	优酷、腾讯视频、bilibili	2022.02.01
35	云南卫视2022年春节联欢晚会	综艺晚会类	云南卫视	腾讯视频、优酷、爱奇艺、搜狐视频	2022.02.01
36	百花迎春·中国文学艺术界春节大联欢	综艺晚会类	河北卫视、河南卫视、山东卫视、江苏卫视、广东卫视、吉林卫视、北京卫视	爱奇艺	2022.02.01
37	海南省2022年春节联欢晚会	综艺晚会类	海南卫视	腾讯视频、优酷	2022.02.01
38	2022安徽农民春节联欢晚会	综艺晚会类	安徽卫视	腾讯视频	2022.02.05
39	运动者联濛	生活体验真人秀类	北京卫视	咪咕视频、其他	2022.02.05
40	新春开放麦	脱口秀类	湖南卫视	芒果TV	2022.02.11
41	两天一夜山屿海	生活体验真人秀类	深圳卫视	爱奇艺	2022.02.11
42	技惊四座 第二季	竞技选拔类	广东卫视	优酷、爱奇艺	2022.02.12
43	爱的味道 第三季	生活体验真人秀类	山东卫视	爱奇艺	2022.02.20
44	青春环游记游戏版	游戏生存真人秀类	浙江卫视	腾讯视频	2022.02.20
45	王牌对王牌 第七季	互动娱乐类	浙江卫视	腾讯视频、优酷、爱奇艺	2022.02.25
46	现在就告白 第五季	生活服务类	湖北卫视	腾讯视频	2022.02.28
47	未来中国	文化科技类	东方卫视	爱奇艺、bilibili	2022.03.04

续表

序号	节目名称	节目类型	播出频道	网络播出平台	播出时间
48	生命缘　第十二季	其他真人秀类	北京卫视	腾讯视频、咪咕视频	2022.03.07
49	天赐的声音　第三季	竞技选拔类	浙江卫视	腾讯视频、优酷	2022.03.11
50	春天花会开	竞技选拔类	湖南卫视	芒果TV	2022.03.11
51	爱乐之都	竞技选拔类	东方卫视	bilibili、腾讯视频	2022.03.12
52	中国节气·春分奇遇记	文化科技类	河南卫视	腾讯视频、爱奇艺、优酷、bilibili	2022.03.19
53	中国好时节 春分	文化科技类	浙江卫视	腾讯视频、爱奇艺、优酷、bilibili	2022.03.20
54	乡约2022	谈话讨论类	山东卫视	爱奇艺、优酷	2022.03.29
55	三个少年	谈话讨论类	浙江卫视	腾讯视频、爱奇艺、优酷	2022.03.31
56	经典咏流传·大美中华	文化科技类	CCTV-1	腾讯视频、央视网	2022.04.03
57	中国节日·清明奇妙游	文化科技类	河南卫视	优酷	2022.04.04
58	表演班的春天	生活体验真人秀类	北京卫视	咪咕视频	2022.04.08
59	为歌而赞　第二季	竞技选拔类	浙江卫视	西瓜视频	2022.04.09
60	火山口123	游戏生存真人秀类	海南卫视	腾讯视频	2022.04.12
61	追星星的人　第二季	生活体验真人秀类	浙江卫视	腾讯视频、爱奇艺	2022.04.16
62	中国婚礼——我的女儿出嫁了	生活服务类	湖南卫视	芒果TV	2022.04.16
63	中国节气·谷雨奇遇记	文化科技类	河南卫视	腾讯视频、优酷、爱奇艺、bilibili	2022.04.20
64	老板不知道的我　第四季	谈话讨论类	江苏卫视	腾讯视频	2022.04.22
65	向往的生活　第六季	生活体验真人秀类	湖南卫视	芒果TV	2022.04.29
66	一起探恋爱	生活体验真人秀类	深圳卫视	优酷	2022.05.01
67	美好生活欢乐送2022	单项艺术类	广东卫视	爱奇艺、优酷	2022.05.01
68	百年青春·当燃有我五四青年节特别节目	综艺晚会类	湖南卫视	芒果TV	2022.05.04
69	中国节气·立夏奇遇记	文化科技类	河南卫视	芒果TV、腾讯视频、爱奇艺、优酷、bilibili	2022.05.05
70	闪耀东方　第二季	文化科技类	江西卫视	腾讯视频、爱奇艺	2022.05.10
71	奔跑吧　第六季	游戏生存真人秀类	浙江卫视	腾讯视频、爱奇艺、优酷	2022.05.13
72	书画里的中国　第二季	文化科技类	北京卫视	优酷、咪咕视频	2022.05.14

续表

序号	节目名称	节目类型	播出频道	网络播出平台	播出时间
73	鲁豫有约一日行 第十季	谈话讨论类	东南卫视	优酷	2022.05.18
74	开播！情景喜剧	竞技选拔类	东方卫视	腾讯视频、优酷	2022.05.22
75	花儿与少年 露营季	生活体验真人秀类	湖南卫视	芒果TV、咪咕视频	2022.06.17
76	闪耀之夜天津建卫618周年晚会	综艺晚会类	天津卫视	腾讯视频	2022.06.19
77	湖南好有味 中国粮·湖南饭	综艺晚会类	湖南卫视	芒果TV	2022.06.23
78	闪闪发光的你 第二季	生活体验真人秀类	江苏卫视	爱奇艺、腾讯视频	2022.06.24
79	还有诗和远方 诗画浙江篇	生活体验真人秀类	浙江卫视	优酷、腾讯视频、bilibili、爱奇艺	2022.06.26
80	极限挑战 第八季	游戏生存真人秀类	东方卫视	优酷、腾讯视频、爱奇艺	2022.06.26
81	活起来的技艺·年份故事	文化科技类	安徽卫视	优酷、爱奇艺、咪咕视频	2022.07.02
82	遇见有情人	生活体验真人秀类	东方卫视	腾讯视频、爱奇艺	2022.07.02
83	蒙面舞王 第三季	竞技选拔类	江苏卫视	优酷、爱奇艺、咪咕视频	2022.07.03
84	快乐再出发	生活体验真人秀类	东南卫视	芒果TV	2022.07.05
85	戏宇宙	竞技选拔类	山东卫视	爱奇艺、bilibili、腾讯视频、优酷	2022.07.09
86	闪光吧！少年	生活体验真人秀类	浙江卫视	腾讯视频	2022.07.14
87	博物馆之城	文化科技类	北京卫视	优酷、咪咕视频	2022.07.15
88	生活最有戏	竞技选拔类	CCTV-13	央视频	2022.07.15
89	牧野家族	生活体验真人秀类	湖南卫视	芒果TV	2022.07.16
90	超级语文课	文化科技类	山东卫视	腾讯视频、爱奇艺、优酷	2022.07.17
91	不要回答	谈话讨论类	东南卫视	优酷	2022.07.18
92	全力以赴的行动派	生活体验真人秀类	湖北卫视	西瓜视频	2022.07.23
93	闪耀吧！体育生	生活体验真人秀类	湖北卫视	芒果TV	2022.07.23
94	第十四届海峡影视季表彰晚会	综艺晚会类	东南卫视	爱奇艺、腾讯视频、优酷、bilibili	2022.07.28
95	听说很好吃 第二季	互动娱乐类	浙江卫视	腾讯视频、优酷、爱奇艺	2022.07.30
96	中国有川剧	文化科技类	四川卫视	腾讯视频、bilibili	2022.07.30

序号	节目名称	节目类型	播出频道	网络播出平台	播出时间
97	打卡吧！吃货团　第二季	生活体验真人秀类	东方卫视	芒果TV、咪咕视频	2022.07.30
98	京城十二时辰　第二季	生活体验真人秀类	北京卫视	腾讯视频、咪咕视频	2022.07.30
99	100道光芒	生活体验真人秀类	湖南卫视	芒果TV	2022.07.31
100	我相信	文化科技类	东方卫视	咪咕视频	2022.08.05
101	"食"万八千里	生活体验真人秀类	浙江卫视	爱奇艺	2022.08.05
102	超脑少年团　第二季	生活体验真人秀类	江苏卫视	腾讯视频	2022.08.05
103	嗨放派　第二季	生活体验真人秀类	浙江卫视	爱奇艺、腾讯视频、优酷	2022.08.06
104	美好年华研习社	文化科技类	湖南卫视	芒果TV	2022.08.07
105	中国播音主持"金声奖"颁奖典礼	综艺晚会类	北京卫视	芒果TV	2022.08.08
106	中餐厅　第六季	生活体验真人秀类	湖南卫视	芒果TV	2022.08.12
107	百川综艺季	文化科技类	北京卫视	西瓜视频	2022.08.12
108	少年奇妙游	文化科技类	河南卫视	bilibili	2022.08.13
109	馆长请亮宝	文化科技类	内蒙古卫视	爱奇艺	2022.08.13
110	匠心闪耀	文化科技类	湖南卫视	芒果TV	2022.08.15
111	阳光姐妹淘　第三季	生活体验真人秀类	江苏卫视	腾讯视频	2022.08.18
112	哈达献给您·援藏主题晚会	综艺晚会类	西藏卫视	腾讯视频、爱奇艺	2022.08.18
113	山水间的家	生活体验真人秀类	CCTV-1	央视网	2022.08.27
114	拿手好戏	文化科技类	CCTV-3	央视网	2022.08.27
115	出发吧去露营	生活体验真人秀类	安徽卫视	优酷	2022.08.28
116	诗画中国	文化科技类	CCTV-1	央视网	2022.08.28
117	闪耀吧！中华文明	文化科技类	河南卫视	优酷	2022.09.02
118	高山流水觅知音	文化科技类	湖北卫视	爱奇艺、优酷、bilibili	2022.09.09
119	朤月东方——月光露营会	综艺晚会类	东方卫视	优酷、腾讯视频、爱奇艺、bilibili	2022.09.10
120	最美中国戏　第二季	文化科技类	北京卫视	爱奇艺、咪咕视频	2022.09.10
121	极慕爱之夜——广东卫视中秋晚会	综艺晚会类	广东卫视	bilibili	2022.09.10
122	2022年中央广播电视总台中秋晚会	综艺晚会类	CCTV-1	央视网	2022.09.10

序号	节目名称	节目类型	播出频道	网络播出平台	播出时间
123	追梦人之叠彩人生	谈话讨论类	浙江卫视	腾讯视频、爱奇艺	2022.09.11
124	2022湖南卫视中秋之夜	综艺晚会类	湖南卫视	芒果TV	2022.09.11
125	星星的约定	生活体验真人秀类	湖南卫视	芒果TV	2022.09.16
126	地球之极·侣行 第七季	生活体验真人秀类	东南卫视	芒果TV	2022.09.20
127	梦想改造家 第九季	生活服务类	东方卫视	爱奇艺、bilibili	2022.09.21
128	天地诗心	文化科技类	河南卫视	腾讯视频、bilibili	2022.09.21
129	典籍里的中国 第二季	文化科技类	CCTV-1	央视网	2022.09.24
130	我们的歌 第四季	竞技选拔类	东方卫视	腾讯视频、爱奇艺、优酷	2022.09.25
131	国学小名士 第五季	文化科技类	山东卫视	爱奇艺、搜狐视频、优酷	2022.10.01
132	暖暖的火锅	生活体验真人秀类	北京卫视	咪咕视频	2022.10.09
133	闪亮的坐标·青春季	文化科技类	江西卫视	腾讯视频、优酷、西瓜视频	2022.10.12
134	这十年·追光之夜	综艺晚会类	湖南卫视	芒果TV、腾讯视频	2022.10.14
135	中国国宝大会 第二季	文化科技类	CCTV-2	央视网	2022.10.15
136	十年·逐梦向未来	综艺晚会类	浙江卫视	腾讯视频	2022.10.15
137	时间的答卷 第二季	文化科技类	东方卫视	腾讯视频、优酷、bilibili	2022.10.16
138	加油！小店	生活体验真人秀类	东方卫视	爱奇艺、腾讯视频、优酷、咪咕视频	2022.10.20
139	在希望的田野上	生活体验真人秀类	山东卫视	腾讯视频、爱奇艺	2022.10.27
140	设计理想家 第二季	生活服务类	广西卫视	芒果TV	2022.10.27
141	一馔千年	文化科技类	CCTV-3	央视网	2022.10.28
142	最美中轴线 第二季	文化科技类	北京卫视	腾讯视频、爱奇艺、咪咕视频	2022.10.29
143	黄河文化大会	文化科技类	山东卫视	优酷、爱奇艺、腾讯视频	2022.10.29
144	飞驰吧！少年	竞技选拔类	湖北卫视	芒果TV	2022.10.29
145	我们的滚烫人生·骑行季	生活体验真人秀类	湖南卫视	芒果TV	2022.10.29
146	有朋自远方来	生活体验真人秀类	贵州卫视	爱奇艺、优酷	2022.10.30
147	晚八点音乐会	单项艺术类	北京卫视	腾讯视频	2022.10.31
148	奔跑吧·共同富裕篇	游戏生存真人秀类	浙江卫视	腾讯视频、爱奇艺、优酷	2022.11.04

序号	节目名称	节目类型	播出频道	网络播出平台	播出时间
149	谁是鼎厨	竞技选拔类	浙江卫视	爱奇艺	2022.11.04
150	第十四届中国金鹰电视艺术节	其他类	湖南卫视	芒果TV	2022.11.04
151	超燃美食记 第二季	生活体验真人秀类	浙江卫视	腾讯视频、爱奇艺、优酷	2022.11.05
152	2060元音之境	综艺晚会类	江苏卫视	爱奇艺、腾讯视频、优酷	2022.11.09
153	国潮盛典	文化科技类	河南卫视	优酷、腾讯视频、其他	2022.11.09
154	闪耀安徽文化季	文化科技类	安徽卫视	爱奇艺	2022.11.10
155	大湾仔的夜 第二季	生活体验真人秀类	湖南卫视	芒果TV、咪咕视频	2022.11.16
156	喜剧的喜聚	竞技选拔类	CCTV-3	央视网	2022.11.19
157	大使的厨房	互动交流真人秀类	江苏卫视	芒果TV	2022.11.20
158	会画少年的天空	竞技选拔类	湖南卫视	芒果TV	2022.11.25
159	超球少年 第二季	生活体验真人秀类	北京卫视	央视频、咪咕视频	2022.11.29
160	时光音乐会 第二季	谈话讨论类	湖南卫视	芒果TV、咪咕视频	2022.12.09
161	黄丝玛玛城市真探	生活体验真人秀类	重庆卫视	爱奇艺	2022.12.09
162	欢乐中国年——2022我要上春晚	竞技选拔类	CCTV-3	央视网	2022.12.11
163	云上的小店 第二季	生活体验真人秀类	湖南卫视	芒果TV	2022.12.11
164	分贝在出逃	游戏生存真人秀类	东南卫视	芒果TV	2022.12.12
165	鲁豫有约一日行 第十一季	谈话讨论类	东南卫视	优酷	2022.12.14
166	快乐再出发 第二季	生活体验真人秀类	湖南卫视	芒果TV	2022.12.15
167	无线超越班	竞技选拔类	浙江卫视	优酷	2022.12.17
168	无限电台FM	互动交流真人秀类	浙江卫视	优酷	2022.12.17
169	无限不无聊	互动交流真人秀类	浙江卫视	优酷	2022.12.17
170	万里走单骑 第三季	文化科技类	浙江卫视	腾讯视频	2022.12.18
171	无限全记录	竞技选拔类	浙江卫视	优酷	2022.12.18
172	百分百开麦	单项艺术类	东南卫视	芒果TV	2022.12.22
173	加庚加年味	生活体验真人秀类	浙江卫视	腾讯视频、爱奇艺、优酷	2022.12.22

续表

序号	节目名称	节目类型	播出频道	网络播出平台	播出时间
174	生机勃勃的我们	生活体验真人秀类	天津卫视	腾讯视频	2022.12.24
175	2023梦圆东方跨年盛典	综艺晚会类	东方卫视	爱奇艺、腾讯视频、优酷	2022.12.31
176	2023江苏卫视跨年演唱会	综艺晚会类	江苏卫视	腾讯视频、爱奇艺、优酷	2022.12.31
177	湖南卫视2022—2023跨年晚会	综艺晚会类	湖南卫视	芒果TV	2022.12.31
178	踏上新征程——2023 BRTV跨年之夜	综艺晚会类	北京卫视	爱奇艺、腾讯视频	2022.12.31
179	2022—2023浙江卫视美好跨年夜	综艺晚会类	浙江卫视	爱奇艺、腾讯视频、优酷	2022.12.31
180	启航2023——中央广播电视总台跨年晚会	综艺晚会类	CCTV-1	央视网	2022.12.31
181	思·享2023	谈话讨论类	东南卫视	爱奇艺、腾讯视频	2022.12.31
182	西安人的歌·一乐千年跨年演唱会 2023	综艺晚会类	陕西卫视	优酷	2022.12.31

数据来源：监管中心统计数据2023.1

国家广播电视总局监管中心

附表12 2022年上线的网络动画片信息列表

序号	节目名称	题材	播出平台	上线时间
1	兵主奇魂	玄幻、热血	bilibili	2022.01.04
2	花开张美丽	校园、搞笑	bilibili	2022.01.10
3	獭獭突然想到 第二季	治愈、日常	bilibili	2022.01.11
4	龙隐于雪	悬疑、热血	bilibili	2022.01.12
5	吞噬星空之万众瞩目	科幻	腾讯视频	2022.01.12
6	我的异界之旅	玄幻、搞笑	bilibili	2022.01.13
7	小魔头暴露啦！	搞笑、校园	bilibili	2022.01.15
8	晶翠仙尊	玄幻	优酷	2022.01.18
9	万域封神 第一季（下）	玄幻、悬疑	腾讯视频	2022.01.18
10	猫先动的手！	搞笑、日常	bilibili	2022.01.19
11	画江湖不良人 第五季	奇幻、冒险、武侠	腾讯视频	2022.01.20
12	千从狩	奇幻、热血、冒险	bilibili	2022.01.20
13	星辰变 第四季 破天迷局	玄幻	腾讯视频	2022.01.23
14	阴阳师·平安物语 第三季	奇幻、搞笑	bilibili	2022.01.25
15	阴阳师·平安物语 第三季 中配版	奇幻、搞笑	bilibili	2022.01.25
16	少年歌行 风花雪月篇 下部	热血、古风	优酷、bilibili	2022.01.26
17	万圣街 第三季	搞笑、奇幻、日常	腾讯视频	2022.01.26
18	三三的冰雪世界	运动、治愈	腾讯视频、bilibili、西瓜视频	2022.01.27
19	万域之王	玄幻	爱奇艺	2022.01.27
20	龙蛇演义之少年崛起（上）	武侠、热血	bilibili	2022.01.28
21	诸天纪	玄幻、热血	优酷	2022.01.28
22	永生	玄幻	bilibili	2022.01.29
23	吞噬星空之南澳险局	科幻	腾讯视频	2022.02.02
24	猫之茗 番外	穿越、奇幻	bilibili	2022.02.09
25	完美世界 百炼成钢	玄幻、热血	腾讯视频	2022.02.11
26	菜菜子职场大作战	搞笑、日常	bilibili	2022.02.18
27	万域封神 第二季（上）	玄幻、悬疑	腾讯视频	2022.02.22
28	吞噬星空之雾岛争夺	科幻	腾讯视频	2022.02.23
29	七界第一仙 第一季（上）	玄幻	腾讯视频	2022.02.24
30	新秦时明月之夜尽天明	武侠、热血	优酷	2022.02.24
31	冰火魔厨 贰	魔幻、美食	优酷	2022.03.05
32	星辰变 第四季 逆央秘境	玄幻	腾讯视频	2022.03.06
33	龙蛇演义之少年崛起（下）	武术、热血	bilibili	2022.03.11
34	我的世界：3D大电影	游戏	爱奇艺	2022.03.14
35	无限王者小队	搞笑、游戏	爱奇艺、腾讯视频	2022.03.17

续表

序号	节目名称	题材	播出平台	上线时间
36	是王者啊？	游戏、搞笑	芒果TV、腾讯视频、bilibili、咪咕视频	2022.03.18
37	完美世界 重新出发	玄幻、热血	腾讯视频	2022.03.25
38	武映三千道	奇幻、冒险	腾讯视频	2022.03.27
39	万域封神 第二季（下）	玄幻、悬疑	腾讯视频	2022.03.29
40	小狮子赛儿 第二季	日常、搞笑	芒果TV、爱奇艺、优酷、bilibili、华数TV、西瓜视频	2022.03.29
41	七界第一仙 第一季（下）	玄幻	腾讯视频	2022.03.31
42	叽歪老表 第二季	搞笑、日常	爱奇艺、腾讯视频、优酷、bilibili、华数TV、搜狐视频、西瓜视频、乐视视频、PP视频、AcFun	2022.04.01
43	叽歪老表 第一季	搞笑、日常	爱奇艺、腾讯视频、优酷、bilibili、搜狐视频、西瓜视频、乐视视频、PP视频	2022.04.01
44	剑与远征——伊索米亚的那些事儿	游戏、冒险	bilibili	2022.04.08
45	小魔头暴露啦！ 第二季	搞笑、武侠	bilibili	2022.04.09
46	我的世界：怪物抽风了	游戏、搞笑	爱奇艺、腾讯视频、优酷	2022.04.11
47	我的世界：同人动画	游戏、搞笑	爱奇艺、腾讯视频	2022.04.13
48	星河至尊 第二季（上）	玄幻、热血	优酷	2022.04.13
49	开局一座山	穿越、搞笑	腾讯视频	2022.04.15
50	妖灵学院	奇幻、搞笑、校园	爱奇艺、优酷	2022.04.15
51	星际一游	科幻、搞笑	bilibili	2022.04.18
52	君有云	热血、武侠	bilibili	2022.04.21
53	肥志百科 美食篇	科普	bilibili	2022.04.23
54	你真是个天才	玄幻、搞笑	bilibili	2022.04.23
55	凡人修仙传 再别天南篇 第一季	玄幻	bilibili	2022.04.24
56	寻剑	情感、玄幻	优酷	2022.04.26
57	最后的召唤师 第一季上部	奇幻、热血	bilibili	2022.04.26
58	时间囚徒之迷雾	科幻、冒险	优酷	2022.04.27
59	谎颜	悬疑、情感	bilibili	2022.04.28
60	神印王座 序章	奇幻、冒险	腾讯视频	2022.04.28
61	凹凸世界 第四季	冒险	bilibili	2022.04.29
62	妖神记 第六季（上）	玄幻、热血	腾讯视频	2022.04.29
63	武动乾坤 第三季	玄幻、冒险	腾讯视频	2022.05.01
64	九天玄帝诀 第二季（上）	玄幻、热血	优酷	2022.05.02
65	七界第一仙 第二季（上）	玄幻	腾讯视频	2022.05.05

序号	节目名称	题材	播出平台	上线时间
66	请吃红小豆吧！第0.5季	治愈、搞笑	爱奇艺、腾讯视频、优酷、bilibili	2022.05.05
67	完美世界 迎难而上	玄幻、热血	腾讯视频	2022.05.06
68	万域封神 第三季（上）	玄幻、悬疑	腾讯视频	2022.05.07
69	书灵记 第四季（上）	玄幻、搞笑	腾讯视频	2022.05.18
70	剑仙在此	玄幻、奇幻	爱奇艺	2022.05.21
71	暂停！让我查攻略	奇幻、游戏	bilibili	2022.05.21
72	雄兵连3雷霆万钧	科幻、战争	腾讯视频	2022.05.29
73	西行纪 第四季	魔幻、冒险	腾讯视频	2022.06.01
74	七界第一仙 第二季（下）	玄幻	腾讯视频	2022.06.02
75	冰火魔厨 叁	魔幻、美食	优酷	2022.06.04
76	史上最强男主角	玄幻、穿越、热血	腾讯视频	2022.06.05
77	最后的召唤师 第一季下部	奇幻、热血	bilibili	2022.06.07
78	吞噬星空之继往开来	科幻	腾讯视频	2022.06.09
79	万域封神 第三季（下）	玄幻、悬疑	腾讯视频	2022.06.11
80	凡人修仙传 再别天南篇 第二季	玄幻	bilibili	2022.06.12
81	书灵记 第四季（下）	玄幻、搞笑	腾讯视频	2022.06.13
82	少年歌行风花雪月 特别篇	热血、古风	优酷、bilibili	2022.06.15
83	完美世界 孝义双全	玄幻、热血	腾讯视频	2022.06.17
84	剑道第一仙之剑与重生篇	玄幻	腾讯视频	2022.06.20
85	梦幻书院 第七季	校园、科普	爱奇艺、bilibili	2022.06.20
86	迷你世界 野人部落传说	游戏、冒险	爱奇艺、腾讯视频、优酷	2022.06.22
87	星河至尊 第二季（下）	玄幻、热血	优酷	2022.06.22
88	星武神诀 第二季（上）	玄幻、冒险	爱奇艺	2022.06.24
89	神级龙卫 第一季（上）	玄幻、穿越、热血	优酷	2022.06.26
90	快把我哥带走 第五季	搞笑、校园	腾讯视频	2022.06.29
91	快把我哥带走 第五季 日语版	搞笑、校园	腾讯视频	2022.06.29
92	哈小浪	搞笑、校园	bilibili	2022.07.01
93	极道龙神	玄幻、热血	优酷	2022.07.02
94	萌龙小英雄	搞笑、冒险	爱奇艺	2022.07.02
95	仙武苍穹	玄幻、重生	爱奇艺	2022.07.03
96	幻梦山海谣	奇幻、冒险	腾讯视频	2022.07.04
97	团子们的使命	日常、治愈	bilibili	2022.07.04
98	萌妻食神 第三季	穿越、情感、美食	bilibili	2022.07.05
99	我靠充值当武帝 第一季	玄幻、游戏、搞笑	腾讯视频	2022.07.05
100	七界第一仙 第三季（上）	玄幻	腾讯视频	2022.07.07
101	神印王座 光明之子	奇幻、冒险	腾讯视频	2022.07.07

续表

序号	节目名称	题材	播出平台	上线时间
102	剑网3·侠肝义胆沈剑心 第三季	搞笑、武侠	bilibili	2022.07.08
103	上海故事	都市、励志	bilibili	2022.07.10
104	元气奇事	穿越、游戏、搞笑	腾讯视频、优酷、bilibili	2022.07.11
105	精灵露西娅	魔幻	芒果TV、咪咕视频	2022.07.12
106	苍兰诀	玄幻、情感、搞笑	爱奇艺	2022.07.15
107	斗破苍穹缘起	玄幻	腾讯视频	2022.07.17
108	书灵记 第五季（上）	玄幻、搞笑	腾讯视频	2022.07.18
109	傻瓜猫和笨蛋狗	搞笑、日常	bilibili	2022.07.20
110	吞噬星空之荣归上任	科幻	腾讯视频	2022.07.20
111	仙墓	玄幻、奇幻、冒险	腾讯视频	2022.07.20
112	阳光咖啡厅之新友纪	搞笑、职场	bilibili	2022.07.20
113	阳光咖啡厅之新友纪 上海话版	搞笑、职场	bilibili	2022.07.20
114	一念永恒 传承篇	玄幻、搞笑	腾讯视频	2022.07.20
115	神墓之辰南觉醒壹	魔幻、冒险	优酷	2022.07.21
116	神印王座 龙起扬帆	奇幻、冒险	腾讯视频	2022.07.21
117	神澜奇域无双珠	奇幻、冒险	爱奇艺	2022.07.23
118	妖神记 第六季（下）	玄幻、热血	腾讯视频	2022.07.23
119	战千年	奇幻、穿越、热血	bilibili	2022.07.23
120	百妖谱·京师篇	奇幻、古风	bilibili	2022.07.25
121	石少侠感觉好孤单	武侠、搞笑	爱奇艺	2022.07.25
122	靠你啦! 战神系统	玄幻、搞笑	bilibili	2022.07.27
123	少年白马醉春风	武侠、热血	芒果TV、优酷、咪咕视频	2022.07.27
124	星源之主 第一季（上）	玄幻	bilibili	2022.07.27
125	黑门	科幻、悬疑	bilibili	2022.07.29
126	完美世界 守护之誓	玄幻、热血	腾讯视频	2022.07.29
127	食草老龙被冠以恶龙之名	魔幻、搞笑	bilibili	2022.07.30
128	斗破苍穹年番	玄幻	腾讯视频	2022.07.31
129	凡人修仙传初入星海篇 第一季	玄幻	bilibili	2022.07.31
130	汉化日记 第三季	搞笑、奇幻	bilibili	2022.07.31
131	婚后日常	搞笑、日常	腾讯视频	2022.07.31
132	九天玄帝诀 第二季（下）	玄幻、热血	优酷	2022.08.01
133	奔跑吧，大党!	励志	腾讯视频、bilibili	2022.08.02
134	诛仙	玄幻	腾讯视频	2022.08.02
135	非人哉 第二季	搞笑、日常	腾讯视频	2022.08.10
136	吞噬星空之意志传承	科幻	腾讯视频	2022.08.10
137	七界第一仙 第三季（下）	玄幻	腾讯视频	2022.08.11

序号	节目名称	题材	播出平台	上线时间
138	三寸人间	玄幻、搞笑	bilibili	2022.08.11
139	万古神话 第一季（上）	玄幻	爱奇艺	2022.08.15
140	我靠充值当武帝 第二季	玄幻、游戏、搞笑	腾讯视频	2022.08.16
141	神印王座 命运重逢	奇幻、冒险	腾讯视频	2022.08.18
142	龙族	魔幻	腾讯视频	2022.08.19
143	如果那天没有踏进大学校门	校园、搞笑	优酷、bilibili	2022.08.20
144	书灵记 第五季（下）	玄幻、搞笑	腾讯视频	2022.08.22
145	山海绝伦	搞笑、冒险	bilibili	2022.08.23
146	哈小浪轻松一刻	搞笑、校园	bilibili	2022.08.25
147	力拔山河兮子唐	玄幻、搞笑	腾讯视频	2022.08.29
148	吞噬星空之遗迹迷云	科幻	腾讯视频	2022.08.31
149	星河至尊 第三季（上）	玄幻、热血	优酷	2022.08.31
150	甜美的咬痕	奇幻、情感	腾讯视频	2022.09.01
151	星武神诀 第二季（下）	玄幻、冒险	爱奇艺	2022.09.02
152	冰火魔厨 肆	魔幻、美食	优酷	2022.09.03
153	神墓之辰南觉醒贰	魔幻、冒险	优酷	2022.09.08
154	万古神话 第一季（下）	玄幻	爱奇艺	2022.09.08
155	完美世界 凤凰涅槃	玄幻、热血	腾讯视频	2022.09.09
156	独行月球	科幻、搞笑	芒果TV、爱奇艺、腾讯视频、优酷、bilibili	2022.09.10
157	凡人修仙传初入星海篇 第二季	玄幻	bilibili	2022.09.11
158	七界第一仙 第四季（上）	玄幻	腾讯视频	2022.09.15
159	神级龙卫 第一季（下）	玄幻、热血	优酷	2022.09.18
160	虫暴危机	科幻、冒险	爱奇艺、优酷	2022.09.19
161	喵喵如此妖娆	治愈	bilibili	2022.09.19
162	吞噬星空之惩治恶徒	科幻	腾讯视频	2022.09.21
163	不鸭短片之八九不离食	美食、治愈	bilibili	2022.09.22
164	兔克兔克	日常、治愈	优酷、bilibili	2022.09.23
165	书灵记 第六季（上）	玄幻、搞笑	腾讯视频	2022.09.26
166	魔游纪	奇幻、冒险	腾讯视频	2022.09.27
167	万古剑神	玄幻、热血	优酷	2022.09.29
168	仙王的日常生活 第三季	奇幻、搞笑、日常	bilibili	2022.10.02
169	风姿物语 仙罗篇	玄幻、热血	bilibili	2022.10.03
170	绝代双骄 初入江湖篇	武侠	腾讯视频	2022.10.03
171	我靠充值当武帝 第三季	玄幻、游戏、搞笑	腾讯视频	2022.10.04
172	星域四万年 觉醒篇	科幻、玄幻励志	腾讯视频	2022.10.04
173	长夜开拓者	穿越、魔幻、冒险	bilibili	2022.10.06

序号	节目名称	题材	播出平台	上线时间
174	炼气练了三千年	玄幻、搞笑	bilibili	2022.10.07
175	完美世界 谁与争锋	玄幻、热血	腾讯视频	2022.10.07
176	吞噬星空之秘宝争夺	科幻	腾讯视频	2022.10.12
177	星源之主 第一季（下）	玄幻	bilibili	2022.10.12
178	万古神话 第二季（上）	玄幻	爱奇艺	2022.10.13
179	虚境重构	科幻	爱奇艺、腾讯视频	2022.10.15
180	神印王座 少年意气	奇幻、冒险	腾讯视频	2022.10.20
181	守护联萌ROY6之森林里的迷你你	日常、治愈	bilibili	2022.10.23
182	银河之心	科幻	bilibili	2022.10.25
183	两不疑 第二季	情感、古风、搞笑	bilibili	2022.10.26
184	七界第一仙 第四季（下）	玄幻	腾讯视频	2022.10.27
185	明日方舟：黎明前奏	科幻	bilibili	2022.10.29
186	明日方舟：黎明前奏 日语版	科幻	bilibili	2022.10.29
187	九天玄帝诀 第三季（上）	玄幻、热血	优酷	2022.10.31
188	绝代双骄 峨眉寻宝篇	武侠	腾讯视频	2022.10.31
189	书灵记 第六季（下）	玄幻、搞笑	腾讯视频	2022.10.31
190	梦幻书院之国家安全篇	科普、日常	bilibili	2022.11.01
191	晶翠仙尊 第二季	玄幻	优酷	2022.11.02
192	吞噬星空之联手破敌	科幻	腾讯视频	2022.11.02
193	血与心	历史、励志	bilibili	2022.11.02
194	百炼成神之百炼千锤	玄幻、热血	优酷	2022.11.04
195	我在仙界挣积分	穿越、玄幻、搞笑	优酷	2022.11.05
196	万古神话 第二季（下）	玄幻	爱奇艺	2022.11.17
197	完美世界 守护之心	玄幻、热血	腾讯视频	2022.11.18
198	星域四万年 涅槃篇	科幻、玄幻励志	腾讯视频	2022.11.22
199	吞噬星空之陨墨旧迹	科幻	腾讯视频	2022.11.23
200	万界至尊	玄幻	爱奇艺	2022.11.24
201	元龙 第三季	玄幻、热血	bilibili	2022.11.24
202	无限世界	科幻、冒险	bilibili	2022.11.25
203	大理寺日志 第二季	奇幻、悬疑	腾讯视频	2022.11.26
204	绝代双骄 慕容山庄篇	武侠	腾讯视频	2022.11.28
205	七界第一仙 第五季（上）	玄幻	腾讯视频	2022.12.01
206	冰火魔厨 伍	魔幻、美食	优酷	2022.12.03
207	一念永恒 合宗篇	玄幻、搞笑	腾讯视频	2022.12.07
208	茶婆婆渔婆婆蚕婆婆	神话、治愈	芒果TV、bilibili	2022.12.08
209	吞噬星空之陨墨传承	科幻	腾讯视频	2022.12.08
210	一人之下 第五季	玄幻、搞笑	腾讯视频	2022.12.09

续表

序号	节目名称	题材	播出平台	上线时间
211	三体	科幻	bilibili	2022.12.10
212	今天少主不在家	美食、搞笑	芒果TV、爱奇艺、优酷、bilibili、咪咕视频	2022.12.17
213	叶罗丽X光浮尘——光影泪	魔幻、冒险	芒果TV	2022.12.22
214	鲤氏侦探事务所 日语版	搞笑、日常	bilibili	2022.12.23
215	鲤氏侦探事务所 中配版	搞笑、日常	bilibili	2022.12.23
216	绝代双骄 五绝地宫篇	武侠	腾讯视频	2022.12.26
217	星辰变之暗星界	玄幻	腾讯视频	2022.12.26
218	防御全开	玄幻、奇幻	腾讯视频	2022.12.28
219	七界第一仙 第五季（下）	玄幻	腾讯视频	2022.12.29
220	赤焰锦衣卫	武侠、悬疑	爱奇艺	2022.12.31

数据来源：监管中心统计数据2023.1

国家广播电视总局监管中心

附表13 2022年上线的网络动态漫画信息列表

序号	节目名称	题材	播出平台	上线时间
1	狼狼少女蓝 第四季	奇幻、校园	爱奇艺	2022.01.01
2	重生之嫡女不善 动态漫画	重生、古风、情感	爱奇艺、腾讯视频、优酷	2022.01.06
3	迷你世界：名侦探兔美美	搞笑、游戏	腾讯视频	2022.01.07
4	一念时光 第二季	情感、都市	爱奇艺、腾讯视频、优酷	2022.01.08
5	郡主稳住，人设不能崩	情感、古风、搞笑	芒果TV、咪咕视频	2022.01.09
6	混沌丹神	玄幻、冒险	爱奇艺、腾讯视频、优酷	2022.01.13
7	一等家丁	穿越、玄幻	爱奇艺、腾讯视频、优酷	2022.01.15
8	诸天纪 动态漫画	玄幻、热血	爱奇艺、优酷	2022.01.15
9	狼与笼中鸟	情感、魔幻	芒果TV、咪咕视频	2022.01.17
10	塔拉世界	科幻	优酷	2022.01.18
11	驭灵师	奇幻、穿越	爱奇艺	2022.01.18
12	生死诀	玄幻、热血	芒果TV、爱奇艺、腾讯视频、优酷、咪咕视频	2022.01.19
13	剑舞	游戏、搞笑	爱奇艺、腾讯视频、优酷	2022.01.21
14	凤勾情：弃后独步天下	穿越、情感、古风	爱奇艺、腾讯视频、优酷	2022.01.22
15	昏婚欲睡	情感、都市	爱奇艺、腾讯视频、优酷	2022.01.22
16	十二生肖战纪	玄幻、热血	爱奇艺、腾讯视频、优酷	2022.01.22
17	星光璀璨：捡个boss做老公	情感、都市	爱奇艺、腾讯视频、优酷	2022.01.22
18	妖道至尊	玄幻	腾讯视频	2022.01.22
19	小品一家人之超能战队	搞笑、科幻	爱奇艺、优酷	2022.01.23
20	开局签到至尊丹田 动态漫画	穿越、玄幻	爱奇艺	2022.01.26
21	快穿之顶级反派要洗白	穿越、情感、古风	爱奇艺、腾讯视频、优酷	2022.01.27
22	斗破苍穹 动态漫 第四季	玄幻、热血	爱奇艺、腾讯视频、优酷	2022.01.28
23	武逆 第二季	玄幻、冒险	爱奇艺、腾讯视频、优酷	2022.01.28
24	与君行	情感、古风	爱奇艺、腾讯视频、优酷	2022.01.28
25	阿衰 第七季	搞笑、日常	芒果TV、爱奇艺、腾讯视频、优酷、bilibili、咪咕视频	2022.01.29
26	萌宠狐狸翻身记 第二季	情感、穿越	芒果TV、咪咕视频	2022.02.01
27	氪金玩家 第三季	游戏	优酷	2022.02.03
28	妖者为王 第二季	玄幻、冒险	爱奇艺、腾讯视频、优酷	2022.02.05
29	阿皮玩吃鸡	游戏、搞笑	腾讯视频	2022.02.10
30	炼体十万层：都市篇 第二季	玄幻、都市	爱奇艺、腾讯视频、优酷	2022.02.16
31	宿主，你好甜	情感、穿越	芒果TV、咪咕视频	2022.02.20
32	我的修真靠抽卡 第二季	穿越、奇幻	优酷	2022.02.20
33	我，伊蒂丝女皇 第二季	魔幻、热血	芒果TV、咪咕视频	2022.02.21
34	独家占有	情感	爱奇艺、腾讯视频、优酷	2022.02.26
35	与君行 竖版动态漫	情感、古风	爱奇艺	2022.02.26
36	我的世界：玩家日记	搞笑、游戏	爱奇艺	2022.03.01

序号	节目名称	题材	播出平台	上线时间
37	万族之劫 第二季	奇幻、都市	优酷	2022.03.12
38	迷你世界小块 第一季	搞笑、游戏	爱奇艺	2022.03.19
39	万渣朝凰 第五季	情感、奇幻	爱奇艺、腾讯视频、优酷	2022.03.19
40	我被困在同一天十万年 第二季	玄幻、热血	腾讯视频	2022.03.19
41	神印王座外传大龟甲师 第一季	玄幻、热血	爱奇艺、腾讯视频、优酷	2022.03.23
42	我的世界史蒂夫奇趣人生	游戏、搞笑	爱奇艺	2022.03.24
43	迷你保卫队	搞笑、游戏	爱奇艺、优酷	2022.03.25
44	迷你书院	搞笑、游戏	爱奇艺、优酷	2022.03.25
45	斗罗大陆外传唐门英雄传	热血、冒险	爱奇艺、腾讯视频、优酷	2022.03.27
46	被迫成为隐藏职业 第二季	搞笑、游戏	芒果TV、咪咕视频	2022.03.29
47	医妃天下	穿越、情感	爱奇艺、腾讯视频、优酷	2022.03.31
48	我的微信连三界 第三季	奇幻、搞笑	爱奇艺、腾讯视频、优酷	2022.04.02
49	传闻中的白月光	情感、穿越、搞笑	爱奇艺、腾讯视频、优酷	2022.04.03
50	逆袭归来：我的废柴老婆	情感、都市	爱奇艺、优酷	2022.04.11
51	我的世界搞笑小黄人	游戏、搞笑	爱奇艺、腾讯视频	2022.04.12
52	婚色撩人	情感、都市	爱奇艺、腾讯视频、优酷	2022.04.13
53	若有寒冬遇暖阳	情感、都市	爱奇艺、优酷	2022.04.17
54	迷你世界赏金猎人	游戏、搞笑	优酷	2022.04.18
55	迷你世界峡谷守卫队	游戏、搞笑	爱奇艺、优酷	2022.04.19
56	迷你世界探险队	游戏、搞笑	爱奇艺、优酷	2022.04.20
57	顶头上司成了我的金主	偶像、情感	爱奇艺、优酷	2022.04.22
58	斗破苍穹之大主宰 第四季	玄幻、冒险	芒果TV、爱奇艺、腾讯视频、优酷、bilibili、咪咕视频	2022.04.23
59	腹黑邪王宠入骨 第三季	情感、穿越	爱奇艺、优酷	2022.04.24
60	如果历史是一群喵 第八季	历史	爱奇艺、腾讯视频、优酷、bilibili	2022.04.24
61	斗罗大陆2绝世唐门 第四季	玄幻、热血	爱奇艺、腾讯视频、优酷、乐视视频	2022.04.28
62	无敌之前情债太多	玄幻、情感	爱奇艺、腾讯视频、优酷	2022.04.29
63	双面沦陷	奇幻、偶像	爱奇艺、腾讯视频	2022.04.30
64	炼气练了三千年 第二季 动态漫	玄幻、搞笑	爱奇艺、腾讯视频、优酷	2022.05.01
65	唐寅在异界	穿越、玄幻	爱奇艺、腾讯视频、优酷	2022.05.01
66	妖道至尊 第二季	玄幻	腾讯视频	2022.05.01
67	我能看到成功率 第四季	奇幻、都市	爱奇艺、腾讯视频、优酷	2022.05.02
68	少主好凶我好爱	情感、穿越	爱奇艺、优酷	2022.05.03
69	团宠公主萌萌哒	穿越、情感、古风	芒果TV、咪咕视频	2022.05.04

序号	节目名称	题材	播出平台	上线时间
70	我才不会被女孩子欺负呢 动态漫 第二季	校园、搞笑	优酷、bilibili	2022.05.04
71	重生相逢：给你我的独家宠溺 第三季	情感、重生、都市	爱奇艺、腾讯视频、优酷	2022.05.07
72	少年歌行番外篇之少年事	热血、古风	优酷	2022.05.11
73	仙帝归来	玄幻、热血	爱奇艺、腾讯视频、优酷	2022.05.13
74	古武高手在都市	武侠、都市	爱奇艺、腾讯视频、优酷	2022.05.17
75	偏执的他与落魄的我	情感、都市	爱奇艺、优酷	2022.05.20
76	成圣的99种方法	玄幻、热血	优酷	2022.05.21
77	开局重生一千次	玄幻、热血	爱奇艺、腾讯视频、优酷	2022.05.21
78	你马甲掉了，幽皇陛下	搞笑、穿越、古风	爱奇艺、腾讯视频、优酷	2022.05.21
79	西行纪 动态漫画 第一季	魔幻、冒险	爱奇艺、腾讯视频、优酷	2022.05.27
80	重回末世当大佬 第三季	重生、冒险、热血	爱奇艺、腾讯视频、优酷	2022.05.27
81	复婚之战：总裁追妻路漫漫	情感、都市	爱奇艺、优酷	2022.05.28
82	大小姐能有什么坏心眼呢	情感、都市	爱奇艺、腾讯视频、优酷	2022.06.01
83	惹火狂妃：王爷放肆宠	古风、情感	爱奇艺、优酷	2022.06.02
84	阿衰 第八季	搞笑、日常	芒果TV、爱奇艺、优酷、bilibili、咪咕视频	2022.06.03
85	龙王殿 第二季	情感、都市	腾讯视频	2022.06.03
86	我！天命大反派	穿越、玄幻	优酷	2022.06.03
87	我的弟子都超神	游戏、搞笑	爱奇艺、优酷	2022.06.03
88	恶女为配：猎爱狂想曲	情感、重生、都市	爱奇艺、优酷	2022.06.04
89	全能高手	热血、校园	爱奇艺、腾讯视频、优酷	2022.06.04
90	奈何倾心	奇幻、情感、搞笑	芒果TV、咪咕视频	2022.06.10
91	快穿之顶级反派要洗白 第二季	情感、穿越	爱奇艺、腾讯视频、优酷	2022.06.15
92	从姑获鸟开始：龙城争霸	热血、穿越	腾讯视频	2022.06.16
93	虚凰问天	穿越、奇幻、情感	爱奇艺、腾讯视频	2022.06.17
94	一千零一种色号	都市、日常	腾讯视频	2022.06.17
95	异皇重生	热血、奇幻	爱奇艺、腾讯视频、优酷	2022.06.17
96	虫生	科幻	爱奇艺、腾讯视频、优酷	2022.06.18
97	星光璀璨：捡个boss做老公 第二季	情感、都市	爱奇艺、优酷	2022.06.18
98	一等家丁 第二季	穿越、玄幻	爱奇艺、腾讯视频、优酷	2022.06.18
99	圣墟	热血、玄幻	爱奇艺、腾讯视频、优酷	2022.06.19
100	她若星辰照亮我	情感、都市	爱奇艺、优酷	2022.06.19
101	铁姬钢兵 第三季	科幻、热血	腾讯视频	2022.06.20
102	最强神医混都市	奇幻、都市	爱奇艺、腾讯视频、优酷	2022.06.22
103	表哥白泽是妖怪	搞笑、神话	爱奇艺、优酷	2022.06.23

序号	节目名称	题材	播出平台	上线时间
104	小品一家人之玄幻大陆	搞笑、玄幻	爱奇艺、优酷	2022.06.23
105	被迫成为反派赘婿 第三季	玄幻、穿越、情感	爱奇艺、腾讯视频、优酷、bilibili	2022.06.24
106	毛头的深夜理发店	悬疑、都市	优酷	2022.06.24
107	掌门低调点	穿越、游戏、搞笑	爱奇艺、腾讯视频、优酷	2022.06.24
108	天道图书馆	穿越、奇幻	爱奇艺、腾讯视频、优酷	2022.06.25
109	歪嘴战神	都市、搞笑	爱奇艺、腾讯视频、优酷	2022.06.25
110	九霄帝神 第二季	玄幻、热血	爱奇艺、腾讯视频、优酷	2022.06.26
111	男友半糖半盐	情感、都市	爱奇艺、腾讯视频、优酷、搜狐视频	2022.06.28
112	宦妃天下	穿越、情感	爱奇艺、腾讯视频、优酷	2022.06.29
113	炼体十万层：都市篇 第三季	玄幻、都市	爱奇艺、腾讯视频、优酷	2022.06.29
114	最强仙界朋友圈	奇幻、情感	爱奇艺、腾讯视频、优酷	2022.06.30
115	一剑独尊	玄幻、热血	爱奇艺、腾讯视频、优酷	2022.07.01
116	徒弟个个是大佬	玄幻、情感	爱奇艺、腾讯视频、优酷	2022.07.02
117	修仙辅助器	玄幻、搞笑	腾讯视频	2022.07.02
118	重生之都市修仙	重生、都市、玄幻	爱奇艺、腾讯视频、优酷	2022.07.02
119	腹黑王爷：惹不起的下堂妻	情感、穿越	爱奇艺、优酷	2022.07.04
120	今天又在撩系统	穿越、情感	爱奇艺、优酷	2022.07.04
121	昏婚欲睡 第二季	情感、都市	爱奇艺、优酷	2022.07.05
122	逆袭归来：我的废柴老婆 第二季	情感、都市	爱奇艺、优酷	2022.07.08
123	武逆 第三季	玄幻、冒险	爱奇艺、腾讯视频、优酷	2022.07.08
124	国民校草是女生	游戏、情感	爱奇艺、腾讯视频	2022.07.09
125	绝世古尊 第二季	玄幻、冒险	爱奇艺、优酷	2022.07.09
126	枪火天灵 第二季	游戏、热血	爱奇艺、咪咕视频	2022.07.09
127	甜蜜的她	奇幻、校园	爱奇艺、腾讯视频、咪咕视频	2022.07.10
128	不二是妖怪呀	奇幻、搞笑	优酷	2022.07.12
129	孙娇的奇妙日常	校园、搞笑	优酷	2022.07.12
130	荒岛余生之时空流浪纪	奇幻、冒险	爱奇艺、优酷	2022.07.14
131	开局四个美相公	穿越、情感	爱奇艺	2022.07.14
132	逆风之花	情感、奇幻	芒果视频、咪咕视频	2022.07.14
133	我才不会爱上契约女友	情感、都市	爱奇艺、优酷	2022.07.14
134	我的弟子遍布诸天万界	玄幻	芒果TV、爱奇艺、优酷、bilibili	2022.07.14
135	医妃天下 第二季	情感、穿越	爱奇艺、腾讯视频、优酷	2022.07.15
136	绝世武神 第五季	玄幻、穿越	爱奇艺、腾讯视频、优酷	2022.07.16
137	元尊 第三季 真假圣龙	玄幻、冒险	爱奇艺、腾讯视频、优酷、bilibili	2022.07.20
138	史上第一祖师爷	穿越、玄幻	腾讯视频	2022.07.22

序号	节目名称	题材	播出平台	上线时间
139	我继承了一座宗门	玄幻、搞笑	爱奇艺、腾讯视频、优酷	2022.07.23
140	剑逆苍穹	玄幻、热血	爱奇艺、腾讯视频	2022.07.27
141	生死诀 第二季	武侠、搞笑	爱奇艺、腾讯视频、优酷	2022.07.27
142	萌宝驾临：爹地妈咪超凶的	情感、都市	爱奇艺、优酷	2022.07.28
143	迷你世界：梦幻森林	益智、冒险	优酷	2022.07.28
144	万古最强宗	玄幻	爱奇艺、腾讯视频	2022.07.29
145	相亲式修真道侣	都市、玄幻	爱奇艺、腾讯视频、优酷	2022.07.29
146	祖师出山	奇幻、武侠、搞笑	爱奇艺、腾讯视频	2022.07.29
147	养敌为患 第二季	穿越、情感	优酷	2022.08.29
148	开局一个修仙系统	穿越、搞笑	优酷	2022.08.02
149	迷你世界闯江湖	游戏、搞笑	优酷	2022.08.02
150	战鼎 第三季	玄幻、热血	爱奇艺、优酷	2022.08.03
151	迷你小洞侦探队	游戏、推理	优酷	2022.08.04
152	重生退婚妻	重生、情感、都市	爱奇艺、优酷	2022.08.04
153	逆天战神	玄幻、热血	爱奇艺、腾讯视频、优酷	2022.08.05
154	徒弟都是女魔头	重生、玄幻、热血	优酷	2022.08.05
155	我的神仙大人	情感、奇幻、搞笑	爱奇艺、优酷	2022.08.06
156	小品一家人之神探修勾	搞笑、科幻	爱奇艺、腾讯视频、优酷	2022.08.06
157	我在末世捡属性	奇幻、冒险	爱奇艺、腾讯视频、优酷	2022.08.07
158	从零开始做偶像	情感、都市	爱奇艺、优酷	2022.08.08
159	斗罗大陆4终极斗罗	奇幻、玄幻	爱奇艺、优酷	2022.08.08
160	养敌为患	穿越、情感	优酷	2022.08.10
161	这个大佬画风不对	奇幻、都市	爱奇艺	2022.08.10
162	我的金主只有5岁	情感、都市	爱奇艺、优酷	2022.08.13
163	穿越美人在作妖	穿越、情感	爱奇艺、优酷	2022.08.19
164	重生之我是大天神	玄幻	爱奇艺、腾讯视频	2022.08.19
165	妖道至尊 动态漫画 第三季	玄幻	爱奇艺、腾讯视频、优酷、乐视视频	2022.08.20
166	迷你世界之开心日记	游戏、搞笑	爱奇艺、优酷	2022.08.25
167	熊猫人搞笑成长记	搞笑、日常	优酷	2022.08.27
168	熊猫头小伙儿的阳光生活	搞笑、日常	优酷	2022.08.27
169	正义熊猫人成长记	搞笑、日常	优酷	2022.08.27
170	CP磕到想恋爱怎么办	情感、校园	优酷	2022.08.30
171	凡人默示录	冒险、热血	爱奇艺、优酷	2022.08.30
172	步天歌 动态漫	玄幻、古风	芒果TV、爱奇艺、优酷、bilibili、咪咕视频	2022.08.31
173	伏天圣主	玄幻	爱奇艺、优酷	2022.08.31
174	情定娇妻：封爷宠妻成瘾	情感、都市	爱奇艺、优酷	2022.08.31

序号	节目名称	题材	播出平台	上线时间
175	神印王座外传大龟甲师 第二季	玄幻、热血	爱奇艺、优酷	2022.09.01
176	甜美的咬痕小剧场	奇幻、情感	腾讯视频	2022.09.01
177	最终魂意	玄幻、热血	爱奇艺、腾讯视频、优酷	2022.09.01
178	末世超级系统	奇幻、冒险	爱奇艺、腾讯视频、优酷	2022.09.02
179	完美世界：少年至尊篇 动态漫画	玄幻、热血	爱奇艺、优酷	2022.09.02
180	我靠bug上王者	奇幻、冒险	爱奇艺、腾讯视频、优酷	2022.09.02
181	甜美的咬痕Q版小剧场	奇幻、情感	腾讯视频	2022.09.03
182	熊猫头搞笑生活记录	搞笑、日常	优酷	2022.09.03
183	厉总，夫人她罪不至死 动态漫 第一季	情感、都市	爱奇艺	2022.09.09
184	厉爷的心尖妻 动态漫画	情感、都市	爱奇艺、优酷	2022.09.10
185	太太又在撒娇了	情感、都市	爱奇艺、优酷	2022.09.15
186	我的世界冒险故事	游戏、冒险	优酷	2022.09.16
187	反派大腿我抱定了	情感、穿越	爱奇艺、优酷	2022.09.17
188	今天又在撩系统 第二季	穿越、情感	爱奇艺、优酷	2022.09.21
189	阿鹰游戏之旅	游戏、搞笑	爱奇艺、优酷	2022.09.23
190	太空狼人杀	游戏、搞笑	优酷	2022.09.23
191	武拳	热血、奇幻	爱奇艺、优酷、bilibili	2022.09.23
192	极品家丁（上）	穿越、搞笑	爱奇艺、优酷	2022.09.24
193	熊猫小子的趣味生活	搞笑、日常	优酷	2022.09.28
194	光子英雄传：超神灵主	玄幻、热血	爱奇艺、腾讯视频、优酷、bilibili、AcFun	2022.09.29
195	开局四个美相公 第二季	穿越、情感	爱奇艺、优酷	2022.09.29
196	一品高手	情感、都市	爱奇艺、腾讯视频、优酷	2022.09.29
197	百炼成神 动态漫	玄幻、热血	爱奇艺、腾讯视频、优酷	2022.09.30
198	超拟世界	科幻、游戏	爱奇艺、腾讯视频、优酷	2022.09.30
199	本剑仙绝不为奴	穿越、玄幻、热血	爱奇艺、优酷	2022.10.01
200	大白日记	励志	bilibili	2022.10.01
201	解锁末世的99个女主	穿越、情感	爱奇艺、腾讯视频、优酷	2022.10.01
202	我能复制天赋	玄幻、奇幻	腾讯视频	2022.10.01
203	小品一家人之超能妹妹	奇幻、搞笑	爱奇艺、腾讯视频、优酷	2022.10.02
204	最强弃少	奇幻、都市、重生	爱奇艺、腾讯视频、优酷	2022.10.02
205	不装了，我比英雄还强	奇幻、冒险	爱奇艺、腾讯视频、优酷	2022.10.03
206	古武高手在都市 第二季	搞笑、武侠、都市	爱奇艺、腾讯视频、优酷	2022.10.04
207	重生之都市修仙 第二季	重生、都市、玄幻	腾讯视频	2022.10.04
208	小蓝和他的朋友	搞笑、日常	bilibili	2022.10.05
209	九域之天眼崛起	玄幻、重生、搞笑	爱奇艺、腾讯视频、优酷	2022.10.07

续表

序号	节目名称	题材	播出平台	上线时间
210	熊猫小子之见义勇为	搞笑、日常	优酷	2022.10.10
211	婚色撩人 第二季	情感、都市	爱奇艺、优酷	2022.10.14
212	手机侠的奇妙人生	科幻、搞笑	优酷	2022.10.14
213	开局败家修仙系统	玄幻、搞笑、穿越	优酷	2022.10.15
214	开局神级修仙系统	玄幻、搞笑、穿越	优酷	2022.10.15
215	开局无敌修仙系统	玄幻、搞笑	优酷	2022.10.15
216	开局无限顿悟修仙系统	玄幻、搞笑	优酷	2022.10.15
217	开局最强睡觉修仙系统	玄幻、搞笑、穿越	优酷	2022.10.15
218	仙帝归来 第二季	玄幻、热血	爱奇艺、优酷	2022.10.15
219	星河万里不如你 第三季	情感、穿越、古风	芒果TV、咪咕视频	2022.10.19
220	重生虐渣：娇养冰山总裁	情感、都市、重生	爱奇艺、优酷	2022.10.19
221	烈火英雄	励志	优酷、搜狐视频、咪咕视频	2022.10.20
222	超神学院 第一季 动态漫	科幻、热血	爱奇艺、优酷	2022.10.21
223	开局重生一千次 第二季	玄幻、冒险	爱奇艺、优酷	2022.10.21
224	惹火狂妃：王爷放肆宠 第二季	古风、情感	爱奇艺、优酷	2022.10.24
225	万古龙神 动态漫	玄幻、穿越	爱奇艺、腾讯视频、优酷、bilibili	2022.10.26
226	逆袭归来：我的废柴老婆 第三季	情感、都市	爱奇艺、优酷	2022.10.27
227	大宝修仙传	玄幻、搞笑	优酷	2022.10.28
228	我被困在同一天十万年 第三季	玄幻、热血	腾讯视频	2022.10.29
229	如果历史是一群喵 第九季	历史、治愈	爱奇艺、腾讯视频、优酷、bilibili	2022.10.30
230	我的战舰能升级	科幻、重生	爱奇艺、优酷	2022.11.04
231	徒弟个个是大佬 第二季	玄幻、情感	优酷	2022.11.06
232	天小森	穿越、搞笑	优酷	2022.11.09
233	中国民间传说	灵异、悬疑	优酷	2022.11.09
234	超能末世者	奇幻、搞笑	腾讯视频、优酷	2022.11.11
235	腹黑王爷：惹不起的下堂妻 第二季	情感、穿越、古风	爱奇艺、优酷	2022.11.12
236	若有寒冬遇暖阳 第二季	情感、都市	爱奇艺、优酷	2022.11.13
237	复婚之战：总裁追妻路漫漫 第二季	情感、都市	爱奇艺、优酷	2022.11.14
238	快穿系统：偏执BOSS不好惹 第二季	情感、魔幻	芒果TV	2022.11.15
239	炼体十万层都市篇 第四季	玄幻、都市	爱奇艺、腾讯视频、优酷	2022.11.16

续表

序号	节目名称	题材	播出平台	上线时间
240	阿衰　第九季	搞笑、日常、校园	爱奇艺、优酷、腾讯视频、bilibili	2022.11.18
241	开局十个大帝都是我徒弟	玄幻、重生	爱奇艺、优酷	2022.11.18
242	重生国民千金	情感、重生	爱奇艺、优酷	2022.11.18
243	独家占有　第二季	情感	爱奇艺、优酷	2022.11.22
244	本宫要做皇帝	穿越、情感、古风	芒果TV、爱奇艺、腾讯视频、优酷、搜狐视频	2022.11.25
245	超能立方	奇幻	爱奇艺、腾讯视频、优酷	2022.11.25
246	至尊神级系统	玄幻、搞笑	芒果TV、爱奇艺、腾讯视频、优酷	2022.11.25
247	九霄帝神第三季	玄幻、热血	优酷	2022.11.26
248	凌天神帝	玄幻、重生搞笑	爱奇艺、腾讯视频、优酷	2022.11.26
249	重生八万年	玄幻、重生、热血	优酷	2022.11.26
250	迷你小洞玩创造　第二季	搞笑、游戏	爱奇艺、优酷	2022.11.30
251	圣墟　第二季	玄幻、热血	优酷	2022.12.04
252	粉黛无双叩君心	情感、重生、古风	芒果TV、咪咕视频	2022.12.07
253	我的弟子遍布诸天万界　第二季	古风、玄幻	芒果TV、爱奇艺、优酷、腾讯视频、bilibili	2022.12.07
254	开局万能修仙系统	玄幻、穿越、搞笑	优酷	2022.12.08
255	少主好凶我好爱　第二季	情感、古风、穿越	爱奇艺、优酷	2022.12.12
256	这个修士来自未来　第一季	玄幻	爱奇艺、优酷	2022.12.13
257	重生退婚妻　第二季	重生、都市、情感	爱奇艺、优酷	2022.12.13
258	重生之武尊当道	玄幻、搞笑	爱奇艺、优酷	2022.12.13
259	迷你小洞　第三季	游戏、搞笑	优酷	2022.12.14
260	黑莲花攻略手册	情感、穿越	爱奇艺、优酷	2022.12.23
261	成圣的99种方法　第二季	玄幻、热血	优酷	2022.12.24
262	医妃天下　第三季	情感、穿越	爱奇艺、优酷	2022.12.24
263	开局签到封印卡	奇幻、冒险	芒果TV、爱奇艺、腾讯视频、优酷、咪咕视频	2022.12.25
264	混沌金乌	玄幻、热血	爱奇艺、优酷	2022.12.26
265	程序媛哪有那么可爱	搞笑、日常	爱奇艺、优酷	2022.12.29
266	大医凌然	奇幻、都市	爱奇艺、优酷	2022.12.29
267	我靠吃饭拯救地球	奇幻、都市	爱奇艺、优酷	2022.12.30

数据来源：监管中心统计数据2023.1

国家广播电视总局监管中心

附表14　2022年上线的网播电视动画片信息列表

序号	节目名称	题材	播出平台	上线时间
1	精灵梦叶罗丽 第九季	冒险、魔幻	芒果TV、爱奇艺、腾讯视频、优酷、西瓜视频、乐视视频	2022.01.06
2	毛毛镇 第三季	益智	优酷、芒果TV、爱奇艺、咪咕视频、bilibili、腾讯视频	2022.01.10
3	芦荡奇遇记	励志、历史	优酷、爱奇艺、腾讯视频	2022.01.13
4	帮帮龙家族1艾奇小队	热血、益智	优酷	2022.01.14
5	奇妙萌可 第二季	冒险、魔幻	优酷、芒果TV、爱奇艺、腾讯视频、咪咕视频、乐视视频	2022.01.14
6	无敌鹿战队 第二季 上	冒险、益智	爱奇艺	2022.01.14
7	无敌鹿战队 第二季 上 英文版	冒险、益智	爱奇艺	2022.01.14
8	棉花糖和云朵妈妈 快乐生活	日常	芒果TV、华数TV、咪咕视频、搜狐视频	2022.01.15
9	动物王国的故事	益智、冒险	芒果TV、咪咕视频App	2022.01.17
10	绿绿星球之绿绿家族	热血、科幻	芒果TV、爱奇艺、腾讯视频、优酷、bilibili	2022.01.17
11	小老虎泰格	冒险	腾讯视频、爱奇艺	2022.01.20
12	灵感大冒险 第一季	科普	芒果TV、优酷、爱奇艺、bilibili	2022.01.21
13	狐桃桃和老神仙	文化	爱奇艺、腾讯视频、优酷、华数TV、咪咕视频	2022.01.24
14	巧虎探索奇妙世界 第三季	益智、冒险	优酷、芒果TV、腾讯视频、咪咕视频	2022.01.24
15	瑞克和扣扣 古诗里的小百科-动物篇	文化	爱奇艺、优酷、腾讯视频、搜狐视频、乐视视频、风行视频	2022.01.24
16	超能记忆小精灵	奇幻	爱奇艺、优酷、西瓜视频	2022.01.25
17	张謇之江海骄子	励志、历史	优酷、爱奇艺、腾讯视频	2022.01.25
18	小小梦想家七达	日常	芒果TV、爱奇艺、腾讯视频、优酷、咪咕视频	2022.01.26
19	冰球旋风	励志、运动	优酷、芒果TV、爱奇艺、搜狐视频、华数TV、咪咕视频	2022.01.30
20	小艾果与绒绒宝 第二季	冒险、益智	优酷	2022.01.30
21	故事奶奶 第二季	冒险	芒果TV、华数TV、搜狐视频	2022.02.04
22	猪猪侠之恐龙日记 第五季	冒险、热血	芒果TV、爱奇艺、优酷、腾讯视频、乐视视频、咪咕视频	2022.02.08
23	百变雄师 第二季	冒险、热血	爱奇艺、腾讯视频、优酷	2022.02.18
24	恐龙奇奇历险记	科普	爱奇艺、腾讯视频、优酷	2022.02.24
25	百变雄师 第三季	冒险、热血	爱奇艺、腾讯视频、优酷、华数TV	2022.03.14
26	疾风劲射 第一季	运动、励志	爱奇艺、腾讯视频、优酷、bilibili、搜狐视频、咪咕视频	2022.03.14
27	小老虎泰格 第二季	冒险	爱奇艺、腾讯视频	2022.03.16

序号	节目名称	题材	播出平台	上线时间
28	百变布鲁可之欢乐小镇	冒险	爱奇艺、优酷	2022.03.18
29	穿越云南三千年——云小志漫游记 第二季	历史	爱奇艺、优酷、华数TV、咪咕视频	2022.03.21
30	小猴眯乐之文明小镇	益智	爱奇艺、腾讯视频、优酷	2022.03.21
31	红眼镜猪猪小剧场	日常、益智	腾讯视频	2022.03.31
32	超级呜呜侠	冒险	芒果TV、腾讯视频、优酷、咪咕视频	2022.04.01
33	甲骨文之妇好传	文化、历史	咪咕视频	2022.04.01
34	时空之隙	冒险	bilibili	2022.04.15
35	跳跳鱼世界 第七季	日常、益智	爱奇艺、腾讯视频、优酷、咪咕视频、风行网	2022.04.15
36	猪猪侠之恐龙日记 第六季	冒险、热血	芒果TV、爱奇艺、腾讯视频、优酷、咪咕视频、乐视视频	2022.04.15
37	超变战陀3双甲战陀	热血、战斗	芒果TV、爱奇艺、腾讯视频、优酷、bilibili、搜狐视频、西瓜视频、风行视频、AcFun、PP视频、咪咕视频	2022.04.16
38	蔬菜不寂寞 第三十一季	益智、搞笑	爱奇艺、腾讯视频、优酷	2022.04.18
39	巴啦啦小魔仙之魔法星缘堡	冒险、魔幻	芒果TV、爱奇艺、腾讯视频、优酷、咪咕视频、乐视视频、乐视视频	2022.04.21
40	龙宝小英雄	益智、冒险	芒果TV、爱奇艺、优酷、搜狐视频	2022.04.22
41	长征先锋 第二季	历史、励志	爱奇艺、优酷、广电宽频、咪咕视频	2022.04.25
42	小英雄雨来	励志、历史	爱奇艺、腾讯视频、优酷、搜狐视频、乐视视频、西瓜视频、咪咕视频	2022.04.27
43	瑞奇宝宝 第四季	益智、日常	爱奇艺、腾讯视频、优酷、西瓜视频、咪咕视频	2022.04.29
44	心奇爆龙战车×龙装战甲	冒险、益智	芒果TV、爱奇艺、腾讯视频、优酷、咪咕视频、乐视视频	2022.04.29
45	音乐公主爱美莉 第二季	益智	爱奇艺	2022.04.29
46	绿绿星球之绿绿战队	热血、科幻	爱奇艺、bilibili	2022.05.01
47	大运河奇缘2	冒险	腾讯视频、乐视视频	2022.05.05
48	先锋威威队	冒险、益智	腾讯视频、优酷、咪咕视频	2022.05.13
49	帮帮小火车 第二季	冒险、益智	芒果TV、爱奇艺、腾讯视频、优酷、乐视视频、咪咕视频	2022.05.14
50	哈密故事	文化	爱奇艺、优酷	2022.05.19
51	蜜宝游哈密	文化	爱奇艺、优酷	2022.05.19
52	开心超人联盟之异星迷航	科幻	芒果TV、腾讯视频、优酷、华数TV、咪咕视频、风行视频	2022.05.20
53	彩虹宝宝 第五季	益智	腾讯视频、优酷、风行视频	2022.05.25

续表

序号	节目名称	题材	播出平台	上线时间
54	海豚帮帮号 第三季	科普	爱奇艺、优酷、风行视频、西瓜视频、咪咕视频	2022.05.25
55	海豚帮帮号 第四季	科普	爱奇艺、优酷、风行视频、西瓜视频、咪咕视频	2022.05.25
56	超级飞侠 第十二季	冒险、益智	芒果TV、爱奇艺、腾讯视频、优酷、西瓜视频、乐视视频、咪咕视频	2022.05.26
57	飞狗莫柯之家有小短腿	治愈、搞笑	芒果TV、爱奇艺、优酷、bilibili	2022.05.26
58	海底小纵队 第七季	益智、冒险	腾讯视频	2022.05.27
59	快乐的小熊尼尼	益智、日常	爱奇艺、腾讯视频、优酷、西瓜视频、咪咕视频	2022.05.27
60	小艾果与绒绒宝 第三季	冒险、益智	优酷	2022.05.27
61	猪猪侠之超星五灵侠 第三季	冒险、热血	芒果TV、爱奇艺、腾讯视频、优酷、西瓜视频、咪咕视频	2022.05.27
62	少年苏东坡传奇	历史	爱奇艺、腾讯视频、优酷、华数TV、搜狐视频、咪咕视频	2022.05.30
63	蔬菜不寂寞 第三十二季	益智、搞笑	爱奇艺、腾讯视频、优酷	2022.05.30
64	金桔岛冒险记 第一季	冒险	爱奇艺、腾讯视频、优酷、风行网、咪咕视频	2022.05.31
65	开心小河马	日常	爱奇艺、腾讯视频、优酷、西瓜视频、风行网、咪咕视频	2022.05.31
66	包子和小米粥 第一季	早教	爱奇艺、芒果TV、bilibili、咪咕视频	2022.06.01
67	恐龙萌游记	冒险、奇幻	爱奇艺	2022.06.01
68	恐龙萌游记 英文版	冒险、奇幻	爱奇艺	2022.06.01
69	绿绿星球之绿绿奇缘	热血、科幻	爱奇艺、bilibili	2022.06.01
70	萌宝战警之远古巨兽	冒险、益智	芒果TV、咪咕视频	2022.06.01
71	新大头儿子和小头爸爸智能小当家 第二季	益智	爱奇艺、芒果TV、腾讯视频、优酷、咪咕视频、风行网、搜狐视频	2022.06.01
72	新围棋少年	热血、励志	芒果TV、爱奇艺、腾讯视频、优酷、bilibili、西瓜视频、咪咕视频	2022.06.01
73	超能钢小侠	益智	风行网	2022.06.01
74	火喔喔汉字奇遇记	早教	爱奇艺、腾讯视频、优酷	2022.06.07
75	优优猴爆笑成语故事	早教	爱奇艺、腾讯视频、优酷	2022.06.14
76	优优猴中华行	科普	爱奇艺、腾讯视频、优酷、风行网	2022.06.14
77	小艾果与绒绒宝 第四季	冒险、益智	优酷	2022.06.24
78	墨墨奇游记	益智	爱奇艺	2022.06.30
79	贝肯熊 第六季	搞笑、冒险	芒果TV、爱奇艺、腾讯视频、优酷、咪咕视频、乐视视频	2022.07.01
80	绿绿星球之绿绿卫士	热血、科幻	爱奇艺、bilibili	2022.07.01
81	猪猪侠之超星五灵侠 第四季	冒险、热血	芒果TV、爱奇艺、腾讯视频、优酷、咪咕视频、西瓜视频	2022.07.05

续表

序号	节目名称	题材	播出平台	上线时间
82	墨墨奇游记 英文版	益智	爱奇艺	2022.07.07
83	帮帮小火车 第三季	冒险、益智	芒果TV、爱奇艺、腾讯视频、优酷、咪咕视频	2022.07.08
84	卡卡虎大冒险 第一季	冒险、战斗	芒果TV、爱奇艺、腾讯视频、优酷、bilibili、西瓜视频、华数TV、搜狐视频、PP视频、乐视视频、AcFun	2022.07.08
85	蔬菜不寂寞 第三十三季	益智、搞笑	爱奇艺、腾讯视频	2022.07.13
86	喜羊羊与灰太狼之奇妙大营救	冒险、搞笑	芒果TV、爱奇艺、腾讯视频、优酷	2022.07.15
87	百变校巴 第九季	益智、励志	芒果TV、优酷、咪咕视频	2022.07.20
88	百变女生苏菲露比	冒险、魔幻	芒果TV、爱奇艺、腾讯视频、优酷	2022.07.22
89	超甲虫战记·无限曙光	冒险、益智	爱奇艺、优酷、乐视视频、华数TV	2022.07.22
90	宇宙护卫队之百变霸王龙	益智、冒险	芒果TV、爱奇艺、腾讯视频、优酷、咪咕视频	2022.07.22
91	大脚丫恐龙家族 第一季（上）	冒险	优酷	2022.07.23
92	欢乐农场	日常、搞笑	爱奇艺、腾讯视频	2022.07.25
93	无敌鹿战队 第二季下英文版	益智、冒险	爱奇艺	2022.07.28
94	小花仙 秋季篇	魔幻	芒果TV、咪咕视频	2022.07.28
95	汽车王国之汽车小英雄	益智	优酷、腾讯视频	2022.07.29
96	心奇爆龙战车之暴龙出击 第二季	冒险、益智	优酷、咪咕视频	2022.07.29
97	迷你特工队之兽王力量	冒险、奇幻	优酷	2022.08.01
98	延安童谣	历史、励志	爱奇艺、优酷、腾讯视频、西瓜视频	2022.08.01
99	小鹿蓝蓝 第二季	日常	芒果TV、咪咕视频	2022.08.05
100	帮帮龙出动 第八季	冒险	优酷	2022.08.10
101	百变校巴 第十季	益智、励志	芒果TV、优酷、咪咕视频	2022.08.11
102	熊出没之怪兽计划 第二季	益智、冒险	芒果TV、爱奇艺、腾讯视频、优酷	2022.08.13
103	麦圈可可趣游旅程	科普、文化	爱奇艺、风行视频、西瓜视频	2022.08.15
104	无敌鹿战队 第二季下	益智、冒险	爱奇艺	2022.08.15
105	灵感大冒险 第二季	科普	芒果TV、爱奇艺、优酷、bilibili	2022.08.16
106	小鹿蓝蓝 第三季	日常	芒果TV、咪咕视频	2022.08.16
107	超凡小英雄	冒险	芒果TV、腾讯视频、优酷	2022.08.19
108	嘟当曼 第六季	冒险、益智	爱奇艺	2022.08.19
109	工程车四兄弟之世界建筑工程师	益智	优酷	2022.08.19
110	麦咭和他的朋友们	搞笑、日常	爱奇艺、腾讯视频	2022.09.02
111	帮帮龙恐龙之歌4（3D版）	早教	爱奇艺、腾讯视频、优酷	2022.09.09

续表

序号	节目名称	题材	播出平台	上线时间
112	盟卡车神之魔幻元珠	热血、冒险	芒果TV、爱奇艺、腾讯视频、优酷、bilibili、咪咕视频	2022.09.09
113	故宫里的大怪兽之月光迷宫	奇幻	腾讯视频	2022.09.16
114	钶龙战记 第三季	益智、冒险	芒果TV、爱奇艺、腾讯视频、优酷	2022.09.16
115	齐齐苹苹 第三季	冒险、益智	bilibili	2022.09.19
116	托宝战士之银河侦探 第一季	冒险	芒果TV、爱奇艺、腾讯视频、优酷、西瓜视频	2022.09.19
117	我也会发明：闪电家族	科幻	bilibili	2022.09.19
118	舒克贝塔 第四季	益智、冒险	腾讯视频	2022.09.20
119	萌鸡小队 第四季	益智	芒果TV、爱奇艺、腾讯视频、优酷、西瓜视频	2022.09.23
120	迷你特工队之超级恐龙力量特别篇	冒险、科幻	优酷	2022.09.23
121	蔬菜不寂寞 第三十四季	益智、搞笑	爱奇艺、腾讯视频	2022.09.28
122	蔬菜不寂寞 第三十五季	益智、搞笑	爱奇艺、腾讯视频	2022.09.28
123	钶龙战记 第四季	益智、冒险	芒果TV、爱奇艺、腾讯视频、优酷	2022.09.29
124	赛尔号 第十二季 焰宇战神	科幻	爱奇艺	2022.09.29
125	萌赛可 第一季	冒险、搞笑	爱奇艺	2022.09.30
126	皮皮鲁和鲁西西之地球之钟奇遇记第一季	冒险、奇幻	芒果TV	2022.09.30
127	下姜村的共同富裕梦	励志	腾讯视频	2022.09.30
128	小鸡迪迪	益智	爱奇艺、优酷	2022.09.30
129	小凉帽4之山海奇境	魔幻	芒果TV、爱奇艺、腾讯视频、优酷、乐视视频	2022.10.03
130	咖宝车神之重装归来	冒险、益智	芒果TV、爱奇艺、优酷、腾讯视频、咪咕视频	2022.10.08
131	蓓蓓的快乐暑假	科普	爱奇艺、腾讯视频、优酷、bilibili、西瓜视频、搜狐视频	2022.10.13
132	土波兔之成长日记 第二季	益智	爱奇艺、优酷	2022.10.13
133	蓓蓓的快乐暑假 第二季	科普	爱奇艺、腾讯视频、优酷、bilibili、西瓜视频、搜狐视频	2022.10.14
134	焦裕禄	励志	爱奇艺、腾讯视频、咪咕视频	2022.10.14
135	飓风战魂之剑旋陀螺	励志、热血	芒果TV、爱奇艺、腾讯视频、优酷、西瓜视频	2022.10.14
136	科学家故事：呦呦有蒿	科普、励志	爱奇艺、腾讯视频、华数TV、咪咕视频	2022.10.14
137	蔬菜不寂寞 第三十六季	益智、搞笑	爱奇艺、腾讯视频	2022.10.14
138	天天爱学习	益智	爱奇艺、腾讯视频、优酷、bilibili、西瓜视频、搜狐视频	2022.10.14
139	中华上下五千年之名人故事篇 第一季	历史	爱奇艺、腾讯视频、优酷、乐视视频、咪咕视频、西瓜视频	2022.10.14

序号	节目名称	题材	播出平台	上线时间
140	森巴幸福岛 第二季	日常、搞笑	爱奇艺、腾讯视频、优酷、乐视视频	2022.10.21
141	布鲁可战队	冒险	爱奇艺、优酷	2022.10.23
142	宝宝爱学习	早教	爱奇艺、腾讯视频、优酷	2022.10.24
143	出动 安全救援号 第一季	科普	爱奇艺、优酷、乐视视频、西瓜视频	2022.10.24
144	果果成长日记 第一季	日常	爱奇艺、腾讯视频、优酷	2022.10.24
145	神奇的多比	奇幻	爱奇艺、腾讯视频、优酷	2022.10.24
146	桃花猫和东海鱼	日常	爱奇艺、腾讯视频、优酷	2022.10.24
147	淘气猪多多之我爱画画 第一季	日常	爱奇艺、腾讯视频、优酷	2022.10.24
148	小神驾到 第三季	益智	爱奇艺、腾讯视频、优酷	2022.10.24
149	小神驾到 第四季	益智	爱奇艺、腾讯视频、优酷	2022.10.24
150	语文趣世界	早教	爱奇艺、腾讯视频、优酷	2022.10.24
151	语言沙龙	早教	爱奇艺、腾讯视频、优酷	2022.10.24
152	心奇爆龙战车6之魔方变形	冒险、热血	芒果TV、爱奇艺、腾讯视频、优酷、西瓜视频、咪咕视频	2022.10.28
153	宇宙护卫队之百变霸王龙 第二季	益智、冒险	芒果TV、爱奇艺、腾讯视频、优酷、咪咕视频	2022.10.31
154	钢铁飞龙4时空战记	冒险	优酷	2022.11.03
155	卡卡虎大冒险 第二季	冒险、战斗	芒果TV、爱奇艺、腾讯视频、优酷、西瓜视频、华数TV、搜狐视频、PP视频、乐视视频、AcFun	2022.11.07
156	拇指总动员4：雪山寻鹿	奇幻	咪咕视频	2022.11.08
157	欢乐小狮子	搞笑、治愈	芒果TV、优酷、乐视视屏、咪咕视频	2022.11.11
158	铠兽超人1之兽魂出击	热血、冒险	芒果TV、爱奇艺、腾讯视频、优酷	2022.11.11
159	你好！卟卟 第五季	益智、日常	优酷	2022.11.11
160	妙趣横生恐龙世界	科普	爱奇艺、优酷	2022.11.14
161	请叫我题库	科普	优酷	2022.11.15
162	奥飞Q宠 第二季	益智、搞笑	芒果TV、爱奇艺、腾讯视频、优酷、乐视视频	2022.11.16
163	钶龙战记之神奇脑洞	冒险、益智	爱奇艺、优酷、乐视视频	2022.11.16
164	你好！卟卟 第六季	益智、日常	优酷	2022.11.22
165	优优猴车车音乐剧	益智	爱奇艺、优酷	2022.11.22
166	优优猴生活好习惯	益智	爱奇艺、优酷	2022.11.22
167	大脚丫恐龙家族 第一季（下）	冒险	优酷	2022.11.23
168	超级飞侠 第十三季	冒险、益智	爱奇艺、腾讯视频、优酷、芒果TV、西瓜视频	2022.11.25
169	双甲战陀2超环战陀	热血	芒果TV、爱奇艺、腾讯视频、优酷	2022.11.25

序号	节目名称	题材	播出平台	上线时间
170	猪猪侠之竞速小英雄 第五季	冒险、益智	爱奇艺、腾讯视频、优酷、芒果TV、咪咕视频、西瓜视频、乐事视频	2022.11.25
171	蔬菜不寂寞 第三十七季	益智、搞笑	爱奇艺、腾讯视频	2022.12.07
172	帮帮龙出动之冰川大冒险	冒险	爱奇艺、腾讯视频、优酷	2022.12.09
173	开心超人联盟之 平行时空大冒险	冒险、搞笑	芒果TV、爱奇艺、腾讯视频、优酷、风行网、乐视视频	2022.12.09
174	恐龙时代	科普	爱奇艺、优酷、风行网、西瓜视频	2022.12.14
175	拇指总动员 第三季 柳江河神	奇幻	爱奇艺	2022.12.14
176	天眼之父南仁东	科普、励志	华数TV、咪咕视频	2022.12.14
177	蔬菜不寂寞 第三十八季	益智、搞笑	爱奇艺	2022.12.16
178	宝宝乐学堂之神奇能量屋	益智	爱奇艺、腾讯视频	2022.12.20
179	宝宝乐学堂之幸福加油站	早教	爱奇艺、腾讯视频	2022.12.20
180	列车超人	冒险、热血	爱奇艺、腾讯视频、优酷、咪咕视频、风行网、西瓜视频	2022.12.20
181	航天双子星	科幻	优酷、乐视视频	2022.12.21
182	你好，辫子姑娘	励志、历史	芒果TV、咪咕视频	2022.12.21
183	托宝战士之银河侦探 第二季	冒险	爱奇艺、腾讯视频、优酷、西瓜视频、咪咕视频	2022.12.21
184	欢乐学院	校园、冒险	爱奇艺、优酷	2022.12.23
185	快乐的小熊尼尼第二季	益智、日常	爱奇艺、腾讯视频、乐视视频	2022.12.23
186	淘气猪多多 第三季	日常	爱奇艺、腾讯视频、乐视视频	2022.12.23
187	拇指总动员5：风暴之眼	奇幻	咪咕视频	2022.12.24
188	彩虹宝宝 第六季	益智	爱奇艺、腾讯视频、优酷、风行视频	2022.12.25
189	神兽金刚之超变星甲 第二季	战斗、热血	爱奇艺、华数TV、咪咕视频	2022.12.26
190	炫彩精灵队之水精灵阿露	冒险	优酷	2022.12.26
191	船员历险记	冒险	优酷	2022.12.27
192	炫彩精灵队之发明家路路	冒险	优酷	2022.12.27
193	贝肯熊 第七季	搞笑、冒险	腾讯视频、优酷	2022.12.29
194	奇妙萌可之闪亮宝石	冒险、益智	芒果TV、爱奇艺、腾讯视频、优酷	2022.12.29
195	猪猪侠之竞速小英雄 第六季	冒险、益智	芒果TV、爱奇艺、腾讯视频、优酷、乐视视频、咪咕视频	2022.12.30
196	星星梦 第三季	励志	芒果TV、华数TV、咪咕视频、搜狐视频	2022.8.27
197	土波兔之成长日记 第一季	益智	爱奇艺、优酷	2022.9.30

数据来源：监管中心统计数据2023.1

国家广播电视总局监管中心

附表15　2022年上线的少儿网络动画片信息列表

序号	节目名称	题材	播出平台	上线时间
1	电小芒家族	日常、搞笑	芒果TV	2022.01.01
2	小车神	励志、运动	爱奇艺、优酷、腾讯视频	2022.01.01
3	坦克大挑战	冒险	优酷、爱奇艺	2022.01.04
4	工程车乐园 第八季	益智	优酷	2022.01.05
5	汽车救援队 第四季	益智	优酷	2022.01.05
6	坦克大世界	益智	优酷	2022.01.10
7	小猴子和它的朋友们	益智	优酷	2022.01.11
8	爆裂飞车趣味小剧场	益智	芒果TV、腾讯视频、优酷、搜狐	2022.01.12
9	哥斯拉金刚趣玩动画	冒险、搞笑	优酷	2022.01.12
10	魔法公主换装动画	魔法	优酷	2022.01.12
11	植物大战僵尸动画世界 第二季	冒险、游戏	优酷	2022.01.12
12	宝宝巴士趣味动画	益智	优酷	2022.01.13
13	糖果公主定格动画	日常	优酷	2022.01.13
14	小伶之守护精灵定格动画	益智	腾讯视频	2022.01.13
15	星兽猎人之驭龙之力	热血、战斗	优酷、爱奇艺	2022.01.13
16	植物大战僵尸搞怪动画	冒险、游戏	优酷	2022.01.13
17	美丽公主时装秀	日常	优酷	2022.01.14
18	汽车世界之车车益趣园	科普	腾讯视频	2022.01.14
19	小萌鸡搞笑动画	科普	优酷	2022.01.14
20	怪兽对决冒险动画	冒险、战斗	优酷	2022.01.15
21	库米历险记	冒险	优酷	2022.01.15
22	魔法美人鱼手绘故事	冒险、童话	优酷	2022.01.15
23	趣味工程车小镇动画	益智	优酷	2022.01.17
24	超级吃豆人大作战	益智	优酷	2022.01.18
25	坦克大战之钢铁怪兽	战斗	优酷	2022.01.18
26	薇薇猫美食总动员	美食、文化	腾讯视频	2022.01.18
27	小虎果果一家 第四季	益智、日常	爱奇艺、优酷、华数TV、风行网	2022.01.18
28	小牛奥利 第六季	日常	爱奇艺、优酷、华数TV、风行网	2022.01.19
29	阿呆同学	搞笑、校园	优酷、腾讯视频	2022.01.20
30	飞狗MOCO之星球计划	冒险、科幻	芒果TV、腾讯视频、爱奇艺、优酷、bilibili、西瓜视频、华数TV、风行网	2022.01.20
31	工程车宝宝乐园	益智	腾讯视频	2022.01.24
32	萌星小队	搞笑	优酷	2022.01.24
33	薇薇猫皮皮鲁历险记	益智、冒险	腾讯视频	2022.01.25
34	我的世界玩具故事屋	冒险、玩具	优酷	2022.01.25
35	托宝战士 地球保卫战	科幻	爱奇艺、优酷、华数TV、搜狐视频	2022.01.28

序号	节目名称	题材	播出平台	上线时间
36	坦克大作战	战斗	优酷	2022.02.01
37	哥斯拉趣味动画	冒险	优酷	2022.02.04
38	坦克兄弟传奇世界	战斗	腾讯视频	2022.02.08
39	植物僵尸动画剧场	冒险、游戏	优酷	2022.02.08
40	杰力豆 第四季	冒险	优酷	2022.02.09
41	奇妙的现象迷宫	科普	优酷	2022.02.13
42	宝宝益智趣味动画	益智	优酷	2022.02.14
43	魔法卡通动画之小彩泥人	魔法、冒险	优酷	2022.02.17
44	小老虎彩泥动画	益智	优酷	2022.02.19
45	白雪和贝尔动画故事	童话	优酷	2022.02.21
46	爆笑琪琪 第一季	搞笑、益智	爱奇艺、优酷	2022.02.21
47	发条熊的美食日记	搞笑、美食	优酷	2022.02.21
48	水滴博士	科普	爱奇艺、腾讯视频、优酷	2022.02.21
49	童话王国的故事	童话	优酷	2022.02.21
50	小米历险记动画	益智、冒险	优酷	2022.02.21
51	小砖动画	童话	优酷	2022.02.21
52	伴伴唐的为什么	科普	优酷	2022.02.22
53	鲨鱼宝宝益智动画	益智	优酷	2022.02.22
54	小狮子历险记动画 第二季	冒险	优酷	2022.02.22
55	植物僵尸动画世界	冒险、游戏	优酷	2022.02.22
56	动物世界之益智故事	益智	优酷、爱奇艺、腾讯视频	2022.02.23
57	坦克传奇之动画世界	热血、战斗	优酷	2022.02.23
58	白杨和桔子	搞笑、日常	优酷、乐视TV	2022.02.24
59	坦克兄弟吃鸡动画 第三季	冒险、热血	优酷	2022.02.24
60	小猫的冒险日记	冒险	优酷	2022.02.24
61	didi工程车 第二季	益智	优酷	2022.02.25
62	咕吨咕咚开心闯世界	益智、科普	爱奇艺	2022.02.25
63	趣味乐高故事屋	益智、日常	优酷	2022.02.25
64	史前怪兽搞怪动画	益智	优酷	2022.02.26
65	奇奇悦悦 恐龙救援队 第二季	冒险、益智	腾讯视频	2022.02.28
66	新鲜动物园 （原名：小矛动物园）	日常、搞笑	优酷、爱奇艺	2022.02.28
67	宝贝乐多多	科普	优酷	2022.03.01
68	超级独眼怪	日常	优酷	2022.03.01
69	米小圈的成语故事第二部	文化	腾讯视频	2022.03.01
70	乌拉拉日捣一蛋	搞笑、日常	优酷	2022.03.01
71	超级马里奥大闯关定格动画	游戏	优酷	2022.03.02
72	坦克军团世界	热血、战斗	爱奇艺、优酷	2022.03.04

序号	节目名称	题材	播出平台	上线时间
73	超级决战坦克王国	热血、战斗	优酷	2022.03.07
74	萌小兔趣味动画	益智、日常	优酷	2022.03.07
75	小牛奥利　第七季	日常	爱奇艺、优酷、华数TV、风行网	2022.03.07
76	呆爸萌妹字灵变形记	文化	腾讯视频	2022.03.08
77	工程车冒险王国	益智、冒险	爱奇艺、腾讯视频	2022.03.08
78	小熊家的快乐生活	益智、日常	优酷	2022.03.08
79	趣味小恐龙儿童动画　第二季	冒险	优酷	2022.03.09
80	植物大战僵尸搞怪动画剧场	冒险、游戏	优酷	2022.03.09
81	猫狗一家	日常、治愈	爱奇艺	2022.03.10
82	小纵队探索冰河世纪	科普	腾讯视频、优酷	2022.03.15
83	开心泥人动画	搞笑	优酷	2022.03.21
84	立特职业小镇　英文版	搞笑、日常	芒果TV、爱奇艺、优酷	2022.03.22
85	宝宝巴士儿歌启蒙：太空探秘	科普	芒果TV、爱奇艺、腾讯视频、优酷、华数TV	2022.03.24
86	didi工程车　第三季	益智	优酷	2022.03.25
87	奇妙动物园	科普	优酷	2022.03.25
88	搞怪森林趣味动画	日常	优酷	2022.03.28
89	奇趣特工队之超时空奇兵　第三季	科幻	优酷	2022.03.28
90	苏菲露比　第二季	冒险、魔法	优酷	2022.03.28
91	托宝战士　地球保卫战2	科幻	优酷、华数TV	2022.03.28
92	彩泥人卢卡小剧场	日常	优酷	2022.03.29
93	小狐狸一家搞笑动画	搞笑	优酷	2022.03.31
94	didi工程车　第四季	益智	优酷	2022.04.01
95	Gagoo Nomi伽估糯米	治愈、搞笑	爱奇艺、优酷	2022.04.01
96	我是小玲同学	搞笑、校园	爱奇艺、优酷	2022.04.01
97	小虎果果一家　第五季	益智、日常	爱奇艺、优酷、华数TV、风行网	2022.04.01
98	海底小纵队趣味学古诗	益智、文化	芒果TV、腾讯视频、优酷	2022.04.07
99	创意彩泥益智动画	益智	优酷	2022.04.11
100	萌娃动画益智乐园	益智	优酷	2022.04.11
101	超级薇薇猫	日常	腾讯视频	2022.04.12
102	家有熊孩子　成长系列动画	日常	爱奇艺、优酷	2022.04.12
103	恐龙王国之恐龙历险记	冒险	腾讯视频	2022.04.15
104	贝乐虎之萌虎学功夫	益智、文化	芒果TV、爱奇艺、腾讯视频、优酷	2022.04.23
105	彩虹兔动画梦工场	搞笑	优酷	2022.04.25
106	旅鼠动画搞笑剧场	搞笑、益智	优酷	2022.04.25
107	森林伙伴爆笑动画	益智、日常	优酷	2022.04.25
108	大头宝宝趣味动画	校园	优酷	2022.04.26
109	奇妙丛林动画屋	冒险、益智	优酷	2022.04.26

序号	节目名称	题材	播出平台	上线时间
110	小猴子奇妙动画	益智、搞笑	优酷	2022.04.26
111	爆笑狗狗动画屋	益智、搞笑	优酷	2022.04.27
112	恐龙宝宝搞笑动画	搞笑、冒险	优酷	2022.04.27
113	萌鸡动画乐园	搞笑	优酷	2022.04.27
114	小老鼠趣味动画	益智	优酷	2022.04.27
115	新十二生肖	科普、搞笑	爱奇艺	2022.04.27
116	星座家族趣味动画	益智	优酷	2022.04.27
117	羊咩咩搞笑动画	搞笑、日常	优酷	2022.04.27
118	土豆逗严肃科普：成长真烦恼	科普	爱奇艺、优酷、腾讯视频、芒果TV	2022.04.28
119	沃福	益智、日常	爱奇艺、优酷、腾讯视频	2022.04.28
120	小虎果果一家 第六季	益智、日常	爱奇艺、华数TV	2022.04.28
121	工程车乐园 第九季	益智	优酷	2022.05.01
122	脑洞大开手绘动画	美食	优酷	2022.05.01
123	didi工程车 第五季	益智	优酷	2022.05.02
124	儿童安全应急系列	科普	爱奇艺	2022.05.06
125	奥特曼丛林历险记	搞笑、益智	爱奇艺	2022.05.09
126	奥特曼搞笑日常	搞笑、日常	爱奇艺	2022.05.09
127	儿童生活教育动画	科普	爱奇艺	2022.05.09
128	轰轰龙之超级汽车救援队 第一季	益智	腾讯视频、优酷、咪咕视频	2022.05.10
129	丛林冒险王史蒂夫	魔法、冒险	爱奇艺	2022.05.11
130	哥斯拉搞笑剧场	冒险、搞笑	爱奇艺	2022.05.11
131	爆笑豆豆人	搞笑	爱奇艺	2022.05.13
132	海底小纵队超级工程车	冒险	优酷	2022.05.15
133	盒子猫动画	日常	爱奇艺、优酷	2022.05.17
134	斑布猫之爱的暴击	搞笑、日常	芒果TV	2022.05.21
135	超迷你战士科学探险队美食篇	美食、冒险	腾讯视频	2022.05.21
136	奥特曼怪兽趣味动画	搞笑、日常	爱奇艺	2022.05.23
137	狮哥笑园	搞笑	优酷	2022.05.30
138	女孩成长日记	日常	爱奇艺	2022.06.01
139	特工浣影之全员出击	冒险	爱奇艺、优酷	2022.06.01
140	贝拉与安娜故事	搞笑	爱奇艺、优酷	2022.06.02
141	机器猫玩具定格故事	益智	爱奇艺	2022.06.02
142	恐龙世界欢乐园	益智、科普	爱奇艺	2022.06.02
143	小调皮的欢乐日常	日常	爱奇艺	2022.06.07
144	搞笑的小泥人	日常	爱奇艺	2022.06.08
145	战疫英雄	热血、励志	优酷	2022.06.13
146	小精灵玩具故事	搞笑	爱奇艺	2022.06.14
147	兔八哥和狼定格动画	搞笑	爱奇艺	2022.06.16

序号	节目名称	题材	播出平台	上线时间
148	托宝战士 地球保卫战3	科幻	爱奇艺、优酷、华数TV	2022.06.16
149	工程车乐园 第十季	益智	优酷	2022.06.17
150	工程车世界	益智	优酷	2022.06.17
151	工程车小分队	益智	优酷	2022.06.17
152	恐龙工程车 第三季	益智、冒险	优酷	2022.06.17
153	沃福 英文版	益智、日常	爱奇艺、腾讯视频	2022.06.22
154	启蒙积木玩具定格动画 烈焰救援行动	益智	爱奇艺、搜狐视频、PP视频	2022.06.24
155	宇宙护卫队十万问	科普	优酷	2022.06.24
156	中国恐龙·五宝寻祖历险记	科普	爱奇艺	2022.06.25
157	小云朵朵 第二季	科普	爱奇艺	2022.06.28
158	龙宝小英雄之守护恐龙小镇	冒险	爱奇艺、优酷、华数TV、搜狐视频	2022.06.29
159	土豆逗严肃科普：嘿嘿黑科技	科普、搞笑	优酷	2022.06.29
160	didi工程车 第六季	益智	优酷	2022.07.04
161	飞狗MOCO之星球计划 第二季	冒险、科幻	芒果TV、爱奇艺、 优酷、咪咕视频	2022.07.04
162	胖胖猫上学记	校园	爱奇艺、优酷	2022.07.05
163	蚂蚁森林奇遇记	冒险、搞笑	爱奇艺、腾讯视频	2022.07.06
164	托宝战士 地球保卫战 第四季	科幻	爱奇艺、优酷、华数TV	2022.07.06
165	导盲犬优优	益智	优酷	2022.07.08
166	白雪公主的奇幻之旅	童话	爱奇艺、优酷	2022.07.14
167	猫小帅魔法精灵奇遇记	益智	爱奇艺、优酷	2022.07.15
168	迷你联萌	日常	爱奇艺、腾讯视频、 优酷、西瓜视频	2022.07.15
169	破耳兔poruby	搞笑、日常	优酷	2022.07.19
170	兔小贝之传统节日	文化	爱奇艺、优酷	2022.07.19
171	波波小镇	治愈、日常	优酷	2022.07.20
172	飞狗MOCO之名侦探狗狗	益智	芒果TV、爱奇艺、优酷	2022.07.20
173	给喵一个哥	搞笑、日常	优酷	2022.07.20
174	土豆逗严肃科普： 藏起来的危险	科普	优酷、爱奇艺	2022.07.22
175	白雪公主之熊妹	童话	优酷	2022.07.25
176	方块熊乐园朵朵和小伙伴	日常	优酷、搜狐视频	2022.07.25
177	超级索尼克	日常、搞笑	优酷	2022.07.29
178	工程车儿童安全益智动画	科普	优酷	2022.07.29
179	橙皮兔沉浸式吃播	治愈、美食	爱奇艺、优酷、搜狐视频、 咪咕视频	2022.08.01
180	小伴龙和朋友们大冒险	冒险	优酷	2022.08.03
181	白杨和桔子 第二季	搞笑、日常	优酷	2022.08.04

序号	节目名称	题材	播出平台	上线时间
182	白杨和桔子 第三季	搞笑、日常	优酷	2022.08.04
183	阿布小课堂 世界奇幻之旅	科普、文化	爱奇艺	2022.08.05
184	魔法童话镇	魔法	爱奇艺、优酷	2022.08.11
185	快乐的小汽车	益智	优酷	2022.08.12
186	超时空奇兵之时空守卫战	冒险、科幻	爱奇艺、优酷	2022.08.19
187	星球计划之脑筋转转转（又名：飞狗MOCO之脑筋转转转）	科幻	芒果TV、优酷、咪咕视频	2022.08.19
188	迷你世界小镇的故事	搞笑、日常	爱奇艺	2022.08.23
189	白雪贝儿魔法王国	童话	爱奇艺	2022.08.24
190	萌牙兔	冒险	优酷	2022.08.26
191	超级变形机甲救援队	益智	优酷	2022.08.29
192	亲子工程车动画	益智	优酷、爱奇艺	2022.09.02
193	恐龙萌游记之欢乐小剧场	益智、冒险	爱奇艺	2022.09.09
194	米拉和星仔：我爱吃蔬菜	科普	爱奇艺、优酷、腾讯视频	2022.09.09
195	小虎果果一家 第七季	益智、日常	爱奇艺	2022.09.13
196	米加小镇	日常	优酷	2022.09.16
197	沃福 第二季	益智、日常	腾讯视频	2022.09.19
198	宝贝佑佑之工程车家族	益智	爱奇艺、腾讯视频、优酷、咪咕视频App	2022.09.20
199	嗷呜 恐龙	科普	腾讯视频	2022.09.23
200	土豆逗严肃科普：消失动物博物馆	科普	爱奇艺、优酷、腾讯视频	2022.09.23
201	托宝战士之勇者出击	科幻	优酷、咪咕视频	2022.09.23
202	熊猫班卜	益智	优酷	2022.09.24
203	超凡小英雄冒险日记	冒险	优酷、搜狐视频	2022.09.26
204	小小霸王龙	益智、日常	爱奇艺	2022.09.26
205	麦杰克寓言故事	童话	优酷、腾讯视频	2022.09.27
206	小汽车路特	益智	腾讯视频	2022.09.30
207	大熊皮尔	日常、搞笑	优酷	2022.10.01
208	恐龙工程车 第四季	益智、冒险	优酷	2022.10.01
209	汽车救援队 第五季	益智	优酷	2022.10.01
210	搞笑恐龙乐园	益智、搞笑	优酷	2022.10.03
211	爆笑哥斯拉	搞笑	爱奇艺	2022.10.10
212	宇宙护卫队十万问之动物与自然	科普	优酷	2022.10.12
213	绿环侠之神奇垃圾车	战斗	咪咕视频	2022.10.14
214	猫小帅宇宙巡逻队	冒险、科幻	爱奇艺、腾讯视频、优酷	2022.10.14
215	恐龙王国动画	益智、科普	爱奇艺	2022.10.18
216	汽车世界之超级警车	冒险	腾讯视频	2022.10.20

续表

序号	节目名称	题材	播出平台	上线时间
217	特工浣影之特工日常	冒险	爱奇艺	2022.10.20
218	十二生肖 郑渊洁写给孩子的好习惯	益智、日常	优酷	2022.10.24
219	特工浣影之丛林守卫战	冒险	爱奇艺、优酷、乐视视频	2022.10.25
220	西游记手绘定格动画	益智	优酷	2022.10.29
221	工程车帮帮队	益智	爱奇艺、优酷	2022.11.01
222	熊熊启蒙之奇妙百科	科普	爱奇艺、优酷、腾讯视频	2022.11.03
223	小恐龙巴布 第三季	科普	爱奇艺、腾讯视频	2022.11.04
224	小雪和小奥益智故事	童话	优酷	2022.11.04
225	早呀，爱尼鸭	益智	优酷、腾讯视频	2022.11.07
226	阿狸的童话王国	治愈、友情	优酷	2022.11.09
227	虎虎小当家	日常	爱奇艺、优酷	2022.11.09
228	小猪佩奇奇妙乐园	益智	爱奇艺、优酷	2022.11.09
229	我是丁小包	搞笑、校园	爱奇艺、优酷	2022.11.10
230	小公主艾莎和安娜	童话	优酷	2022.11.11
231	小公主益智故事	童话	优酷	2022.11.13
232	恐龙的奇妙世界	科普	腾讯视频	2022.11.14
233	贝乐虎之超级汽车 第三季	益智	爱奇艺、优酷、咪咕视频	2022.11.16
234	百变校巴之太空日记 第一季	科幻	优酷	2022.11.18
235	工程车护卫队	益智	腾讯视频	2022.11.18
236	恐龙世界之恐龙好伙伴	益智、科普	腾讯视频	2022.11.18
237	托宝战士之战士觉醒	科幻	爱奇艺、优酷、咪咕视频	2022.11.18
238	笨波与笨宝	搞笑、日常	优酷	2022.11.19
239	芭比公主手绘动画剧场	美食	优酷	2022.11.23
240	优优猴搞笑日常	日常、搞笑	爱奇艺、优酷	2022.11.24
241	工程车幼儿启蒙	科普	优酷	2022.11.25
242	挖掘机恐龙好伙伴	益智	爱奇艺、优酷	2022.11.25
243	变形部落之灵兽侠	科幻	爱奇艺、腾讯视频	2022.11.28
244	蒙吧与茉美 神秘的身体大冒险	科普	优酷	2022.11.28
245	猪猪侠益智课堂 第四季	科普	优酷	2022.11.30
246	小牛奥利 第八季	日常	爱奇艺	2022.12.01
247	好奇动物：成语故事新说	文化	爱奇艺、优酷、腾讯视频	2022.12.02
248	托宝战士之银河武器的秘密	科幻	爱奇艺、优酷	2022.12.02
249	小牛奥利 第九季	日常	爱奇艺	2022.12.02
250	小牛奥利 第十季	日常	爱奇艺	2022.12.02
251	小牛奥利 第十一季	日常	爱奇艺	2022.12.02
252	小猪佩奇益智故事	益智	爱奇艺	2022.12.03
253	如果系列	日常、搞笑	爱奇艺	2022.12.05

续表

序号	节目名称	题材	播出平台	上线时间
254	贝乐虎成语故事剧场	益智、文化	优酷	2022.12.06
255	星瞳猫	日常、治愈	搜狐视频、咪咕视频	2022.12.06
256	可可和豆豆	冒险	爱奇艺	2022.12.07
257	白雪公主定格动画	童话	爱奇艺、优酷	2022.12.09
258	挖掘机恐龙爆笑剧场	益智	爱奇艺、优酷	2022.12.09
259	小恐龙宝珠一家 第一季	益智	腾讯视频、优酷	2022.12.09
260	郭盖与秦始黄	校园、搞笑	优酷	2022.12.12
261	快乐托卡	搞笑、日常	优酷	2022.12.12
262	冒险吧恐龙	益智、冒险	腾讯视频	2022.12.15
263	贝拉与安娜故事 第二季	搞笑	优酷	2022.12.16
264	猫小帅动物情报所 第二季	悬疑	腾讯视频	2022.12.16
265	萌萌动物百科大全	科普	优酷	2022.12.16
266	超级工程车肉肉	益智	优酷	2022.12.20
267	小公主白雪	童话	优酷	2022.12.20
268	小汽车救援队	益智	优酷	2022.12.20
269	工程车帮帮队 第二季	益智	优酷	2022.12.21
270	小公主白雪和贝尔	童话	优酷	2022.12.21
271	儿童海洋冒险世界	科普	优酷	2022.12.22
272	迷你联萌 第二季	日常	芒果TV、爱奇艺、优酷、腾讯视频、西瓜视频	2022.12.23
273	鼠小贤的搞笑日常	搞笑、日常	优酷	2022.12.23
274	狗狗帮帮队	益智、冒险	优酷	2022.12.24
275	恐龙宝贝大冒险	搞笑、冒险	优酷	2022.12.24
276	飞机小队大冒险	冒险	腾讯视频	2022.12.26
277	诗游记	文化	优酷	2022.12.27
278	安全警长啦咘啦哆	冒险	爱奇艺、腾讯视频、优酷	2022.12.28
279	安全警长啦咘啦哆 第二季	冒险	爱奇艺、优酷	2022.12.28
280	熬东东	搞笑、日常	优酷、搜狐视频频、咪咕视频	2022.12.28
281	恩恩宝贝海陆空大冒险	日常、搞笑	爱奇艺、优酷	2022.12.28
282	恩恩宝贝交通工具认知	益智	优酷	2022.12.28
283	恩恩宝贝趣味认知	益智	爱奇艺、优酷	2022.12.28
284	恩恩宝贝游乐园大冒险	冒险、益智	爱奇艺、优酷	2022.12.28
285	可可和豆豆 第二季	冒险	爱奇艺	2022.12.28
286	飞狗莫柯 第三季	日常	优酷	2022.12.29
287	汽车星球	科幻	优酷	2022.12.29
288	邻家小仙	科幻	优酷	2022.12.30
289	芝麻狐	搞笑、校园	优酷	2022.12.30

数据来源：监管中心统计数据2023.1

国家广播电视总局监管中心

后　记

　　《2022网络视听文艺发展分析报告》由国家广播电视总局监管中心视听一处、视听三处和二〇三台、二八二台、二九一台、成都台、二九三台有关同志承担主要编写工作。五五三台、厦门台、西安台、二八一台以及其他直属台站共同参与本报告相关数据整理、内容研判、技术辅助等工作。

　　其中，史文璇承担网络剧章节策划编审及全书的统稿审校；崔一非承担网络综艺、网络纪录片章节策划编审；刘璐承担网络电影、网络动画片章节策划编审；刘丽萍、高原、王瑞芳承担网络剧章节撰稿；陆嘉、付茗、周昱昊承担网络电影章节撰稿；胡亮、张红星、张程承担网络综艺章节撰稿；卢天阳、梁燕、郭凝承担网络纪录片章节撰稿；王文涛、樊迪、杨苏卫承担网络动画片章节撰稿。

　　本报告中涉及数据主要来自监管中心日常监看工作，在此期间得到国家广播电视总局网络视听节目管理司悉心指导。同时，本报告在编写、出版、发布过程中亦得到中国广播影视出版社等兄弟单位大力支持，谨此致谢！

本书编写组

2023年7月